金聖鎭 校長 停年退任 紀念文集

빈 발 자 국

홍 익 출 판 사

• • 책머리에 • •

겨울이 되니 나무들은 사람들의 눈을 즐겁게 하던 단풍도 떨어지고 다음해를 준비하고 점검하는 시간을 보내고 있다. 사람들도 삶의 변곡점에서 인생 항로의 좌표를 점검하고 앞으로의 방향을 가늠하게 된다.

교직생활 마감을 앞두고 살아온 날들을 돌아보게 된다. 어느 때는 달리기를 하기도 하였고, 언젠가는 게으름을 피우던 모습도 보인다. 어느 때는 비틀거리기도, 어떤 경우는 주춤거리기도 하였다. 삶의 어떤 순간에 선택을 달리하였더라면 그 당시 했던 것과는 달리 했더라면 현재 더 좋아지지 않았을까 하는 아쉬운 생각이 드는 경우도 생각난다. 또 삶을 살아오며 실수한 일, 잘못을 저지른 일 후회스러운 일들이 참 많이 생각이 나 얼굴이 붉어지기도 한다.

그런데 60년을 넘게 살아왔다면 무언가 내세울 만한 것이 하나쯤은 있을 법도 한데 내 생애에는 그런 것이 보이질 않는다. 그냥 빈 발자국만 희미해지는 가운데 어지러울 뿐이다.

그런 희미한 빈 발자국의 흔적일망정 되돌아보고 반성하는 과정에서 몇 건의 삶의 낙서가 눈에 띄었다. 다시 읽어 보지만 이것이구나 하는 것은 보이지 않는다. 그래도 그냥 버리자니 서운한 생각이 들어 한곳에 모아 본다.

정리를 하면서 일찍부터 글을 쓰는 연습을 열심히 하지 않은 것이 후회가 되기도 한다. 타고난 재주는 없더라도 열심히 글쓰기 연습을 하였더라면 지금보다는 나은 글이 남았을 것 아닌가 하는 아쉬움이 남는다. 그러나 어찌할 것인가 세월을 되돌릴 수도 없고…….

다시 보아도 보잘 것이 없는데도 미련을 버리지 못하고 모아본 것이나마 누군가의 심심파적의 한 순간을 같이 할 수 있다면 무한한 영광이겠다.

이 책이 나오기까지 도움을 준 여러 사람에게 감사한다. 특히 삽화를 그려 주신 박상득 선생님의 노고에 감사드린다.

그리고 살아오면서 도움을 주신 은사님, 선배, 동료, 후배, 이웃 분들께도 감사드린다. 가족들에게도 감사한다. 교직생활을 무사히 끝낼 수 있도록 뒷바라지를 한 집사람의 노고가 고맙고, 학교생활에 매달리다 보니 가정에 소홀하여 돌보아주지 못한 자식들에게 미안하다.

이 책을 엮은 의미를 정년퇴직을 하고 이제 개인을 위한 삶을 시작하는 시점에서 앞날의 좌표를 탐색하기 위한 것이라고 붙여보고자 한다.

매봉산 자락에서 김 성 진 씀

차 례

흥따라 운따라(운문)

생활의 비늘(수필 등)

길따라 구름따라(기행문)

삶에서 흘린 비늘들

흥따라 운따라

운문

발 자 국

발자국은 삶의 변방에서
무명의 훈장이 된다.
흐름이 되고
갈채 없는 영광이 된다.

어느 여름 몰아친 폭우에
이웃 스러지고
순수의 발자국은 흰 마당 어지럽힌
역적이 되어
자국 가득 오욕의 흙탕물이 찬다.

외눈박이 광풍이 몰아온 폭우에
뭉그러진 몸통으로도
정의로 포장된 모멸의 서리 속에서도
발자국은 발자국으로 이어져
순수의 동자瞳子 속으로 들어간다.

광풍 · 폭우에 뒤틀리고 스러진
폭양 속에 지쳐버린
우리 발자국은
순수의 동자는 형상 회복 마력을 준다.

석류알 터지는 맑은 하늘 되면
가슴 가득한 오욕의 재灰 쏟아 버리고
발자국은
삶의 한 가운데로 와, 길을 만들고
영광의 훈장이 된다.

씨

이는 꽃돌이다.
억만 겁 인연을 맺어
속으로 속으로 다져간 순수.
깨지고 깎이는 아픔 감내하고야
비로소 피어나는 매화꽃돌이다.

이는 또 물이다.
산으로 둑으로 가로막아도
바다 향한 의지는 꺾이지 않는
유연한 의지의 가르침이다.

또한 이는 겻불이리라.
화려한 불꽃은 인연 멀어도
제 몸 태워 온기溫氣 전하는
다만 끈질긴 생명력이다.

채움의 언덕과 골짝을 거쳐
꽃과 벌과 바람과 태양
온 우주 여기 모으면,
고뇌의 끝, 번성의 태초, 윤회전생의 핵
씨가 된다.

꽃잎 떨어지는 언덕에 서면 이제 난
한 톨의 씨이고자 한다.
세월의 비늘을 털고
꽃도 서리도 모두 모아
희망의 태동이고자 한다.

탑

탑골사 빈 절터에
별들이 초롱초롱
밤을 나르면
탑 위로 전설이 뜬다.

염원이 이룩한 불타는 그 날 열정이
오늘은 차분히
이끼 쓴 세월로 남아
한 자락 옛이야기 된다.

바람길 따라 온
소쩍새의 애잔한 소원은
해탈보다 차라리
사무친 염원으로 송이송이 맺혔다.

별빛과 바람과 물소리 인연 빌려
그 염원 안으로 안으로 채워
하늘에 닿으면
구원의 빛이 되리니.

훗날 하얀 눈이 함성처럼
탑 위로 내리면
나는 가슴에서
맺힌 옛날을 캐어 내리라.

2003. 10. 12.
화랑교육원에서 교원실기 응모작

가 로 등

가로등은 물에 빠져
물속 길
가로수로 자라
노란 가로수로 자라
바람에 흔들거린다.

마냥 검은 물은
지나는 빛을 일그러뜨려
제 마음의 뜻대로
모양을 만들어
새 세상을 만든다.

꽃

꽃은 짧은 화려함을
토해내고 환영처럼 사라진다.
긴 침묵의 터널 속으로

꽃송이는 향기를
간질이고 나그네인양 멀어져간다.
소리를 향으로 만드는 여행 속으로

화려한 한 순간을 위해
말없는 몸부림으로 채운
모든 계절들.

채움의 언덕과 골짜기를 거쳐
오늘은 팔랑팔랑
나비가 된다.

구 름

구름은 오늘 산봉우리를 치맛자락에
감싸고 다독이더니
내일은 저 멀리 한없이 달아나
양 떼 몰이를 하고 있다.

구름은 그 흰 치맛자락으로
등성이와 봉우리를 감싸 안고는
신비를 교감하곤
증표의 비를 남기고 떠난다.

풍 경

아스라이 밤안개 풍경 위로
고향의 전설 같은
달이 떴다.

멀어 보이는 마을에
등불이 오순도순 정다우면
동산에 다정이던 모습들은
내닫는 함성이 된다.

나뭇짐에 나풀나풀 춤추던
진달래 기다리며
방그레 웃어주던 순이.

원두막 지기 낮잠 사는 사이
참외밭 골을 기던
검게 그은 동이 얼굴.

나락 가리 사이로 달이 밝으면
순이도 동이도
모두 뜀박질하며 합창하는 소리들.

정미精米된 세월만 남아
이제는 먼 나라 이야기인양 잠기어 간다.
박무薄霧 낀 풍경 위로
내 고장 전설 같은 달이 떴다.

편 지

그 날의 새 편지엔
태풍 치던 밀어密語들이 쏟아지더니
색 바래 고풍 된 오늘 편지엔
입가에 목련이 번다.

절절한 마음을 담아내려고
쓰고 지우고 지우고 쓰더니
빛바래 고풍 된 여기 남아
오늘은 한 자락 옛 이야기 된다.

눈 내리는 날

노란 마음, 파란 마음, 빨간 마음
비우고 치우고 모두 내쳐도
아물지 못한 생채기
검은 들판에 오늘은 하얀 붕대로 감는다.

오색으로 타오르는 불길 꺼지고
그을린 산에
오늘은
하이얀 페인트칠을 한다.

수천 광년을 도망쳐 와서도
뒷덜미 못 뿌리치고 매어 사는 가슴에
오늘은 하얀 함성이 내리고
나는 옛날을 가슴에서 파낸다.

2002. 10. 3.

화 분

강 건넌 뒤 버려진 나룻배마냥
하냥 기다립니다.
내 존재 인식해 줄
누군가 찾을 날을

잠깐의 소임으로
무심히 버려진 화장지도
나름의 귀중한 존재이듯
오늘은 버려진 존재일망정
가치 알아줄 그를 기다립니다.

구슬이 보배이기엔
꿰어야 되듯
꽃이 더욱 빛나기 위해
너는 더욱 소중한 것

어울림의 미덕을
더불어 사는 아름다움을
알려주는 너
꽃이 피면
하나의 행성이 된다.

2003. 6. 11.

전 화

전화가 왔다.
삼십여 년 전의 세월이 왔다.
전화기 너머로 들리는 소리는 나이가 묻어나는데
떠오른 모습은 앳된 소녀였다.

낮게 드리운 안개 위로 하현달이 쓸쓸하던
둑방에서 가슴 아리던 세월이 왔다.
덤덤한 듯 받는 전화 너머로
아물었던 가슴 깊숙한 어느 곳으로부턴가
울림으로 아려왔다.

단 풍

꽃비로 내린 시절을 지나
오늘에 다시 피는 꽃.
안개로 장막치고
장막 사이 사알짝 얼굴 내민 산 색시

능선 따라 물결치듯 펼쳐진 수틀 위에
영욕榮辱이 너울지듯
요동치며 뛰노는
색색色色의 마음들.

탐승객이 반하여
사진기에 가두어 가도
어느 새 다시 타오르는
마술사의 화려한 불꽃.

2005. 10. 16.
교원실기(백일장) 출품 작품

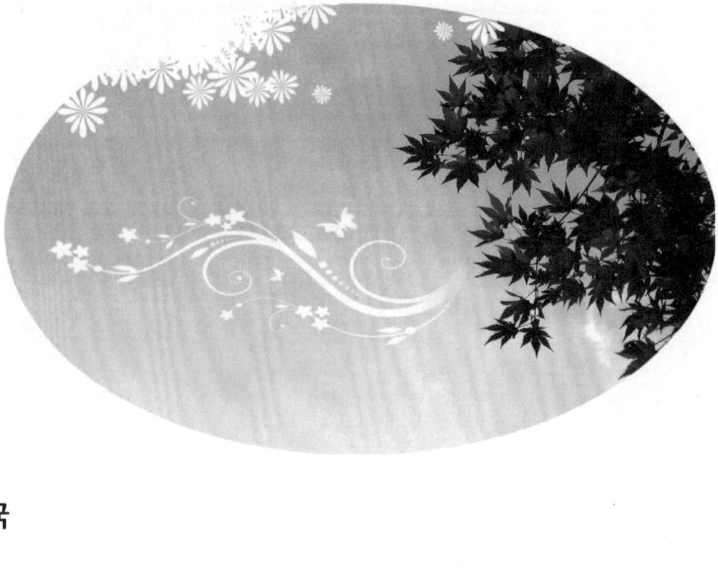

단 풍 2

벌 나비 불러
꽃비로 내린 시절을 지나
오늘에 다시 피는 꽃.

안개로 장막 치고
장막 사이 살짝
얼굴 내민 산 색시

반한 탐승객이 사진기에
가두어 가도
어느새 다시 타오르는
마술사의 화려한 불꽃

거미줄 친 기억 너머로
흔들리듯
골짝 따라 펴진 수틀 위엔
물결치듯 뛰노는 색색의 마음들.

온 산하 타는 불에 모두 녹아
너도 아닌 나도 아닌
벽 넘고 강 건너
오천년 큰 줄기 하나 된 우리

들 국 화

하늘 높아지면 무명의 훈장이 된다.
손길 닿지 않은 삶의 변방 골짜기
박수 없는 영광이 된다.

온 몸으로 감내한 모멸의 광풍에도
송두리째 이웃 쓸어간 태풍에도
속으로 속으로만 울고 삭인다.
순수의 호수를 보며.

태풍이 몰아온 폭우에
아랫도리 훤히 드러낸 수치에도
모멸의 서리에도
누리 그득 충일한 기쁨 지켜볼
그날 위해
벌거벗고 맨몸으로 달렸다.

태양의 폭포 속에
한 방울 이슬이 그리운
시든 잎줄기는
차라리 더욱 진한 향기로 피어난다.

그리하여 하늘 높아지면 훈장이 된다.
삶의 한가운데
가을 하늘빛 같은 티 없는 눈망울의 박수 속엔
영광이 된다.

세월의 비늘

마른 콩꼬투리 터지듯
마음에 불꽃이 튀면
세월을 괴고 서 있는 탑에도
파란 꽃이 핀다.

대양大洋의 물로도
잠재우지 못한 정열인데
세월의 낙엽처럼 진 지금
가슴엔 바람만 괸다.

세월의 비늘로 더럽혀진 옷
여기 떨구고 갈 거냐
오직 알몸으로 살아가고자
옷을 벗고 벗는다.

꽃봉오리

봉오리는 짧은 화려함을
토해내고 사라진다.
긴 침묵의 터널 속으로

꽃봉오리는 향기의
무지개로 멀어져간다.
소리를 향으로 만드는 여행 속으로

한해 온 계절들을
다만 닷새의 순간을 위해
말없는 몸부림으로 채운다.

땅과 하늘의 혼령을
하나로 모아
우주로 갈무리 한다.

꽃은 피어서

꽃은 꽃이어서 피고 지는 걸
뭇 새는 부질없는 울음으로
이러쿵저러쿵 간섭을 한다.

거미줄은 제 본분대로 태고를 갈무리는 데
심술궂은 바람은 흔들림으로
맺힌 이슬을 또르르 떨군다.

정염情炎이 태풍으로 휩쓸린 자락
이제는 고요의 샘이고자 하는데
어이할거나, 심연에서 솟아오는 이 파동을!

홍수에 찢기운 둑을 보듬고
냇물은 오늘도 세월을 나르는데
송사리는 거슬러 흐른다.

2002. 5. 31.

이는 꽃돌이다

이는 꽃돌이다.
억만 겁 인연을 다져
속으로 속으로 다져간 정열이다.

이것은
제 몸을 깎는 아픔도
화사한 재탄생
눈가에 버는 미소를 즐겨하는
매화 꽃돌이다.

이는 한 떨기 해바리기다.
몰아치는 비바람 속이라도
언제가 올 태양을 위해
그칠 리 없는 내밀內密의 몸짓이다.

이는 물이다.
둑으로 산으로 가로막아도
끝내 바다를 향한 뜻 굽히지 않는
유연한 의지의 가르침이다.

이는 선인장이다.
불타는 사막에서라도
한 송이 꽃을 피우는 열정이다.

이는 곁불이다.
화려한 불꽃은 인연 멀어도
오래도록 온기 보내는
다만 끈질긴 생명력이다.

그래서 우리이자
너 아닌 나 아닌
오천 년 이어온 큰 줄기 우리이자.
벽도 강도 넘어 다함께 우리이자.

2002. 9. 19.

祝 歌

- L君의 結婚을 祝賀하며 -

山寺의 범종 소리가
어둠을 밟고
골짝을 나른다.

천만 년 번져갈
댕--
자애로운 어머님 목소리에
오늘
이 자리엔
밝은 새벽이 열린다.
희락천 외호 아래
우주가
열리고 있다.

太陽이 어루만질 때
화목은 피어나고
별들이 조용히 祝歌를 부르면
銀河水는 풀리어 사랑으로 잉태된다.

항상
둘은 하나이어라.
그리곤
날개를 펴라.
힘껏 날아라!
푸른 창공을 向하여

1977. 5. 29.

湖畔

달이
지는데
은하의 호상
밤안갠 흐르는데

음-----

달이 지는데
잔잔한 물결 따라 낙엽은 片舟

쪽박 달은 물속에
파르르 떤다.

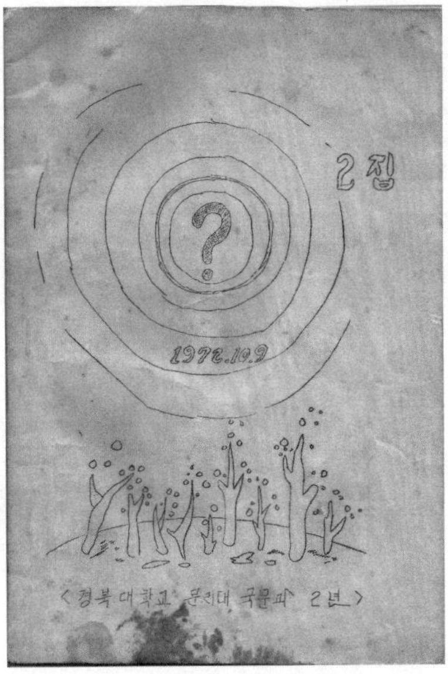

봄

굽이친 물결에 하이얀 백사장
나룻배 기다리는
스물셋 새악씨는
어린 날 나물 캐던
동무들을 헨다.
어영차 어영차
뱃사공의 노 젓는 소린
어느새 봄
잠속으로 빨려 들어간 뒤
아지랑이는
임의 무덤가에 아롱지다가
빠알갛게 피 흘리며
죽어갈 태양에
타 버리고……
스물셋 새악씨는
외상으로 산 슬픔을 씹으며
어린날 나물 캐던 동무만 헤고 있다.

그리움

어린 것이 열에 들떠 허우적거리고 있었다.
자꾸 헛것이 보였다.
문살을 타고 뱀이 기어 다니고 있었다.
양밥으로 문살을 가르는 식칼 소리가 드르륵하고 들렸다.
그 속에서 의식이 까무룩이 잦아들고 있었다.
십리 길을 쉼 없이 달리는 아버지의 등판에서
작은 것의 숨소리가 가빴다.

그런데 혼자 큰 줄 알았다.
이제 내 아이를 키우며
그 옛날 십리 길을 달리던 아버지의 등판이 그리워진다.

고치령

여우비 내린 고치령 산신각
소백지장 태백천장 지켜 섰다.
순흥 금성대군 영월 청령포 단종
애달픈 마음을 잇는 고개

살아 이루지 못한 꿈은
태백의 신이 되고
소백의 영이 되어
양백간 고갯마루 고치령 산신각에서
사무친 원한일랑 흐르는 구름에 부쳐 보내고
살아서 못 만난 정 죽어서라도 영원할지니

고치령 산신각은 고즈넉한데
세상사 우스운가!
세상 조롱 김삿갓이 이웃하여 누웠다.

피끝 마을 흐른 핏물 지켜보던 고치령
이제는 향락장승 희로애락 초월한 웃음에
사랑도 원한도 한낱 산새울음이어라.

❖ '고치령'

: 경북 영주시 단산면 좌석리와 마락리를 잇는 고개, 단종이 청령포에 유배되고 삼촌이 금성대군이 순흥에 위리안치 되어 있을 때 고치령으로 사람이 오가며 서로 소식을 전하였다는 이야기가 전해진다. 고치재에서 멀지 않은 영월의 김삿갓면에 김병연의 묘소가 있다.

생활의 비늘

수필 등

박상옥님의 시를 읽고

아 그렇구나! 아 그렇구나!
그렇게도 시가 되는구나!

고맙고 반가운 시집을 받고 단숨에 읽어 내려가며 연신 고개 끄덕이며 입으로 새어나온 말들이었습니다. 어렵게만 다가오는 시가 아니라, 일상이 그냥 시가 되면서도 인생의 깊은 맛이 느낄 수 있었습니다.

공연히 어려운 말들을 동원하려고 애쓰다 내용도 못 담고 모양새도 엉클어지는 많은 작품을 대하다가 청량한 시를 대하곤 선생님의 능력과 덕성을 새삼 생각하게 됩니다. 일상사가 시가 된다고 하지만 이는 아무나 할 수 있는 일이 분명 아니매, 이렇게 아름다운 주옥을 찾아낼 수 있는 눈은 천부의 능력일 것이요, 쉬우면서도 가슴에 와 닫게 다듬는 솜씨는 정기가 손끝에 한껏 서린 것일 테지요.

박 선생님!

고맙습니다. 훌륭하신 시집을 보내주시어 우매한 머리를 홀연 상쾌하게 깨우쳐 주시고, 청량한 한 줄기 빛은 가슴에 넣어 주시었습니다.

나비는 "어디에다 집을 지을까 생각하지 않"고 "높게 날아오르지 않아도 지상의 아름다움이 낮은 곳에 있음을 안다"는 데 인간은 부질없이 높은 곳에 목을 매고 있어 도리어 낮은 곳의 행복을 지나치고 있다고 호통을 치는 것 같았습니다.

"마른 햇살 갉아먹어도 / 마르지 않는 손 / 손님이 오면 포장된 음식만 내고 / 얼굴을 마주 하지 않는다는 / 조막손이 서러운 / 사람들이 산다"는 연곡리 사람들의 천형의 한스러움을 오히려 담담하게 표현하여 더욱 한스러움을 느낍니다. 격정의 한스러움이 너무도 담담하게 표현되어 있는 것을 통해 선생님의 경지를 짐작할 것도 같고 어쩌면 너무 까마득히 높은 곳에 가 있어 헤아리기 어려울 듯하기도 합니다. 운동장 구석에서 자식의 유품을 태우면서도 눈물 보이지 않는 숙이 어머니에서 한층 승화된 어떤 슬픔을 만나게 됩니다.

양정역 옆에서는 소담한 연꽃 한 송이 피워 두고 한 바퀴 휘돌아 백화산을 오르면 올갱이국을 후럭후럭 마시던 "양철집 식당"에서 "세월 따라 익어가는 사랑"이 남겨진 황간으로 앨란트라가 달리고, 바람이 지나가는 추풍령 길을 지나, "학이 살지 않는" 백학 마을텃밭엔 심어 논 꿈이 아직도 자라고 있을 게고, "선생님, 아무개 엄마니더. / 재삿밥 잡수시라고 왔어예. / 그릇은 아침에 가져 갈께요. / 인사도 받지 않고 / 휑하니 어둠에 숨는" 인정이 가슴에 와 닫는데, '내 인심이 남의 인심'이라고 그동안 백학에서 베푼 인심이 푹푹하였음을 알게 합니다.

그냥 보는 자연이요 매양 있는 일상인데, 거기에서 삶의 깊은 뜻은 찾아낼 수 있는 능력이, 또 그것을 참으로 자연스럽게 남에게 보이는 재주가 한량없이 부럽습니다. 앞으로도 더욱 좋은 작품을 통하여 마냥 거칠어만 가는 현대인들의 마음을 부드럽게 매만지리라 믿게 되었습니다.

좋은 시집 받고 인사가 늦었습니다.

어떤 말을 해도 변명이 됩니다만, 어쨌든 변명을 아니 할 수도 없고……

삶에 찌들리는 일상이 그렇게 만들고 말았음을 알아주시고 용서해 주시기 바랍니다. 한편으론 몇 차례 읽어 가슴에 채우느라 늦었다고 하면 좀 덜 미안한 마음 일는지 모르겠습니다.

"벌치는 사람을 만나 절을 물으니 / 가리키는 손끝에 노을이 걸린다. / 예불을 끝낸 노승이 뒷짐 지고 / 붉은 노을 속으로 걸어 들어가고 있"는 풍경이 그려지는 것은 아름다움을 보는 눈이 있어서야만 비로소 나타나는 정경이 아닐까 합니다. 문득 아름다움에 감탄하지 못하고 무감각으로 지나치는 일이 많은 제 삶이 부끄러워집니다. 낮게 드리우면 지나가는 구름이 "정액을 뿌리고" 지나가는 것을 볼 줄 아는 눈은 박상옥 시인이 아니고는 어림도 없을 것입니다.

사람들이 흔히 가장 중요한 농사는 자식 농사라고들 합니다. 선생님은 "농사는 때가 있는 법이야. 그렇지? / -예 / 그래 이놈들아! / 지금은 너희가 씨를 뿌릴 때다"라는 농사의 모습을 통하여 진정한 인간 농사법을 체득하였음이 보이고 "이놈아, 까끄라운 게 까끄라기뿐인가"라고 하여 까끄럽기만 한 세상사에 일갈하는 모습이 느껴지고 나는 남에게 까끄럽게만 하지 않았나 생각되어 숙연해집니다.

'잡초'는 주위를 다시 돌아보게 하였습니다. "판으로 모이고, 판으로 놀고, / 판에 어울리지 못하면 / 잡초가 되는 것인가." 자신들의 조그만 이익을 좇아 상대를 비방하고 욕하는 세태가 자못 부끄럽습니다.

"대한민국 중학교 2학년 / 아홉 명의 아이들 / 수업 끝나면 운동장에 금을 긋고 / 네발뛰기하다 싫증나면 / 네 명의 남학생들은 농구공을 던지다가 / 축구공을 차올리며 논다."는 모습의 학교와 비슷한 학교에서 근무를 하면서 새삼 학교의 모습에 공감을 하면서 한편으로 우리 농촌 현실이 암담하게 느껴지기고 합니다. 이제 이마저도 볼 수 있는 날들이 얼마나 될는지 하는 의구심을 갖게 됩니다. 그러면서 잃어가고 있는 고향이 서러워지기도 합니다. 아니 세사에 시달리며 각박한 세상사에 매달리느라 잃어버린 내 마음속의 서정을 서러워하는지도 모르겠습니다.

선생님의 시집을 대하고는 세월 저편에 남겨두었던 서정이 새록새록 다가와 마음 한켠을 적셔옵니다.

이렇게 제 느낌을 적어가노라니 표현이 너무 졸렬하여 부끄러워 더 이어 나갈 염치가 나지 않습니다. 시를 보는 눈도 없는 이가 괜히 선생님의 훌륭한 작품을 욕보이지 않았나 하는 생각이 듭니다. 그렇더라도 문학의 이해란 독자의 몫이라는 궤변도 있다고 생각하시고 용서하시기 바랍니다.

다시 한 번 주옥같은 시를 보내 주심에 감사드리며, 앞으로 더욱 훌륭한 작품 접할 수 있기를 기다리며 이만 어지러운 글을 접습니다.

늘 건강하시고 좋은 작품 많이 빚는 나날 되십시오.

2005년 단오절 이튿날에

한 그루의 웅대한 느티나무를 기리며

김 성 진 (은척상업고등학교)

산 속을 거니노라면 많은 나무들과 만나게 된다. 제 각각의 모습을 지닌 나무들이 참 많기도 하다. 늘상 만나는 나무이고 보면 대개는 별 감흥(感興) 없이 지나치는 경우가 많다. 그러다가 멋진 단풍을 보면 탄성을 지르기도 하고, 바위 위에 우뚝 서 있는 소나무를 보고는 감탄을 자아내기도 한다. 몇몇의 사람에게 특별히 가슴에 다가오는 나무도 있고 대부분의 사람들에게 흥미를 갖게 하는 나무도 있다. 우뚝 솟은 소나무를 발견하고 경외감(敬畏感)을 갖게 될 때도 있다.

여름날 길을 가다 마을 가운데 서 있는 느티나무 아래에서 동리 사람들과 함께 세월을 이야기하면서 잠시 앉아 쉬며 더위를 식히노라면 느티나무의 고마움을 새삼 생각하기도 한다.

인간의 삶이 또한 이와 같지 않을까? 사람이 일생을 살아가는 동안 무수히 많은 사람들이 주위를 스쳐가게 된다. 더러는 깊은 각인(刻印)을 남기기도 하고, 더러는 이름마저도 아스라이 사라진 경우도 있다. 또 어떤 사람의 경우에는 경외심(敬畏心)을 갖게 되는 경우도 있다. 큰 덕을 베풀어 많은 사람으로부터 추앙(推仰) 받는 경우도 본다. 그럴 때면 그늘을 넓게 펴고 하늘 높이 솟아있는 느티나무가 생각난다. 소나무나 대나무 같이 홀로 고고하지 않으면서도 기품을 유지하고, 너그러운 품성으로 남에게 베푸는 나무가 바로 느티나무가 아닌가 한다. 이런 크고 멋진 덕성스러운 느티나무를 보면 정희융 교육장님이 생각난다.

교직 생활 25년쯤 되던 어느 해, 그 동안의 긴 고등학교 근무를 접고 처음으로 중학교로 발령이 나서 간 곳이 모서중학교였다. 학생이 80여명이고, 교장선생님과 교사가 8명인 소규모 학교였다. 이 해에 교장선생님이 새로 오셨고, 교사 3명이 바뀌었다. 교사 3명 중에 나도 끼어 있었다. 여기서 정희융 교육장님과의 인연은 시작되었다. 첫인상은 적당히 풍채 좋고 인정 있어 보이는 인물이라는 느낌이었다.

나는 주로 큰 학교에 근무하여 오다가 규모가 작은 학교에 근무하게 되면서 큰 학교에서는 감히 엄두를 못 내던 몇 가지 시도를 해볼 수 있는 기회를 가지게 되었다. 전교생이 참여하는 시화전, 전교생의 글을 모은 문집 '웅비' 발간 등의 시도를 하였다. '웅비'는 전교생의 작품을 한편 이상씩 모아 연말(年末)에 책으로 엮어 내는 작업이었다. 그래서 틈틈이 글짓기를 하였는데, 어느 날 "우리 교장선생님"이라는 글제로 학생들에게 작문을 시켰다. 교장선생님이라는 글제가 학생들이 쓰기에 부담이 되는 것이 아닐까 하는 걱정을 하였는데 예상외로 재미있는 글들이 많이 나왔다.

그 중 "교장 선생님 그러실 줄은 몰랐습니다"라는 제목이 눈길을 끌었다. 내용은 화장실에서 만난 학생에게 교장 선생님께서 "고추 많이 여물었냐?"고 물어 당황하였다는 다분히 항의성(抗議性) 글이었던 것으로 기억난다. 권위만 내세우지 않고 이런 유(類)의 농담을 주고받으며 학생들과 친밀하고자 노력하였다는 것을 알려주는 작은 일화(逸話)다.

또 어떤 학생은 "내가 지금까지 보아오고 생각했던 무섭게 생긴 훈장님의 얼굴이 아닌 자상하시고, 부지런하신 교장 선생님의 얼굴이 먼저 떠오른다."고 하면서 "교장 선생님처럼 부지런한 사람이 되어야겠다"고 하여 학생들과 친밀하면서 존경받는 분이었음을 알 수 있게 해 주었다.

한편 정희융 교장 선생님은 부지런함 그 자체였다. 나는 비교적 일찍 학교에 가는 편이다. 아마 인문계 고등학교에 근무하면서 붙은 습관인지 모르겠으나 하여간 조금은 이른 시간에 학교에 도착하는 편에 속한다. 대략 7시 20분 전후(前後)면 학교에 도착하는데, 이 무렵이면 학생들이 6, 7명 와 있다. 버스로 통학하는 학생들이 도착하여 문을 열기를 기다리는 것이다. 경비시스템을 해제하고 문을 열어 학생들을 교실로 들어가게 하는 것이 아침의 주요한 일과였다. 5년 간 근무하며 아마 4년은 내가 문을 열어 주었다고 해도 큰 잘못은 아닐 것이다. 그러면 1년은 어떻게 된 것인가? 이 기간은 정희융 교장 선생님께서 열어주신 기간이다. 당신께서 모서중학교에 근무한 기간은 1년 반이지만 행정연수원에 연수를 받으신 기간이 약 반년이 되어서 문을 연 기간은 약 1년이 되는 것이다.

아침에 출근을 하면 본관의 문을 따 놓고 화단에 잡초를 매고 계시는 교장 선생님을 만나게 된다. 나는 이제껏 밭을 맨다든가 또는 실습지를 가꾸는 교장을 본 경험이 없었기에 처음에는 이상한 생각이 들기도 했다. 교장이 체통 없이 화단이나 매고 있어서 되겠는가 하는 생각을 하기도 했다. 그러나 학교와 학생을 위하는 교장 선생님의 참뜻을 알고는 존경의 마음으로 변하게 되었다.

모서중학교는 그야말로 사철 꽃피는 학교였다. 봄이면 벚꽃이 운동장을 둘러 피어, 오가는 상춘객의 발길을 머물게 하고, 가을이면 노란 국화꽃 속에서 향기에 취하게 된다. 교장 선생님께서 어디선가 국화 모종을 구해 오셔서 온 학교에 심고 학생들과 함께 가꾸어, 몇 해 동안의 가을은 학교가 온통 노란 국화 동산이 되어 국화 향 속에 묻혀 그 곳에 몸을 담고 있는 이들의 마음이 모두 향기러워졌다.

예로부터 우두머리의 조건으로 덕을 가지고 다른 사람을 포용할 수 있는 큰 틀을 말하기도 한다. 직장 생활을 하면서 그런 어른을 모실 기회를 갖게 되는 것은 개인적으로 행운이요 큰 기쁨이다.

내 직장 생활에서 틀이 큰 어른을 모실 기회가 몇 차례 있어서 행운이었다. 그런 중에서도 정 교장선생님을 모시게 된 것은 큰 기쁨으로 남는다. 교장 선생님은 작은 일에 연연하지 않고 큰 흐름에서 일을 시원시원하게 처리하여 선이 굵은 일처리 방식을 취하였다. 사람을 대함에 있어 스스럼이 없고 밑의 사람이라도 인격적으로 대해 주고 대접해 주어 더욱 열심히 일하는 분위기(雰圍氣)를 조성하곤 하였다. 또 직원들과 늘 격의(隔意) 없이 지내시려고 노력하셨다. 회식 자리에선 재미있는 농(弄)으로 분위기를 돋우시기도 하였다.

어느 여름날 늦은 오후 한적한 사택 앞에서 조촐한 회식 자리가 마련되었을 때였다. 사택 앞에 조그만 실습지가 있는데 그곳에 고추를 심어 그 해 고추가 잘 되었다. 그 고추밭을 보며 누군가가 어떻게 농사를 지어 고추 농사가 잘 되었느냐고 하니, 밤에 여인네가 고추 고랑을 왔다 갔다 하면 고추는 약이 오르고 잘 자란다고 농을 하여 모두들 폭소를 자아내기도 할 정도로 권위나 체통을 생각하기보다 직원들의 화합을 먼저 생각하였다.

내가 받은 어느 연수중에 지도자의 유형으로 똑부, 똑게, 멍부, 멍게가 있다는 이야기를 들었다. 즉, 똑똑하고 부지런한 지도자, 똑똑하지만 게으른 지도자, 멍청하며 부지런한 지도자, 멍청하며 게으른 지도자가 있으며, 가장 바람직한 유형은

똑게라고 한다. 모든 업무와 내용을 잘 알고 있으면서 직원들이 스스로 처리할 수 있도록 기다려 주고 만약 여의치 못하면 지도를 하여 스스로 처리하여 직원들이 스스로 성장할 수 있도록 한다는 것이다.

이 이야기를 들으며 내가 모시던 여러 어른들의 지도 유형의 모습이 뇌리를 스치고 지나가면서 내가 모범을 삼아야 할 사람이 누구누구일까 하고 생각하였다. 귀감의 대상으로 먼저 떠오는 이가 정 교육장님이었다. 업무를 정확히 아시면서도 직원을 다그치지 않고 스스로 알아서 일을 처리할 수 있도록 분위기만 만들어 일이 원만하게 처리되도록 하였던 지도 형태를 본받아야겠다는 생각을 하였다. 그러면서도 한편으론 과연 '나'라면 그렇게 해 낼 수 있을까 하는 의구심도 일었다.

한학(漢學)에 달통(達通)한 교장선생님의 모습 또한 그냥 넘어갈 수 없다. 달필(達筆)로 쓴 명구(名句)를 통해 직원들의 인격(人格) 도야(陶冶)를 도모한 명구(名句) 강의(講義)가 생각난다. 한 달에 한 번씩 직원 조회 시간에 명구절(名句節)을 친필(親筆)로 쓴 것을 복사하여 직원들에게 내어 주고 풀이를 하고, 그 구절의 뜻을 빌려 정신 교육을 하였다. 그 내용이 좋아서 나는 워드로 치고, 구절(句節)의 음과 뜻을 적고 어려운 한자를 풀이하여 각 교실에 게시하여 학생들도 명구 강의에 함께 참여하도록 하였던 기억이 난다.

교장 선생님과 함께 근무하였을 때 체험학습을 간 일이 있다. 교장 선생님께서 가는 곳마다 자세하게 그 지역에 대해 안내를 해주시던 장면이 기억 속에 선명한 한 모습으로 남아 있다. 한번은 안동 도산서원과 하회마을을 둘러보는 여행이었고, 또 한 번은 부여권 문화재를 마음에 담는 때였다. 전문 안내원은 저리 가라는 정도로 가는 곳마다 안내를 잘 해주어 더욱 보람찬 체험학습이 되도록 하였다. 해박한 지식이 저절로 배어 나와 뭇 사람들을 감탄케 했다.

부여권 체험학습 도중 은진미륵 앞에서 시간적 여유가 있어 학생들은 유적지를 둘러보거나 근처에서 휴식을 취하고 있을 때 대폿집에서 직원들이 둘러앉아 잠시의 여유를 가지는 시간에도 구수한 말씀으로 여수(旅愁)를 돋우어 주었고 직원들의 마음을 즐겁게 해주었다. 이런 해박함과 여유는 내면이 충실하지 않으면 나올 수 없는 것이다.

또, 교육장님은 인정(人情) 많은 사람이다. 흔히 떠나는 사람은 돌로 치라는 말이 있다. 우리 생활이라는 것이 같이 있을 때는 매우 친한 척 하지만 막상 헤어지고 나면 멀어진다는 것을 뜻하는 것이리라. 그래서 다른 곳으로 전근을 간 뒤에는 서로 연락을 취하는 것이 그리 쉽지만은 않다. 그런데 우리 정교육장님은 좀 다른 데가 있었나 보다. 예천군교육청으로 전근 가신 뒤에 직원 여러 사람이 한번 방문을 하자고 의견이 모아져 짬을 내어 예천교육청으로 찾아가게 되었다. 무척 반갑게 맞아 주시고, 운문사와 세금 내는 소나무 석송령 등을 안내하며 자세한 설명까지 하여 찾아간 이들 모두에게 좋은 추억을 만들어 주었다.

혹자(或者)는 기관의 장이 전근(轉勤) 간 곳으로 직원들이 찾아가는 것이 뭐 큰 대수냐고 할지 모른다. 사실 맞는 말일 것이다. 종종 이런 경우를 접할 수 있으니 말이다. 그러나 찾아뵙는 것이 한 번만으로 끝났다면 그것은 평범한 한 행사로 치부될 수 있다. 몇 년인가 뒤에 다시 찾아뵙자는 의견이 모아져 재차 방문하게 된 것이다. 쉽지 않은 일이었다. 또 모서중학교에서 행사가 있으면 꼭 초청을 하자고 직원들이 이구동성으로 이야기하여 전화를 드리면 바쁜 일정을 쪼개어 참석하여 자리를 빛내주시어 식지 않는 애정을 보여 주셨다.

인간의 삶은 만남과 이별의 연속선상(連續線上)의 어느 시점(時點)들을 지나가는 과정이라 생각된다. 많은 사람이 스쳐 지나가고 또 다가오고 그런 과정에서 정(情) 있는 이들을 많이 만나면 그 또한 행복이 아닐까 하는 생각을 하면서 교육장님은 행복한 사람이라는 생각이 든다. 그러면서 한편으로 자기 인심이 남의 인심이란 말이 있듯이, 자기가 할 나름이라는 말을 보면, 그런 것들은 결국은 훌륭한 인품의 한 자락 그림자가 아니겠는가 하는 사념(思念)이 머리를 스쳐 지나가며 내 자신을 되돌아보게 한다.

오늘은 산을 타고 내려오는 단풍이 지난밤에 내린 비에 젖어 더 화려함을 뽐내고 있다. 자연은 끝까지 아름다운 모습을 보이면서 한 해를 마무리한다. 우리 인생도 자연의 일부이거늘 순리에 따라 살아온 삶은 바로 행복이리라.

※ 이 글은 정희융 교육장님의 퇴임 문집 '敎學相長'에 보낸 원고임

중앙 사거리 斷想

상주의 중앙 사거리를 나이 지긋한 사람들은 동상로타리라 부르기도 한다. 전에 그 사거리에 동상이 있고 주위로 차가 돌아나가는 로타리 형태의 거리였기에 그렇게 불렸고, 그 영향으로 지금도 이름이 남아 있다.

그 곳에 있던 동상을 제작한 사람이 함창고등학교에 재직하였던 김동혁이라는 분이다. 이 분은 북한에서 단신으로 월남하여 교직에 몸담고 계셨던 분으로 오직 학생들에게 혼신의 힘을 기울이신 분이다. 시골학교에서 홍익대학교 미대를 포함하여 유수한 미대에 많은 학생을 진학시켰고, 그 선생님에게 배운 학생들이 국전(國展)에 많이 입상을 하기도 하였다.

그 후 그 선생님이 정년을 하셨고 미대 전통은 이어지지 못하고 있다고 들었다. 우리는 한 사람의 교사가 얼마나 많은 영향을 학생들에게 줄 수 있는가를 새삼 생각하게 해주는 일화이다.

요즘 시골의 많은 고등학교가 입학생을 확보하지 못하여 걱정을 하는 것을 볼 수 있다. 또 많은 시골 고등학교가 문을 닫았다. 70년대 농촌지역에 학생들이 넘쳐 날 때 각처에 고등학교를 설립하였던 것이 농촌 인구의 급격한 감소로 그 학교들이 문을 닫고 있다.

상주 사벌에 있었던 사벌고등학교도 그 중의 하나이다. 그 당시 사벌중학교는 학년당 5학급으로 학년당 학생이 300여명이나 되던 학교였다. 형편이 좀 나은 학생은 시내 고등학교로 진학을 하고 여의치 못한 학생들이 사벌고등학교에 남았다.

80년대 초, 시골 학교인 사벌고등학교가 '입시 반란'이라 할 정도로 진학률을 높인 일이 있었다. 당시만 해도 4년제 대학생 수가 지금보다 훨씬 적은 시절이었는데 2학급짜리 학교에서 40명이 4년제 대학에 진학을 한 것이다. 진학률로 볼 때 시내의 고등학교를 능가하는 반란을 일으킨 것이다. 여건은 시내학교에 비해 열악했지만 이 당시에 이 학교에 근무하던 교사들이 일심 단결하여 어려운 환경에 있는 학생들을 위하자며 합심하여 노력한 결과의 산물이었다고 한다. 그 한해 뒤에는 서울대학교에도 1명이 진학하여 학교의 이름을 날리게 되었다.

두 개의 사례에서 우리는 교사들의 중요성을 다시금 생각해 보게 한다. 교육이 어떤 한 요소로만으로 잘 될 수 있는 것이 아니지만 가장 중요한 것이 교사 요인이라는 것을 보여주고 있는 것이다. 아이들의 가능성을 믿고 노력한다면 이룩할 수 있는 것이 참으로 많다고 보는 것이다.

체육대회 유감

운동장에서는 아직은 따가운 늦가을 햇살 속에 체육대회가 무르익어가고 있다. 승리의 함성과 아쉬움의 탄식 소리가 어우러지고 기발한 응원으로 보는 이를 미소 짓게 한다. 운동회하는 모습을 보며 문득 학창시절의 모습이 머리를 스친다. 요즘은 거의 사라진 모습이지만 나이가 좀 든 사람이라면 마스게임의 추억이 있을 것이다. 전에는 운동회나 체육대회를 하면 거의 예외 없이 합동체조가 프로그램에 들어가 있었다. 그것을 위해 몇날 며칠을 연습하느라 고생하였던 기억이 있다. 그래도 지나고 보니 아스라한 추억 속에 한 장면으로 즐거웁게 떠오른다.

고등학교 시절이었다. 학교 내 행사로 체육대회를 하곤 하였는데 그 해는 외부 손님까지 모시는 체육대회행사를 하게 되었다. 가장 행렬을 준비하고 각종 경기도 준비되고 있었다. 즐거운 한 때를 보낼 수 있는 기회였다. 이 체육대회에도 어김없이 마스게임이 들어 있어서 몇날 며칠을 준비하며 협동과 조화의 아름다움을 보여주기 위해 학생들이 땀을 흘리었다.

그러던 어느 날 담당 선생님께서 합동 체조를 위해 흰운동화를 준비하라고 한다. 그 때 집안이 넉넉하지 못한 사람들은 대개 검은 운동화 한 켤레로 그 신발이 다 떨어질 때까지 버티곤 하던 시절이었다. 그런데 갑자기 흰운동화를 준비하라고 하니 난감하였다. 집안 형편을 뻔히 알고 있는 형편에 새 운동화를 사달라는 말이 나오지 않았다. 그렇다고 달리 빌릴 곳도 없고……, 궁리를 하다가 좋은 묘책을 생각해 내었다. 운동화에 물을 묻히고 그기에 분필 동가리를 주워 갖고 와 운동화에 칠해 보았다. 물기가 마르자 검은 운동화는 흰운동화로 변신을 하였다. 그렇게 하여 마스게임은 무사히 마칠 수 있었다.

요즘 학생들이 생각하면 가당치도 않은 이야기일 수도 있다. 그러나 그 시대는 그런 상황이 생소한 일이 아니었다. 이제 그 당시보다는 엄청 잘 살게 되었다. 연필이 짧아지면 대나무나 다른 둥근 통에 끼워서 사용하고 모든 것을 아끼고, 혹

물건을 잃어버리면 그것을 찾느라 노력하던 일이 선한데, 요즘 분실물 보관소에 찾아가지 않고 있는 학용품이 넘쳐난다는 신문기사를 보며 우리는 너무 일찍 조그만 성취에 도취되어 건방져지고 있는 것은 아닌지 하는 걱정이 밀려온다.

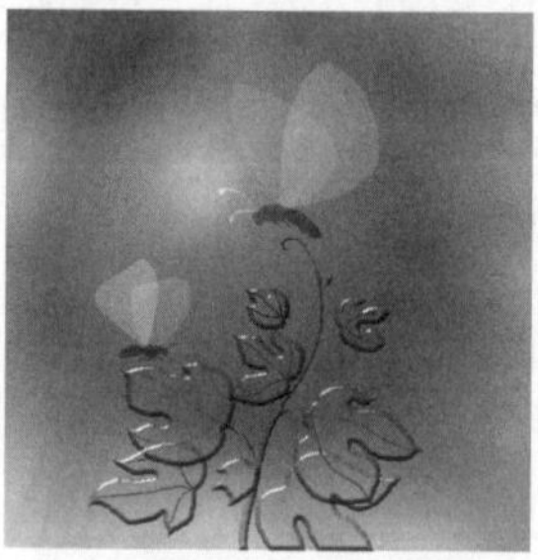

어떤 이야기

이 글은 어떤 사람의 낙서 장에서 옮겨온 것이다.

"빌어먹을"

하이얗게 서리가 깔린 벌판을 가로질러 난 길에 이제 막 陽光을 비추기 시작한 태양의 빛을 받아 들국화 한 송이가 마지막 꽃잎을 피우려고 안간 힘을 쓰고 있는 걸 보며 한 초라한 녀석이 징검다리도 없는 냇가에 당도하여 한 소리 내뱉는다.

그가 가고 있는 길 양편으로 이미 추수를 끝낸 논에 남아 있는 벼 그루터기에 하얀 서리는, 태양을 면한 쪽엔 녹아간다.

어제 오후 한 마을을 지나는데 토담 옆에서 국민학교 상급반인 듯한 여식 애들이 고무줄놀이를 하는 옆을 무심코 지나치려다가 얼핏 듣기에 이상한 소리가 들려 걸음을 멈추고 들어보니 고무줄놀이를 하는데 발을 맞추기 위해 하는 노래가

이슬비 내리는 이른 아침에
우산 셋이 나란히 걸어갑니다.
파란 우산 빨간 우산 찢어진 우산
좁다란 학교 길에 우산 세대가
이마를 마주대고 걸어갑니다.

이슬비 내리는 명동 거리에
빤스 셋이 나란히 걸어갑니다.
빨간 빤스 노란 빤스 찢어진 빤스
좁다란 명동 길에 빤스 세 개가
이마를 마주대고 걸어갑니다.

이슬비 내리는 명동 거리에
병신 셋이 나란히 걸어갑니다.
눈 째진 년 코 째진 년 ×× 째진 년
좁다란 명동 길에 병신 셋이
이마를 마주대고 걸어갑니다.

그 애들은 무엇이 그리 즐거운지 합창을 하며 잘도 발을 놀리고, 지나치는 어른들은 江山 위를 흘러가는 흰 구름 마냥 무심히 지나치고 있다.

풍성한 가을 이어선지 인심이 후하여 방랑을 하기에 좋았다. 어떤 날 상주 화북 어느 고을에서 하룻밤 묵게 되었다. 그 집은 동네 사람들이 잘 놀러 오는 집이었던지 그날 저녁에 할머니 예닐곱 명이 모여 이런 저런 잡담을 주고받다가 한 할머니가 젊을 때 친정 마을에 있었던 일이었다고 하면서 이야기 한 토막을 꺼낸다.

한 4·50년 쯤 세월 전에 어떤 부부가 살았다네. 그런데 그들 부처(夫妻)는 무척 다복하여 아들을 8명, 딸을 4명이나 두었다네. 그것도 모두 연년생으로 말이야. 다른 사람들을 복이 많다고 모두 부러워들 했으나, 이들 부부에게는 꼭 그렇지도 않았던 모양이야. 아직 마흔 고개를 넘지 않은 그들로서는 이불 속의 일을 참을 수 없었던 모양이야. 그러나 애들 때문에 마음대로 할 수가 없어 며칠을 궁리 끝에 이들 부부는 한 계교를 짜내었는데, 마무라가 안방에서 애들이 모두 잠들면 부엉이 소리를 낼 테니, 부엉이 소리가 나거든 사랑에서 올라오기로 했겄다. 그날 저녁 사랑방에서 남편은 이제나 저제나 하고 기다리고 있는데 밤이 이슥하여 이윽고 '부엉 부엉'하고 부엉이 소리가 들려와, 얼씨구나 좋다 하고 부리나케 안방에 건너가 운우의 정을 치루고 황홀경에서 깨어나 정신을 차리고 보니 한 녀석이 한쪽 꾸껑[구석]에 쪼골씨고[쭈그리고] 앉아 있지 않은가! 그 애미가 무안한 감이 들어
"너 부엉이 소리 들으니" 하니 "응 들었어. 하드라네.
이야기가 끝나자 모여 있는 사람들은 모두 배를 잡고 웃었다.

다음날 그 방랑객은 문장대를 향하여 길을 떠났다. 길옆 산비탈 밭에는 거두어

들이다 빠진 서너 개 담배대궁 꼭대기에 몇 개 잎을 달고 서 있고, 계곡을 흐르는 맑은 물소리가 그리워서인지 낙엽은 계곡을 향하여 떨어져 간다.

한 여승이 문장대 오르는 길의 적막한 암자 주위에 여운을 던지며 염불에 열중하고 있다. 무슨 사연이 있어 스님이 되었을까? 문득 언젠가 들었던 한 자락 이야기가 떠오른다.

시집을 가서 이틀 만에 어쩐 영문인지 모르게 남편이 죽고 재수 없는 여자라고 시집에서 쫓겨 난 여인은 갈 곳이라고는 아무데도 없고, 암담하였다. 출가외인이라 친정에도 갈 수 없고……. 하는 수 없이 머리 깎고 바랑지어 입고 걸쳐 마지막으로 어머니 얼굴이나 한 번 보자고 무거운 발길을 옮겨 친정으로 가서 시주를 청하니 그 애미가 나와 보고는

어찌하여 중이 됐노! 우리 딸년 닮았구나!
어느 집 귀한 딸이 어인 일로 중이 됐노!

하며 쌀을 한 식기 퍼서 바랑에 부어주니 원래가 바랑을 밑이 터지게 지은 것이라 쌀은 그대로 급행열차를 타고 마당에 쏟아지니 그 여승은 앉아 쌀을 주어 담다보니 날이 저문다. 날이 저물어 다른 곳으로 갈 수 없으니 하룻밤 자고 가자 청하니 마땅한 방이 없어 재워 줄 수 없다 하니 그럼 처마 밑이라도 좋으니 하룻밤만 쉬어가자 한다. 어쩔 수 없는 일이군…… 그러면 마루라도 좋으면 자고 가라 허락한다. 마루에서 잠을 청하였으나 밤이 이슥하도록 자기의 신세를 생각하니 잠이 오지 않아 이리 뒤척 저리 뒤척 뒤척이니 삽살개는 주인을 모르고 멍멍 짓는다.

개야 개야 짖지마라 어제아레 네 밥 주던 주인이다.
엄마 엄마 우리 엄마 딸 닮은 건 아시면서
처량할사 이내 몸은 어이 몰라보시는고.

이렇게 넋두리를 하는 것을 방에서 들은 그 애미가 뛰어나와

애고 애고 웬 말이냐 우리 딸이 중된 일이
좋은 남편 만났다고 애민 슬픔 달랬는데
무슨 일이 있었관데 중이 되어 오단 말가
애고 애고 섧고 섧다 이내 팔자 기구하다.

하며 모녀는 부둥켜안고 슬피 슬피 울었다. 다음 날 그 딸은 애미의 만류도 뿌리치고 어디론가 걸어가 버렸다.

법주사 대웅전에서 지체 높은 스님이 연대에 높직이 앉아 법당에 모여 있는 승려들과 신도들에게 한참 설법을 하고 난 후 책을 한권 손에 들고는 이 책을 사서 보지 않으면 진정한 신도가 될 수 없노라 한다. 한편 설법하는 도중에 이마가 잘 닦아놓은 구두마냥 반짝거리는 중 하나가 구경하는 젊은 여인에게로 자주 눈길을 준다.

이것을 구경하고, 있던 그 방랑객은 서글픈 듯한 미소를 짓고는 그 자리를 떠난다.

차창으로 비치는 네온(Neon)은 비에 후줄근하게 젖어 시야에 들어온다. 무슨 행사가 낮에 있었던지 가로등 기둥에 태극기가 빗속에 축 늘어져 흡사 비 오는 날 도회의 사창에서 손님을 유혹하는 창부 같이 흐느적거리며 매달려 있는 게 차창으로 밀려왔다가 밀려가고, 길에서 조금 떨어져 두 길을 족히 될 듯한 담 위에 철조망까지 두른 안으로 십자가가 불빛에 어른거린다.

뒤쪽에 앉은 누군가가 "현실과 투쟁하는 사람은 가장 어리석은 사람이요 현실도피를 하는 사람은 가장 겁쟁이요 현실과 타협하는 사람은 가장 현명한 사람이네" 하는 소리가 버스 엔진 소리에 섞여 들어오고 있다.

1973.

삶의 늪과 고개에서

길을 가노라면 포장되고 평평한 길이 있는가 하면 늪에서 허우적거리나 골짜기에서 희미한 길의 흔적을 찾아가느라 고생을 하기도 하며 험준한 산길을 헉헉되고 넘어야 하기도 한다. 이런 난관에 처하여 좌절하기도 하고 어떤 계기로 다시 분발하여 난관을 헤쳐 나가기도 한다.

1960년대, 아직 보릿고개가 남아 있고, 고등학교 진학률도 그리 높지 않던 시절, 어려운 집안 형편으로 우여곡절 끝에 고등학교를 다니게 되었다. 고등학교만 나와도 감지덕지라 생각하며 말이다. 그런데 사람의 마음이란 간사하여 또 다른 꿈을 키우며 고등학교 1, 2학년을 마쳤다. 그러나 고등학교 3학년이 되었을 때 내 처지를 돌아보고 대학진학 문제로 고뇌를 하게 되었고, 결국 사실상 진학을 포기하고 공부도 좀 소홀하게 되었다.

그러다 예비고사 원서 접수가 시작되었다. 나는 진학을 하지 않을 것이기 때문에 원서내기를 포기하고 있었다. 그런 어느 날 담임선생님께서 사진관에 가서 사진을 찍어 오라고 하신다. 썩 내키지는 않았지만 선생님의 엄명에 사진을 가져다 드렸다. 선생님께서 수험료를 대납하시며 예비고사에 응시하도록 한 것이다.

그런 상황에서도 본격적으로 공부에 집중할 마음이 아니었다. 그러다 시험이 일주일 앞으로 다가왔다. 걱정이 되었다. 혹시 떨어지면 무슨 창피이며 선생님의 뜻에 어긋나게 되지나 않을까 하여 그때부터 정리해 나가기 시작하였다. 2학년 말까지 각 과목을 공부하며 정리해둔 노트가 있어서 기억을 되살리며 정리하는 것은 힘들지는 않았다. 그러나 시간이 부족하여 농업은 정리할 수 없었다. 물론 농업은 참고서도 없기도 하였고 본고사에 없는 과목이기에 정리한 것도 없었다. 그래서 시험 전날 수험표를 받고 여관에서 머물 때 한 친구의 문제집을 빌려 정리할 수 있었다. 농업은 다음날 시험에 그 전날 본 것이 나와 거의 만점에 가깝다는 느낌을 받았다.

이렇게 예비고사를 치고 합격하고 나니 대학에 대한 미련이 되살아나서 원서를 내게 되었다. 집안 형편을 생각하면 진학이 힘들다. 그런데 지역의 한 독지가가 어떤 대학에 들어가면 학비와 생활비를 전액 지원해 준다는 것을 알았다. 그래서 욕심을 내어 그 대학에 지원하였다.

예비소집에서 수험표를 받고 여관비를 아끼려고, 지원한 대학교 근처인 동숭동에 있는 하숙집에 들어갔다. 평소에는 대학생들 하숙을 치루는 곳이지만 방학 중이니 학생들이 집으로 가고 입시철에 수험생들에게 방을 빌려주고 있었다. 방은 2층에 있었다. 1층에 주인이 살고 2층에 방이 여럿 있어 하숙을 치렀던 곳이다.

저녁을 먹고 방에 들었다. 경남고등학교 학생과 함께 한 방에 들어가 학습 정리를 한참 하는데 컨디션이 좋지 못하였다. 그래서 같이 투숙한 경남고 학생에게 먼저 잔다고 말하고 자리에 들었다. 얼마가 지났는지 모르겠으나 속이 메스꺼워서 화장실에 가려고 일어나 벽에 걸린 바지 뒷주머니에 헌신문지를 넣어 둔 것이 생각나 바지 주머니에 손을 넣는다고 손을 넣었다고 생각했는데 더 이상은 생각나는 게 없고, 문득 구름 위에 누워 두둥실 떠가는 것이 그렇게 편할 수 없다는 느낌이 들었다.

얼마를 지났는지 왁자한 소리가 들리고, 여러 사람이 희미하게 시야에 들어왔고 머리가 빠개지는 것 같이 아팠다. 깨어난 뒤에 경남고 학생에게 들은 얘기에 의하면 자신은 엎드려 정리를 계속하고 있는데 갑자기 일어서더니 그냥 그대로 꼿꼿하게 이불 위에 뒤로 넘어지더라는 것이다. 그래서 깜짝 놀라 뛰어나가 1층으로 내려가기 위해 계단을 하나 디디는 순간 그대로 굴러 떨어졌고 그리곤 자신도 기억이 없다고 하였다.

쿵하는 소리에 주인이 깜짝 놀라 나와 보니 한 사람이 마룻바닥에 뻗어있고, 이층으로 올라와 보니 방에 한 명이 쓰러져 있었다고 한다. 동치미 국물을 가져와 마시라고 하여 한 그릇을 다 비웠다. 곧 날이 붐하게 밝아 왔다. 머리가 빠개지듯이 아프지만 당장 시험 칠 일이 걱정이었다. 그래서 밖으로 나와 동숭동 거리를 뛰었다. 한 시간여를 달리니 운동의 영향인지 시험 때문에 긴장을 해서인지 아픈 머리가 가라앉았다.

그런 와중에 시간이 되어 수험장에 들어갔다. 어떻게 시험을 쳤는지 그날 하루가 지나갔다. 결과는 보기 좋게 낙방이었다. 그런 일이 없었어도 결과를 알 수 없는 상황인데……. 나에게 인연이 없는 대학인 모양이었다.

요즘 같으면 연탄가스에 중독되면 병원으로 갔을 텐데 그때는 왜 동치미 국물만 마시고 말았는지 지금 생각하면 한심한 생각이 든다.

이렇게 대학 입시에 실패하고 집에서 가사를 도우며 무기력하게 생활하고 있었다. 5월 어느 날 엽서 한 장이 날아 왔다. 고등학교 때 한 반에 있었던 Y였다. 다소 적극적인 성격을 가졌던 여학생이었다. 소풍을 가면 자신의 도시락 외에 좀 더 많은 음식을 준비하여 와서 주곤 하던 여학생이었다. 그 당시 멋이라고 할까? 도시락을 싸려고 하니 준비도 만만찮아서 빈손으로 소풍을 가곤 하였던 때다.

엽서에는 어떻게 지내고 있느냐는 안부와 자기는 부산대학교에 가기 위해 학원에 다니고 있다는 내용이었다. 엽서를 받고 보니 우선 내 자신이 초라해졌다. 학교 다닐 때는 성적은 내가 좀 낫다고 생각했는데 누구는 진학을 하기 위해 준비하고 있다는데 나는 무기력하게 지내고 있으니 그 심정은 참담하였다. 그래도 엽서를 보내준 것이 고마워 내 근황을 담아 답장을 하였더니 곧 다시 편지가 왔다. 그런 상태로 살지 말고 진학을 위해 준비하라고 격려해 주었다.

그래도 집안 형편을 생각하면 재수를 하겠다는 말이 선뜻 나오지 않았다. 이러면서 여름이 되었다. 부모님께 어렵게 말씀드려 약간의 준비를 하여 서울에 올라갔다. 종합반에 들어갈 형편을 아니고 단과반에 두어 과목을 듣고 기거는 독서실에서 공부를 하다 책상에 엎드려 자며, 끼니는 독서실 인근의 식당에서 아침은 50원짜리 밥을, 점심을 20원짜리 수제비로, 저녁을 30원짜리 국수나, 라면으로 때우며 지내길 두 달을 하였다. 그나마 더 버틸 돈이 없어서 집으로 내려왔다. 그럭저럭 예비고사를 치고, 대학 원서를 쓸 때가 되었는데 어느 곳을 지원하여야 할지 고민을 한다. 1년을 더 공부하였지만 실력이 는 것이 아니고 준비가 소홀한 관계로 실력이 도리어 줄어들었음을 느껴서 작년에 응시하였던 곳은 자신이 없었다. 서울 쪽으로 가고 싶지만 가정 형편상 학비가 싼 국립이 아니면 힘들 것 같아 차선으로 선택한 것이 경북대학교였다.

경북대학교 합격증을 받고 등록을 준비하고 있던 어느 날 마을의 친구 집에 놀러 가니 친구 부친께서 어떻게 대학을 갈려고 생각을 하느냐고 걱정을 하셨다. 자기는 우리 집보다 몇 배는 농토가 많지만 대학을 보낼 형편이 되지 않는데, 무슨 돈으로 대학을 가려느냐? 졸업하기 어렵지 않겠느냐며 걱정을 하셨다. 친구의 아버지로서 그리고 동네 사람으로 순수하게 하신 말씀이지만 나는 속으로 달갑게 여겨지지 않았다. 이 이야기를 들으며 아무런 대꾸는 하지 않았지만 속으로는 반드시 졸업을 하고 말리라 입술을 깨문다.

또 대학을 꼭 졸업하고 말겠다는 생각을 부추겨 준 사람이 있었다. 그해 편지를 모아 싼 봉투에

『시간이 머물었던 순간들』

S! 난 너를 사모하기 보다는 너무나 너무나 미워하고 있는 거다. 그러나……

그 언젠가부터 눈이 휘날리는 날 아무도 걷지 않은 언덕을 S와 둘이서 아무 말도 없이 그러나 행복하게 걷고 있는 장면을 생각하곤 얼마나 기꺼워했던가! 그러나 막상 눈송이가 난무하는 날 나는 혼자……

라 적은 것에서 나타나는 내 마음을 주었으나 끝내 그의 마음을 얻지 못한 일이 있었다. 훗날 생각해보니 별 것도 아닌 것이 그 당시에는 왜 그렇게 가슴이 쓰리고 싸 하던지……. 하여튼 그 일도 나의 오기를 강하게 증폭시키는 한 계기가 되기도 했다.

대학에 들어갔지만 작년에 가려다가 가지 못한 대학에 대한 미련과 내 욕심에 미치지 못하는 대학이라는 자괴심과 경제적인 어려움이 더하여 힘든 생활이 되었다. 그런 중에 Y와 편지와 학보를 서로 주고받으며 연락을 한다. 그녀는 격려해주고 힘을 실어주어 학창시절에 정신적 안정을 얻는데 많은 힘이 되었다.

삶의 한 고비에서 분발의 의지를 심어준 그들이 오늘 새삼 고맙게 느껴진다.

영천 호국원에서

영천호국원에 갔다. 순국학도병을 기리는 행사에 참석하기 위해서였다. 의식이 진행되고 전쟁에 참전한 어느 학도병이 쓴 살아서 돌아가겠다는 내용의 편지를 한 초등학생이 읽었다.

어머니!

나는 사람을 죽였습니다.

그것도 돌담 하나를 사이에 두고 십여 명은 될 것입니다. 나는 4명의 특공대원과 함께 수류탄이라는 무서운 폭발물을 던져 일순간에 죽이고 말았습니다. 수류탄의 폭음은 나의 고막을 찢어 버렸습니다. 지금 이 글을 쓰고 있는 순간에도 귓속에는 무서운 굉음으로 가득 차 있습니다. 적은 다리가 떨어져 나가고 팔이 떨어져 나갔습니다.

<중간 내용 줄임>

어머니! 저는 꼭 살아서 다시 어머님 곁으로 돌아가겠습니다. 상추쌈이 먹고 싶습니다. 찬 옹달샘에서 이가 시리도록 차가운 냉수를 한없이 들이키고 싶습니다.

아! 놈들이 다가오고 있습니다. 살아서 다시 쓰겠습니다.

어머니 안녕! 안녕!……

아, 안녕은 아닙니다. 다시 살아서 갈 테니까요.

어머니에 대한 애절한 그리움이 전쟁을 미워하는 마음에 실려 참석자들의 가슴에 박힌다. 그 편지는 끝내 산 사람의 서신으로 그 어머니에게 전달되지 못하고 말았다. 전쟁에 아들을 바친 어머니의 가슴은 얼마나 한스러웠을까?

문득 지난여름에 돌아가신 어머니가 생각났다. 내 돌날 6·25가 났다고 한다. 어머니는 돌배기인 나를 업고 삼십 리 길을 걸어 외가에 피난하러 갔다고 한다. 외가는 산골이고 그곳은 일제를 살아오신 분들이 일제의 눈을 피해 곡식을 숨기기 위해 굴을 파놓은 곳이 있어서 피난하기에 좋았다고 한다. 그런데 나는 어머니의 속을 무던히도 썩였다고 한다. 총알이 날아가는 불이 양쪽 산에서 휙휙 지나고 요란한 포탄소리가 나면 굴에서 피해 있어야 하는데 굴에만 들어가면 그렇게 울었다고 한다. 밖에 나오면 좋아하고, 지나가는 군인들이 알고 굴에 들어와 총을 쏠까봐 두려움에 떨고 있는 사람들에게 어머니는 무척 눈총도 많이 받았다고 한다. 얼마나 고생이 심하셨을까. 오늘 추념식에서 그런 어머니에게 보답도 못하고 돌아가시게 한 것이 가슴에 아픔으로 온다.

어머니는 산골마을에서 태어나 일제라고 하는 암울한 시대에 학교를 다닐 형편이 되지 못하여 무학이었으나 타고난 총명함으로 한글을 스스로 깨우쳤다. 일제말기 처녀 공출이 한창이던 때 이를 피하고자 열여덟의 나이로 산 너머 인근 마을에 사는 10살 연상의 사람과 결혼을 하였다.

나의 아버지 역시 무학으로 문맹이셨다. 할아버지 형제 3분이 계셨는데 일제시대에 한탄 속에 술로 세상을 비관하며 사시는 바람에 재산은 탕진되고 그러는 동안 그 자식들은 공부도 못하고 좀 커서는 남의 집 머슴이나 품팔이로 전전하게 되었다고 한다.

결혼을 하였으나 재물을 물려받은 것은 없고 세간을 날 때 숟가락 2벌, 솥 1개 그릇 2벌, 개다리소반 1개, 보리쌀 두어 되를 갖고 남의 접방을 얻어 나왔다고 한다. 남의 셋방에 들어 살림을 시작한 후 어머니는 길쌈을 시작하였다고 한다. 다른 사람이 하는 것을 한번만 보면 그대로 해낼 수 있을 만큼 눈썰미가 좋아서 길쌈 솜씨도 좋았다고 한다. 남의 빚을 얻어 시작한 길쌈은 일 년 이내에 빚은 갚고 다시 짤 밑천이 되었다고 한다.

그러다 전쟁이 터지는 바람에 모든 것을 다 버리고 피난 생활을 하였다고 한다. 전쟁이 끝나고 집으로 다시 와보니 접방 살던 집은 그대로 있었으나 그동안 사용하던 베틀은 없어져 다시 무일푼에서 시작하여야 하다 보니 고생이 무척 심하였다고 한다. 아버지는 남의 땅을 얻어 부치고, 어머니는 다시 길쌈을 시작했다고 한다. 처음에는 삼베를 짜다가 나중에는 비단을 짰는데 특히 당신이 짠 비단은 품질이 우수하여 다른 것보다 더 좋은 가격으로 잘 팔려서 살림의 밑천을 마련해 나갔다고 한다.

그러다가 한번은 꽤 많은 비단을 팔러 나갔다가 사기를 당하여 몽땅 날리고 그 뒤로 다시 일어서기가 어려웠다는 것이다. 어머니가 팔아오라고 아버지께 주었는데 아버지는 그것을 큰어머니에게 맡겼는데 큰어머니가 그것을 잃어버렸다는 것이다. 사실이 어떻게 되는지는 알 수 없지만 그것은 중들땅(물을 대기 좋은 지역에 있는 지역의 논이었음) 5마기를 살 수 있는 정도였다고 하니 큰 금액이었던 것 같다.

어머니의 길쌈 솜씨와 어려서부터 농사일로 뼈가 굳은 아버지의 성실한 일솜씨와 알뜰함이 더하여 몇 년 후엔 비록 초가일망정 장만하여 이사를 하게 되었다. 내 기억은 여기서부터 시작된다. 아마 네, 다섯 살 정도 되었을 것인데 이사를 가며 작은 자리 하나를 들고 갔던 기억이 남아 있다. 그리고 농토도 몇 마지기씩 사게 되었으나 워낙 없이 시작한 살림인데다 자식이 크면서 드는 돈이 늘어나고 길쌈도 기계화의 영향으로 더 이상 하지 못하게 되어 논밭 10마지기를 마련하여 끼니 걱정은 안 해도 되는 정도까지 살림을 일구었다.

어려운 살림 속에서도 어머니는 배포가 커, 자식들이 하려고 하면 학교를 보내려고 노력하였다. 그러다 보니 고생이 이만저만이 아니었다. 자식들을 위해 먹을 것 입을 것 마다하시며 살다가 호강도 못하시고 젊어서 고생한 때문인지 만년에는 늘 병고와 함께하시며 고생만 하시다 돌아가셨으니……, 인생사가 허무한 것이라 하더라도 오늘 어머니가 어머니가 내 가슴에 애틋한 서러움으로 저며 온다.

술 한 盞의 思念

잔(盞)에 술이 고요하다.

조금 전까지지만 해도 시끄럽던 홀 안이 조용하기만 하다. 주모(酒母)는 저편에서 눈만 껌벅거리고 앉아 있다. 술이 잔(盞) 밑으로 가라앉기 시작(始作)한다.

불현듯 고독(孤獨)해진다.

오르고 있다.

꼬불꼬불 아직은 명색이 신작로(新作路)라는 게 있다. 갑자기 주위가 어수선해진다. 술꾼들이 한패 모여 들어온 모양이다.

용흥사! 소풍객들로 붐비고 있다. 무엇이 그리도 즐겁고 유쾌한지 노상 재잘대고 웃어댄다. 피곤해진다. 시끄러움이 싫다. 탈출(脫出)하자. 즉시 잠깐 앉았던 자리를 차고 일어나 툭툭 털고는 용흥사 뒤로 빠지니 이젠 소릿길이다. 차차 웃음소리랑 얘기소리가 멀어가더니 이제 아주 들리지 않고 산새 울음소리만이 들리자 피곤이 일시에 퇴각해 버린다. 헌데이건 무언가 잘못되었다. 길이 아니다. 길이 도망갔다. 사방(四方)을 둘러보아도 가야할 길이 보이질 않는다. 다시 한 번 둘러보려고 고개를 드니 골짝 건너편 산허리를 돌아 한 스님이 도포 자락을 펄럭이며 나타난다. "스니--임" 하고 큰 소리로 부르니 메아리가 잇달아 대답하고 노승은 그 자리에 우뚝 서서 어리둥절한지 두리 번 주위를 살핀다. 재차(再次) 불러서야 나를 발견(發見)하고 건너다본다. "갑장암(甲長庵) 가는 길이 어딥니까?" 소리치니 아무 말 없이 석장(錫杖)으로 자기가 오던 길을 가리키고는 다시 걷기 시작한다.

산 정상(頂上)은 구름에 가려서 보이질 않는다. 계속 산허리를 몇 바퀴 돌아 오르노라니 숨이 차오르고 땀이 옷에 밴다. 그래도 계곡을 흐르는 맑은 냇물의 속삭임과 이름 모를 산새의 노랫소리에 취해 별로 힘든 줄 모르고 올라왔는데 어쩐지 시야(視野)가 점점 좁아지는가 싶더니 점점 안개가 짙어지는 게 아닌가. 오르면 오를수록 안개는 짙어지고 길은 더 좁아져 길 양쪽의 나무는 가지를 퍼뜨려 머리 위를 가려 굴을 만들고 있다. 한 발자국 한 발자국 옮겨 놓을수록 어둑살이 낀다. 그때 시각이 오후 1시 밖에 안 되었는데도, 사방(四方)이 점점 더 컴컴해져서 저녁때를 연상시키더니 갑자기 비가 후둑 후두둑 후두두둑 하고 나뭇잎을 요란스럽게 때린다. 잠시 후 비는 멎었으나 안개는 더 짙어져 지척(咫尺)을 분간하기 어렵게 되고 경사(傾斜)는 점점 급해지는데 조금 전 내린 비로 발이 미끄러워 겨우 길을 찾아 오르고 있다. 10여(餘) 미터나 앞을 볼 수 있을 만치 안개가 좀 풀리는가 했더니 다시 짙어져 버리곤 한다. 발이 미끄러질까봐 땅을 조심스럽게 살피고 가는데 저 앞 얼마 되지 않는 곳에 뭔가 움직이는 것 같다. 자세히 보니 이상스럽게 생긴 벌레가 기어가고 있다. 이상(異狀)한 짐승도 다 있다 하면서 그 자리에 꼼짝도 않은 채 그 기어가는 곳으로 눈을 옮기다 이상하게 생긴 굴을 발견한다. 어? 이상한 굴이 있다. 가까이 가 보니 이건 내 머리를 다 짜내 생각해 봐도 분명히 여우굴! 여우굴이다. 이때 앞에 안개 때문에 잘 보이지는 않지만 뭔가 휙 지나간다. 순간 온 머리카락이 하늘로 쭈뼛해 지는 기분이다. "내가 괜히 헛것을 봤겠지" 하고 마음을 진정하려고 노력하며 얼른 그 자리를 떴다. 자꾸만 뒤에서 무언가 따라오고 있는 기분에 자주 고개를 돌려봐도 짙은 안개뿐이다.

쫓기듯 얼마를 올라왔는지 온 몸이 안개와 땀에 절여진 기분이다. "이제 쫓김에서 벗어났겠지" 생각하며 앞을 보니 홀연 길이 뚝 끊어지고 만다. 사람 다닌 흔적이 없다. 이끼 낀 바닥엔 누기(漏氣)찬 낙엽만 누워있을 뿐……. 다시금 무서운 기분이 머리를 휙 스치고 지나가자, 그냥 땅 바닥에 주저앉아 멍하니 있다가 한참만에 앉은 채로 허리를 굽혀 바닥을 자세히 살펴보니 희미하나마 사람이 다닌 흔적이 있었다. 길임에 틀림없다. 다시 용기를 내어 조금 올라가니 안개가 엷어지면서 저 앞에 희미하게 축대 비슷한, 사람의 손길이 간 듯한 것이 보인다. 막 뛰어올라가다가 그만 그 자리에 우뚝 서고 말았다. 저절로 한숨이 후유---- 터져 나왔다. 축대가 틀림없다. 조그만 집도 하나 보인다.

암자엔 40대쯤 되어 보이는 아주머니 한 사람뿐 적막 바로 그것이었다. 스님 한 분이 계시는데 점심때쯤 산 밑에 내려가셨단다. 내가 올라올 때 길을 잘못 들어 고생할 때 길을 가리켜주던 그 스님인 모양이다.

암자에 들어설 때는 엷은 안개 덩어리가 암자 벽을 스치며 지나가더니만 어느새 암자는 말짱하게 모습을 드러내고 구름은 암자 앞 조그만 마당 가장자리에 잇대어 멀리 남쪽으로 펼쳐져 나갔다.

아주머니가 저쪽에 구경하기에 좋은 곳이 있다면서 서쪽을 가리킨다. 그 손 간 쪽으로 좁다란 길이 이어져 나 있고 길이 끝 간 데 큰 바위가 갑장산(甲長山)을 끼고 누워있다. 앞쪽 즉 남쪽으로 급하게 꺾여 있고 아래로 3미터 이상(二上)은 보이질 않는다. 눈앞으로 멀리 펼쳐진 바다, 구름바다. 아득히 멀리 섬이 하나 둘 외롭다. 구름 위에 올라섰건만 태양(太陽)은 여전히 보이지 않는다. 문득 어느 절해고도(絶海孤島)에 홀로 표류(漂流)된 슬픔 같은 것을 느낀다. 둘러보아도 둘러보아도 하늘 끝 간 데까지 한(限)없이 펼쳐진 운해(雲海) 운해(雲海) 운해(雲海)

조금 쉬고 나니 생기도 돌아오고 산봉우리에 구름도 걷혔기에, 그리고 정상(頂上)까지 얼마 되지 않는다기에 정상(頂上)을 오르기로 작성하고 여장(旅裝)을 푼 가뿐한 몸으로 길(길이래야 경사가 덜 심한 등성이를 이용하는 거지만)을 잡아들었다. 오를수록 나무는 키가 작아져 한길 남짓한 잡목(雜木)으로 꽉 차 있고 발은 낙엽에 푹푹 빠져 들어간다. 반쯤 올라오자 다시 안개가 몰려들기 시작한다. 그러나 내친걸음, 그만 둘 수가 없어 잡목을 이리저리 헤치며 정신없이 올라가는데 뭔가 시커먼 것이 옆에서 확 덮쳐온다. 그만 심장이 천길 만길 낭떠러지로 떨어지는 것 마냥 내려앉는 듯하다. 구름이었다. 한 떼의 검은 구름장이 산을 넘고 있는 거였다. 그러나 이곳에서는 짙은 안개로 보인다. 안개는 점점 짙어져만 간다. 허나 여기서 돌아설 수는 없는 것.

정상(頂上)은 안개에 가려 보이진 않지만 머지않은 것 같다. 아마 무인도(無人島)의 한 해변(海邊)에 표류(漂流)한 사람이 섬의 가장 높은 곳에 올라가면 무슨 구원(救援)의 손길이 있을지 모른다는 막연한 희망(希望)과 같은 그런 심정 때문에 악조건(惡條件)에도 그만두지 못했는지도 모르겠다.

얼마지 않아 정상이었다. 정상에 올라서니 밑에 암자는 간 곳 없고 아무리 휘둘러보아도 보이는 것이라곤 무릎 아래로 휙휙 지나 산을 넘는 구름과 끝없이 펼쳐진 운평선(雲平線), 그리고 아득히 멀리 섬 같은 봉우리가 희미하게 자태를 타나내고 있을 뿐……. 희망이 사라진 뒤의 절망감(絶望感) 비슷한 것을 안고 하산(下山)하기 시작한다.

정상에서 얼마 내려오지 않아 날씨가 또 변덕을 부리는지 비가 쏟아지는 바람에 발을 재게 놀리다 그만 미끄러져 가시덤불을 향하여 활강(滑降)하다가 소나무를 붙잡고 겨우 멈추어 서니 식은땀이 몸을 적신다. 미끄러운 길을 기다시피 하여 암자 마당에 들어서니 비는 그쳐있고 꿈속인양 안개 속에 어렴풋이 암자가 보인다.

스님은 와 계셨다. 아직 좀 이르지만 올라오느라 시장했을 테니 저녁을 먹자며 저녁상을 들여온다. 자상스러운 배려가 따사롭다. 식사 후 아직 어두워지지 않았기에 바람도 쐬일 겸 나와서 무심코 걸은 것이 문득 보니 서쪽의 그 바위 위에 서 있지 않은가, 스님께 그 바위가 상사(想思)바위란 말을 들어서인가?

머언 옛날 이 암자가 생기기 이전 어느 고을에 서로 사랑하는 남녀가 있어 혼인(婚姻)을 하려 했으나 양가(兩家) 어른들의 반대로 뜻을 이루지 못한 그들은 세상을 등지고 이곳에 들어와 초막(草幕)을 치고 살다가 하루는 식량이 거의 다 되어서 양식을 구하려 남자가 산을 내려갔다. 오마고 한 날에 남자가 오지를 않아 매일 매일 이 바위에 서서 남편을 기다렸으나 열흘이 가고 한 달이 지나도 두 달이 지나도 돌아오질 않았다. 혹시 부모들에게라도 잡혀 떠나버린거나 아닌지? 혹시 딴 여자에게 반해 자기(自己)는 영영 잊어버린 거나 아닐까? 아니면 어디서 죽은 거나 아닌지? 별의별 생각을 다하며 기다린 석 달이 마지막 가는 어느 날, 이날도 여자는 습관처럼 이 바위에서 남편을 기다리는데 그날 해도 어느 덧 서산에 걸려 저물기를 재촉하자 오늘도 돌아오지 않으려나 하고 수심(愁心)에 잠겨 있는데 저 아래서 "여보오--"하고 부르는 소리가 나서 보니 저 아래서 자기 낭군이 올라오고 있지 않은가 너무도 반가워 "어보오--" 마주 부르며 앞이 낭떠러지라는 것도 잊고 그냥 내달아 그만 떨어져 죽고 말았다.

후일(後日) 언제부터인가 누구의 입에 의해선지 이 두 남녀의 애절한 사랑의 얘기가 나와 퍼지며 이 바위가 상사바위란 말이 오르내렸다. 세월은 말없이 흘러 그녀가 서서 기다리던 바위도 풍상(風霜)에 골이 패이고 깎이어 내렸건만 지금도 애처롭게 죽어간 그녀의 비명이 들리는 듯하여 눈앞이 흐려진다.

문득 한기(寒氣)가 들어 하늘을 쳐다보니 초열흘 달이 머리 위에서 구름 속에 얼굴을 숨겼다간 내놓고 내놓았다가 숨고 한다. 상사(想思) 바위의 비애(悲哀)를 아는지 모르는지 도무지 말이 없는 저 달 ……. 앞엔 멀잖은 산봉우리들이 희미하게 자태를 나타냈다간 가려지고 다시 나타나곤 한다. 낙엽이 우수수 떨어지자 한기(寒氣)가 몸속으로 파고든다.

다음날 아침 일어나니 햇살이 찬연하게 산등성이를 비추고 있었다. 언제 구름이 있었더냐는 듯 하늘에 구름 한 점 없는 상쾌한 아침이다.

조반 후 상사바위로 가니 상사 바위 아래는 아득한 절벽, 절벽 아래는 사랑을 위해서 부모님의 엄명(嚴命)도 어긴 그 부부(夫婦)가 해가 뜬 줄도 모르고 자고 있는지, 빨강, 파랑, 노랑이 잘 조화된, 덮고 있는 아름다운 이불이 양쪽가로 계곡져 흐르고 어제는 구름 때문에 몰랐는데 굽이굽이 돌아 암자로 올라오는 길이 입구에서부터 한눈에 들어온다.

어제와는 다른 기대를 안고 갑장산 정상을 향해 올라가는데 빨갛게 노랗게 혹을 파랗게 물이든 이슬방울에 바지가 울긋불긋 온통 요란한 물감이 드는 듯이 느껴진다. 정상에 오르니 어제는 구름에 가렸던 온 산이 울긋불긋 온통 요란한 치장을 하고 있다. 동쪽으로는 수직으로 깎아 세운 듯한 까마득한 절벽, 천인단애란 말은 이곳을 두고 이름한 것일까, 아래를 보니 금방 떨어지는 것 같아 어지럽다. 문득 어제 안개 속에서 무심코 지나갔던 바로 옆이 그렇게도 무시무시한 절벽임을 알고 나니 아찔하다. 고개를 드니 동쪽 저 멀리 낙동강(洛東江)이 허옇게 가로 놓여 있고, 북서쪽으론 상주(尙州)가 조그맣다. 반대편으로 돌아서니 청리가 그림 같다. 산과 산 사이로는 풍요를 구가하는 황금물결이 일렁인다.

암자에서 얼마 떨어지지 않은 곳까지 내려오니 여기 저기 돌탑이 여러 개 흩어져 있다. 돌 하나하나 마다 온갖 정성(精誠)을 다하여 쌓아올린 길(한 키)이 넘는 돌탑들! 부처님께 소원을 빌면서 돌 한 개 한 개를 쌓아올린 거란다. 바람이 불고 비가 오고 눈이 와도 묵묵히 서 있는 돌탑 위에 오늘은 한두잎 낙엽이 무심한데 어떤 사람이 무엇을 그리도 염원(念願)했을까? 아들을 점지해 달라고? 아들의 장원급제를? 전장(戰場)에 나간 남편이 무사하기를? 풍년이 들기를 기원했을까, 아니면 부모 잃은 소녀의 부모를 만나게 해 달라는 애달픈 축수인가?

이런 저런 생각을 하는 동안에 어느 덧 발길은 七星閣 옆 샘물가에 머물러 있지 않은가, 샘물에 한 얼굴이 나타나 무엇인지 곰곰 생각하고 있다.

"문을 닫을 시간인데요." 하는 소리에 번쩍 정신을 차리고 보니 술잔 속에 내 얼굴이 비치고 있다.

축제장의 만남

어느 해 늦가을, 상주낙동강삼백축제가 상주 북천 변에서 열렸다. 개막식에 참석했다가 참으로 우연찮게 오랜만에 고등학교 동기생을 만났다. 더러 만나던 동기들이 있어서 인사를 나누고 있는데 동기생 하나가 한 사람을 가리키며 Y라 한다.

마음 깊숙한 한 곳의 기억이 비어져 나왔다. 그러나 세월의 흔적 덮여진 얼굴은 기억 속의 얼굴이 아니었다. 그도 날 못 알아보는 것 같았다. 내 이름을 대니까 이름을 부르며 새삼스럽게 본다. 생각은 고등학교 시절로 돌아간다. 옛날이 아련하게 떠오르며 인생의 갈림길에서 선택하던 순간 스치고 지나간다.

어느 봄 소풍을 갔던 날이다. 소풍갔던 현장에서 해산을 한 까닭에 한 친구와 같이 걸어 집으로 가다가 양범의 어느 주인 모를 산소 앞에 앉아 쉬었다. 얼마를 쉬고 있었을까? 도로 저쪽으로 한 여학생이 걸어오고 있었다. 가까이 오더니 우리가 있는 것을 보고 우리 쪽으로 올라오면서 "찾았는데 어디 있었느냐"고 한다. 그리고 점심 못 먹었지 하며 도시락 보자기를 편다. 손을 대지 않은 도시락 하나가 나왔다. 옆에 있는 친구를 위해 준비한 것인지 나를 위한 것인지는 모르겠으나 도시락을 준비하지 못하고 소풍을 갔었기 때문에 마침 배가 고프던 참이라 맛있게 먹었다.

옆에 있던 친구가 그 여학생을 좋아하는 것을 알고 있었기에 그냥 잡다한 이야기로 시간을 보내고 셋이서 걸어 내려왔던 기억이 새삼스러웠다.

대학 시험에 떨어지고 놀고 있던 해 5월 어느 날 한통의 엽서가 날아왔다. 바로 그녀였다. 자신은 부산대학교에 가기 위해 학원에 다니고 있다는 것과 안부를 묻는 내용이었다. 이 편지는 나의 대학에 대한 의지를 부추기는 계기가 되었다.

만약 그녀가 엽서를 보내고 편지를 보내어 채근하고 격려해 주지 않았다면 대학에 대한 꿈을 접었을지도 모르며, 그랬다면 나의 모습은 지금과 많이 달라져 있을 지도 모를 일이다.

그런 그녀를 만난 것이다. 세월의 무게를 어깨에 짊어지고서 만난 것이다. 그러나 악수만 하고 그는 일이 있다고 하며 갔다.

세상을 살아가며 조그만 계기 하나가 인생을 바꿀 수 있음을 다시 생각하게 하는 축제장의 만남이었다.

겸손한 자세를 생활화 합시다

몇 년 전에 '상도(商道)'라는 드라마가 인기를 끌면서 최인훈의 소설 '상도'도 이름이 널리 알려진 일이 있었습니다. 그 책에 계영배 얘기가 나오는 것을 본 사람이 있을 것입니다. '계영배', 즉 '넘침을 경계하는 잔'이라는 뜻입니다. 잔의 70% 이상 술을 채우면 모두 밑으로 흘러내려 인간의 끝없는 욕심을 경계해야 한다는 상징적인 의미를 지니고 있습니다.

삶을 살아가는데 지나친 욕심은 화를 불러오기 십상이므로 경계하고 조심하여야 합니다. 그러나 자신의 능력을 키우고 지식을 쌓는 데는 욕심을 좀 부려도 좋지 않을까 합니다. 많이 부어도 넘치지 않는 잔을 만들기 위한 욕심은 부려야 함이 우리 청소년의 소임이 아니겠습니까? 잔은 많이 부으면 넘치게 됩니다만 부어도 넘치지 않는 그릇을 만들면 더 좋지 않을까 합니다.

옛적에 한 선인이 교만한 한 사람을 깨우치고자 술잔에 술이 넘쳐도 계속 부었다고 합니다. 그러자 그 교만한 사람이 술이 넘치는데 계속 붓는다고 화를 내었습니다. 그러자 술을 붓는 사람이 화를 내는 사람의 그릇됨이 작은 것은 보지 못하느냐고 꼬집어 겸손하지 못함을 훈계하였다는 이야기가 있습니다.

잔에 물이 가득 차 있으면 더 이상 물을 부을 수가 없습니다. 계속 붓는다면 넘치고 맙니다. 물을 더 넣으려고 한다면 더 큰 잔을 가져오거나 물을 비워내어야만 합니다.

우리가 공부를 하는 것도 마찬가지입니다. 자만심을 가지고 있으면 더 이상 넣을 것이 없게 됩니다. 가득 찬 잔과 다를 것이 없기 때문이지요.

만들어진 술잔은 더 이상 크기를 조정하기가 쉽지 않지만 사람의 그릇됨을 얼마든지 크게도 작게도 조정할 수 있습니다. 그런 조정은 자신의 의지와 노력에 따라 좌우됩니다. 태어나면서 재주를 부여받은 사람이라 하더라도 작은 성취를 하고 자만에 빠진다면 더 이상의 발전은 없습니다. 그러나 늘 겸손한 자세로 다른 사람의 지식과 지혜를 받아들여 자기 것으로 만들고 노력한다면 그 인물의 그릇은 대단히 커지고 무한히 발전할 큰 인물이 될 것입니다.

우리는 학교에서 모든 것을 배워 나가는 것이 아니고, 모든 것을 배울 수도 없습니다. 차라리 고등학교 시절은 그릇을 키우는 시기라고 보는 것이 더 좋은 것입니다. 고등학교를 졸업하고 앞으로 삶을 살아가면서 받아들여야 할 수많은 지식과 정보를 잘 판단하여 받아들이고 활용할 능력과 자질을 기르는 시기입니다. 따라서 한껏 빨아들일 수 있는 유연함, 즉 겸손함을 습관화해야 하는 것입니다.

우리가 수업에 임하면서 '나는 이미 알고 있는데' 하는 생각을 갖고 있다면 그 수업에서 받아들일 것이 있겠습니까? 이렇게 받아들이는 것이 없거나 적은 내용[少量]을 받아들이는 시간이 누적된다면 쌓이는 실력도 적을 수밖에 없겠지요.

반면에 겸손한 자세로 수업의 내용을 내 안에 모두 흡수하겠다는 생각을 갖고 임하는 시간이 누적된다면 그 성취는 엄청나게 클 수밖에 없습니다.

옛말에 세 사람이 걸어가면 그 중에 나의 스승이 있다는 말이 있습니다. 모든 사람에게는 배울 점이 있다는 것이고 겸손한 자세를 강조하고 있는 것입니다. 만약에 자신이 제일 잘 났다는 생각으로 같이 가는 두 사람을 본다면 그 사람들에게서 배울 것은 아무 것도 없을 것입니다.

조금 아는 것을 많이 아는 양하지 말고 많이 알고 있더라도 더 큰 그릇이 되고 더 많을 성취를 위해 늘 받아들이는 습관을 기르고 열심히 공부하여 보람찬 인생을 살아가고 나라를, 아니 인류를 위해 공헌하는 위대한 상주여고인이 됩시다.

성공자의 모습으로 빛날 내일을 위해 준비하자

요즘 학교 뜰에서 하늘을 올려다보면 하늘이 유난히 푸르러 우리 학생들의 티 없이 맑고 희망찬 마음 같다는 느낌을 받습니다. 또 들판을 내려다보면 노란색으로 결실을 맺고 있는 들판의 아름다운 모습에서 나날이 성장해 가는 우리 아이들을 보는 것 같아 마음이 흐뭇해집니다.

우리 학교는 시골에 있고 규모도 작습니다. 혹여나 이런 상황 때문에 자책하는 사람이 있을까 염려됩니다. 비록 시골의 작은 학교이지만, 작년에 이어 금년에도 전국연합학업성취도평가에서 대도시보다 나은 성적을 올린 것과 소백산 맑은 정기를 받는 좋은 환경이 있어 우리 학생들이 앞으로 큰 인물이 될 것임을 믿어 의심치 않습니다. 그러기에 자기를 비하하는 일이 절대로 있어서는 안 됩니다.

이제 여러분들이 살아가면서 꼭 염두에 두어야 할 것을 말해 보겠습니다.

앞으로의 세상은 땅속의 자원을 캐는 것보다 머릿속의 자원을 캐서 활용하는 것이 더 중요할 것입니다. 잘 만든 영화 한편이 벌어들이는 수익이 자동차 수만 대를 팔아서 나온 이익보다 더 많다고 합니다. 또 컴퓨터를 만드는 것보다 컴퓨터 프로그램을 만드는 것이 이득이 훨씬 많다는 것을 우리는 빌게이츠가 만든 컴퓨터 운영체제인 윈도우라는 사례를 통해 익히 알고 있습니다. 윈도우라는 프로그램 사용료로 우리나라에서만 수백억 원을 지불하고 있다고 하니 그 이득이 얼마나 될까 짐작이 될 것입니다.

즉 앞으로의 세상은 창의력이 매우 중요하다는 것입니다. 창의력을 키우는 데는 도시 학생에 비하여 우리가 좋은 조건을 가지고 있습니다. 도시에서는 유치원 시절부터 학교와 학원을 쳇바퀴 돌듯이 생활하는 바람에 창의력이 개발될 소지가 많이 줄어들지만 자연 속에서 생활하며 꿈을 키우는 것은 창의력 함양에 훨씬 좋습니다. 그렇다고 가만히 있으면 안 되겠지요.

땅속의 석탄을 캐려면 어떤 곳에 석탄이 나는지 알 수 있어야 하고 장비가 있어야 하며 캐는 기술이 있어야 합니다. 머릿속의 자원도 마찬가지입니다. 호기심을 갖고 사물을 바라보고, 왜 그럴까를 생활화 하면서 많은 경험을 하여야 합니다. 사람은 살아가면서 직접 경험도 하고 이야기를 듣거나 책을 읽는 등의 방법으로 간접 경험도 합니다. 자라나는 시기에는 독서를 통해 간접 경험을 많이 할 수 있습니다. 독서를 통해 남의 경험을 나의 것으로 만들어 경험의 폭을 넓히는 것입니다.

경험이 경험으로 끝나서는 자신에게 오는 이득은 많지 않을 수 있습니다. 그 경험을 활용하여 머릿속의 자원을 캐내는 기술로 발전시켜야 합니다. 왜 그렇게 되었을까? 상황이 바뀌었으면 어떻게 되었을까? 반대로 생각할 수는 없을까? 등 다양하게 생각을 해 보고 의문을 가져보고 해결 방안을 생각해 볼 필요가 있습니다.

그렇게 하여 창의력을 기른다면 여러분의 앞날은 성공자의 모습으로 빛날 것입니다. 열심히 노력하는 여러분이 자랑스럽습니다.

※ 영주 단산중학교 신문 '단산'1호에 실었던 글임(2010. 10. 26)

긍정적인 의식을 가진 주인이 됩시다

돌을 다듬는 석공 이야기가 있습니다. 어떤 공사장에서 석공들이 돌을 다듬고 있었습니다. 그런데 한 사람은 불평불만을 터뜨리며 일을 하고 한 사람은 연신 콧노래를 부르며 일을 하고 있었습니다. 지나가던 사람이 그것을 이상하게 여겨 한 사람에게 물었습니다. 당신은 왜 계속 투덜거리며 일을 합니까? 그러자 그는 정으로 돌을 꽝! 내리치며 말했습니다. "말마시오. 목구멍이 포도청이라 죽지 못해 하지 내가 1년 먹을 것만 있어도 이런 짓은 하지 않을 거요." 이번에는 다른 석공에게 가서 물었습니다. "당신은 무엇이 그리 좋아서 싱글벙글 콧노래까지 부르며 일을 합니까?" 하니 그 사람은 "아, 좋지 않소? 이 돌은 유명한 사원을 지을 주춧돌인데 내가 깎는 이 돌이 작품이 되어 천만 년 길이 남을게 아닙니까? 그러니 좋지 않소?"라 대답했다고 합니다.

똑 같은 일을 하고 있는데 한 사람은 부정적인 생각을 갖고 일을 하고 한 사람은 긍정적인 생각으로 일을 하고 있습니다. 부정적으로 하는 사람은 일이 몹시 고달플 것이나 긍정적으로 일하는 사람은 힘이 적게 들 것입니다.

이왕 할 일이라면 긍정적으로 생각하고 하면 일이 즐겁고 효율도 올라갑니다.

인터넷에 스님에게 빗 팔기라는 글이 떠돌고 있는 것을 본 적이 있습니다. 중국 남방의 대기업에서 신입사원을 모집하여 스님에게 빗을 팔도록 요구하였습니다. 많은 사람이 포기하고 세 사람이 남았는데 한 사람은 스님 머리를 긁는 용도로 1개를 팔고, 또 한 사람은 참배객 머리를 단정히 하는 용도로 10개를 팔고 마지막 사람은 공덕빗이라는 아이디어를 활용하여 만개를 팔았다는 내용입니다.

그렇습니다. 머리털이 없는 스님에게 머리 빗는 빗은 사실 필요가 없으니 살 일이 없다고 생각하는 것이 일반적인 생각일 것입니다. 그러나 팔 수 있는 방법이 있을 것이라고 생각하고 궁리하면 이렇게 팔 방법도 있는 것입니다. 즉 할 수 있다는 긍정적 생각이 필요한 것입니다.

여러분은 지금 자신을 자신의 주인이라 생각하고 있습니까? 아니면 종입니까?

종은 시키지 않으면 하지 않지만 주인은 스스로 판단하여 결정하고 행동합니다.

주인은 큰일을 해낼 수 있지만 종은 시키는 일밖에 못합니다. 알라딘의 램프에 나오는 거인 이야기를 알 것입니다. 그 거인은 엄청난 일을 해낼 수 있는 능력을 갖고 있지만 종이기 때문에 주인이 시키는 일 외에는 하지 못하는 것입니다.

여러분은 여러분 인생의 주인이 되어야 합니다. 집에서나 학교에서나 사회생활을 하면서도 마찬가지로 주인의식을 갖고 살아야 합니다. 공부를 하는데도 남이 시켜서 하는 것이 아니고 자신의 발전을 위해서 필요한 것이니까 해야 합니다. 선생님이나 부모님이 하라고 하니 할 수 없이 한다면 그것은 종의 근성입니다. 공부하는 것은 자신의 미래를 위한 것입니다. 그러니까 자신이 하여야 하고 자신이 책임져야 할 삶의 한 과정인 것입니다. 부모와 선생님은 조력자 즉 도와주는 사람이지 여러분 자신일 수는 없는 것입니다. 그러므로 스스로는 스스로의 주인이라는 것을 인식하고 그런 태도를 갖고 공부도 하고 몸도 건강하게 하고 앞날도 개척해 나가야 하는 것입니다.

학교생활에서도 여러분이 학교의 주인이라면 어떻게 해야 할까 생각해 보고 행동하도록 합니다. 주인의식을 갖고 보면 깨끗이 해야 할 부분이 보이고, 아끼고 절약해야 할 것이 보이게 됩니다.

사람의 눈은 모든 것은 다 보는 것 같지만 사실은 생각하는 대로 보입니다. 물론 눈으로 빛은 들어오겠지만 머릿속에 인식이 되는 것은 생각하는 것만 되는 것입니다. 한 예로 무엇을 골똘히 생각하고 있는데 옆으로 친구가 지나가도 알지 못합니다. 눈으로 빛은 들어오고 있지만 생각하는 것 때문에 보지를 못하는 것입니다.

주인의식은 자신이 현재 하고 있는 일이나 자신의 상황을 정확히 인식하고, 자신의 생각과 행동이 맞는지 잘못되었는지, 옳고 그름을 판단하여 잘못되었으면 스스로 고치도록 힘씁니다. 주인의식을 갖고 있으면 해야 할 일과 하지 말아야 할 일을 판단할 수 있고 자신이 판단하여 하는 것은 무엇을 해도 즐겁고 성취에 대한 보람도 갖습니다. 설혹 실패한다 해도 좌절하지 않고 다시 일어섭니다. 성공한 리더들은 주인의식을 갖고 노력한 사람들입니다.

여러분도 긍정적인 생각을 가진 주인의식을 갖고 노력한다면 여러분은 반드시 성공적인 삶을 살아 갈 수 있을 것입니다.

※ 영주 단산중학교 신문 '단산'2호에 실었던 글임(2011. 7. 19)

자긍심을 갖고 자기 계발에 힘쓰자

교감 김 성 진

1. 들어가는 말

얼마 전에 측우기 발명 등 많은 업적을 이룩한 장영실이 나온 드라마가 인기를 끈 일이 있었다. 특출한 기능을 가진 한 사람이 얼마나 많은 사람들에게 혜택을 주고 나라를 부강하게 하는지를 생각하게 하는 기회를 제공하였다.

우리의 역사에서 사농공상이라 하여 공업이나 상업을 선비나 농업에 비해 덜 중시한 결과 근대화 과정에서 상대적으로 다른 나라에 뒤져서 국권을 상실하게 되고 그 후 강대국의 틈바구니에서 나라가 분단되는 비극을 겪고 지금도 분단의 고통 속에서 살아가고 있다.

근년에 와서 상업과 공업의 중요성을 인식하고 먼저 눈을 뜬 사람들이 무역을 통해 부를 축적하여 자신의 성취를 즐기고 나라의 경제에 이바지 하고 있다. 또한 각종 산업을 발전시켜 우리의 삶을 풍족하게 하고 있다. 그 바탕에는 기술자와 기능인들의 노력이 있어 가능하였다. 겉으로 화려하게 등장한 몇몇 인물들의 비전과 리더십도 그 업적을 이룩하는데 큰 역할을 한 것은 사실이나 기능인들의 노고와 참여가 없었다면 불가능하였을 것이다.

2. 전문고생의 자긍심을 갖자

스스로를 존중하지 않으면 남도 나를 존중해 주지 않는다. 우리 스스로 자긍심을 갖고 우리가 해야 할 일을 찾도록 하자.

사람은 자신의 타고난 적성이 있게 마련이다. 우리 선인들이 인간은 운명을 타고

난다고 하는데 이는 오랜 경험에 의한 이야기이다. 그리고 요즘 발달한 과학에 근거하여서도 유전적인 성향이 선대로부터 이어져 옴이 증명되고 있다. 현재의 자신을 잘 파악하고 자신의 소양을 잘 계발하여 보람된 인생을 살도록 하자.

요즈음을 정보화 사회, 지식 정보사회라고들 한다. 산업의 발달 단계에서 원시수렵사회, 농경사회, 산업사회를 거쳐 오늘날의 정보사회가 되었다고 한다. 그래서 산업사회에서 강조되던 지식이 요즘은 쓸모가 없게 되었다고 이야기하며 극단적으로는 산업사회의 일은 없어지는 걸로 이야기하는 사람도 있다. 물론 인력으로 운용되던 것들이 자동화되어 기계가 인간이 할 일을 대신하게 됨으로써 그 분야에 종사하던 사람들이 직업을 잃게 되는 것이 사실이다. 그리고 정보가 부의 축적에 중요한 것도 사실이다. 정보가 부를 축적하는 사실은 어떤 사회이든지 같았다. 농경사회에서도 정보를 빨리 아는 사람이 권력과 부를 쟁취할 수 있었고 산업사회에서도 마찬가지였다. 그러나 아무리 발전을 하여도 인간이 기본적으로 먹고 마시고 입어야 살 수 있는 것은 변하지 않고 있다. 그렇다면 그것을 충족시키는 기본적인 산업은 남을 수밖에 없으며, 그 기본적인 것을 지탱해 주는 사람들이 존재하여야 한다.

그리고 정보사회에서 전자와 통신, 컴퓨터는 매우 중요한 요소가 되어있다. 그 요소를 설치하고 관리하는 사람들이 있어야 한다. 이런 기능을 맡을 사람들은 바로 기능인들이다. 우리 전문계고등학교는 이런 기능인을 기르는 곳이다. 사회가 유지되고 발전되는 초석이 되는 일을 맡을 사람은 바로 우리들이다. 자부심을 갖고 자신의 소양 함양에 힘쓰자.

3. 자기 계발에 진력하자

사람에게는 일생에 세 번의 기회가 있다고 한다. 그런데 그 기회는 당구공과 같이 매끈한 표면에 가느다란 짧은 머리카락과 같은 털이 세 개 붙어 있어 부작위로 회전하고 있다가 일생을 살아가는 중에 하나씩 차례로 자신의 앞으로 다가온다고 한다. 그 털을 잡으면 행운이 자신에게 와서 목표로 삼은 삶을 살게 된다고 한다. 이 기회가 오는 것과 관련하여 인간은 세 부류로 나누어진다. 한 부류는 그 기회가 왔는지 갔는지 전혀 파악도 못하고 멍하게 지나치는 사람이고 다른 한 부류는 기회가 온 것을 인식을 하지만 그 기회를 붙잡을 능력이 되지 않아 안타까워하는 사람들이며, 마지만 한 부류는 기회가 온 것을 알고 그 기회를 잡아 자신의 것으로 만드는 사람이다.

사람들은 누구나 좋은 인생을 살아가기를 원한다. 좋고 멋진 인생을 살아가기 위해서는 우리는 기회가 온 것을 볼 줄 아는 안목과 그 기회를 잡을 수 있는 실력을 길러두어야 한다. 즉 자기계발에 힘써야 하는 것이다.

요즘 사회는 꾸준한 자기연마 과정 없이는 급변하고 있는 환경에서 적응할 수 없는 사회가 되어버렸다. 자기계발에 있어서 무엇보다 우선적으로 중요한 것은 실행이다. 아무리 거창하고 화려한 계획이라도 실행이 뒷받침이 되지 않으면 자기계발은 사상누각이 된다.

자기계발을 위해서는 어떻게 해야 할 것인가 생각해 보자

첫째 꿈을 크게 가지자. 10년 뒤, 20년 뒤, 30년 뒤 자신의 모습을 그려 보자. 그때가 되었을 때 자신이 되었으면 하는 모습을 그려보자. 그리고 그 모습을 글로 써보도록 한다. 그리고 간절히 그 모습을 원하도록 하자. 우리는 흔히 미래의 모습을 잠깐잠깐 스쳐가는 생각으로 그려보는 경우가 많다. 그러나 생각이란 모호하고 가변적이어서 구체화가 잘 되지 않는다. 그래서 말로 하고 글로 써보면 그 생각들이 구체화된다. 따라서 자신의 꿈을 구체화하기 위해 글로 써보도록 하자. 그리고 간절히 소원하자. 정신일도하사불성(精神一到何事不成)이라는 한문구가 있다. 정신력을 강조한 것이다. 밤중에 길을 가다 호랑이를 만난 사람이 돌을 호랑이로 잘못 보고 활로 쏘았다는 일화도 정신력의 중요성을 말해주는 것이다.

옛날에 어떤 한 포수가 길을 가다가 날이 저물었는데 마땅히 묵을 곳이 없어 묵을 집을 찾으며 가고 있는데 느닷없이 자신의 앞에 호랑이가 앉아 있는 것이 아닌가. 포수는 호랑이에게 잡아먹히지 않기 위해 혼신의 힘을 기울여 그 호랑이를 활로 쏘아 쓰러뜨리고 뒤도 돌아보지 않고 그곳을 피했다고 한다. 그 이튿날 날이 밝아 그곳으로 다시 가 보니 그곳에 호랑이는 간데없고 바위가 하나 있는데 바위에 화살이 꽂혀 있질 않은가? 그래서 다시 그 바위에 활을 쏘아 보았지만 화살을 튕겨 나가기만 했다

꿈을 구체화한 목표의식을 가져야 한다.

우리나라 대부분 학생은 진학에는 목표를 갖고 노력한다. 그러나 학창시절을 어떻게 보내는 지에 대해서는 관심을 가지는 사람이 거의 없는 것 같다. 취직을 해야 하는 시점이 되어서야 그 동안 어떻게 미래를 위해 준비해 왔는가를 알게 된다. 준비가 잘된 사람들은 자기가 갈 길을 척척 잘도 안다. 이력서를 내기만 하면 여기저기서 면접을 보러 오라고 전화기에 불이 난다. 그 옆에 있는 많은 사람들은 어디에 원서를 넣을

까부터 고민한다. 어렵게 생각해서 넣은 곳에서는 연락이 없고, 마침내는 한 회사라도 걸리기만 해도 좋겠다는 심정으로 지원서를 마구 제출한다. 그런 사람일수록 면접 통지는 없다. 100통 이상의 이력서를 집어넣었는데도 연락 오는 곳이 없자 삶의 의욕을 잃고 자살을 생각하는 사람도 있다.

미국 하버드대 심리학 연구소에서 정년 퇴직자 65세 노인을 조사한 결과에 의하면 젊어서 목표를 구체적으로 세워서 글로 써 놓고, 적극적으로 행동에 옮긴 사람은 3%에 불과하다고 한다. 이들은 늙어서도 남에게 의존 않고 최고의 부와 명예를 누리면서 살고 있다. 그러나 97%에 해당하는 사람들은 대부분 보통 또는 그 이하의 삶을 살고 있다.

목표가 무엇이기에 이런 차이를 가져오게 하는가. 목표는 미래에 달성하고자 하는 그 무엇이다. 꿈일 수도 있고, 희망일 수도 있다. 목표를 세우는 이유는 그 사람을 한 방향으로 흔들리지 않고 갈 수 있게 하고, 최선을 다할 수 있게 해주기 때문이다.

직업은 내가 정한 목표를 달성할 수 있게 해주는 매우 중요한 수단이며 우리에게 경제적 자유와 사회인으로서 인정받을 수 있는 근간을 마련해준다. 우리는 대학에 진학하기 위해서 12년간을 투자한다. 그런데 정작 직업을 선택할 때는 대충 대충이다. 무슨 회사가 있는지 회사 내에서는 어떤 업무를 하는지도 모르는 체 그럴 듯한 회사에 들어가서 아무거나 시키는 일을 하겠다고 덤빈다.

인생에서 직업을 위해 사용되는 시간이 가장 많다. 그러나 아쉽게도 직업에 대해 체계적으로 접근할 수 있는 방법들은 잘 모르고 있는 것 같다. 어떤 연구자는 다음과 같은 방법을 제시하고 있다. 첫째, 궁극적인 인생의 목표와 중간 단계의 목표들을 수립한다. 둘째, 목표 달성에 영향을 미칠 환경을 분석하고 기회 요인을 찾는다. 셋째, 자신의 강약점을 분석한다. 적성검사는 자신을 파악하는데 많은 도움을 준다. 넷째, 환경이 주는 기회를 이용하고 자신이 가진 강점을 활용해서 목표를 달성할 수 있는 직업을 선택한다. 다섯째, 직업이 요구하는 능력의 수준을 파악하고 자신의 현재 상태를 파악한다. 여섯째, 달성해야 할 능력의 수준을 정하고 달성할 수 있는 전략을 수립한다. 이 단계가 되어야 어떤 학원에 갈 것인지, 무슨 자격증을 취득해야 할 것인지가 정해질 것이다. 무작정 자격증부터 따는 것보다는 먼저 목표를 세우자. 목표가 확실하면 갈 수 있는 방법이 눈에 보인다.

목표가 정해졌으면 목표를 이룩할 수 있는 실력을 기르자. 훌륭한 목표가 있어도 노력이 없이는 목표를 달성할 수 없고, 준비 없이는 아무 것도 이룰 수가 없다. 즉 목표와 이상을 이루기 위해 건강과 지식 그리고 강인한 의지가 필요하다. 항상 여러분이 하는 일에 최선을 다하여 준비하고 실력을 길러두어라.

우리는 남의 탓을 하는 것을 많이 목격한다. 자신의 실력이 없으면서 다른 사람 때문에 안 된다고 투덜댄다. 만약 여러분이 상사라고 할 때 그런 부하를 좋아하고 중용하겠는가? 그렇지 않을 것이다. 어떤 집단에는 꼭 있어야 할 사람, 있으나 마나한 사람, 필요 없는 부류가 있다고 한다. 우리는 꼭 있어야 할 사람이 되어야 한다. 그러기 위해 우선 실력 있고 근성 있는 사람이 되어야 한다. 우리 선조들은 이런 근성 있고 실력 있는 사람은 장인정신이 있는 것으로 보았다.

장인정신이란 자기가 하고 있는 일에 전념하거나 한 가지 기술에 전공하여 그 일에 정통하려고 하는 철저한 직업 정신을 말한다. 우리 민족은 예로부터 일정한 직업에 전념하거나 한 가지 기술에 전공하여 그 일에 정통한 사람을 '장이'라고 하였는데, 이것은 우리 민족의 정신 속에 내면화되어 있는 철저한 장인정신과 직업윤리의 한 표현이다. 즉 '장이'는 순수한 우리말로 전문가를 뜻하고 있는데, 사람이 전력을 다하여 연구할 만한 가치가 있다고 생각되는 것에 자기의 최선을 다하는 철저한 장인정신의 소유자를 말하고 있는 것이다.

장인들은 물건을 생산할 때, 기법의 수준을 스스로 속이거나 공법에 어긋나는 경우에는 장인정신을 어기는 것으로 보았다. 장인 스스로 그들의 최선을 추구하는 것에서 직업으로서의 만족을 찾는 것을 알 수 있다. 여기에서 그들은 자신의 작업 속에서 전문적인 기능과 품성을 갖춘 개인적인 측면만이 아니라, 그 철저한 장인정신이 사회적으로 확대되어 공동체 속에서 철저한 직업윤리를 가능케 해주는 것으로 나타나고 있다. 장인들은 이러한 마음가짐으로 정신을 집중하고, 끊임없이 정신을 들이면 드디어 마음과 손이 하나가 되어 생각한 대로 저절로 되므로, 그 응용력이 자유자재로 되게 하고, 온 몸에 신바람이 절로 나서 생기가 감돌아 자기의 장인정신이 깃들도록 한다.

이러한 정신 중 백제인으로서 신라의 사찰을 건설하다가 신라의 적이 백제임을 암시한 탑 건설 현장에서 작업을 중단하였다는 아비지의 전설은 우리 민족의 장인들이 가지고 있었던 국가관을 단명하게 보여 주는 것이다. 임진란 이후 일본으로 끌려간 많은 기술자들은 자신의 기술을 통해 일본 문화 속에 장인정신의 뿌리를 심는 역할을 하였다. 그 하나로 심수관의 예를 꼽을 수 있는데, 그는 임진란에 조선에서 끌려간 조선 도공의 13대 후예이다. 그는 일본인 국적을 가지고 있으면서도 자신의 성을 바꾸지 않고, 우리의 고유한 백자를 고집하여 제작하는 정신력을 보여 주고 있는데, 이것은 우리 민족의 장인정신의 발로라고 할 수 있다. 또한 조선 후기 화가인 장승업이 대원군의 총애에도 불구하고 자신의 작품 세계를 위하여 관직을 버리고 작업에 열중한 것은 우리 민족에 연면히 흐르는 장인정신이라고 할 수 있다. 이러한 장인정신의 발현은 청렴결백, 멸사봉공의 윤리 의식을 지닌 청백리 정신과도 연결된다. 춘추필법을 신조로 삼았던 사관이나 언관에게서 나타나는 모습도 그들의 직분을 지키려고 하는 윤리적 태도라고 할 때, 그것 또한 철저한 장인정신의 표현이라고 할 수 있다. 즉, 청백리의 정신은 곧 각각의 일에 전문가인 장인들의 삶과 일맥상통하는 면이 많다.

최근에 와서는 장인에 대한 부정적인 인식들이 차츰 사라지고 있다. 그 한 예로 우리나라는 최근 수년 동안 계속해서 세계 기능 올림픽 대회에서 우리의 기술이 세계 최고의 수준임을 보여 주었다. 이와 같이 뛰어난 솜씨와 능력은 예로부터 우리 민족의 장인들이 가지고 있던 자기 기술에 대한 자긍심과, 철저한 직업윤리에서 비롯된 것임을 인정할 때, 그것을 더욱 심화시키려는 노력이 우리에게 남겨져 있다고 할 수 있다.

더불어 살아가는 자세를 가지자. 인간을 사회적 동물이라 정의하기도 하는데 이는 인간이 홀로 살아갈 수 없고 더불어 살아가야 하는 존재임을 말해 주는 것이다. 우리가 직업을 선택하고 직장 생활을 하는데 윤리도 익혀 두어야 한 사항이다.

직장에는 많은 동료와 선배가 있다. 서로 신뢰하고 일에 대한 책임을 완수할 때 원만한 대인관계가 이루어지는 것이다. 항상 넓은 도량과 높은 품격으로 대인관계를 형성하여야 할 것이다.

직장 생활에서 예절은 대인관계에 필수적이지만 방심하기 쉬운 부분이다. 예절의 기본은 인사이다. 매일매일 직장 생활을 유쾌하게 보내기 위해서는 존경심과 감사하는 마음이 깃든 인사가 몸에 배는 생활을 해야 한다. 인사는 상대방에게 마음속으로부터 우러나오는 존경심과 친절을 나타내는 형식이며 인간관계를 원활하게 하는 중요한 예절이다.

대인관계가 좋은 사람은 동료들에게 호감을 주고, 신뢰감을 주기 때문에 업무의 능률도 올릴 수 있게 될 것이다.

동료 간에는 서로 신뢰하며 상호 협조하는 자세를 갖추어야 한다. 만약 서로 헐뜯고 비방할 때는 업무 능률이 저하되어 개개인은 물론 회사 발전에 저해 요인이 되고 만다. 서로 인격을 존중하고 예의를 지키면서 선의의 경쟁으로 노력할 때 상호 발전은 물론 서로 돕는 미덕이 창출되어 보람된 직장 생활이 형성되게 될 것이다

4. 마무리

선진국이 될수록 기능을 가진 사람이 우대를 받게 된다. 미국에서는 기능을 갖고 있는 사람의 인건비를 무척 비싸다고 한다. 그래서 일반 서민들은 자동차 오일을 교환할 때도 정비소에 가서 하기보다 자기 손으로 하는 경우가 많다고 한다. 기술을 갖고 있는 사람은 취업도 쉽다고 한다. 그렇듯이 기능을 가진 사람들이 보수도 좋고 우대받는 사회라고 한다. 우리도 선진국으로 나아가고 있어서 현재의 학생들이 성인이 되었을 때 미국과 같은 상황이 될 수 있다. 현재 기능인들이 다소 대접을 못 받는 것에 주눅이 들지 말고 자기 계발에 매진하여 밝은 내일을 준비하는 사람이 되자. 현재도 명장으로 지정된 사람들을 보라. 여러분의 앞날이 밝음을 보여주지 않는가?

[주 : 전문계고 학생들의 정체성 교육을 위하여 여러 자료를 모아 편집한 자료이다.]

지피지기

- 삶의 주도권을 위한 준비 -

교사 김 성 진

"지피지기(知彼知己)"라는 말로 잘 알려진 '손자병법'이라는 책에 "적보다 먼저 전장에 도착하여 적을 기다리는 자는 편안하고, 적보다 늦게 전장에 도착하여 급하게 전투에 돌입하는 자는 피로하다. 그러므로 전쟁에 능숙한 자는 능동적인 위치에서 적을 끌어들이며, 피동적으로 적에게 끌려가지 않는다."라는 구절이 있다. 결국 주도권을 자기 손안에 넣어야 전쟁에서 승리할 수 있다는 말이겠다.

이 말은 전쟁에만 해당되는 것은 아닌 듯하다. 우리의 삶 모두에 적용되는 것이 아닌가 한다. 예를 들어 장사를 하는 사람은 자신의 물건을 파는데 주도권을 잡고 있다면 더 많은 물건을 팔 수 있을 것이고, 운동을 할 때도 주도권 갖고 있으면 승리할 가능성이 그만큼 많을 것이고, 인간관계에서도 주도권을 쥔 사람이 더 유리한 상황에서 일을 처리하는 것을 많이 보기에 하는 말이다.

삶을 살아가면서 주도권을 행사하기 위해서는 당시의 현실을 냉철하게 살필 수 있는 눈이 있어야 하겠고, 상황을 정확하게 판단하는 능력이 필요할 것이며, 주위의 인재들을 적절히 활용할 줄 알아야 할 것이다. 그러기 위해서는 우선 필요한 것이 그런 것을 할 수 있는 개인의 능력일 것입니다. 이 능력은 가만히 있으면 저절로 길러지는 것이 아니라 끊임없이 공부하여야 이룩할 수 있는 것이다.

따라서 좀 더 보람찬 내일의 삶을 위해 즉 주도권을 쥐고 살아가는 사람이 되기 위해 오늘은 열심히 준비를 해 두어야 할 것이다. 물론 이 노력은 학생 시절만이 아니고 평생을 공부하고 준비하여야 할 것이지만, 특히 학창 시절에는 기본을 익히는데 더욱 충실해야 할 것이다. 우리가 새들의 생태를 주의 깊게 관찰해 보면 새끼가 어릴 때 그렇게 열심히 먹이를 물어다 키우던 새끼가 어느 정도 자라면 날기 연습을 시키는데 가혹하리만큼 냉정하게 대하는 것을 볼 수 있다. 제 새끼를 사랑하지 않아서가 아니라, 스스로 독립하여 잘 살게 하려고 하는 것이라 짐작된다. 어떤 학자는 새가 일정한 시기에 날기 연습이 되지 않으면 결국 날 줄을 모르게 된다고 한다. 이 말은 배움에는 때가 있다는 얘기다. 인간은 평생을 배우며 살아야 한다고 한다. 그러나 배움의 능률이 가장 좋은 때가 바로 여러분과 같은 학생 시절인 것이다. 따라서 이때에 인생에서 주도권을 잡을 수 있는 기본을 익혀두어야 할 것이다. 기초 학력 신장에 부지런해야 할 것이요, 튼튼할 신체를 위해 노력하여야 할 것이며, 자신의 특성을 발견하고 그 재능을 더욱 발달시켜야 하고, 다양한 책을 섭렵하여 인생을 보는 안목을 기르면서 정서를 풍부하게 하여야 할 것이다.

이 모든 것들이 노력 없이 이루어지지는 않을 것임을 여러분도 잘 알고 있으리라. 그렇다면 이제 행동으로 옮기는 것밖에는 없다고 본다. 내가 오늘 하루 편안하게 즐기는 동안 다른 사람은 주도권을 잡기 위한 준비를 하고 있음을 생각하자. 그러면 오늘 내가 해야 할 일을 찾을 수 있을 것이다.

경쟁력을 갖춘 선생님이 되자

사람이 어떤 직업에 종사하는 원초적인 이유는 속된 표현으로 “잘 먹고 잘 살기 위해서”라고 할 수 있을 것입니다. 물론 그렇지 않은 사람도 있겠지만 대다수는 그러리라 봅니다.

그런데 종사하는 직종에 따라 그에 부합하는 보람이 있어서 잘 적응하며 살아간다고 보여집니다. 농부는 작물을 잘 키우기 위해 애쓰고, 어떤 제품을 생산하는 사람은 좋은 제품을 만들기 위해 최선을 경주하고, 장사하는 사람은 많은 이윤을 창출하기 위해 노력하고, 교직은 학생들을 잘 키워내기 위해 힘쓰는 사람들의 모임이라 생각합니다. 이렇게 각자가 각자의 위치에서 최선을 다할 때 세상은 잘 돌아가리라 생각합니다.

저는 개인적으로 우리들이 종사하고 있는 교직은 생명체를 다룬다는 면에서 농부와 비슷한 면이 있다는 생각을 해 오고 있습니다. 농작물은 농부의 발자국 소리를 듣고 자란다고 하는 말이 있습니다. 결국 그만큼 작물에 애정을 쏟아야 작물이 잘 자란다는 의미일 것입니다. 그리고 농사를 지을 때는 성급하게 서두른다고 해서도 안 되고, 심을 때를 알고, 거름 줄 때 놓치지 않고, 김맬 때 김을 매어주는 농사 지식이 있어야 하고, 일기 상황에 적절하게 대처하는 능력도 있어야 농사를 잘 지을 수 있습니다.

우리 교직에는 세 가지가 갖추어져야 한다고 봅니다. 즉 학생들을 잘 가르치기 위해서는 지도할 수 있는 지식이 있어야 하겠고, 다음으로 잘 받아들일 수 있도록 지도하는 능력 즉 교수법이 좋아야 할 것입니다. 이 두 가지는 대학을 나오고 교사 자격증을 딴 사람은 기본은 갖추었다고 볼 수 있을 것입니다. 계속 바뀌는 지식 때문에 부단히 교재 연구를 해야 하겠습니다만, 그러나 이것만 갖고는 무언가 부족합니다. 바로 농부들의 농심에 비견할 수 있는 학생들에 대한 사랑- 저는 이것은 敎心이라 부르고 싶습니다만, 어떻게 부르든지 간에 학생들에 대한 애정이 없다면 그 사람은 옳은 선생님이라 부를 수 없다고 생각합니다. 부단히 교재연구하고, 학습 방법을 연찬하여야 함과 동시에 학생들은 사랑하여 그들의 가능성을 찾아내고 꿈을 심어주고 소질을 키워주고 진정으로 그들을 위하여 혼신의 힘을 기울인다면 우리의 후배들은 더욱 발전하여 청출어람 할 것입니다.

저는 담임을 할 때 학생들에게 "여러분들이 실력으로 나를 넘어서야 한다"고 강조를 하였습니다. 학생들이 교사를 넘어서지 못하면 이 세상은 한 세대의 실력이 10이고 다음 세대는 8, 그 다음은 6이 식으로 갈수록 줄어드는 송곳 세상이 되어 침체할 수밖에 없을 것입니다.

제가 본교에 와서 한 달 남짓 근무를 하면서 참 훌륭한 선생님들을 모시고 있어서 나에게 행운이구나 하는 생각을 하였습니다. 참 열심히들 해 주셔서 감사합니다.

이렇게 열심히 해 주시는데 사족을 달아 무엇하겠습니까만 다만 우리가 우리를 옥죄고 드는 현실을 생각하면서 몇 가지를 생각해 보겠습니다.

요즘 언론 보도를 통해서 잘 알고 계시겠지만 교원평가문제가 자꾸 거론되고 있습니다. 반대를 많이 하고 있습니다만, 이 평가는 세계적인 추세라고 합니다. 거기에다가 일반인들이나 학부모들의 생각이 호의적이지만은 않은 것이 현실입니다.

20~30년 전만 해도 선생님은 그 지역의 어른이고 존경의 대상이었습니다. 그래서 깊은 밤에 제사를 지내면 초청하여 제사 밥을 같이 먹기도 하고 선생님의 말씀이라면 무조건 따르던 때가 있었습니다. 그러나 요즘은 학부모들이 교육에 전문가가 되어 있어서 자칫하면 우리가 욕을 볼 수 있는 상황에 처하게 되었습니다. 어찌 보면 교직의 위기라 할 수 있습니다.

또 교장 공모제를 5할 정도로 확대할 계획이라는 발표가 있었습니다.

그러나 위기는 기회가 될 수도 있습니다. 삼성전자가 현재와 같은 호황을 누리는 것은 위기의식과 일류의식이라는 기사를 본적이 있습니다. 위기이기에 그 위기에서 벗어나기 위해 혼신의 힘을 다해 노력을 계속하기에 성장을 계속할 수 있었다는 것입니다.

우리도 위기를 호기로 바꿀 수 있다고 봅니다. 그러기 위해 우리는 각자가 경쟁력을 지닌 교사가 되기 위해 노력해야 할 것입니다.

우선 가르치는 재료인 지식을 부단히 확충해 나가야 합니다. 요즘 세상은 흔히 지식 사회라 합니다. 지식이 급격히 확충되어 나간다는 뜻일 것입니다. 그리고 정보기기들이 엄청 빠르게 발전하고 있어서 기억 소자들의 발전은 매년 전년도의 배를 기억할 수 있는 것이 계발되어 간다고 합니다. 황창규 법칙이라 하여 해마다 배로 용량이 늘어나는 기억소자가 만들어지고 있어 손톱만한 칩에 400년분의 일간지가 들어갈 정도로 세상이 변하고 있습니다. 학생들은 이런 변화하는 세상에 잘 적응해가고 있습니다. 그에 맞추어 학습지도 방법도 부단히 바뀌어야 하고, 발전되는 지식도 습득하도록 노력하여야 할 것입니다. 지식의 습득은 교재연구 등을 통해 가능할 것입니다.

학습지도 방법도 부단히 연구하여 그 단원에 적합한 방법을 찾아 지도하도록 노력하여야 할 것입니다. 그러기 위해서는 선생님들끼리 서로 좋은 방법이 있으면 의견을 교환하고 정보를 교환하는 것이 좋은 방법일 것입니다.

제가 담임을 하면서 사용하였던 방법은 학생들 잠재우기였습니다. 점심을 먹고 나면 공부를 하지 못하게 하고 잠을 잘 수 있도록 교실에서 보초를 서주는 것이 학생지도의 한 방법이었습니다.

수업 시간이 많고 업무량도 많고 하여 어려울 것입니다만 가능하다면 서로 수업을 보아주고 조언해 주는 방법도 생각해 볼 수 있을 것입니다.

그러나 무엇보다 학생들은 위하는 마음이 없다면 모든 게 허공에 뜨는 것이 되고 말 것입니다. 교사의 사랑은 학생들에게 저절로 느껴지게 됩니다. 그러면 학생들로부터 존경을 받을 것이고 좋아하는 선생님이기에 학생들은 더욱 열심히 공부할 것입니다.

사실 우리들의 학창 시절을 되돌아보면 좋아하는 선생님 과목을 더 열심히 하고 싫은 선생님 과목은 소홀했던 기억이 있으리라 봅니다. 우리는 모든 학생들이 나를 좋아하게 만들 수는 없다고 하더라도 대다수의 학생이 좋아하는 교사가 되어야 비로소 경쟁력 있는 교사라고 할 수 있을 것입니다. 학생들에게 좀 더 관심을 가지고 지켜보고 상담도 자주 해 주고 칭찬과 격려를 많이 해주어서 힘을 내게 해줍시다.

우리가 사는 세상은 신자유주의 경제가 기승을 부리고 있는 세상입니다. 신자유주의 경제 체제 하에서는 교사들도 안일함에 안주할 수 있도록 두지 않는 것입니다.

그런 면에서 저는 행복한 세대라고 할 수도 있습니다. 제 마음 가는 데로 학생들을 대하며 생활할 수 있었으니 말입니다. 다만 가정에 충실하지 못하여 미안하기는 합니다만. 그런데 세상이 너무 많이 변하고 있는 것 같습니다.

공룡이 변하는 세상에 적응을 하지 못하여 멸망하고 말았다는 이야기를 들었습니다. 공룡이 힘이 없어서가 아니라 변하는 기후에 적응하지 못하였기에 종을 보존할 수 없었다는 것입니다. 우리도 급변하는 세상에 경쟁력 있는 교사로, 교심(敎心)을 가진 교사가 되기 위해 노력합시다.

요즘 세상은 고객의 요구에 부응하지 못하면 도태되고 마는 세상입니다. 우리의 고객은 학생과 학부모라고 생각할 수 있습니다. 어떻게 학부모냐고 할지 모르겠으나 만약 학부모가 학생을 보내지 않는다면 학생이 없기에 고객이라 볼 수 있는 것입니다. 고객의 요구에 부응할 수 있는, 아니 그 선생님에게 지도받기를 원하는 사람이 되도록 합시다. 그리고 요즘은 학생이나 학부모가 적극적으로 나서는 시대이기에 더욱 그러합니다.

최근에는 공모 교장을 확대한다는 발표가 있었습니다. 실현 여부는 잘 모르겠습니다만, 만약 확대된다면 초빙 교사제도 확대가 된다고 봅니다. 그렇게 되었을 때 자신의 입지를 넓히도록 준비해 두는 것일 좋은 일 아니겠습니까. 전학교의 반 정도가 초빙제가 된다고 하였을 때 초빙되지 못하는 교사가 된다면 그 모양새가 어떠하겠습니까. 초빙은 운영위원회에서 추천이 되는데, 운영위원은 학부모들이 과반수를 점하고 있습니다. 결국 학부모들에 의해 결정될 수 있다는 얘기가 되고, 학부모들은 학생들의 이야기를 통한 여론에 귀를 기울이게 될 것입니다.

학생들의 요구가 무엇인가 파악하여 충족시켜줄 수 있도록 노력하여야 할 것입니다. 어떤 회사의 제품에 불만이 많은 회사가 있을 경우 불만이 있는 대다수의 사람들은 침묵을 하고 극소수만 불평을 한다고 합니다. 그것을 소수라고 무시해 버리게 되면 침묵하는 대다수 소비자가 떠나게 되어 그 회사는 어려움에 처한다고 합니다. 소수의 불평자가 있다면 그들을 탓하지 말고 - 사실 말은 쉽지만 대단히 어려운 일이라는 것은 압니다만 - 불평을 고맙게 생각하고 다시 한 번 되돌아보고 자기 혁신을 꾀하여 다수의 침묵자를 떠나지 않게 해야 경쟁력이 있는 교사가 될 수 있을 것입니다.

우리 학교 선생님들께서는 모두 열심히 하시고 계셔서 경쟁력을 갖춘 선생님들이시지만 더욱 경쟁력 있는 선생님들이 되시라는 바램으로 많이 알고, 잘 가르치고, 그리고 교심(敎心)을 가진 선생님이 되도록 같이 노력해 봅시다.

2005. 10

2006.11.21자 아침 직원회에서의 당부

제가 이 학교에 온 지 3개월이 다 되어 갑니다. 그동안 생활하면서 보니 선생님들께서 아침 일찍부터 밤늦게까지 열성적으로 학생들을 지도하시고 계십니다. 그 노고에 경의와 감사를 보냅니다.

중학교 근무에 비하여 상대적으로 힘드는 측면이 있지만 인문고등학교 근무는 보람과 긍지를 가질 수 있다고 봅니다.

제가 자식을 키워보니 아들과 딸이 각각 특색이 있습디다. 아들은 학교에서 일어난 일을 좀체 말하지 않는 반면 딸은 세세한 것까지 이야기를 하는 특성이 있었습니다.

이런 특성이 한 요인이 되리라 봅니다만 여학교는 학교에서 일어난 일이 외부에 잘 알려집니다. 따라서 우리는 그런 여학교의 특성을 염두에 두고 근무를 해야 하리라 봅니다.

외부의 평가가 그렇게 두려울 것은 없으나 이왕이면 나쁜 소리보다는 좋은 이야기를 듣는 것이 좋지 않겠습니까? 근무하면서 본 것과 주위에서 들리는 이야기를 참고하여 그 동안의 소회를 말씀드리겠습니다.

우리 학교에 근무하고 계신 여러 선생님들은 모두 실력이 뛰어나고 열성적으로 학생들을 대하는 훌륭한 선생님임을 알고 있고, 또 열심히 학생들을 지도해 주시는데 대하여 감사드립니다.

현재 교단에 서 계신 분들은 학교 다닐 때 최상위권의 성적을 유지하던 분입니다. 또 최근에는 임용고시라는 어려운 관문을 뚫고 들어온 경우는 말하여 무엇 하겠습니까? 그래도 좀 더 좋은 선생님이 되자는 의도에서 잠시 말씀드립니다.

우리가 중·고등학교 시절을 되돌아보면 더 좋다고 느껴지는 선생님과 그렇지 않은 선생님이 계셨다는 기억이 있습니다.

잘 가르친다는 생각이 들었던 선생님들은 교수기법이 좋았고, 학생들에게 애정을 갖고 가르쳐 주셨고, 성실함으로 모범을 보여주셨으며, 칭찬을 하여 학생들의 가능성을 북돋우어 주셨던 선생님으로 기억됩니다.

요즘을 흔히 지식정보화 사회라고 지칭하면서 변화가 매우 빠른 것을 특징의 하나로 꼽고 있습니다. 우리들도 늘 공부하고 바뀌어야 변화하는 세상에 적응할 수 있을 것입니다.

밖에서 들리는 소문이 전부 진실하다고 보지는 않습니다만 한번쯤 우리들을 되돌아보게 하는 계기는 될 수 있고 발전의 계기로 삼을 수 있으리라 보고 말씀드려 봅니다.

우리는 수업할 때 학생들을 자신의 수업에 빨려들게 하는 기법을 늘 연구하고 실행합시다. 학원 강사들의 수업 방식도 참고하고 동료 교사들의 조언도 구하여 학생들이 혹하는 수업을 하도록 합시다. 그리고 가능하면 앉아서 수업을 진행하지 않았으면 합니다. 앉아 있으면 학생 동태가 파악이 잘 되지 않아 통제가 잘 되지 않는 관계로 집중하지 않는 학생들이 나올 수 있습니다. 물론 몸이 불편하다든지 앉아서 해야 하는 수업인 경우는 예외입니다.

그리고 수업 시간에 학생들을 너무 자유롭게 놔두는 것도 어떨까 싶습니다. 학생들이 자는 것을 방치한다든지 다른 짓을 하고 있는데 그냥 둔다든지, 한 시간 놀자고 한다고 자주 청을 들어주면 - 물론 이런 선생님은 우리 학교에는 안 계실 것입니다. 다만 예를 들자면 하는 이야기입니다. - 앞에서는 좋아하나 뒤로는 비난하는 것이 일반적입니다.

학생들을 사랑으로 보살핍시다. 학생들의 훗날 모습을 생각하고 지도해 나갑시다. 학급 경영에서도 학생들에게 애정을 보이고 상담을 많이 해주면 좋아할 것입니다. 찾아오는 사람만 상대하지 말고 선생님이 학생들에게 적극적으로 다가가는 상담이 되면 더 좋은 선생님이라 칭송 받게 될 것이라 믿습니다.

가득 찬 그릇은 더 이상 담을 수가 없습니다. 늘 부족하다고 생각하고 다른 사람의 좋은 점을 받아들인다면 더욱 훌륭한 선생님이 되시리라 생각합니다. 우리가 학생들을 지도하다 보면 자기가 잘 났다고 선생님의 말이나 주위의 권고를 듣지 않고 고집대로 하여 성적이 떨어지는 경우는 종종 봅니다. 교만하여 더 이상 채울 수가 없기 때문이라 봅니다.

우리는 더 많은 것을 채울 수 있는 자세로 노력하여 우리나라, 아닌 전 세계에서 이름을 떨치는 훌륭한 선생님이 되어 주시기를 당부합니다.

회장님 보십시오

백화산 자락이 온통 단풍으로 타오르는가 싶더니 산머리에 흰 눈이 덮인 철이 되었습니다. 그동안 하시는 일 잘 되시고 평안하십니까.

저는 모서중학교 교무부장을 맡고 있는 김성진입니다. 이렇게 글을 드리게 된 것은, 우리 학교 개교 공신이시기도 한 오학진 교감 선생님께서 내년(2003년) 2월 말로 정년퇴임을 하시게 되었습니다. 교감 선생님께서는 손님을 청한다든지 하는 퇴임식을 하실 뜻은 없는 듯이 보입니다. 그러나 학교 행사로서 퇴임식은 해야 할 것입니다. 아직 정확한 날짜도 정해진 바는 없고, 2월 중 어느 날을 잡아 실시할 예정으로 있습니다.

그래서 동창회 쪽에서 40년 교직 생활을 마감하시는 교감 선생님의 뜻을 기리는 송공패(頌功牌) 하나쯤이라도 해드리면 퇴임식이 빛나지 않을까 생각이 되어 편지를 드리는 것입니다. 물론 꼭 해야 한다는 것은 아닙니다. 다만 뒷날 아시고 나서 연락도 없었다고 하실까봐 연락은 드립니다.

아울러 원고 청탁 하나 하겠습니다. 금년에도 1년 간 학생들의 문예활동 결과를 모아 "웅비"(제4호)를 발간하기 위해 작업을 하고 있습니다. 발행일을 2월 1일 정도로 잡고 작업을 진행하고 있는데, 회장님의 "격려의 말씀"을 부탁드리며, 또 **찬조작품**도 내어주시면 더욱 감사하겠습니다. 또 동문들 중에서 찬조작품을 내주실 분이 있으면 보내라고 연락해 주시면 좋겠습니다. 좋은 작품이 실리면 후배들이 더욱 힘을 낼 것 아니겠습니까.

그럼 이만 줄입니다. 안녕히 계십시오.

2002년 11월 28일
모서중학교 교무부장

웅비 문예 작품 모음집을 엮으며

백화산 눈바람이 옷자락을 파고드는 시점에서도 양지바른 곳에서는 새봄의 기운이 꿈틀거리고 있습니다. 골짜기가 깊을수록 산이 높다고 합니다. 추위가 맹위를 떨칠수록 봄은 더 화사하게 피어날 것입니다.

눈 맑은 우리의 어린 동무들의 몸짓이 아직은 어설프고 미완성의 모습일지라도, 높은 하늘을 우러르고 우뚝한 백화산의 정기를 온몸으로 받으며 새 즈믄 세대를 이끌어 갈 인재로 태어나는 마술을 보여주고자 오늘도 부단히 손을 오므렸다 펴고 있습니다.

1900년대를 마감하는 1999학년도 우리의 여린 몸짓들을 여기 모아봅니다. 작품 자체가 훌륭해서가 아니라, 우리의 눈 맑은 동무들이 애쓰는 모습을 그대로 투영하고 보여주고 더 나은 내일을 기약하면서 조금만 책자로 엮어 봅니다. 다만 여기에 글이 올려지지 않은 동무에게 미안한 마음을 가지며, 다음엔 모든 학생의 글이 실려지기를 고대합니다.

그리고 새 즈믄 해에는 좀 더 열심히 노력하여 한층 성숙해진 모습으로 우리의 웅비 문예가 선보이기를 기대해 봅니다. 아울러 자라나는 아이들이 더욱 바르고 아름답게 되도록 주위에서 격려를 기다려 봅니다.

새 즈믄 해를 맞이하며
교사 김 성 진

웅비 문예 2호를 엮으며

여기 우리 내면의 정열이 넘쳐 나온 흔적을 모아 한 권의 모음집으로 엮어봅니다. 아직 올챙이의 꼬리를 떼지 못한 개구리의 뜀뛰기일망정 곧 어른 개구리의 힘찬 도약을 위한 하나의 몸짓이라 믿으며 '웅비 문예 2호'를 세상에 내어놓습니다.

지난 해 '웅비 문예'를 처음 엮으면서 아쉬웠던 점이 모든 학생들의 작품을 싣지 못했다는 것이었더랬습니다. 글 솜씨가 조금 부족하다는 이유 하나로 말입니다. 사람이 나면서부터 말 잘 하고 글 잘 쓰고 하겠습니까? 한 때를 앞서 연습을 하고 생각을 좀 더 한 사람은 먼저 잘 쓰게 되고, 한 걸음 늦은 사람은 조금 부족할 뿐인 것을……. 해서 2호에서는 전교생의 글을 싣도록 노력했습니다.

규모가 큰 학교라면 꿈도 꾸지 못할 일이로되 우리 학교는 학생들이 한 가족마냥 지낼 수 있는 80여명, 이 정다운 식구 중 누구 것은 넣고 누구 것은 빼겠습니까?

우리는 잘 된 작품에는 박수를 보냅시다. 그리고 좀 부족한 작품에는 격려를 보냅시다. 그래서 더욱 성숙하는 하나의 발판을 만들어 갑시다.

이천일년 정월에 눈을 인 백화산이 보이는 창가에서
교사 김 성 진

3호를 엮으며

땅 깊이 뿌리박은 바위 위에 눈이 내리고 바람이 분다.
굳게 뿌리박은 강인함에 눈이야 바람이야 무엇이리오만
그래도 한쪽 옆구리 허전한 것은
채우지 못한 무언가가 있기 때문이리오.
그 미진함을 채우려고 해마다 몸부림을 쳐보나
몸부림만큼이나 큰 구멍으로 남아
허허한 마음으로 남는다.

2002년 초입에
흰 눈꽃으로 다시 피어난 白華가 보이는 창가에서
김 성 진

웅비 제4호를 엮으며

하늘에서는 생각이 보풀 져 하얗게 부서져 내린다. 내려선 켜를 이루어 가고 있다. 더러는 바람에 날려 어디론가 가고 있다.

한 낱의 눈은 아무 힘이 없고 나약하기 짝이 없는 존재이다. 그러나 그들이 모이면 산을 덮고 들을 덮고 길을 덮어 온통 제 천지를 만들고 만다. 우리들의 하나의 작은 몸부림은 눈 한 낱과 같을지도 모른다. 그래서 그 몸부림이 매우 소중한 것이리라. 모이고 쌓이면 비로소 들이 되고 산이 무어지고 길이 만들어진다.

여기 우리들의 작은 몸부림들을 모아 본다. 너무 나약하고 보잘 것 없는 대로 우리의 무한한 가능성이요, 생각의 보푸라기요, 한때의 역사이다.

금년에도 전교생의 일 년간의 작품을 엮어 젊은 날의 한 때를 한 획으로 그어 놓고 간다.

글을 쓴다는 것은 생각을 정리하고 내면을 더 깊게 하는 하나의 작업이다. 위대한 글이 아니어도 우리는 좋다. 쓴다는 그 자체로 이미 우리는 충분히 보상을 받고 있으니까. 상상하고 정리하고 하는 과정에서 정신 작용은 더 풍성해져 있을 것이기 때문에.

더러는 많은 보푸라기들이 모여 태산이 되면 더욱 좋다는 희망을 함께 하면서 우리들의 작은 몸부림들의 모음을 기리도록 하자.

이천삼 년 새해 벽두에
백화산이 이름 그대로 흰 꽃이 된 것이 바라보이는 창가에서
김 성 진 씀

웅비 5호를 엮으며

초록의 군단이 백화산을 진격하였다가 후퇴하기를 다섯 번, 우리들이 혼신의 힘을 기울여 피우는 꽃도 다섯째 송이가 되었다. 처음 이 학교에 발령을 받았을 때, 학생 수가 너무 적어서 잘 적응이 안 되는 느낌을 받았던 영상이 문득 머리를 스치고 지나간다.

규모가 큰 학교에서는 엄두를 내어보지 못한 전교생의 글을 한 권의 책으로 엮어보고자 했던 시도는 정희융 교장 선생님의 적극적인 지원으로 햇빛을 보게 되었고, 그 뒤에 허친남 교장 선생님에 이어, 현(現) 양영문 교장선생님과 여러 선생님들이 지원을 아끼지 않아서 오늘 5번째를 엮어내게 되었다.

초롱초롱 호기심 가득한 눈을 밝히며 이 교정에 들어왔다. 어엿한 모습으로 졸업해 가는 모습 위에 5호라는 부피로 우리 앞에 다가와 있음을 보며 무한한 감회와 기쁨의 눈으로 바라보게 되었다.

눈이 내릴 듯이 잔뜩 흐린 하늘 저쪽으로 백화산은 오늘도 장엄히 앉아 교정을 내려다보고 있다. 백화산은 오늘도 꿈을 현실로 만들어 내는 아이들의 힘찬 약동을, 고개 끄덕이며 바라보고 있다.

이천삼년의 끝자락에서
김 성 진

※ 주 : 모서중학교 근무 당시 전교생의 작품을 일 년간 모았다가 연말에 책자로 펴낸 것이 "웅비"로서 매권마다 모든 학생의 작품을 싣는 것을 기조로 5년간 매년 한 권씩 발간을 하였던 서문을 모아 보았다.

문화재 답사반 체험활동 보고서 발간을 축하하며

사람은 시간이라는 선로 위를 대를 이어 지나가는 존재라 할 수 있습니다. 오늘을 사는 우리는 먼저 살다간 사람들의 삶을 이어받아 살다가 다음 세대에게 이어주고 떠나게 됩니다. 오늘의 우리가 살아가면서 남긴 흔적이 뒷사람들에게 하나의 자산이 되듯이 우리보다 앞서 살아간 사람들이 남긴 흔적은 오늘을 사는 우리에게 교훈이 되고 삶의 바탕이 됩니다.

문화재 답사를 하고 그 결과물을 책으로 엮는다고 하니 참 반가운 일이고 축하할 일입니다. 우리 주위에 널려 있는데도 무관심으로 사라지는 문화재가 많은데 일찍부터 선인들이 남긴 문화재에 관심을 갖고 이해하려 한다는 것은 바로 자신을 이해하려고 하는 노력이라 할 수 있습니다.

사람은 아는 만큼 보인다고 합니다. 주위에 널려 있는 사물도 관심이 없으면 그냥 아무 의미 없는 물건에 지나지 않습니다. 그런데 관심을 가지고 접근하고 그에 대하여 알게 되면 그것은 나에게로 와서 지식이 되고 사랑이 됩니다. 돌을 수집하는 사람들을 예로 들어 봅시다. 돌에 대하여 관심이 없는 사람에게 그냥 굴러다니는 돌인데 돌에 관심을 갖고 모으는 사람들이 그 돌을 주워서 다듬고 받침대 위에 올리고 곰이네, 용이네, 또는 무어네 하며 이름을 붙인 뒤에 보면 참 그럴듯해 보이기도 하듯이 관심을 갖고 사물을 보면 그만큼 보이는 것이 달라집니다.

학생들이 문화재를 답사하고 공부를 하면서 그 문화재를 보면 아마 지난 역사가 보이고 선인들이 살았던 삶이 보이면서 문화재에 대한 정이 깊어질 것입니다.

내가 부석사를 몇 차례 갔었습니다. 유홍준의 "나의 문화유산 답사기"란 책을 읽어 보기 전과 후에 본 부석사는 그 모습과 감회가 달랐던 경험이 있었습니다. 한 예로 전에는 부석사 조사당 앞에 있는 나무를 보며 나무가 어떻게 그 위치에 있을까 하는 정도로 보았던 것이 그 책을 읽은 뒤에 보면서 부석사 건립과 관련된 설화까지 생각하며 보게 되었습니다.

여러분도 아마 답사를 하기 전에 답사하고자 하는 문화재에 대한 기본 정보를 알고 갔거나 아니면 그곳에서 전문가에게 설명을 들어서 새삼스레 그 문화재에 대한 인식을 새롭게 하였을 것이고 그 내용을 글로 써 봄으로써 내면화도 이루었을 것이라 생각됩니다.

이런 과정을 거쳐 여러분들의 자신을 성찰하는 단계를 지나게 되면 훌쩍 성숙해진 자신의 모습을 발견할 수 있을 것이고 앞으로 우리들이 살아가야 할 모습이 보일 수도 있을 것이라 생각됩니다.

나라를 부흥시키는 현명한 사람이 됩시다

예로부터 여성이 현명한 나라는 흥하였습니다. 우리 문경여중 예쁜이들은 현명한 사람이 되어 나라를 부흥시키고 세계를 행복하게 만들 막중한 소임을 갖고 있습니다. 그러기에 우리 예쁜이들은 오늘 하루하루를 부지런하고 지혜롭고 보람차게 보내야 합니다.

그러면 현명한 사람이 되기 위해서는 어떻게 하여야 할까요? 우선 현명하다의 뜻을 살펴보면 실마리를 찾을 수 있을 것입니다. 현명하다는 것은 "어질고 슬기로워 사리에 밝은 것"을 말합니다.

어진 사람이란 어떤 사람일까요? 한자의 어질 인(仁) 자를 보면 사람이 둘이 있는 모양입니다. 즉 사람은 혼자 사는 것이 아니고 어울려 사는 존재이기에 남을 배려하여야 하고 상대의 입장을 고려하며 사는 사람이 어진이라 할 수 있습니다. 즉 더불어 살아가는 마음을 가지고 생활하는 것이 필요하다는 것입니다. 어짊은 기독교에서는 사랑이요, 불가에서는 자비라 하여 우리들이 성인으로 추앙하는 이들이 모두 내세운 삶의 기본입니다.

다음으로 슬기롭고 사리에 밝음인데 슬기롭고 밝은 사리를 가지게 되는 것은 가만히 있으면 절로 생기는 것일까요? 그렇지 않겠지요. 학창시절 열심히 공부하여 지식을 넓히고, 여러 분야의 많은 책을 읽어 다양한 생각을 알고, 깊은 사색을 많이 하고, 다른 사람과 생각을 나누어 사고의 폭을 넓히는 데서 생기는 것입니다.

결국 슬기롭고 사리에 밝음은 지식을 바탕으로 생겨나는 것입니다. 문경에서 서울을 간다고 가정해 봅시다. 모로 가도 서울만 가면 된다고 그냥 닥치는 대로 갈 수도 있겠으나 쉽고 빠르게 가기 위해서는 가는 길과 방법을 먼저 잘 알아야 합니다. 가는 길과 방법이 바로 지식에 해당합니다. 그러기에 지식을 익히는 공부에 게을리 해서는 안 됩니다. 그 지식을 바탕으로 그때그때의 상황에 맞게 가는 길을 잘 택하는 것이 슬기롭고 사리에 밝은 행동입니다.

앞으로 세상은 평생 공부하는 시대가 된다고 합니다. 그렇지만 인생을 살아가는데 밑거름이 되는 공부는 학창시절에 해야 합니다. 공부는 때가 있다는 말이 있습니다. 젊어서는 머리에 잘 들어가던 것이 나이가 들어서는 좀체 입력이 되지 않아서 힘든 경험을, 나이가 든 사람들은 하고 있습니다. 젊어서 공부를 하여야 머릿속에 잘 들어가고 오랫동안 남습니다. 그렇다면 자 여러분! 오늘 우리는 공부에 게을리해서는 안 된다는 것을 알겠지요?

이런 현명한 사람이 되는데 사고의 습관이 중요합니다. 긍정적으로 사고하느냐 부정적으로 사고하느냐에 따라 이루어내는 것이 많이 다릅니다. 사람은 자기가 원하는 대로 인생의 방향을 잡게 됩니다. 긍정적으로 보느냐 부정적으로 보느냐에 따라 삶의 모습도 그에 따라 성공이냐 실패냐로 갈리게 됩니다.

사람이 살다보면 어떤 난관이 닥칠 수도 있는데 그것을 어떻게 보느냐에 따라 대처하는 방법도 달라지겠지요. 예를 들어 길에 돌이 하나 박혀 있다고 할 때 어떤 사람은 걸림돌로 보고 어떤 사람은 디딤돌로 볼 수 있습니다. 걸림돌로 보는 사람은 그것을 피하려고 할 것이고, 디딤돌로 보는 사람이라면 그것을 딛고 건너갈 대상으로 볼 것입니다. 두 유형 중 어떤 사람이 성공 가능성이 높을까요? 후자라는 것은 알 것입니다. 즉 긍정적으로 사고하는 습관이 몸에 배면 여러분의 인생도 긍정적으로 펼쳐질 것입니다.

긍정적인 사고를 습관화하기 위해 말을 할 때도 긍정적으로 하여야 합니다. "요즘 어떻습니까?"란 질문을 해보면 대답하는 유형은 부정형, 평범형, 긍정형의 세 가지 형태로 나타납니다. 이 중에서 긍정형이 성공하는 사람이 됩니다.

우리의 머릿속에는 많은 생각들이 생겼다가 사라지고 합니다. 그 생각들은 어떤 논리성이 없이 뒤죽박죽의 상태로 존재하고 늘 변할 수 있습니다. 그런 생각들이 말로 하거나 글로 쓰는 순간 논리성을 가진 생각으로 굳어지게 됩니다. 그렇게 굳어진 생각은 개인의 인생관이 되고 삶의 방향성을 가지고 행동으로 나타나게 됩니다. 따라서 바르고 고운 말, 긍정적인 말을 하는 습관을 들이면 생각과 사상도 밝고 긍정적이 되고 부정적인 말을 많이 하면 사고가 부정적이 됩니다. 이런 사고는 행동으로도 나타나 긍정적인 행동 또는 부정적인 행동으로 나타나게 됩니다. 그러므로 여러분들이 밝고 성공적인 인생을 원한다면 여러분은 의식적으로 고운 말 긍정적인 말을 하여야 합니다.

현명한 사람이 되기 위하여 또 하나 생각할 것이 있습니다. 바로 건강입니다. 건강이 좋지 못하면 자칫 부정적으로 생각하는 습관이 들 수 있습니다. 돈을 잃었으면 조금 잃은 것이요, 명예를 잃으면 많이 잃은 것이요, 건강을 잃으면 전부를 잃게 된다는 말이 있습니다. 여러분들이 아직은 자라는 나이여서 건강에 별 신경을 쓰지 않아도 아무런 문제가 되지 않지만 나이가 들면 건강 문제로 고민하는 사람이 많아집니다. 그래서 지금부터 건강을 지키기 위해 좋은 습관을 들이는 것이 여러분들이 어른이 되었을 때 행복하게 사는 바탕이 되는 것입니다. 규칙적인 식습관, 적당한 운동을 하는 습관을 들이도록 노력합시다. 그리고 즐기며 할 수 있는 운동 하나쯤 익혀두기 바랍니다.

문경여중 예쁜이들!

여러분들은 남을 배려하는 마음을 갖고 열심히 공부하고 긍정적으로 사고하여 현명한 사람이 자신의 인생을 성공으로 이끌고 우리나라를 부강하게 하고 나아가 세계를 평화롭게 만드는 사람이 됩시다. 여러분들은 모두 그렇게 해낼 수 있다고 자신합니다. 스스로 다짐하고 노력합시다.

이천 십이 년 연말에

※ 문경여자중학교 교지 '문향'19호에 실었던 글임

옛이야기 모음

〈설화 1〉 복덕이 입신양명

옛날 옛적 어떤 한 고을에 이씨, 곽씨, 정씨라는 성을 가진 낙향한 세 대감이 살고 있었다. 그 중 곽 대감 집에 성이 김씨인 한 젊은 머슴이 있었다.

어떤 봄날 곽씨 집에서 그 머슴더러 밭을 갈고 오라고 했다. 그래서 점심을 싸가지고 소를 앞세워 몰고 쟁기를 짊어지고 밭으로 나갔다. 밭을 몇 골 갈아놓고 잠간 앉아 쉬면서 자기 신세를 생각하다가 그만 봄볕이 따사로운 탓인지 아니면 매일 너무 고단했던 탓인지 잠이 깜빡 들었다. 얼마를 잤는지 누가 부르는 소리에 깜짝 놀라 일어나보니 꼴이 매련이 없는 스님이 옆에 서서는 미안하지만 요기 좀 할 수 없느냐고 물으며 며칠을 굶었더니 더 이상 걸어갈 기력도 없다고 하며 요기를 시켜주면 은혜를 갚겠다고 한다. 머슴은 하도 측은하여 자기가 싸가지고 온 점심을 주려고 하나 새까만 보리밥이라 내 놓기가 미안해 점심을 가지고 온 게 있으나 새까만 꽁닥 보리밥이라 내 놓기가 미안하다 하니 아무래도 상관없다고 하여 밥을 내 놓으니 얼마나 배가 고팠든지 금세 다 먹어버리고 그제야 정신이 드는지 남의 점심을 다 먹어버려 어떡하느냐며 미안해한다. 머슴은 그런 걱정 말고 다른 곳에 가서 좀 더 얻어먹어라 하며 자기는 집에 가면 먹을 수 있다 하니 중은 감사하다 하고 은혜를 갚겠단다. 사양했으나 스님은 머슴을 이윽고 쳐다보며 한참을 생각하더니 밭가는 것 집어 치우고 지금 당장 가서 선친의 묘를 파오라고 한다. 머슴은 이상하게 생각했으나 중의 말대로 묘를 파오니 주은 한곳을 유심히 바라보고 있다가 그가 도착하자 건너편 양지바른 산비탈을 가리키며 그리로 가자 하여 그곳에 이르니 중은 한 곳을 가리키며 "저기 싸리나무가 북두칠성 모양으로 하고 있는 일곱 그루 밑을 파면 거북 등과 같은 반석이 나올 테니 그 위에 시체를 눕히고 묻되 다른 사람이 알면 안 되니까 봉분은 만들지 말고 싸리나무를 원래대로 심어두라. 그러면 머지않아 남의 집 생활을 면하게 되고 곧 부인을 얻게 되며 아들이 귀한 사람이 되어 부귀를 누리리라." 하고는 어디로 갔는지 종적이 없다. 스님이 말 한대로 하고 나니 시간은 어느덧 저녁 새참 때라 허둥지둥 밭을 몇 골 갈고 나니 해가 기울어 집으로 돌아갔다.

이날 저녁 저녁상을 받는데 이제껏 보지 못했던 처녀가 밥상을 들고 들어온다. 좀 이상하긴 하였지만 새로 들어온 종이겠지 하고 점심도 못 먹은 형편이라 저녁을 먹기에 여념이 없었다. 상을 물리자 그 처자는 상을 들고 나가버렸다. 저녁을 먹고는 짚신을 삼고 새끼를 꼬고 하다가 뒤에서 잡아당기는 듯이 졸음이 와서 깜빡 잠이 들었는데 꿈에 자기 선친이 나타나 크게 꾸짖어 말하기를 "너는 네 배필이 옆에 와 앉아 있는데 무심하게 잠만 자느뇨?"하여 벌떡 일어나 보니 저녁상을 들여왔던 처자가 앉아 있다. 하도 괴이하여 "어떤 사람이관데 어이 머슴방에 들어와 있으시오?"하고 물으니 자기는 전라도 어느 곳에 있는 대감의 딸인데 집이 파산하여 떠돌다가 오늘 이 집에 들어왔노라고 말한다. 서로 신세를 이야기 하다가 머슴이 우리 같이 살면 어떻겠느냐고 하니 서로 인연이 있었던지 처자도 좋다고 한다.

이튿날 주인한테 이야기 하니 그것 잘 되었다고 하며 술 얼마를 내주어 간단히 식을 올리고 주인이 마련해준 신방에서 같이 살게 되었는데 첫날밤부터 태기가 있었다. 몇 달간 그럭저럭 이 집에 있다가 하루는 남의 집의 접방을 얻어 곽 대감 집을 나왔다. 그러나 막상 나와 보니 쌀 한 톨 숟가락 하나 없는 처지고 보니 무척이나 궁핍한 생활일 수밖에, 그래도 자유의 몸이 좋아서 그들 부부는 남의 일을 해주고 보리쌀도 좀 얻고 쌀되도 얻고 하여 살아가는 일면 산을 개간하여 조그만 밭뙈기도 장만하여 여러 가질 심어 가꾸었다.

이렇게 살던 어느 날 여자가 빚을 얻어 옹기 장사를 나갔는데 장사가 잘되어 모두 팔고 나니 빚을 갚고도 옹기를 살 수 있을 돈이 남아 다시 옹기를 사서 장사를 했다. 이렇게 생활하는 동안 여자는 만삭이 되어 더 이상 장사를 못 나가고 날이 차자 애가 태어났는데 잘 생긴 옥동자라. 어려운 중에 겨울을 보내고 봄이 되자 산비탈에 초막을 지어 그리로 세 식구는 이사를 가서 산을 개간을 한다, 삯일을 하며 식량을 얻어온다 갖은 고생을 다했으나 워낙 무일푼에서 시작한 살림이라 아무리 뼈골이 빠지도록 일해도 일어서기가 힘들었다. 세월은 흘러 애가 5살이 되었다.(이름을 벅덕이라 지었다.—아마 복덕이를 그렇게 불렀으리라.) 이젠 살림도 입에 풀칠이라도 할 수 있게 되었다. 이때 벅덕이 또래의 애가 곽 대감 집에 하나 정대감 집에 둘 이대감집에 하나가 있어 서당에 다니기 시작하자 벅덕이는 그들을 따라 서당에 놀러가서 옆에서 공부하는 걸 보기도 하고 어깨 너머로 훔쳐 보기도 하며 지냈다. 그러나 대감 애들은 거지같은 벅덕이와 놀려고 하지 않아 서당에 가는데 따라오면 못 오게 하나 억척스럽게 벅덕이는 따라다닌다. 이런 중에 일 년이 지난 어떤 날 훈장이 네 아이들에게 글을 지어 올리라 했다. 대감 아들들은 쩔쩔 매고 있는데 뒤에 있던 벅덕이 녀석이 먼저 지어 올리니 훈장이 보고는 깜짝 놀란다. 여섯 살 난 녀석이 이렇게 잘 지을 수 있단 말인가? 하며 경탄하고 대감 애들에게 뒷전에서 주워 배운 사람도 이렇게 잘 짓는데 너희들은 수업료를 내면서 배워도 글을 못 지어 쩔쩔 매고 있느냐고 나무란다. 그런 후부터는 그 애들은 벅덕이에게 구박이 더 심해져 서당에 따라오면 두들겨 패서 못 오게 하나 이 녀석은 맞아 터지고 울면서도 따라다니며 그들이 쓰다버린 종이와 붓을 주워 글씨 연습을 했다.

다시 세월이 흘러 벅덕이 나이 12살이 되든 해 대감 애들은 과거를 보러 간다고 준비에 부산했다. 벅덕이는 그 소식을 듣고는 집에 와서 자기도 과거 보러 보내달라고 졸랐다. 그러나 그의 부모는 펄쩍 뛰면서 반대했다. 공부도 안하고 무슨 과거를 보러가며 무슨 노잣돈이 있어 가느냐고 말렸으나 한사코 가려는 그를 말리지 못하고 그의 어머니는 이제껏 아무리 곤란해도 팔지 않고 깊숙이 감추어 둔 금반지를 팔아 지필묵을 마련해 주었다.

과거 보러 떠나던 날 대감집 아이들은 높직한 말에 호사스럽게 차리고 출발하는데 벅덕이는 누덕누덕 지은 옷에 봇짐을 지고 걸어 나섰다. 대감 아이들은 복덕이가 따라 나서자 돌멩이를 주어 던지며 못 따라오게 했으나 그는 멀찍이 쳐져서 계속 따라갔다. 갖은 신고를 다 겪으며 따라가기를 며칠, 어느 덧 한양 근처까지 왔다.

이날도 길을 가는데 길 건너편에 아가씨 둘이가 놀고 있는 게 보인다. 대감 애들은 그들을 희롱하고 싶은 생각이 들어 벅덕이를 불러 길 건너를 가리키며 저기 처녀들이 있는데 가서 입을 맞추고 오면 우리 말에 태워 서울 데리고 가겠다고 하자. 벅덕이는 무슨 생각에선지 좋다고 하며 그리고 저벅저벅 걸어가고 대감 애들은 재미있다고 서서 구경한다. 벅덕이는 걸어가다 다리를 건너는데 중간쯤에서 퍽 엎어져 천지가 진동하라고 울어댄다. 우는 소릴 듣고 두 아가씨 중 하나가 "언니, 어떤 도령이 다리에서 넘어져 울고 있는데 가봐요." 하자 다른 처녀도 그러자며 가까이 와서는 "어느 댁 도령인데 어딜 가다 이렇게 엎어져 울고 계십니까?"

하고 묻자 울음을 떡 그친 벅덕이는 “야들아 입 맞추는 거 봐라.” 하고 번개 같이 달려들어 입을 맞추곤 달아나려는데 그 아가씨가 입을 맞추고 그냥 가시면 어떻게 하냐 면서 무슨 정표를 남겨 달란다. 그러나 벅덕이는 줄 것이 없어 “드릴만한 물건이 아무 것도 없다.”고 하니 자기가 먼저 쌍가락지 중 하나를 빼어 주면서 옷자락이라도 조금 떼어 달라며 자기가 다가와 떨어져 너풀거리는 옷 조각을 찢어 가지 품속에 간직한다.

벅덕이는 가락지를 깊숙이 감추고 대감 애들 있는 곳으로 와서 말에 태워 달라 하니 그들은 욕을 하며 막 달려간다. 벅덕이는 죽을 둥 살둥 막 뛰어서 그들을 따라가니 어느 주막으로 들어간다. 따라가 주막집 대문에 들어서니 마악 방으로 들어가던 대감 아들들이 돌아보곤 저 새끼 여기까지 따라 왔다면서 쫓아냈다. 벅덕이는 쫓겨났다가 다시 그 주막 대문에 들어서니 막 저녁상이 들어가고 있었다. 그것을 보니 며칠 동안 통 먹지도 못하고 온 그는 더 배가 고팠다. 마침 그때 마구간을 보니 말들이 죽을 먹는데 죽통에 큰 주먹만 한 쌀밥 덩어리가 하나 있다. 냅다 뛰어가 얼른 그 밥 덩어리를 집어 먹었다.

얼마 후 대감 아들들이 밖에 나와 주위를 구경하다 보니 밝은 달빛 속으로 옆집에 큰 배나무가 하나 서 있는데 탐스러운 배가 주렁주렁 열려 있어 먹고 싶은 생각이 부쩍 들어 벅덕이를 불러 “너 저 배를 따 가지고 오면 우리하고 같이 자도록 해 주겠다.”고 하자 잘 데가 없어 고심하던 그는 그러마고 하며 그 근처에 가보니 담이 너무 높아 도저히 넘어 들어갈 수가 없어 돌아다니며 조사해 보니 수채 구멍이 하나 있어 그리로 기어들어가 나무에 올라 배를 따선 하나는 오른손에 하나는 왼손에 쥐고 하나는 입에 물고 중간 쯤 내려오다 밑을 내려다보니 큰 개 한 마리가 아래서 어슬렁거리지 않는가? 내려가지도 못하고 기력이 없어 도로 올라가지도 못하고 나무를 안고는 이젠 죽었구나 생각했다.

원래 이 집은 정승의 집으로 이때 정승은 잠시 누웠다가 잠이 들었는데 꿈에 자기 선친이 나타나 “너는 왜 이다지 무심하게 자고만 있느냐 우리 집 뒤뜰 배나무로 청룡이 내려오시다가 배를 따서 하나는 입에 물고 하나는 오른쪽, 하나는 왼쪽에 끼고 내려오시다가 중간쯤에서 올라가지도, 내려오지도 못하고 계신데.” 하는 소리에 번쩍 잠이 깨어서는 이상히 여겨 종을 불러 배나무 밑에 가보고 오라 하니 종이 가보고 와서는 아무것도 없다고 한다. 다시 누워 자는데 다시 현몽해서 이야기 한다. 그래서 이번엔 부인을 불러 가보게 했으나 역시 아무것도 없다 하여 이상하기는 하나 그냥 다시 잠을 자는데 또다시 현몽하여 이번에 대단히 노한 얼굴로 "너는 집을 망치려 하느냐. 빨리 일어나 의관을 정제하고 모시지 못하겠느냐?"하고 꾸짖는다. 벌떡 일어나 의관을 정제하고 배나무 밑에 가보니 배나무 중간쯤에 이제껏 보지 못한 환하게 빛나는 게 있지 않은가? 급히 절을 하며 결례를 빌고 내려와 줍시사 하고 빈다. 벅덕이는 이젠 정말 죽는가 보다 싶어 벌벌 떨고만 있을 뿐 어쩔 줄을 몰랐다. 정승은 한참을 빌어도 내려오지 않아 올려다보니 그때까지 나던 빛은 사라지고 남루한 옷을 입은 애가 나무에 붙어 있었다. 정승은 생각한 바 있어 귀신이면 물러가고 사람이면 내려오라 했다. 벅덕이는 이왕 죽을 몸 이러면 어떻고 저러면 어떠냐 싶어 미끄러지듯 내려 왔다. 그러자 정승은 절을 크게 하고는 자기의 도포자락에 감추어 자기 방에 데리고 들어와서 자기의 이불 밑에 재웠다. 이튿날 아침 벅덕이를 병풍 뒤에 숨기고 세숫물을 가지고 오라하여 벅덕이를 씻기니 며칠을 씻지도 못한 그이니 물이 새까말 수밖에 정승은 다시 세숫물을 가져오라면서 오늘은 좀 많이 씻어야 겠다고 했다. 종들은 이상했다. 이제껏 그런 일이 없었는데 물이 새까맣고 또 더 가져오라니, 그러나 명령이라 더 들여왔다. 말짱하게 씻기고 나니 인물이 훤하다.

아침 식사가 들어가자 정승은 벅덕이 더러 먹으라 한다. 벅덕이는 배가 고프던 참이라 죽을 때 죽더라도 먹고나 보자는 배짱이 생겨 먹기 시작했다. 먹기 시작하니 배가 고픈데다 생전 보지고 듣도 못한 맛있는 음식이라 순식간에 다 먹어 버렸다. 그러자 정승은 종들에게 오늘은 밥맛이 좋아 더 먹어야겠으니 많이 가져오라 명했다. 이제껏 더 가져오라는 말은커녕 들어간 밥도 다 먹지 않는 사람이 웬일인가 한다. 하긴 벅덕이가 있다는 사실을 모르는 종들은 이상할 수밖에 없었다.

아침이 끝나자 벅덕이가 입을 옷을 마련해 오도록 분부하여 만들어 오니 입혀 놓고는 어떻게 된 사유인가 물으니 벅덕이는 자기가 공부하던 일부터 배따러 들어온 일까지 한편의 시로 지으니 정승은 그 글재주에 놀라고, 사연을 알고는 생각하기를 큰 인물이 될 사람이니 자기가 돌보라고 선친이 현몽한 것이라 여기고 잘 돌보리라 마음으로 다짐했다.

벅덕이를 병풍 뒤에 숨기고 부인을 불러 어제 저녁 배나무 밑에 가보니 아무것도 없더냐고 물으니 희뿌연 안개만 있을 뿐 아무것도 없더라하자 벅덕이를 불러내어 인사시키고 사실을 이야기 하자 부인도 기뻐한다.

한편 주막에 있는 대감 아들들은 날이 밝아도 벅덕이가 오지를 않자 틀림없이 들켜 맞아 죽었을 것이라 생각하고 좀 불쌍하다고들 이야기했다.

벅덕이는 사례하고 곧 나오려고 했으나 정승의 간곡한 만류로 과거를 볼 때까지 그 집에 머무르게 되었다.

드디어 과거 날이 되어 벅덕이는 마음을 정숙히 하고 시험을 치렀다. 얼마 후 발표가 나는데 "아무 고을 사는 김벅덕 장원이요." 하고 외치지 않는가? 동행했던 대감 아들들은 모두 낙방하고 벅덕이가 장원이란 소린 들었으나 벅덕이는 배를 따러가 죽었다고 생각했으므로 다른 사람일 거라며 모두 귀향했다.

급제 후 의례 행사가 끝나고 고향으로 내려가려 하니까 정승이 며칠 더 자기 집에 머물다 가라고 극구만류하면서 자기에게 딸이 둘이 있는데 혼인을 하면 어떻겠느냐며 대답도 듣지 않고 큰 딸을 불러 대면시키니 딸이 놀라며 자기들은 벌써 정표를 나누었다 하니 정승은 의아해 하였다. 그래서 자초지종을 이야기하니 정승은 정표가 무엇인가 보자고 하니 딸은 옷조각을 내놓고 벅덕이는 반지를 내놓는데 보니 과연 자기 딸애의 것이라 천정배필임을 알고 매우 기뻐하였다. 이리하여 혼인을 치루고 얼마를 이 집에 묵었다.

한편 벅덕이 부모는 대감 애들은 벼슬은 못했을망정 모두 내려왔는데 자기 아들은 내려오질 않아 걱정이 태산 같았다. 필시 저 못된 대감 애들이 죽여 이름 모를 곳에 묻어 버렸을 거라고 믿었으나 물어볼 수도 없는 형편이라 한숨과 괜히 보냈다는 후회로 나날을 보냈다.

벅덕이는 얼마를 장인 집에 묵고 부인과 장인, 장모 모두 함께 고향으로 내려온다. 점점 자기 집이 가까워지자 걱정이 생겼다. 정승을 어떻게 그 초라한 초막에 모실 수 있나 하고, 어느덧 마을 어귀까지 오니 마을에 새로 지은 큰 기와집이 한 채 들어서 있다. 이상히 여겨 길 옆 논에서 일하던 사람을 불러 알아보니 곽 대감이 새로 집을 지어 놓고 들어가 살려하나 집 운이 너무 강하여 벼슬을 못한 집은 들어가 살 수가 없단다. 그래서 팔려고 집을 내놓았으나 아무도 살 사람이 없단다. 얼마에 팔려고 하는가 물으니 60냥이라 한다. 그래서 60냥을 주며 자기가 사겠노라 하니 일군은 돈을 갖고 곽 대감에게 가서 사실을 고하니 대감은 밖에 나와 바라보고는 돈을 받으면 큰일 난다. 그냥 들어가 사시라 해라 하니 일군은 도로와 그대로 이야기 하니 벅덕이는 다시 열 냥을 더 주며 갖다 주라 한다. 일군이 다시 가서 이야기하니 대감은 할 수 없이 받는다.

벅덕이 부모는 한 행차가 마을로 들어오는 걸 보고 새삼 더 벅덕이 생각이 나

슬픔에 잠겨 앉아 있는데 얼마나 지났을까 요란한 소리가 나고 꽃가마 두 대가 집 앞에 와 서며 가마꾼이 절을 하고 어서 가마에 오르라 한다. 두 부부는 놀라 아무 죄도 없으니 살려달라고 비니 가마꾼들은 강제로 들어 올려 모시고 가서 목욕을 시키고 새 옷을 입혀 방에 두툼한 요를 깔고 그 위에 앉히니 황송해 앉지 않으려 한다. 한참을 싱갱이를 하다 겨우 앉자 곧이어 한 소년이 들어와 인사하고 한 아리따운 여인이 절을 한다. 그리고 아버지, 어머니 하는데 보니 벅덕이가 아닌가?

이렇게 하여 아들과 며느리 사돈을 모두 함께 만나게 되고 오랫동안 부귀영화를 누리며 잘 살았다고 한다.

〈설화 2〉 할미성 전설

옛날 어느 한 고을에 한 젊은이가 있었는데, 영리하고 용맹이 있어 뭇 사람들의 칭찬이 자자하였다. 어느 날 이 젊은가 사냥을 나왔다가 사슴을 한 마리 보고는 쫓다보니 어느 듯 깊은 산속으로 들어와 사슴을 놓치고 날마저 저물어 길을 잃고 헤매게 되었다. 얼마를 헤메었는지 배도 고프고 힘이 빠져 그 자리에 주저앉았다. 이 때 문득 멀리서 불빛이 깜박이는 게 보여 다시 힘을 내서 달려가 보니 으리으리하게 큰 기와집이 있는데 무서우리만치 조용하고 다른 방에는 모두 불이 꺼져 있고 유독 한 방에만 불이 켜져 있다.

좀 으스스하기는 하나 다른 곳엔 잘 곳도 없어 주인을 불렀다. 그러나 몇 번을 불러도 아무런 대답이 없다. 한 번 더 불러보고 그래도 대답이 없으면 그냥 들어가 보려고 마음먹고 다시 한 번 부르자 그제야 인기척이 나며 사람이 나오는데 아주 아리따운 여자다. 그래서 사냥하러 산에 들어왔다가 길을 잃어 헤매게 된 사람이니 하룻밤 유해 가자고 청하니 지금 자기 집에는 사정이 있어 재워줄 수가 없으니 다른 곳으로 가 보라고 한다. 그러나 배가 고파 기운도 없고 다른 곳으로 갈 수도 없는 밤중이라 사정을 하니 들어오라 하여 저녁을 마련해 준다. 저녁이 끝나자 여자는 또 다른 곳으로 가보라 한다. 젊은이는 이상한 생각이 들어 물어보니 아실 것도 없다면서 빨리 이 집을 떠나라 강요한다. 젊은이는 더욱 이상한 호기심이 생겨 이유를 알리 않고는 떠나지 않겠다고 완강히 고집을 피우자 그 여자는 길게 한숨을 쉬고는 이야기를 한다.

본래 이 집에는 자기 부친을 비롯하여 많은 식구들이 화목하게 살고 있었는데 얼마 전부터 이상한 괴물이 나타나서 식구를 하나씩 잡아먹어 이젠 자기 혼자 남았는데 오늘 저녁이 바로 자기가 잡혀 먹힐 차례라 하며 화를 당하기 전에 빨리 피하라 한다. 그러자 의협심이 강한 그 젊은이는 그냥 나올 수가 없어 괴물을 처치하리라 결심을 한다.

이리하여 괴물이 나타나기를 기다렸으나 괴물은 좀 해 나타나지 않았다. 깊은 산골은 어둠과 적막 속에 시간은 흘러 밤은 점점 깊어져 삼경이 가까워 왔다. 삼경이 되자 그리도 조용하던 주위가 갑자기 요란한 소리가 나며 바람이 사납게 불고 이상한 울음소리가 들리더니 점점 커져서 드디어 대문이 우당탕 열리고 흡사

불덩어리 같은 것 두 개가 쉭쉭 소리를 내며 두리번거리며 들어온다. 들어오다 대문에 놓아 둔 닭을 보자 성큼 달려들어 통째로 삼켜버리곤 유유히 다시 들어온다. 이 때 젊은이는 칼을 뽑아들고 번개 같이 내달아 괴물에 덤벼들었다. 괴물은 의외의 적을 만나 당황하는 듯 주춤하다가 이내 괴상한 소리를 지르며 달려든다. 이렇게 하여 어울려 싸우게 된 젊은이는 괴물이 어찌나 날쌘지 몇 번이나 당할 뻔 했으나 겨우 위기를 모면해 나갔다. 이렇게 싸우기를 얼마나 했는지 젊은이는 전신에 땀투성이가 되었는데 이대로 나가면 얼마 지나지 않아 쓰러질 것만 같은 지경에 이르렀다. 그런데 이상하게도 괴물의 공격이 둔해지지 않는가. 공격이 점점 더 둔해져 이젠 수비에 급급하다. 이때라 생각한 젊은이는 칼을 겨누었다. 그리고 파아란 선이 허공을 가르는가 했더니 괴물이 괴상망측한 소리를 내며 늘어진다.

이렇게 싸움이 끝난 때는 벌써 동녘이 희끄무레 밝아 오고 있었다. 가만히 살펴보니 어마어마하게 큰 지네가 늘어져 있다. 이렇게 괴물을 이길 수 있었던 것은 그 처녀에게 괴물에 대하여 듣고 그 나름대로 생각이 있어 닭에 독을 넣어 문간에 둔 것을 지네가 주워 먹었기 때문이었다. 그렇지 않았으면 자기도 당하였을 지도 모를 일이다.

괴물도 처치하고 날도 밝아오고 하여 더 이상 그 집에 머무르고 싶은 생각이 없어 떠나려 하자 처녀는 자기 혼자서는 이 깊을 산중에 살 수 없다고 하며 데리고 가 달라고 부탁을 한다. 허나 이 젊은이는 이미 혼인을 하였고 너무나 강직하여 매정하게 뿌리치고 떠나 왔다. 얼마를 걸어 그 골짜기 어귀 쯤 된다고 생각되는데 뒤에서 갑자기 서방님하고 부르는 소리에 획 돌아다보니 자기가 방금 나온 기와집에 삥 둘러 불길이 일고 지붕 위에서 처녀가 자기를 부르고 있지 않은가. 젊은이는 곧 뒤돌아 달려갔으나 그때는 이미 때가 늦어 처녀는 어디 있는지 보이지 않고 다만 불길만이 주위를 비춘다.

젊은이는 심신이 허탈해져 비틀비틀 발걸음을 옮겨 집으로 돌아와서 몸져눕고 말았다. 시간이 흘러 몸도 완쾌되고 차츰 그 사건도 잊혀져 갔다.

그 후 젊은이는 급제를 하여 이름을 날렸으니 이이가 곧 신립 장군이었다.

세월은 흘러 임진왜란이 일어났을 때 조정에서 신립을 보내어 왜적을 막게 하였다. 신립은 현재의 진남교(문경과 점촌의 중간쯤에 있다) 북편에 있는 산봉우리에 성을 쌓고 왜적이 오기를 기다렸으니 여기가 이름하여 할미성이다. 왜적을 기다리던 어느 날 꿈속에 옛날 그 산중에서 보았던 처녀가 나타나 낭군님이 저를 괴물로부터 살려주신 데 대하여 은혜를 갚겠다면서 자기 말을 명심해 달라고 하고 이곳은 적을 지키는데 적당치 못하니 이곳을 버리고 충주 달래강변에 배수진을 치면 필히 대승한다고 말한다. 잠에서 깬 신립은 부장들의 반대에도 불구하고 곧 철수를 명하여 충주로 물러났다.

며칠 후 왜군들이 할미성 앞에 도달해 보니 그곳의 지형이 요새임을 보고는 전진을 멈추고 동정을 살핀다. 며칠간을 기다려도 할미성에 창검의 기미와 군사의 동정도 보이지 않았다. 그렇지만 복병인 줄 알고 얼마를 더 기다리다 선발대를 보내어 알아보니 갔다 와서 보고하기를 산마루에는 까마귀가 날고 있음을 보고는 산성에 올라 보니 군사의 그림자도 없고 말똥은 말라 딱딱하게 굳어 있다고 한다. 왜적들은 신립의 군이 철수한지가 오래 된 것을 알고 물밀 듯 조령을 넘어 충주 달래강에 다다라 신립과 대치하게 되었는데 이상하게도 이때부터 큰 비가 오기 시작하여 배수진을 치고 있던 신립의 군대는 강물이 넘쳐 휩쓸려 죽는 자가 허다했다. 이렇게 죽는 사람이 싸워 죽는 자 보다 많았고 신립도 결국은 이곳 전투에서 사망하고 말았다.

이런 것을 일러 여자가 한번 독한 마음을 먹으면 오뉴월에도 서리가 내린다 하는 것이다.

〈설화 3〉 방귀 잘 뀌는 처녀 이야기

옛날 어느 한 고을에 한 처녀가 살고 있었는데, 이 처녀는 혼기가 차도 별반 중매자가 드나들지 않았다.

그도 그럴 것이 이 처녀는 방귀를 하도 잘 뀌어서 그것도 얼마나 세게 뀌는지 방 안에서 뀌면 구들장이 들썩들썩, 마루에서 뀌면 마루장이 들먹거릴 정도였다. 그래서 아무도 중매를 서는 사람이 없었기 때문이다. 처녀 집에서는 걱정 태산 같았다. 마음씨 좋고 인물도 반반하나 다만 그놈의 방귀 때문에 딸을 출가시킬 수 없으니 말이다.

이러던 중 그래도 인연 있는 자가 있었던지 혼담이 성립되었다. 막상 혼담은 이루어졌으나 딸이 쫓겨올까봐 방귀를 참으라고 신신당부를 하는 게 처녀 집에서의 노래였다.

드디어 그 처녀가 시집으로 가게 되었다. 결혼 후 얼마간은 이럭저럭 방귀를 참아내었다. 이렇게 조심하는 생활이 열흘이 지나니 선천적으로 방귀를 잘 뀌는 그녀는 점점 참기 힘들었으나 부모가 그렇게 당부한 것이라 죽자하고 참았다. 그러노라니 사람은 누렇게 뜨고 금방 숨이 넘어갈 것만 같았다. 시가에서는 무슨 병이라도 난 줄 알고 걱정을 해서 물어보면 아무 것도 아니라고 한다. 이렇게 결혼한 지 보름이 지나자 이젠 더 이상 참을 수가 없었다. 그래서 시아버지는 기둥을 잡게 하고 시어머니는 솥뚜껑을 잡게 하고 남편은 불러 문고리를 잡게 하고 시동생은 대들보를 잡게 하고는 방귀를 뀌기 시작하자 참고 참았던 방귀인지라 문은 닫혔다 열렸다 닫혔다 열렸다 하고 기둥은 금방이라도 뽑혀 날아갈 듯하고 솥뚜껑은 덜커덩덜커덩 하며 대들보는 요동을 치며 금방 집이 떠나갈 듯했다.

이것을 본 당사자도 중간에서 방귀를 억지로 다시 참았다. 방귀가 그쳐도 집안 식구들은 실색하여 입을 열지 못한다. 얼마 후 시아버지가 이런 여자를 집에 두었다가 큰 일이 나겠다 하면서 친정으로 돌려보내야겠다면서 당장 데리고 나섰다. 집을 나서 얼마를 가다니까 길옆에 큰 배나무가 하나 서 있어 탐스러운 배가 군침을 돌게 했다. 이를 본 시아버지는 먹고 싶은 생각이 들어 따려고 했으나 너무나 높아 손이 닿지를 않는다. 이를 본 며느리가 자기가 딸 방법이 있다면서 통나무 토막 하나를 주어 허리를 굽히고 엉덩이에 나무 토막을 얹고는 방귀를 뀌자 그 나무 토막이 오르내리며 배나무 가지를 쳐서 배가 후두둑 떨어졌다.

이를 본 시아버지가 그 방귀도 쓸모가 있구나 하며 배를 한 자루 안고 며느리를 데리고 걸음을 되돌려 집에 와서 잘 살았단다.

길따라 구름따라

기행문

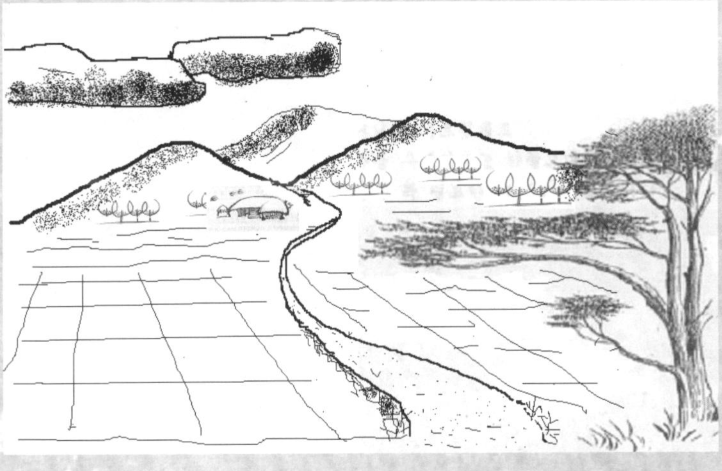

백령도

백령(白翎)! 흰백(白) 날개령(翎) 흰 날개, 흰 깃의 섬이란다. 이 백령도란 이름이 생긴 것은 황해도 선비와 이 섬 처녀가 백로가 날라다 주는 편지로 사랑의 결실을 맺게 되었기에 붙여진 것이라고도 하고, 가난한 선비와 사또의 딸의 사랑이야기에서 유래했다고도 한다.

옛날 어느 마을에 가난한 선비와 사또의 딸이 사랑을 했다. 사또는 이를 못마땅하게 여겨 그 선비를 아주 먼 섬으로 내쫓았다. 그 선비는 사또의 딸을 잊지 못하며 하루하루를 살았다. 어느 날 하얀 학 한 마리가 종이를 물고 와 선비 앞에 떨어뜨려놓았다. 사또의 딸이 보내온 편지였다. 선비는 답장을 써서 다시 학에게 물려주었다. 그러길 여러 날, 사또의 딸은 집을 나와 사랑하는 사람이 있는 섬으로 도망쳐 사랑을 이루었다고 한다. 사랑을 이루어준 학의 흰 깃 즉 白翎의 섬인 백령도가 되었다는 것이다.

이름이야 어찌되었던 간에 백령도 여행은 쉽지 않다고 한다. 인천에서 4시간 이상 바닷길을 내달려야 하는데다, 안개나 풍랑 등 외부 사정에 따라 운항이 취소되거나 심지어 가던 배를 돌려야 할 때도 있다고 한다. 이러한 곳이기에 출발 전부터 흰 날개에 안겨볼 수 있으려나 하는 생각을 하면서 인천으로 발길을 향했다. 작년인가 재작년인가 백령도에 가려고 인천까지 갔다가 배가 출항하지 않는 바람에 들어가지 못하고 되돌아 왔다고 일행 중의 한 사람이 말했다. 또 날씨 사정이 허락지 않으면 며칠씩 섬에서 나오지 못한다고 했다. 인연이 있는 사람만이 가볼 수 있는 곳인 모양이다.

인천 연안부두 앞에 일행들이 모여 이른 아침을 먹고 승선수속을 마치고 배에 오르면서 비로소 백령도의 흰 날개가 바람을 일으키지 않아서 우리 일행을 맞이하려는 상태가 된 것이라 느끼며 가벼운 흥분 상태가 된다.

오전 8시 30분 연안부두를 출발한 3000톤급의 만다린 호는 인천항을 벗어나 넓은 바다를 미끄러져 나갔다. 지정된 좌석을 찾아 짐을 풀고 뱃전에 나와 주위를 살피니 날씨가 쾌청하지 않아서 멀리까지 보이지 않아 아쉬웠다.

배는 푸른 물 위에 하얀 길을 만들며 힘차게 달리면서 물보라를 날리고 있었다. 배가 큰 탓인지 파도가 심하지 않아서인지 멀미를 하는 사람 없이 바다 여행의 시간을 즐겼다. 인천의 풍경은 점점 멀어지고 주위는 온통 바다로 둘러싸이면서 멀리 혹은 가까이 군함이 보이는 단조로운 풍경이 권태롭고, 바닷바람도 차기에 선실에 들어와 의자에 깊숙이 몸을 누이니, 규칙적인 엔진 소리에 어느샌가 잠이 들었나 보다. 주위에서 무어라 하는 소리에 눈을 뜨니 일행 중의 한 사람이 휴대전화 전지가 갑자기 다 되었다며 이상하다고 야단이었다. 누군가 통화 이탈권에 들어서면 휴대전화가 신호를 잡기 위해 많은 노력을 하여 급격히 전지가 소모되기 때문에 생기는 현상이라고 한다.

텔레비전에서 간혹 보는 서해의 모습이 문득 눈앞에 그려졌다. 백령도는 육지의 휴전선을 연장한 선에 비하면 북쪽으로 많이 올라간 곳에 있는 모습이 말이다. 우리가 가고 있는 배는 서쪽으로 공해상까지 나왔다가 다시 북쪽으로 방향을 틀어 올라간다. 그러다 보니 통화 이탈권을 지날 수밖에 없는 모양이다. 내륙에 살다보니 사방이 막힌 산속에 들어가면 전화가 되지 않는 경험을 종종하였던 터라 확 트인 바다에서 통화가 되지 않으리란 생각은 전혀 하지 못하고 있었다. 그런데 전지까지 다 닳는 현상을 목격하였으니…….

세 시간쯤 왔을 무렵 배의 흔들림이 심해지면서 멀미를 하는 사람들이 나오기 시작하였다. 나도 약간 속이 울렁거려 심호흡을 하여 진정을 시켜야 했다. 전에는 배를 타면 많이 흔들리는 것이 오히려 좋았었는데 오랜만에 타는 뱃길이어서인지 나이 탓인지 건강이 약해져서인지 속울렁거림을 느껴야 했다. 후에 들은 이야기지만 세 시간쯤 되는 부분에서 조류의 흐름이 심한 관계로 배의 요동이 심하고 멀미를 하는 사람들을 발견하는 곳이란다.

배를 탄지 네 시간이 되어 오자 멀리 섬이 하나 보였다. 이제 거의 다 왔는가 보다 하였는데 그 섬을 그냥 지나치고 있지 않은가? 그러고도 얼마를 가니 곧 목적지에 도착한다는 선내 방송이 나왔다. 드디어 백령도 용기포 부두에 도착했다. 인천연안부두에서 220㎞를 달려온 것이다.

버스 맨 앞자리에 앉게 된 나의 눈에 들어오는 풍경은 조용하고 한적한 시골의 모습 그대로란 인상으로 백령은 나에게 다가왔다. 그런데 가는 곳마다 보이는 해

병들의 모습이 이곳이 그냥 조용한 시골만은 아니구나 하는 느낌과 함께 분단이라는 나라의 현실이 새삼스런 서글픔으로 다가온다.

부두를 나와 대기하고 있는 소형버스에 몸을 싣고 한 조용한 마을의 음식점으로 가서 점심을 먹었다. 짠지 떡이 먼저 나왔다. 짠지는 경상도 지역에서 쓰는 말인데 어떻게 짠지라 하는지는 모르겠으나 우선 친근한 느낌을 받으며 맛을 본다. 모양이 만두 비슷하게 생겼는데 속에는 김치와 해물이 들어 있어서 입맛에 맞았다. 이어서 나온 국수는 해물이 들어가 시원한 맛을 내고 있었다. 이 지역의 특색 음식인 듯 하였다. 행사를 주관하는 측에서 이런 음식으로 점심을 준비한 것은 지역의 특산 음식을 맛보게도 하고, 긴 뱃길에 지친 속을 달래는데 좋은 음식이기 때문이라 생각하며 맛있게 먹었다.

점심 후, 원래의 일정으로는 내일 가기로 한 두무진으로 향했다. 내일 날씨가 바람이 심할 것이라 하여 두무진 해상 관광을 먼저 하기로 했다는 것이다. 섬의 북서쪽에 위치한, '서해의 해금강'이라 불리기도 하고, 금강산 한 자락이 서해가 그리워 찾아왔다고도 하는 두무진. 겨울이어서인지 다른 관광객은 없고 우리 일행만이 무개유람선에 올랐다. 항구를 벗어나자 파도가 꽤 높고 찬바람이 볼을 때렸다. 그러나 서북쪽에서 불어오는 바람을 맞서 솟아있는 웅장한 층암절벽의 절경에 추위도 파도도 잊고 경치에 몰입되어 갔다.

두무진은 '뾰족한 바위들이 마치 머리털같이 생겼다'고 해서 두모진(頭毛津)이라고 부르기도 하고 '투구를 쓴 장군들이 회의하는 모습을 닮았다'하여 두무진(頭武鎭)이라 부르기도 한다는 설명이다. 이 일대의 기암들은 짙푸른 바다에서 70여 미터까지 하늘로 치솟아 오른 채 태곳적 절경을 연출해내고 있다. 그 바위마다 오랜 세월을 풍파에 시달리면서 꿋꿋이 바람을 막고 서 있는 모습은 우리나라를 외적으로부터 막아내는 방패인양 느껴진다. 장군바위와 선대암을 중심으로 형제바위며 코끼리바위, 신선바위, 촛대바위, 병풍바위 등 해안선을 따라 십리 가량 이어진 사암과 규암이 겹겹이 쌓인 깎아지른 듯한 절벽의 장관은 어느 천상의 조각가 있어 선계의 돌을 가져다 빚어놓은 것이란 생각이 들었다. 자연은 참 대단하구나 하고 감탄이 절로 나온다. 오늘도 두무진의 이 기암괴석들은 장산곶에서 퍼져온 파도를 온몸으로 맞받으며 북녘 땅과 바다를 내려다보고 있었다.

배에서 층암절벽의 경치에서 눈을 떼지 못하고 있는데 선장은 파도 속에 비죽이 솟아나와 있는 바위를 가리키며 물개바위라고 하면서 보라고 한다. 이곳은 천연기념물 331호인 물범이 물개바위 주변에 약 2백 마리나 살고 있어 바위 위에 올라와 일광욕을 즐기거나 물속에서 자맥질을 하며 자기네들끼리 장난을 치는 등 진풍경을 연출하기도 한다는데 오늘은 날씨가 춥고 흐려서 그들을 만날 수 없었다.

파도 일렁이는 서쪽을 가리키며 이곳에서 산동반도까지 200km이고, 인천까지는 220km라고 하면서 이곳에서 인천 가기보다 중국 가기가 더 가깝다고 한다. 그러나 장산반도까지 17km라는 이야기를 들으며 장산 반도를 통해 이곳에 와 볼 날이 있을까 하는 상념에 빠져드는데 유람선은 서서히 뱃머리를 돌려 항구로 돌아가고 있다.

콩돌해안으로 간다하기에 왜 콩돌이라 했을까 콩콩 소리가 나서 그런가? 콩같이 생겨서 그런가? 몽돌을 잘못 들은 것은 아닌가 하는 생각을 하노라니 벌써 도착하였다. 콩알만 한 자갈들이 바닷가에 널려 있다. 강낭콩 메주콩같이 생긴 주먹만 한 것에서 콩만 한, 까맣고 노란 자갈이 끝없이 펼쳐져 있다. 발에 밟혀지면서 쏘옥 쏘옥 들어가는 느낌이 좋다. 마치 어린 시절에 아버지와 함께 콩 타작을 하면서 타작한 콩들을 한쪽으로 모으면서 그 위를 밟을 때 발에 느껴지던 매끄러움과 풍요함 같은 느낌이다.

이 콩돌해안은 천연기념물 392호로 지정되어 있다고 한다. 오군포 포구에서 1㎞ 가량 뻗어있는 해안에 흰색, 갈색, 회색, 적갈색, 청회색 등 다양한 색깔의 매끈한 돌이 섞여 있으며, 크기도 계란만 한 것에서 콩알만 한 것까지, 참으로 다양하였다. 자연이 빚어낸 색채예술의 극치였다.

자연은 무슨 잔치가 있기에 몽돌해안 바가지에 천상의 콩을 넣고 다듬고 있는가? 파도가 밀려왔다 쓸려가며 그 많은 콩들을 일어서 두부를 할양인가, 다른 요리를 하려는가? 자연의 엄청 큰 스케일에 다시 한 번 질리며 그 잔치를 보고 싶어지기도 한다.

백령도에서 제일 높다는 곳에 위치한 관측소에 올라가 해병 장교로부터 안내를 받았다. 이곳에서 북쪽 육지와 17km정도 거리로서 서로 포의 사정거리에 있다는 것과 앞쪽으로 펼쳐진 북쪽의 지리와 최근 상황과 포대의 배치 등에 대한 설명을 들으며, 눈을 들어 살펴보았으나 날씨는 흐려 전혀 볼 수가 없는 것이 분단 현실의 암울함과 같이 느껴졌다. 자주 만나는 해병 차량의 모습에 겹쳐지며 오는 길의 옆으로 펼쳐진 해안선에 쇠말뚝을 박아 책을 지어 놓아 배가 들어오지 못하게 한 풍경이 되새겨지며, 왜 통일을 해야만 하는가를 알 것 같았다. 이 좋은 풍광을 그런 식으로 만들지는 않았을 것인데…….

저녁 식사 후에 서울대 김기철 박사가 통일 문제에 대한 강연이 있었다. 통일을 해야 하는 이유로 경제적으로 부국이 되고, 군사적으로는 강병을 가진 나라가 되며, 통일을 함으로써 수출에 도움이 되어 우리의 국력이 강해진다는 것을 들었다. 김박사의 강연을 들으며 우리들은 기필코 통일을 하여야 하겠고, 그러기 위해 우리의 마음 자세를 새로이 가다듬어야 함을 오늘 다니면서 본 모습들과 겹쳐져 강렬한 메시지로 다가왔다.

용기포 선착장을 빠져나오면서 보니 해안을 따라 차가 달리고 있는 것이 보였다. 그곳이 말로만 듣던 사곶해수욕장인 모양이라 생각하면서 소형버스에 몸을 실었더니 버스는 길도 아닌 해안을 달리다 우리를 내려놓는다. 말로만 듣던 특별한 해안은 오늘은 버스를 타고 이 해변을 달려보고 내려서 걸어보기도 하게 된 것이다. 보통 모래해변을 걸어보면 발이 쑥쑥 빠지거나 딴딴하다고 하여도 약간씩의 발자국은 남기는 것으로 알고 있는데, 이곳은 차가 지나가도 패이지 않으니 참 신기하였다. 조개껍질 가루가 많이 섞인 규조토로 이루어졌기 때문이란다. 이 회백색 모래사장은 길이가 3㎞ 정도로 쭉 뻗어 있고 폭은 썰물이 되어 바닷물이 빠져나가면 200~300m나 되어 천연 활주로가 된다고 한다. 이탈리아 나폴리와 함께 세계에서 두 곳밖에 없는 진귀한 곳이라 한다. 실제로 한국전쟁 때 유엔군이 이곳을 임시활주로로 사용했다고 하는데 10여 년 전 백사장 뒤로 담장을 설치하면서 뻘이 생기기 시작한다는 설명을 들으며, 자연의 섭리를 거스르면 그에 부응하는 벌을 받는다는 생각이 들었다.

판본에 따라 다르기는 하나, 송나라 말년에 황주 도화동(桃花洞)에 한 사람이 있었으니, 성은 심(沈)이오 이름은 학규(鶴奎)라로 시작되는 심청전은 우리나라 효를 대표하는 고전소설이라 알려져 있다. 이 소설은 주인공인 심청이가 아비의 눈을 뜨게 하기 위해 중국과 우리나라를 오가는 뱃사람들에게 몸을 팔아 인신공희(人身供犧)의 제물로 인당수에 몸을 던졌다는 설화 소설이다. 이 심청전의 뿌리가 되는 곳이 이 근처라고 길잡이는 안내한다. 그래서 이 섬에는 심청각을 지어 심청을 기리고 있다고 한다. 심청을 기리고 있는 심청각으로 올라간다. 산마루에 세워진 심청각으로 오르는 길에 비가 뿌리고 있다. 문득 효 정신이 희미해져 가는 현대를 울어주는 것 같아서 착잡한 마음이 들었다.

이 섬에는 그래서 연화라는 지명도 있으며 어제 갔던 두무진 앞 바다가 심청이가 몸을 던졌다는 바로 그 인당수라는 것이다. 심청이 몸을 던졌다가 연꽃으로 환생했다는 전설 속의 연봉바위는 그 옛날 중국으로 가던 상선들이나 사신들이 처음으로 기착했다 가는 곳으로 전해진다고 하여 신빙성을 부여하고 있었다. 심청이 살았던 곳은 해주 어디쯤일 것이라 하는데 지금은 분단의 땅, 북녘 땅이라 갈 수는 없지만 진촌리 언덕배기에 조성된 심청각에 오르면 손에 잡힐 듯 해주 땅이 보인다는 얘기를 듣고 찾아 왔는데 오늘따라 비가 내려 바라볼 수 없구나! 아쉬움을 뒤로하고 발길을 돌릴 수밖에 없었다.

마지막으로 찾아간 곳이 중화동 교회였다. 우리나라 교회 중에서 두 번째인가 세 번째로 세워진 교회라서 역사적 의의가 있다는 설명을 들으며 도착해 보니 옛날의 흔적은 기념관 속에 모형과 사진과 그림으로만 남아 있고, 교회는 현대식 건물이었다. 우리는 너무 현대화만 좋아하는 것이 아닌가 하는 생각을 하며, 기념관 주위를 돌아보았다. 그런데 기념관 뒤편에는 아직도 지지 않은 코스모스 몇 송이가 아직 가을이 다 가지 않았어요 라고 하는 듯이 피어 있다. 이곳의 기후는 비록 바닷바람이 불어 찬 듯이 느껴져도 실은 그렇게 춥지 않다는 것은 알았다. 그러고 보니 길옆에 보리를 많이 경작하고 있는 것이 새로이 생각났다.

고려 공민왕 시절에는 사실상 폐도(廢道)가 되기도 했다는 이 섬에 가깝게는 황해도를 비롯해 멀게는 충청도며 전라도 등지에서 생활난 등 이런저런 이유로 살길을 찾아온 이주민이 적지 않았고, 6.25 때는 전쟁을 피해 찾아든 피난민들까지 합세, 한때는 5만 명의 인구를 기록한 때도 있었단다. 통일이 되면 남보다 한 발이라도 앞서 고향 땅을 밟을 양으로 백령도로 건너왔던 피난민들, 이들은 휴전 후 제각기 살길을 찾아 섬 생활보다는 살아가는 게 몸에 익숙한 뭍으로 떠나기도 했고, 혹은 그대로 눌러앉아 생전에 고향 땅을 다시 밟겠다는 일념 속에 살고 있기도 하단다. 지금은 4,300명의 인구를 유지하고 있으며, 땅이 비옥하여 일 년 농사를 지으면 백령도 인구가 삼 년을 먹을 수 있다고 한다.

돌아오는 길은 백령도와 이별하는 것이 슬퍼서 일까 비가 내리고 있었다. 이번에는 백령아일랜드호로서 들어올 때 배보다 작은 배였다. 창가에 앉아 내어다 본 바다는 내리는 비로 인해 시계는 좁아 일렁이는 파도 외에는 아무 것도 보이지 않았다. 대청도를 지나 소청도에 들렀다. 소청도를 출발하며 배는 뚜, 뚜우 뚜우 뚜우, 뚜우 뚜우 뱃고동이 울리며 망망대해로 나왔다. 12시 15분에 백령도를 출발하여 연안부두에 도착하니 4시 50분, 비는 그쳐 있었으나 날씨가 흐려 있어서 어둑살이 끼고 있었다.

흰 깃의 섬은 우리들을 안아서 사랑의 정신과 호국의 뜻을 심어주고 각자의 삶의 터전으로 내보냈다.

(2005. 2)

고구려를 기리며

旅路에 선다는 것은 나이에 관계없이 설레는 것인가? 두시를 조금 넘긴 시간에 인천 가는 버스를 타기 위해 구미로 가려고 동행과 약속한 장소로 나간다. 구미로 가는 택시 속에서 기사와 세상사를 나누다 보니 어느덧 다 왔다. 구미터미널에서 3시 반 인천국제공항 행 버스에 몸을 싣고는 앞으로의 여정을 염두에 두고 부족한 잠을 보충해 두려고 눈을 감았으나 의식만 또렷또렷해진다.

일본의 독도 교과서 수록 문제로 갑자기 일본에서 중국으로 연수지가 바뀌고, 출발 시간도 변동되는 우여곡절 겪었다. 처음 연수 희망국을 정할 때 일본이 더 발전한 나라이므로 배울 것이 있으리라 짐작하고 일본을 희망하였는데 독도 문제가 불거지는 것을 방송을 통해 접하면서 연수 장소가 바뀌겠구나 하고 짐작을 하였다. 그러나 연수 출발일 10일을 앞두고도 아무런 조치가 없어서 7월 17일 경북 소속으로 일본 지역으로 배정된 8명은 연수원 측에 문제를 제기하고 조치를 해 줄 것을 요구하였다. 다음날도 아무런 조치가 없어서 경북에서 일본으로 배정된 8명 전원이 사무실로 찾아가 일본으로는 연수를 갈 수 없으니 다른 지역으로 돌려 달라고 강력히 요구하였다. 그 다음 주는 멘토링 연수인 관계로 연수원을 떠나서 생활해야 하므로 뜻을 전달하기 힘든 탓에 이날 그렇게 한 것이다.

21일 오후에 연수지역 변경 안내 문자 메시지가 휴대전화에 뜨고, 그 뒷날 연수원 홈페이지에 중국의 백두산 지역으로 연수 장소가 변경되었다는 안내가 실렸다.

우리 일행은 출국 수속을 마치고 비행기에 탑승하여 자리를 확인하고 서로 인사하며 지난 1주일간 멘토링 연수 관련 이야기를 나눴다. 10시 5분 비행기는 굉음을 내며 땅을 박차고 오른다. 비행기 창으로 보이는 아래는 구름인데 그 위에 청량한 태양이 빛나고 있다. 아래로 구름 밖에 볼 수 없어 아쉬웠으나 여행하는 설렘은 아쉬움을 뒤로 하였다. 1시간 반 정도 날아 북경공항에 도착하니 공항시계가 10시 30분을 가리킨다. 시간상으로 25분밖에 지나지 않은 것이다. 분명히 1시간 반 정도 날아왔는데 말이다. 중국은 우리보다 1시간 늦다는 사전 안내가 생각났다.

북경 공항은 최신식으로 지어지고 규모도 엄청 컸다. 올림픽을 앞두고 있어서인지 깨끗하기는 하였으나 여기 저기 공안들이 많이 배치되어 있어 삼엄하다는 느낌을 주었다.

공항을 출발하여 시내로 향하면서 현지 길잡이가 일정을 설명한다. 점심 식사 후 자금성을 본다고 한다. 20년 전 북경에 와서 처음 식당에 들어가 이색적인 향신료 냄새 때문에 밥을 못 먹었던 기억이 되새겨지며 오늘은 음식을 먹을 수 있으려나 걱정이 앞선다. 그러나 막상 도착한 곳은 한식당으로 우리나라에서 식당에 들어간 것과 별로 다르지 않았다.

오후 일정은 자금성과 국립박물관으로 나누어 문화재 탐방을 실시하기로 한다. 두 곳 다 보기에는 시간이 되지 않고 이미 본 사람들도 많은 관계로 그렇게 한다는 것이다. 배부된 안내서에는 그렇게 되지 않았지만 현지에서 변경을 하였다. 갑작스런 연수지역 변경으로 인한 치밀한 계획이 되지 못한 면이 나타나고 있다. 자금성으로 향하는 버스에 오르니 길잡이가 북경의 대중교통에 대해 설명을 한다. 택시비는 3㎞에 기본 10위엔, 1㎞마다 2위엔이 추가되는 요금 체계로 되어있고, 버스는 5정거장 기준으로 50전, 지하철은 2위엔이란다. 몇 년 전에 대중교통요금 조정이 있다는 이야기를 듣고 얼마나 오를 것인가 모두들 걱정을 하였는데 막상 발표되는 것은 보니 버스비와 지하철요금이 오히려 내렸다고 한다. 서민들의 생활 안정을 위해 그렇게 했다는 설명과 함께. 택시비는 그래도 형편이 좋은 사람들이 이용하기 때문에 비싸게 책정하였고, 서민들이 이용하는 대중교통수단은 비용을 내렸다.

택시 이야기가 나오면서 북경의 택시는 외관에 공통점이 있다면서 맞추어 보란다. 북경의 택시에는 노란색이 공통적으로 들어가 있단다. 그러고 보니 차창으로 보이는 택시는 모두 노란색이 들어가 있다. 그리고 그에 대한 설명을 하는데 노란색은 자금성의 기와색이고 이 노란색은 중앙을 나타낸다는 것이다. 즉 오행의 색깔에 의하면 동쪽은 청색, 서쪽은 백색, 남쪽은 적색, 북쪽은 흑색이고 중앙은 황색이다. 자금성은 세상의 중심에 있으므로 오행에 따라 자금성의 기와는 노란색이라고 한다. 거기에 따라 세상의 중심인 북경에서 운행하는 택시에는 자금성 기와의 색을 따서 노란색이 들어가 있다는 것이다. 이런 설명을 들으며 중국인들의 자부심이 '하나의 세계 하나의 꿈'이라는 올림픽 구호에 겹쳐 무섭게 다가온다. 그들의 중화사상은 오랜 역사를 통해 알려진 것이지만 개화기에 서양열강과 일본에 굴욕을 당하고도 없어지지 않고 남아 있음을 알 수 있다. 한편 우리는 우리 역사에 대한 긍지를 얼마나 가지고 있는가? 우리는 우리 역사에 대해 너무 자학하고 있는 것은 아닌가?

▲ 천안문 광장에서

버스를 30분가량 타니 천안문 광장 옆이다. 버스에서 내려 지하도를 건너는데 공항에서 하듯이 검문검색을 한다. 짐을 검색대 위에 얹고 몸은 금속탐지기로 훑고, 올림픽이라는 큰 행사를 때문에 몹시 긴장하고 있는 듯이 보인다. 곳곳에 경찰이고 보안요원 차량이 널려 있다. 상황을 알기에 이해는 하면서도 한편으로 심기가 불편하다.

천안문 광장에는 여전히 숱한 사건들이 휩쓸고 간 사연을 아는지 모르는지 공안들의 매서운 눈초리 속에서 저마다의 감회를 흉리에 품고 많은 사람들로 들끓고 있다.

천안문을 들어서면 자금성의 정문인 오문(午門)이 막아선다. 남쪽 문이란 것을 뜻함을 짐작하면서 올려다보니 그 규모에 압도가 된다. 명나라의 3대 황제 영락제는 권좌에 오른 지 4년째 되던 1406년 수도를 난징에서 북경으로 옮기고 나서 쌓기 시작하여 14년간 100만 명의 인부가 이 공사에 동원되어 지어진 것이란다. 사용된 건축 자재의 양도 상상을 초월해 벽돌 1억만 개와 기와 2억만 개가 사용되었고 기둥에 쓰일 나무는 사천지방에서 조달된 것으로 운송에만 4년이 걸렸다고 한다. 전각의 받침대와 부조에 쓰인 돌은 50km 떨어진 채석장에서 가져왔다. 돌은 하나의 무게가 200톤에 달하는 것도 있단다. 당시 부역자들은 겨울철 길에 물을 뿌려 빙판을 만든 뒤 돌들을 날랐다고 길잡이는 말한다. 요즘같이 정당한 보수를 주면서 일을 시킨 것을 아닐 것인데 얼마나 많은 백성들이 고초를 겪었을 것인가 참담함이 거대한 건축물에 오버랩 된다. 이 자금성에는 9천 명의 시녀와 1천 명의 내시가 황제 일가를 위해 살았다는데 그들의 삶은 행복했을까 하는 생각이 문득 머리를 스친다.

중국 하면 붉은 색을 연상하게 되는데 붉은 색을 좋아하는 연원을 이 자금성에서 발견하는 것 같다. 성은 온통 자색으로 가득 차 있다. 길잡이는 설명한다. 자금성을 가득 메운 자색은 기쁨과 행복을 상징하는 빛깔이며, 동시에 우주의 중심인 북극성을 상징한다. 북극성은 하늘의 궁전이 있는 곳이고 색깔은 자색이란다. 하늘의 아들(天子)인 황제가 사는 궁전 역시 그 하늘을 상징하는 자색으로 지었다는 것이다. 자금성의 건물 배치는 남과 북의 긴 축 위에 남향으로 놓여 있는데 이는 남쪽의 양기를 받고 북쪽의 바람과 음기로부터 황궁을 보호하려는 의도라는 것이다.

성의 관람을 위해 오문을 지나 태화문, 태화전, 중화전, 보화전을 지나 내정인 건청궁, 교태전, 곤녕궁을 본다. 교태전을 지나며 여자 일행에게 교태전에서 살도록 하라는 농을 던져보니, 사양을 한다. 갇힌 부귀보다는 자유로움이 좋은가 보다. 태화전은 중국에서 가장 오래된 목조 건물로 당나라 때에는 주요 의식이 치러지던 곳이라 하는데 그 앞마당이 매우 넓다. 옛날에 그 뜰에 병사 9만 명이 모이기도 했단다.

자금성은 온통 바닥이 벽돌로 깔려 있다. 흙바닥이 보이지 않으며 또한 나무가 거의 없어서 삭막한 느낌을 주고 여름 날씨에 더 덥게 느껴진다. 바닥은 온통 돌로 하고 나무 한그루 없도록 한 것은 황제를 지키기 위한 보안책이란다. 바닥의 벽돌은 걸을 때 경쾌한 발소리를 내어 생활하는 사람들에게 즐거움을 주는 효과도 있지만, 40여장의 벽돌을 겹쳐 쌓아서 땅 밑에서 뚫고 올라올지 모를 침입자를 막았다는 것이다. 성 내에는 후원을 제외하고는 나무가 전혀 없는데 이는 나무에 암살자가 숨을 수 있는 여지를 없앤 것이란다. 권력이 좋기도 하지만 어쩌면 감옥 속에 갇혀 사는 것이 아니런가?

자금성의 규모는 우리 것과는 비교가 되지 않을 정도로 크다. 땅덩어리가 크고 인구가 많으니까 집들도 큰가 보다. 거기에다가 뒤편의 해자는 넓이가 족히 50여 m는 될 듯하다. 높은 성벽과 넓은 해자는 한편으로 안심하고 살 수 없었던 사람들의 상황을 나타낸 것이리라. 전란이 많았음을 웅변으로 보여주는 것이 아닐까? 더구나 북경지역은 평원지역인데 적을 방어하기 위해서는 높은 성벽과 넓은 해자가 필요할 수밖에 없었으리라 짐작이 된다.

자금성을 관람하다 까마귀에게 밥을 주었다는 대 앞에 섰다. 이것이 생긴 것은

淸朝에 조정에서 까마귀를 극진하게 대접하였던 까닭이라고 한다. 그렇게 된 연유는 청나라를 세운 누르하치가 한창 기반을 잡아갈 때에 명나라에서 토벌을 나갔는데 누르하치가 산속에 숨어 있어 찾지를 못하자 산에 불을 질러서 온 산이 타도 누르하치가 나타나지 않자 그가 죽은 것으로 알고 명나라 군사들이 돌아갔다. 누르하치 추종자들은 시체라도 찾아야 한다며 산을 뒤지고 있는데 까마귀가 불에 타서 수북이 죽어 있는 것을 발견하고 이상히 여겨 가까이 가서 불탄 까마귀를 헤치고 보니 그 속에서 누르하치가 아직 숨이 붙어 있는 채로 기절해 있더란다. 그렇게 해서 그가 구출되어 살아나고 뒷날 청나라를 세워 세력이 커져 명나라를 정벌하고 도읍을 북경으로 옮겼다. 그런 연고로 누르하치의 후손들이 까마귀의 공을 고맙게 여겨 식사를 할 때 먼저 까마귀에게 밥을 주고 그 다음에 황제가 먹었다고 한다. 이러다 보니 자금성에는 까마귀가 많아지고 현재까지 까마귀의 번성은 계속되고 있다고 한다. 우리는 까마귀를 좋은 짐승으로 보지 않고 있는데, 이곳에스는 좋게 보고 있다. 일본도 좋게 보고 있다는데, 설화와 연결되는 것이라기보다는 어떤 문화적 특성과 관련되는 것이 아닌가하는 생각을 해본다.

오후 4시, 연길로 가기 위해 북경 공항에 도착하여 수속을 한다. 6시 10분에 탑승하도록 되어 있어 여유 시간이 많다. 비행기 여행은 수속에 소요되는 시간이 많고 일정 관리가 어려운 점이 있어 불편하다는 것을 느끼나 먼 거리의 이동은 이보다 빨리 할 수 있는 방편이 없으니 어이하겠는가? 공항에서 기다리며 이런 저런 이야기를 나누고 새로 지어진 공항도 구경하며 보낸다.

6시 43분 북경 공항을 이륙하여 8시 25분에 연길 공항에 내리니 연길이라는 한글간판이 우리를 맞이한다. 짐을 찾고 식당에 가서 식사를 하고 연변국제호텔에 도착하니 밤11시가 넘었다. 새벽부터 바쁘게 움직였던 탓에 피곤하였던지 곧 곯아떨어졌다.

둘째 날 어제 늦게 잠자리에 든 것치고는 일찍인 네 시에 눈이 떠졌다. 백두산에 대한 기대 때문일 것이리라. 아침 식사 후 호텔 앞을 산책하였다. 꽤 많은 사람들이 출근을 하는 지 부산하게 거리를 오갔다. 건물의 모습이 다르고 걸린 깃발이 이국(異國)임을 이야기하고 있었으나 생긴 사람들의 모습이 우리와 같고 한글로 된 간판이 낯선 곳에 왔다는 기분을 주지 않았다. 우리가 흔히 연변이라고 하는 것은 어떤 도시를 말하는 것이 아니고 연변조선족자치구의 약칭으로서 6개 도시 2개 현(용정, 연길, 화룡, 훈춘, 도문시, 안도현, 왕청현)으로 구성되어 있으며 4만3천5백여 ㎢ 정도의 넓이에 인구는 1999년 통계로 220만 명 정도 된다고 한다. 그 중 40%정도가 우리 한민족인데, 1955년 처음 자치구가 될 때는 70% 정도까지 되었다고 한다. 그러다가 개방의 물결을 타고 젊은이들

▲ 연변의 호텔에서 내다본 거리 모습

이 외지로 빠져나가면서 비율이 줄어들었다고 길잡이는 말한다. 나가는 곳은 청도, 북경, 상해 등이라고 한다. 조선족의 비율이 줄어든다는 이야기에 조선족 자치구의 앞날에 대한 걱정에 겹쳐 우리 농촌의 현실이 눈앞에 아른거린다. 인구가 줄어들고 젊은 사람이 줄어들어 아이들 출생이 적어져서 학생 수가 감소하는 바람에 많은 학교가 폐교가 되고 그나마 남아 있는 젊은이들은 농촌으로 시집올 사람이 없어서, 연변아가씨가 우리 농촌으로 시집와서 사는데 더러는 향수병에 걸려 고생하는 사람도 있다는 이야기를 들은 기억이 난다. 최근에는 연변에서 오는 사람이 없어지고, 남아시아 지역 여인들이 우리 농촌으로 시집와서 살게 되면서 언어 문제와 2세들의 생김새 문제로 고통을 받고, 학교에서도 다문화 교육이라는 과제가 대두 되게 되었다.

8시 10분 백두산을 향해 호텔을 출발하였다. 길가로 펼쳐지는 벌판에는 벼가 자라고 밭에는 여러 작물이 심겨져 있는데 가장 많이 보이는 것은 옥수수였다. 이 지역 사람들은 농약이나 비료를 잘 사용하지 않는다고 한다. 비료나 농약 값이 작물 값에 비해 비싸기 때문에 사용해 봐야 득이 될게 없다고 한다. 이 지역의 농가당 1년 수익은 대략 200만 원 정도라고 한다. 나라마다 화폐 가치가 달라서 어느 정도 되는지 감이 잘 잡히지 않는다고 하자. 호텔 서빙을 하는 사람의 월급을 말해준다. 그 사람들의 월급이 대략 20만 원 정도, 그러니까 연간으로는 240만 원 정도 되니 한 사람이 버는 것이 농촌에서 온 가족이 매달려 일 년간 고생해서 버

는 일 년 수익보다 많은 정도다. 이러다 보니 젊은이들이 객지로 많이 나가게 된다는 것이다.

2005년부터는 중국정부의 식량정책의 일환으로 농민들은 세금을 모두 없애고 농사를 지으면 정부지원금을 주어 농사를 장려한다고 한다. 최근에는 과일이나 담배 농사 등 경제 작물을 하면서 비료나 농약을 사용하게 되었다고 한다. 식량 정책은 우리 보다 더 잘하는 것이 아닌가 하는 생각을 해본다. 우리는 비교 우위론에 함몰되어 경쟁력 없는 농업은 없애고 식량은 외국에서 사다먹으면 된다는 사고를 하고 있는데, 과연 그것이 장기적으로 볼 때 바른 방향일지 의문부호가 머리를 떠나지 않는 것은 왜일까? 농사를 지어 산출되는 이익은 사실 공장에서 나오는 이익이나 장사를 하여 나오는 이익에 비하면 너무 하잘 것 없는 것일 수 있다. 그러나 공장을 돌리고 장사를 하는데서는 생각도 못할 부가적인 이익이 농사에는 있는 것을 망각하고 있는 것은 아닌지? 우리나라에서 벼농사를 하지 않으면 많은 수의 다목적 댐을 건설하여야 우리가 사용하는 물을 충당할 수 있다고 한다. 그런데 대형 댐은 기존의 댐에서 보듯이 안개가 많아진다든지, 여름에는 덥고 겨울에는 추워지는 등 문제가 발생하고 생태계에 변화를 가져와 문제가 된다고 알려져 있다. 그리고 농사를 지음으로서 물을 담아 둘 수 있고, 식물이 이산화탄소는 흡수하고 산소를 내어놓아 인간이 쾌적한 생활을 하는데 도움이 되며 또 최근에 문제가 되고 있는 이산화탄소 배출 국제 협약과도 연결되는 것이어서 농사의 효과는 단순이 그 농토에서 산출되어 농민들에게 돌아가는 이익 이외의 엄청나게 많은 이익을 나라에 선사한다는 사실을 정책 담당자들은 명심해야 할 것이다. 이런 면에서 본다면 우리보다 이들의 정책이 나은 것이 아닌가 하는 생각이 든다.

▲ 백두산 가는 길의 휴게소 앞에서

9시 50분 휴게소에 도착하였다. 아침에 호텔을 출발할 때 화장실을 다녀오라는 길잡이의 말에 의아해 했으나 이제 그 이유를 알만하였다. 우리나라와 달리 휴게소가 자주 없고 오랜 시간을 와서야 휴게소가 있었기 때문이었다. 거기다가 우리가 생각하는 그런 휴게소가 아니라 간판도 없는 1층짜리 뱃집으로 그 안에 토산품, 약술, 뱀술, 과일 등을 파는 가게로 되어 있어 일행들이 사기도 하는데 우리 돈으로 거래를 하고 있다. 화장실은 별채로 되어 있는데 엉성하게 판자로 담을 댄 것으로 한자와 한글로 남녀를 구분하여 표시하여 놓았다. 뒤쪽으로는 거름이 보이게 되어있다. 대변소는 밑에서 올라오는 냄새 때문인가 출입문도 없는 채, 구멍이 앞뒤로 나 있는 도기로 된 흰색깔의 우묵한 변기가 판자 바닥에 놓여 있는데, 아마도 판자에 구멍만 있던 것에 그나마 변기를 얹어 나름대로 현대화를 하고 있는 것 같다.

버스가 다시 출발하고 길잡이의 안내가 구수하다. 동북 삼성은 길림성, 요령성, 흑룡강성인데 이 지역에 사는 사람들은 성격이 화끈하여 호랑이에 비유가 된다고 한다. 해남지역 사람들은 장사를 잘하여 여우에, 중부지역 즉 섬서, 서안, 화북, 화남 지역 사람들은 음흉하여 승냥이에, 호남과 서강지역인 서남지역은 잘 뭉치고 전국적으로 퍼져있으며, 남의 물건에 손대는 손재주가 좋아 쥐에 비유된다나?

연변지역에는 천연자원이 많이 매장되어 있다고 한다. 특히 천보산 근처 쪽으로는 석유가 많이 매장되어 있으나 채굴은 하지 않고 있다. 다른 나라 것이 떨어지면 채굴하기 위해 아껴두고 있다고 한다. 중국이 동북공정에 심혈을 기울이고 있는 이유의 하나가 아닐까하는 생각 뒤로 조선후기가 아쉽기만 하다. 문민에 너무 기울지 않고 강한 나라가 되었더라면 일제의 병탄을 없었을 것이고, 그러면 분단도 없고 간도 지방을 잃어버리지 않았다면 석유가 나지 않아 여러 가지로 어려움에 처하는 일은 덜할 것인데……. 우리가 현재 이만큼만이라도 살게 되고 이렇게 여행이라도 올 수 있게 기초를 다진 대통령을 일부에서는 나쁜 지도자로만 매도하고 있는 현실을 보면서 이 잃어버린 땅을 되찾을 날이 과연 올 수나 있을까 하는 의구심이 든다.

이제 차창으로는 여름의 태양을 한껏 받아 생의 즐거움을 만끽하는 나무들로 가득한 산지들만 보이고 사람과 집들은 거의 눈에 띄질 않는다. 버스는 화룡시 선봉지역이라는 산길을 굽이굽이 오르고 오르는데 길옆으로는 아득히 산에서 산으로 이어진 곳에 온통 나무의 바다다.

12시경 꽤 규모가 갖추어진 마을을 지난다. 이도백하라 한다. 백두산 밑의 첫 동네로서 백두산 관광의 기점이 된다고 한다. 비룡폭포에서 떨어지는 물이 하얗다고 白河라 하고, 백하가 몇 개 모여(두도백하, 이도백하, 삼도백하, 사도백하, 오도백하) 송화강이 되는데 이곳으로 두 번째 백하인 이도백하란다. 내[川]가 흐르고 내의 옆에 꽤 큰 마을이 형성되어 있다.

금강산도 식후경 아니 백두산도 식후경이라고 먹고 힘을 내야 산행을 할 것이 아닌가? 40여 분을 더 달려 美食城이란 식당에서 점심을 먹는다. 식후에 버스에 오르니 얼마지 않아 한 주차장에 도착한다. 여기서부터 10분가량 걸어서 장백산이란 글귀가 보이는 건물 앞으로 간다. 매표소다. 그곳에서 매표를 하고 환승 버스에 오른다. 이곳에서는 타고 온 버스는 더 이상 올라가지 못하고 매표소에서 출발하는 버스를 이용해야만 한다. 우리가 탄 버스는 50대의 건장하고 무뚝뚝한 아저씨가 몰았는데 말없이 가속 페달만 밟았다. 차량이 낡아서 쾌적함을 즐길 수는 없었지만 왕복 2차선의 옆으로 울창한 원시림 사이로 죽 뻗은 길을 가는 시원함에 다른 것은 잊어도 좋았다. 다만 하늘에 피어오르는 구름을 보면서 천지를 볼 수 있을 것인가 못 볼 것인가로 이야기가 오갔다. 20여 분을 달려 주차장에 도착하여, 지프차로 갈아타고 천지로 출발한다. 6~7명이 탈 수 있는 지프차인데 운전자는 젊은이였다. 출발하자 곧 지그재그형의 가파른 오르막길이다. 그런데 운전자는 속도를 줄이지 않고 평균 60㎞로 오른다. 꼬불꼬불한 급경사 길을 잘도 오른다. 옆으로 나란히 앉은 세 사람은 급커브를 돌 때마다 몸이 이리 쏠리고 저리 쏠리며 서로 부딪히며 긴장 속에 산길을 오른다. 심장 약한 사람이라면 위험하겠다는 생각도 든다. 오를수록 나무들의 키가 낮아지더니 나무는 없이 풀만 자라는 곳을 끽끽 소리를 내며 굽이굽이 돌아 청룡열차 운행을 하듯 오른다. 긴장 속에서 아래로 아득히 시야가 넓어지더니 풀마저 없는 곳에 차는 멈춘다.

차에서 내리자 무엇에라도 홀린 듯 주위를 돌아볼 사이도 없이 종종걸음으로 경사진 길을 오른다. 고산지역이고 가파른 길이어서 숨이 차고 다리가 팍팍했지만 우리의 영산인 백두산의 천지를 본다는 마음을 어찌지는 못했다.

마루에 올라서자 저 아래고 짙푸른 물! 아 천지!

이 천지를 보기위해 허위허위 수만리 길을 달려왔다. 어떻게 생각하면 좀 높은 산이고 산 위에 호수가 있는 좀 특이한 산일 수도 있건만 나에게는 왜 이리 남다른 감정이 앞서는 것인가? 연신 셔터를 누른다. 혹시나 날씨가 궂어 더 이상 볼 수 없지나 않을까 걱정이나 하듯이.

일본이 독도를 자국 영토라고 교과서에 수록하는 행위 관계로 당초 일본에서 중국으로 연수 지역을 바꾸어 백두산을 찾아왔다. 하늘도 그 뜻을 알았는지 천지의 감상을 우리 일행들에게 허락한다. 일 년에 30일 정도만 천지를 볼 수 있다는데 우리에게 행운을 준 것이리라. 우리 민족의 영산 백두산 정기를 한껏 받아 상쾌한 기분이 되었다.

▲ 백두산에 올라 천지를 배경으로

천지는 용왕담(龍王潭)이라고도 하며. 면적 9.17㎢, 둘레 14.4㎞, 최대너비 3.6㎞, 평균 깊이 213.3m, 최대 깊이 384m, 수면 고도는 2,257m이다. 천지 둘레에는 장군봉(將軍峰)을 비롯한 옥설봉, 마천우, 청석봉, 백운봉, 백암봉, 비류봉, 쌍흥봉 등 많은 봉우리가 열병식 하듯 천지를 옹위하고 서 있다.

봉우리들은 낭떠러지를 이루고 있어 천지로 내려갈 수가 없고 오직 한곳 남쪽의 불목[火項]이라고 하는 파극(破隙)을 통해서만 호반으로 내려갈 수 있으며, 호반 일대에 약간의 평탄한 땅이 있다.

천지 북쪽의 한 곳이 터져서 물이 흘러나가는, 달문(闥門)이라고 하는 화구뢰(火口瀨)를 이룬다는데 가보지 못하고 설명을 듣는 것으로 만족한다. 천지의 물은 여기서부터 흘러내려 650m 북쪽으로 흐르다가 길이 30여m의 장백폭포(비룡폭포)를 이루면서 협곡을 만들며 松花江으로 흘러간다고 한다.

건너편 북한 쪽은 바라만 보아야 하는 현실이 서글퍼진다. 오는 길에 보니 삭도 건설이 한창이던데, 앞으로 쉽게 천지를 오르는 방안이 마련되면 북한 쪽으로 오르는 길 개발은 더 어려워지는 것은 아닌지?

천지를 오르는 마지막 주차장에서 100위엔, 백두산 주차장에서 버스비와 입장료가 각각 80위엔과 65위엔, 연길에서 백두산까지 요금소가 13곳 한곳에 35위엔, 이렇게 많은 돈을 내고 오는데 북한을 통해 온다면 그만큼 들지도 않을 것이고, 설혹 든다고 하더라도 북한 주민들의 복지에 돌아간다면 얼마나 도움이 될 것인가 하는 안타까움에 통일의 필요성을 다시 한 번 느낀다.

백두산 주차장에서 버스에 올라 잠시 가니 폭포로 가는 주차장이다. 일행은 도보로 비룡폭포로 향한다. 주차장에서 오른쪽으로 다리를 건너니 나무로 길을 만들어 다니는데 편하도록 하였다. 더러는 평평하게 더러는 계단형으로 만들었는데 길옆에 자라는 식물을 보호하는 효과도 있는 듯 했다. 길옆으로 취나물이 지천으로 널려있고 조금 떨어져서는 흰 자작나무가 우리를 반기고 있다. 백두산 주위에는 웬 자작나무가 그리 많은지? 백의민족의 영산이어서 인가? 주위의 푸르름 속에서 하얗게 줄기의 속살을 드러낸 것이 깨끗한 마음과 꿋꿋한 민족혼을 나타내는 것 같다.

몇 구비를 돌고 오르내리는 데 앞에서 사람들의 탄성이 들려온다. 바쁜 걸음으로 달려가니 눈앞 멀리에 세 마리 용이 승천하고 있다. 과장을 좋아하는 사람이라면 비류직하 삼천척이라고 할 법도 하다.

이 물이 송화강의 근원이 된다고 하였던가, 흘러내린 물에 손을 담그니 시원하기가 말할 수 없다. 맑고 시원한 물을 병에 담는 사람, 머금는 사람, 사진에 담는 사람, 빡빡할 일정 때문에 폭포 바로 아래까지는 가지 못하고 먼발치에서 보고는 아쉬움을 남기고 걸음을 돌린다. 더 이상 갈 수가 없다면 돌아설 수밖에 없는 것이 인간사 아니런가. 장백이라 불리던 이름도 잃어가고 있는 승천하는 세 마리 용을 뒤로하면서 천지도 장백폭포도 우리 것이라 마음대로 주장하지 못하는 현실의 서글픔에 잠겨 내려오는데, 길에는 노천 온천에서 김이 오르고 뜨거운 물이 솟는다. 그 물에 삶았다는 달걀 두 개에 우리 돈 천원을 받는다.

주차장으로 오니 노점상이 장뇌삼이라며 한 뿌리에 우리 돈 1천 원을 달란다. 산삼은 1만 원에 준다며 싸다고 사라고 하는데, 그것을 액면대로 믿는 사람을 없는 것 같고 농반(弄半) 진정(眞正) 반(半)으로 흥정하여 장뇌삼 몇 뿌리를 사서 먹는데 중국인인 듯한 상인도 우리말에 익숙하다. 우리나라 관광객이 많이 오기는 오는 모양이다.

깊은 산골이라서 그런지 골짜기에 그늘이 빨리 내리고 햇빛이 천지를 둘러싼 산자락 상부에 남는 모습을 보며 버스에 오른다. 버스의 모양이 특이하다. 운전석 쪽으로는 좌석이 바닥에 거의 닿을 정도로 낮고 뒤고 갈수록 높게 되어 있어 극장의 좌석에 앉는 느낌을 준다.

숙소로 향하는 버스에서 보이는 무수한 소나무는 미끈한 다리를 뽐내는 미녀들인 양 쭉쭉 뻗은 자태를 자랑하고 서있다. 모양이 춘양목과 흡사하여 춘양목인가 하였더니, 이도백하 근처에서 차창으로 장백송이라 쓰인 팻말이 보인다. 길잡이는 이 나무들은 백두산 지역에서만 자라는 미인송이라고 한다. 백두산 화산재 지형에서만 자라는 나무라는 것이다. 북한 쪽에서도 묘목을 갖고 가 식재하였다고 한다. 일행 중의 한 사람은 춘양목과 같은 종류라고 한다.

이 미인송이 생기게 된 데는 전설이 전해온다고 한다.

송풍과 나월은 어려서부터 한마을에서 서로를 위하며 자랐다. 세월이 흘러 건장한 청년과 마음씨 곱고 예쁜 처녀로 자랐고 두 사람은 서로 사랑하게 되었다. 두 사람은 달빛이 백하강 물살을 곱게 비추던 어느 날 밤, 장차 부부가 되자는 약속을 굳게 하고 즐거운 내일을 생각하며 꿈같은 나날을 보내고 있었다. 그런데 마을 이장 구호가 나월의 미색을 탐하여 애첩으로 만들기 위해 꾀를 부리게 된다. 송풍이 자기가 도모하는 일에 걸림돌이 되므로 가난한 송풍이 빚을 지고 갚지 않는다는 이유를 들어 송풍에게 1년 동안 성 쌓는 부역을 맡겨 보내버렸다.

송풍이 떠나자 이장은 중매쟁이를 나월에게 보내어 첩이 되도록 회유했다. 나월은 그때마다 거절하며 1년을 버텼다. 그러나 결혼을 약속한 송풍은 돌아오지 않았고 돌에 치여 죽었다는 소문만 들려왔다. 나월은 그 후 매파의 협박과 빚 독촉을 견디지 못하고 송풍과 언약했던 백하강 기슭으로 나가 강물에 몸을 던지고 말았다. 나월의 주검은 강물이 모래와 흙을 실어와 무덤을 만들어 주었고, 무덤 위에는 소나무 한 그루가 자라났다.

송풍은 살아 돌아왔으나 나월이 죽은 지 3년이 지난 뒤였다. 어느 날 밤, 슬픔을 억누르지 못한 송풍은 나월이 죽은 이유를 전해 듣고 이장의 집에 불을 질렀다. 그리고는 나월의 묘지로 향했다. 무덤에 자라난 소나무를 나월의 화신이라 생각해 포옹하듯 끌어안은 채 붉은 피를 토하며 죽었다. 그 뒤 소나무는 쑥쑥 자랐고 가지마다 주렁주렁 솔방울이 맺혔고 씨들이 바람에 날려 사방으로 퍼졌다. 송풍이 죽을 때에 토한 피가 소나무 줄기에 묻어 미인송 줄기가 붉게 되었고 그래서 지금도 미인송은 붉은 색을 띠고 있다고 한다. 백두산 인근 마을 사람들은 미인송 숲을 전설 속 주인공의 이름을 따서 송풍나월(松風蘿月)이라 부르기도 한단다.

전설마냥 절개와 애절한 사랑이 그 속에 들어서인가? 백두의 정기를 받아 하늘을 향해 곧고 바르게 자란 것일까? 나무를 올망졸망 다듬어 놓고 좋다고들 하는 세속인들의 마음으로는 감히 우러르지 못할 기백에 빠져 있다 보니 숙소인 江山酒店에 도착한다.

짐을 풀고 7시에 특강이 계획되어 있어 특강 장소로 가니 에어컨이 가동되지 않아서 실내가 더웠다. 호텔의 회의장인데 에어컨이 되지 않는 것은 우리 생각으로는 이상하였다. 또 빔프로젝트도 가동이 되지 않아서 15분을 고생한 끝에 오강원 교수의 특강이 시작되게 되었다. '동북아시아 속의 요령~ 한반도 청동기 문화와 고조선'이란 주제의 특강으로 중국과 일본이 한국역사를 삼한부터로 보고 고조선을 인정하려 하지 않는데 고고학 측면에서 보면 인정이 된다는 요지의 내용이다. 40분쯤 진행되었을 때 메모가 강사에게 전달되고 강의가 중단이 된다. 중국 공안에서 중지하라는 지시가 내린 모양이었다. 우리에게는 좋은 강의 내용이지만 중국의 입장에서는 동북공정에 정면으로 반하는 내용이기에 껄끄러울 수밖에 없었는지도 모르겠다. 아쉬운 점이 있다면 이런 내용은 연수원에서 하고 이곳에서는 유적지를 둘러보는 형태로 하였으면 더 좋았지 않았을까 하는 하는 점이다. 한편으로 고구려의 영광이 지금껏 이어져 누려지고 있다면 오늘 같은 아쉬움도 동북공정에 흥분하는 일도 없을 것인데……. 우리는 후손들에게 계속 이 아쉬움을 남겨주어야만 하는가? 우리는 우리 역사에 대한 자긍심을 갖도록 가르치고 있는가? 고대사도 그렇고 근현대사도 너무 부정적 시각으로 다루고 있는 것은 아닌지? 오늘 우리가 이렇게 해외 나들이를 할 수 있는 여건이 된 것이 그렇게 잘못된 현대사의 결과물인지? 비슷한 시기에 독립을 쟁취한 아시아 여러 나라와 비견하였을 때, 북한과 비교하였을 때, 우리 현대사가 과연 실패한 역사인가? 우리 어린 시절을 회상해 보면 요즘 텔레비전에 나오는 아프리카 어떤 나라의 뼈만 앙상한 어린이 모습에 겹쳐 나의 어린 모습이 보인다. 현재의 우리 아이들이 그런 모습을 상상이나 할 수 있을까? 그런데도 그 역사를 부정적 시각으로 우리 아이들에게 가르쳐야 하겠는가?

아쉽게 강의는 종료되고 식당으로 갔다. 밥과 된장국이 주 메뉴였는데 부실한 편이었다. 원탁에 둘러앉아 먹는데 배정된 사람 수에 비해 컵이나 그릇을 적게 갖다놓고 더 달라 해도 잘 주지도 않아서 불편을 끼치는 등 서비스 수준은 많이 떨어졌다.

저녁 후에 씻기 위해 욕실에 들어갔는데 물 나오는 게 영 마음에 들지 않았다.

샤워장 문도 잘 닫히지 않는다. 최근에 지은 호텔이라는데……. 지방의 호텔이어서 그런가. 아직은 개선해야 할 점이 많이 있음을 느낀다.

29일 6시 20분. 아침을 먹으려고 식당으로 가 식사를 하다가 보니 옆자리에 아는 이가 눈에 띈다. 만 리 객지에서 고향 사람을 만나다니 반갑기 이를 데 없었다. 얼른 가서 인사하고 서로가 반가움을 나눴다. 부인과 함께 백두산을 보러 왔다는 것이다. 우리와 여정이 비슷하다. 어제 우리 일행 중에 어떤 이를 만나 물어보았으나 알지 못한다는 대답을 들었다고 한다. 세상은 넓으면서도 좁다.

객실 체크관계로 출발이 늦어지고 있다. 우리나라에서는 바로 바로 체크아웃이 되는데 여기서는 시간이 많이 걸린다. 느긋한 중국인의 성품 탓인지? 우리와는 사뭇 다른 모습이다.

드디어 9시 3분 호텔을 출발하여 용정으로 간다. 백두산 자락을 내려와 12시가 조금 넘어 용정에 도착한다. 용정! 이곳에는 원래 물이 없었다고 한다. 어느 해인가 한 착한 소년이 물을 해결하기 위해 우물을 파기 시작했는데 너무나 지쳐서 우물가에서 그만 죽고 말았다. 그 후에 우물가에 무지개가 비치고 천둥소리와 함께 용이 하늘로 올라가면서 샘물이 솟았다. 그 후로 이곳에 마을이 생겼고 용정(龍井)이라 이름 붙여졌다는 것이다.

점심을 먹고 윤동주 생가로 가는 길에 잠시 혜란강을 본다. 우리 머릿속에 있는 혜란강은 꽤나 넓은 강인데 실제는 강이라기보다는 내에 가까웠다. 비가 왔고 발전소 건설관계로 그럴 것이란 설명이 뒤따랐지만 강물은 흐려서 깨끗한 느낌을 주지 않았다. 실제보다 상상 속에서 사물은 더 아름다울 수 있음을 보여주는 예가 아닐까 한다. 그리고 멀리 일송정을 바라보며 버스 간에서는 선구자가 합창되어 나왔다. 이 용정 지역은 안중근 의사의 훈련기지로도 사용된 곳이라 한다. 그리고 많은 항일 의사들이 활동한 지역으로 민족혼을 불러일으키기에 좋은 지역이다. 사실의 혜란강은 좁아도 마음속의 혜란강은 여전히 큰 흐름으로 넘실댄다. 선열들의 꿈과 열정이 함께 내 마음속에 흐르는 강이기에 그러하다.

윤동주 생가로 가는 길옆에 백금촌이란 이정표가 보인다. 길잡이는 백금촌 방면으로 버스로 50분 정도가면 두만강인데, 이 지역 두만강은 폭이 좁아 그냥 건너도 허리 정도밖에 물이 차지 않는다고 한다. 두만강 푸른 물에 노 젓는 뱃사공에서 넓고 깊은 강이 연상되지만 여기서는 감시자만 없다면 쉽게 넘나들 수 있는 곳이

▲ 윤동주 생가에서 한 줄기 바람에도 괴로워한 심정을 기리며

라 한다. 시간이 되었다면 강 건너로라도 북녘 땅을 보고 올 수 있었을 텐데…….

윤동주 생가는 용정시내에서 버스로 40분 정도 떨어진 한적한 마을인 명동촌에 위치하고 있었다. 명동촌은 밝아오는 동이(東夷)마을이라는 뜻으로 그곳에 선각자 김약연 목사가 세운 교회가 먼저 우리 일행을 맞이한다. 처음에는 이곳이 생가인가 하였는데 내부를 둘러보니 지금은 박물관처럼 사용되고 있는 교회였다. 조금 아래에 있는 윤동주 선생 생가로 간다. '윤동주생가옛터'란 비가 있고, 비교적 집도 잘 정비되어 있었다. 피폐한 것을 한국에서 보내준 돈으로 수리도 하고 복원도 하였다고 조선족 관리인은 설명한다. 집의 모양으로 보아 당시로는 꽤 유복한 집이었던 것 같았다. 어쨌든 일본 유학을 가서 일제에 항거하고 일제의 잔혹함에 희생이 된 그를 생각하며 과연 우리는 하늘을 우러러 한 점 부끄럼 없는 교육자 생활을 하고 있는가를 되돌아보게 한다. 이곳 생가는 입장료는 없고 유지 보수를 위한 성금함을 비치하고 있기에 자그마한 정성을 표하고 자리를 떴다.

용정에서 민족의 지도자를 양성하고 민족혼을 일깨웠던 대성중학교(현 용정중학교)로 갔다. 원래는 용정중학교를 방문할 예정이었으나 갑자기 방문 취소를 통보해 왔다고 한다. 아마 어제 저녁 행사 관계로 문제가 된 것이 아닌가 하는 짐작을 해보며 국력의 중요성을 다시 생각한다. 그래서 용정중학교 앞에 옛 대성중학교 건물이 복원되어 이 학교의 역사와 지역의 역사관이 되어 있는 곳으로 갔다. 그곳에는 시에서 파견된 안내인이 설명을 해주는데 북한식 성조(聲調)가 귀에 설게 느껴졌다. 역사관의 마지막 부분에는 방명록이 비치되어 있었다. 그리고 용정중학교 학생들에게 장학금으로 모금도 하고 있었다. 일행 중 많은 이들이 장학금을 내는데 동참하였다. 비록 우리 돈으로는 큰돈이 아닐지라도 그 지역으로 보면 큰돈이 되는 모양이었다. 우리 돈 그대로 받았다. 하긴 연변지역에 오니 우리 돈이 그냥 통용이 되니 거래를 하는데 어려움이 없었다. 말도 통하고 거래도 우리 돈으로 하면 되기에 우리나라에 있는 것이나 별반 다르지 않았다.

미국 사람들이 세계 어디를 가든지 자국의 돈으로 거래를 할 수 있고, 언어가 통하니 얼마나 편리하겠는가 하는 생각이 스치며 국력의 중요성을 새삼 생각하게 된다.

9시 45분 저녁을 먹고 식당을 나서니 장엄하게 소나기가 쏟아지며 웅장하게 천둥이 울린다. 백두산 기운을 천둥에 담아내어서 우리의 가는 길에 다시 한 번 정기를 회상하게 하는 것인 듯.

공항에 도착하여 수속을 하는데 검열이 너무 까다롭다. 신발까지 벗어서 투시기에 넣어 검사를 하고 몸 구석구석을 금속탐지기로 훑어 나간다. 올림픽 보안 관계로 어쩔 수 없다고 이해를 하면서도 다소는 기분이 틀어지곤 한다.

9시 52분 연길 공항을 이륙한다. 창으로 공항의 불빛이 보이더니 이내 구름 속으로 들어가 밑은 까맣게 된다. 밤 11시 45분에 북경공항에 내린다. 수속을 끝내고 나니 12시 반, 호텔에 도착하니 1시다. 갑자기 편성하느라 어려움이 있었겠지만 무리한 여정길이다. 그래도 호텔 시설은 최신식으로 좋았고 서비스도 만족할 만하였다. 지방의 호텔과는 사뭇 다른 모습이다. 욕실에서 물이 잘 나와 시원하였다. 연변에서는 힘없는 노인네 오줌줄기 같이 물이 나왔는데 이곳은 시원하게 쏟아지니 상쾌하였다.

30일 아침 8시 20분. 우리 일행은 북경공업대학 부속중학교로 향한다. 25분쯤 버스에서 북경의 모습을 보노라니 학교에 도착한다. 교장은 출장 중이라며 교감이 나와 맞이하는데 무척이나 젊다. 북경의 조양구에서 가장 젊은 교장은 28세라고 하는 것으로 보아 우리와는 제도가 다른 것을 알 수 있다. 나이에 무관하게 선발하여 관할 교육청에서 관리직 훈련을 시켜 임용을 하면 되는 제도로 되어있는 모양이었다.

교감이 인사를 하고 연혁을 소개하는데 그 학교 직원의 통역이 완전하지 못하여 요령부득의 전달이 되는 면이 있었다. 면적 3만3천㎡ 면적에 건축면적은 33,516㎡로 부유층 주거단지에 시범적으로 건설된 학교라고 한다. 51개 학급에 2,300명의 학생이 재학하고 있고, 교직원이 216명이다. 북경에서는 일류 환경이며 성적이 우수한 학생들이 들어온다고 하는데 500점 만점에 480점 정도 되어야 입학이 가능하다고 한다. 졸업생은 북경대 등 중점대학에 많이 진학하는 학교라고 한다. 건물을 최신식으로 지었고 교실환경도 우리에 근접할 정도로 설비가 되어가고 있다. 종합적 자질을 중시하고 학습에 온 힘을 쏟고 있다고 한다. 방학 중이어서 수업을 참관할 수 없었으나 시설과 직원들의 설명에서 맹렬이 전진하는 중국 교육계의 일면이 보이는 듯하여 우리교육계도 긴장의 고삐를 죄어야겠다는 생각도 해 본다.

오후에는 북경 인근의 문화유산을 답사하기로 되었다. 짧은 일정과 이미 이곳에 와본 사람이 있는 관계로 이화원과 용경협으로 가는 팀과 만리장성과 용경협으로 가는 팀으로 나누어 움직이기로 하였다. 나는 만리장성으로 향하는 버스에 몸을 실었다. 이화원이나 만리장성이나 인공으로 조성된 것이지만 하나의 궁을 보기보다는 자연에 어우러진 곳이 좋을 것이란 기대를 가지고 그렇게 정하였다.

용경협으로 향하는 버스 차창으로 보이는 북경은 무척 발전하였다. 흔히 만만디라고 늦게 하는 것으로 대변되던 중국이 그 속성을 벗어버리고 무서운 속도로 맹렬히 전진하는 모습을 보는 듯하다. 20년 전 방문하였을 때 북경은 도심을 조금만 벗어나면 우마차에, 허술한 집에, 그야말로 후진 모습이었는데 요즘은 깨끗이 정돈된 도로며 솟아오르는 빌딩들에서 그들의 저력을 보는 듯하여 두려움마저 느꼈다. 우리도 조그만 성취에 너무 안주하고 있어서는 안 되겠다.

그리고 우리는 너무 서두르다 보니 한편으로 치우친 생각에 몰입되는 것은 아닌가 하는 반성도 하게 된다. 중국은 사회주의 국가이지만 충분한 토론을 통하여 정해진 것은 일관성 있게 밀고 나간다고 하는데, 우리도 이 점은 배워야 할 사항이라고 본다. 목소리만 크면 제일이고, 떼만 쓰면 되는 사회를 정의로운 사회라 볼 수 있을 것인가? 이렇게 된 데에 우리 교육자는 아무 잘못이 없다고 할 수 있을 것인가? 생각해 보는 계기가 되었다.

중국의 발전은 등소평의 사상이 기본 바탕이 되고 있다고 한다. 등소평이 어느 한 학교를 방문하여 방문록에 적은 실용화, 세계화, 미래화라는 3가지 방향이 그것이라고 한다. 냉전체제가 한창이던 그 당시에 그런 주장을 하고 시행한 등소평도 대단한 사람이지만 그 뒤의 지도자들도 이어받아 시행하고 있다는 얘기를 들으며, 우리의 현실도 생각해 보는 계기가 되었다.

우리는 경영자나 지도자가 바뀌면 앞 사람이 한 사항을 모두 뜯어고쳐야 직성이 풀리는 경우를 종종 보아왔는데, 그것이 과연 잘 하는 것인지 다시 생각해 보게 되었다. 그러면서 미래를 내다보고 나아가야 할 학교경영자의 자세를 다시 생각해 보게 되었다.

교육에 종사하는 사람들은 생각이 다소 보수적이고 자기 껍질을 깨지 못하는 면이 있는데, 이렇게 다른 나라를 봄으로 해서 생각의 폭을 넓히고 자세를 가다듬을 수 있는 계기가 된다. 직접 교육에 관계 되는 기관을 보아야 효과가 있다고 생각할 것이 아니라 널리 세계를 보고 느껴서 세계적 안목을 가지고 후진을 양성하면 그런 안목을 가진 사람이 길러질 것이라 생각된다.

차간에서 길잡이는 북경의 거주에 대하여 설명한다. 북경에 거주하기 위해서는 호적을 사거나 거주증을 받아야 한다는 것이다. 호적이란 것이 우리의 호적과는 달리 주민등록에 더 근접하는 것이 아닌가하는 생각이 든다. 하여간 농촌지역에서는 호적을 가지려고 하면 우리 돈으로 환산하여 10내지 15만 원 정도로 쉽게 된다고 한다. 그러나 북경에서는 그 거주 지역에 따라 5천만 원에서 1억 5천만 원까지 필요하다고 한다. 그리고 호적이 없이 북경에서 거주하려면 거주증을 받아야 하는데 A, B, C등급 거주증으로 구분되어 있단다. 거주 이전을 통제하는 사회주의 체제를 우리로서는 얼른 이해가 되지 않았지만 거주제한이 있다는 것은 짐작할 수 있었다.

최근에 올림픽을 대비하여 보안 검색이 심해지면서 C급 거주증을 지닌 사람에 대한 심사를 강화하고 있다고 한다. 경찰에서 그들을 발견하면 거주증을 압수하고 추방하기 때문에 거주증을 빼앗기지 않으려고 고향으로 많이 피하여 지금 북경에서는 우유배달이나 청소 등 힘든 일을 하는 사람이 적어져서 문제가 되기도 한단다.

용경협(龍慶峽)은 협곡에 댐을 막아 관광지로 활용하고 있는 곳인데, 전에 강택민의 별장이 있어서 더 유명하다는 곳이다.

해타산 아래 고성하의 계곡물을 1973년 중국과 홍콩이 합작하여 70m높이 댐으로 막아놓고 유람선을 운행하는 곳이다. 승천하는 두 마리용으로 만든 돌기둥 문을 통과하여 조금 가면 거대한 용이 한 마리 있다. 용의 입속으로 들어서니 에스컬레이터가 기다리고 있다. 대여섯 번 에스컬레이터를 갈아타고 올라가 용꼬리 부문으로 나오니 절경이 한눈에 들어오고 선착장이 나타난다.

유람선을 타고 상류로 거슬러 오르니 감탄이 절로 나온다. 조물주는 어떤 심사로 이런 절경을 만든 것일까? 깎아지른 듯한 절벽이 금방이라고 무너져 내릴 것 같은, 그러면서 수천 년을 그렇게 버티고 선 모습으로 협곡양쪽에 가파르게 솟아 있다. 각봉우리들은 생긴 모양도 각양각색으로 신이 연필을 꽂아놓은 모양이라는 뜻의 신필봉(神筆峰), 범종을 엎어 놓은 모양의 종산, 관리들이 쓰는 모자를 엎어 놓은 모양의 봉관 등을 설명하고 있으나 길잡이 설명보다 경관에 취해 귓전으로 해설을 날려버리고 있음을 느끼고 있노라니 갑자기 눈앞에 '용경협'이라는 붉은 글씨가 새겨진 절벽이 눈앞에 나타난다. 강택민의 필체라고 하는데 길잡이는 친필은 아니라는 설이 강하다고 한다.

주위 경관에 취해 있는데 사람들의 비명 소리에 놀라 그들이 가리키는 곳을 바라보니 아득히 높은 절벽에 외줄을 걸어놓고 그 위에 자전거를 탄 사람이 나타나 외줄타기 서커스 묘기를 보인다. 외줄을 타는 사람의 재주도 신기하지만 이런 자연경관만으로 부족하여 이렇게 다른 볼거리까지 만들어 관광자원으로 만드는 그들의 수완이 특별하게 느껴진다.

위대한 자연 경관에 취해 있노라니 유람이 끝났다며 내리라고 하는데 원래 탔던 곳의 맞은편 절벽에 면해 있는 집의 앞쪽이다. 건물을 구경하고 또 다른 곳으로 가라는 것인지 절벽을 기어오르라는 것인지 어쩌라는 것인지? 앞사람이 가기에 우리도 따라 간다. 그러자 백화동(百花洞)이라 쓰린 굴이 하나 나타나며 그리로 사람들이 흡수되어가고 있다. 약간 경사진 내리막길을 내려가노라니 옆으로 중국의 고전들이 눈요깃감으로 나타난다. 삼장법사와 손오공도 나오고, 금병매의 서문경도 염라대왕 앞에서 죄를 빌고 있다. 그러나 조명 상태가 좋지 못해 주위를 기울이지 않으면 잘 보이지 않는다. 일부러 조명을 약하게 한 것인지는 모르겠으나 좀 더 밝게 하여 즐기며 지나가게 하였으면 하는 생각을 해본다.

용경협을 출발하여 40분 정도 가니 만리장성 관광의 한 장소인 팔달령 주차장에 도착한다. 매표를 하고 삭도를 타고 오른다. 삭도가 있어서 오르는 수고를 많이 들 수 있었다. 그런데 웬 한글 낙서가 그리 많은지 한편으론 우리나라 사람이 참 많이도 온다는 것을, 한편으로는 우리 국민의 수준을 다시 생각하게 된다. 삭도에서 내려 장성으로 간다. 산등성이를 따라 눈간데 없이 펼쳐지는 산성! 달에서도 보이는 인간의 구조물이라던가! 자연을 훼손해 가면서 그리고 힘들여 돌을 날라 쌓아야 했던 옛사람들을 생각하면서 피와 땀의 결정체, 싸움의 터전, 인간은 왜 그렇게 피터지게 싸워야만 했던가?

고난의 터를 이제 돈벌이 수단으로 만들어 이용하는 사람들! 긴 역사의 순간순간에서 이렇게 바뀌고 있으니 더 뒷날에는 또 어떤 형태로 바뀔 것인지? 백년을 살지 못하는 한 인간으로 愁愁롭다는 생각이 문득 스친다. 햇볕이 강하지 않고 바람이 선들선들 불어 시원하여 가파른 성위를 오르는 다리는 팍팍하여도 구경꾼들의 더위를 날려 주었다.

미각을 즐기는 사람들은 전국을 돌아다니며 음식 맛을 본다고 한다. 춘천 닭갈비, 전주비빔밥, 어느 지역 어떤 음식 등, 지역에 따라 음식도 특징이 있다고 한다. 중국은 우리보다 땅덩어리가 크다 보니 지역에 따라 다양한 음식이 발달할 수밖에 없을 것이다. 북경은 역사적으로 여러 왕조(王朝)의 중심 도시로 있었기 때문에 전국의 요리문화가 유입되고 기술도 발달할 수밖에 없었을 것이다. 주요한 요리로 북경오리구이, 조류어편, 초초어, 산양육, 배웅장, 작불수권, 백자육, 불고기 등 다양하다고 한다. 특히 오리 요리는 역사도 오래되고 이름이 나 있다. 북경에 와서 오리를 맛보지 않아서야 되겠는가? 저녁은 오리 요리로 결정한다. 대압리 식당! 안내인의 말로는 유명한 식당이라고 한다. 오리의 껍질만 먹고 나머지 고기는 탕수육을 하는데 사용한다는 식용법은 우리와는 사뭇 다르다. 어떻게 나올까 기대하고 있는데 나온 오리 고기는 기름기가 너무 많아서 담백함은 없었지만 그런 대로 특징이 있었다.

저녁에는 소년궁극장에서 중국잡기단의 소년 서커스를 관람하였다. 자전거 타기, 모자 던지기, 얼마나 많은 훈련을 하였을까 하는 생각에 겹쳐 만약 우리나라에서 저렇게 하였다면 인권론자들의 성화에 과연 가능하였을까 하는 생각이 들었다.

31일 새벽에 비 내리다. 북경에서 마지막 밤을 보내고 북경주재 대사관을 찾는다. 각국 대사관이 모여 있는 지역에 우리 대사관이 있었다. 대사관 담은 철조망과 뾰죽한 꼬챙이를 촘촘히 세워 놓아서 외부인이 범접을 못할 것 같다. 주위에는 중국 군인들이 지키고 있다. 그 담을 얼마 전에 탈북자들이 넘어갔다고 한다. 도저히 가능할 것 같지 않은 일이 벌어진 것이다. 옛이야기에 밤길을 가다가 호랑이를 만나 호랑이에게 활을 쏘아 맞혔는데 다음날 아침에 보니 돌덩이에 화살이 박혀 있더란다. 그래서 다시 활을 그 바위에 쏘아 보았으나 박히지 않았다고 한다. 인간은 절박한 상황에서는 초인적인 힘이 나온다는 것을 보여주는 이야기인데, 이런 높은 담을 넘었다고 하니 얼마나 절박하였기에 그런 힘이 나왔을까?

대사관에서는 은희심 교육관이 나와서 안내하고 설명하였다. 중국에 오면 중국 안경을 쓰고 보라. 그래야 중국이 잘 보인다며 한국인의 잘못된 중국관을 경계하였다. 요즘 중국과 한국은 교류가 많아지는데 매년 500만 명이 중국을 방문하고 100만 명이 중국에 거주하고 있다고 한다. 한중 관계가 잘 되도록 도와주고 학생들이 중국을 바로 이해하는 계기가 되는 방문이기를 바란다고 한다.

중국은 '和'를 추구한다고 한다. 자금성의 태화전(太和殿), 중화전(中和殿), 보화전(保和殿) 등에 나타나는 '화(和)'가 보여주듯이 예부터 중국은 和를 추구하여 왔다고 한다. 漢族이 주류를 이루기는 하지만 여러 소수 민족으로 이루어진 나라이기에 그런가 보다. 우리도 다민족화(多民族化) 하고 있는데 和는 우리 문화에 접속하여야 할 사항의 하나가 아닐까 생각해 본다.

오후에는 북경 한국인 국제 학교를 방문하기로 되어있다. 그리로 향하는 버스간에서 망징(望京) 지구에 대한 설명을 한다. 이 지역에 한국인들이 많이 거주하고 있는데 고급 주택이 많고 깨끗한 지역이라고 한다. 과연 보이는 곳마다 고층건물이 즐비하다.

목적지에 다 왔다고 하는데 학교는 교문이 닫혀 있고 아무도 없다. 무언가 잘못되었다고 생각이 들면서 문득 연길에서 문제가 여기까지 영향을……, 하는 생각이 머리를 스쳤다. 안내자들이 학교 관계자와 연락을 취한다고 하여 기다리고 있는데 버스가 다시 움직이기 시작한다. 학교를 잘못 찾은 것이다. 드디어 북경한국인국제학교에 내리니 환영하려 교직원들이 교문 앞에 나와서 맞이한다. 이런 환대를 받으니 새삼 동포애가 솟아난다. 김영춘 교장 선생님과 여러 선생님들의 환영 속에 강당으로 들어가 학교 소개를 받았다. 북경의 한국인들에게 아주 인기 있는 학교임을 알 수 있었고, 이국 멀리까지 와서 글로벌 인재 육성에 힘쓰는 학교 관계자들의 노고를 칭송하며 이런 이들이 있어서 우리는 더 발전할 것이리라. 중간에 길을 잘못 들어 시간을 지체하는 바람에 좀 더 알찬 견학을 할 수 없어서 아쉬웠다. 직원들의 따뜻한 환송을 받으며 공항으로 향한다.

오후 6시 45분 비행기에 올라 7시 10분에 낮은 구름을 뚫고 오르니 아래로는 끝없이 펼쳐진 설원이다. 이 설원도 어둠에 잠기고 비행기의 규칙적인 소음에 잠시 나른한 몸을 누이다가 시계를 보니 8시 20분, 밖을 내다보니 고기잡이배의 불빛이 별인 양 빛난다. 곧 이어 멀리 밝은 불빛이 보이며 꼬리를 물고 있는 차들의 불빛이 밝아지더니 비행기는 인천공항에 내린다.

(2008. 7)

강화도 여정

자유로(自由路)를 따라 가는 강둑에는 철조망이 끝없이 둘려져 있다. 하긴 철조망이야 상수원 보호구역에도 있어서 생소한 것은 아니지만 상수원보호구역의 철조망과는 생판 다른 것이 어떤 숙연함 마저 느끼게 하는 것은 전쟁 박물관을 보고 온 때문일까?

한강변으로 김포를 가는 길에도 여전히 철책은 강으로 향하는 걸음을 막고 있고 군데군데 초소는 전쟁의 냄새를 피우는데 강 건너 고층 빌딩군들은 화평한 모습으로 서 있으니 아이러니컬하다.

전원일기에 자주 나오던 양촌리를 지나 초지대교를 지나니 강화도였다. 이제는 육지와 다름없는 섬 아닌 섬이 되어 버린 강화도, 김포와 강화 사이는 어찌 보면 강의 이쪽저쪽으로 보이기도 하였다. 이곳이 우리 역사에 한 많은 흔적을 간직하고 있는 곳이더란 말인가? 먼저 들른 곳은 초지진. 성곽 옆에 서 있는 나무에 흰색으로 둥글게 또는 띠 모양으로 표를 해 두었는데 강화도 수호조약의 시효가 된 1875년 일본 군함 운양호가 침공해 왔을 때 격렬한 포격전 중에 포탄을 맞은 자국이라 한다. 국란을 당해 외적의 포탄을 맞고도 죽지 않고 살아남아 처참한 전란의 모습을 보여주고 있는 것이다. 우리 후손들이 교훈을 잊지 않기를 바라는 마음이 아닐까 하는데, 우리는 과연 교훈을 느끼기나 하는 것인지 의구심이 든다.

강한 나라가 되어야 외적이 우리를 얕보지 못하여 침입도 않을 것이며 그래야 민초들이 희생을 당하지 않을 것이 아닌가? 요즘 노블리스 오블리제라는 말이 언론에 자주 거론되고 있고 국적 포기자 문제로 시끄럽기도 한다. 과연 우리 위정자들은 민초들에게 무엇을 보여주고 무엇을 해 주었는가? 나라에 위난이 닥치면 민초들만 핍박을 받게 내버려 두고 저들은 도망이나 가면 그뿐이란 말인가? 그런데 그런 민초들도 이제는 각성을 해야 한다. 위선적인 그들을 더 이상 그 위치에 서지 못하게 선거로 심판을 해야 하는 것이다. 진정 나라를 위하고 나라를 위해 모범을 보이는 사람을 뽑아야 할 것이다. 우리가 이렇게 오락가락 하고 힘없는 나라로 남아 있는 것의 한 단초는 민초들이 선동가들의 선동에 현혹된 까닭도 없다고 할 수 없을 것이기에 하는 말이다.

깨어진 성벽은 새로 보수하여 아담하게 꾸며져 있는데 어떻게 내 눈에는 한스러움으로 다가오는지 모르겠다. 강화를 돌아보아도 돌아보아도 우리가 크게 승리하여 우리 민족의 기상을 뽐내었다는 내용보다는 침략을 당하여 막아내다가 장렬히 전사하였다는 내용이고 피난을 와서 지내던 곳이라 하니, 맨날 맞고 얻어터지고 한 역사를 보고 있노라니 울화통이 터져오는 것이다.

낙조가 유명하여 낙조마을이란 이름이 붙은 마을에 있는 숙소에 도착하니 곧 해가 질 시간이 가까워 오고 있다. 오면서 날씨가 흐렸다 맑았다 하여 오늘 낙조의 장관을 볼 수 있기를 기대하면서도 다른 한편으로 걱정도 됐는데, 낙조 시간이 되면서 서편에 조금 구름이 걷히는가 하다가 도리어 구름이 많아지고 있다. 서편을 바라보며 서 있는 우리들에게 인연이 닫지 않는지 끝내 해는 구름 속에서 바닷속으로 들어가고 어둠살이 끼이고 말았다.

강화도의 밤은 학생들의 야외 파티로 시작되었다. 숯불을 피우고 돼지고기 바베큐에 조개 구이까지, 서로 굽고 권하며 우의를 다져갔다. 선생님들의 능숙한 봉사가 학생들의 흥취를 더욱 돋우고 있다. 멀리 수평선 부분에 고깃배인가 불빛이 가물가물 흘러가고 있다.

이튿날 아침 눈을 뜨니 전날의 피곤이 남았는지 아직 잠에서 깨어난 사람이 많지 않았다. 산책 겸 바닷가로 나가니 썰물이 되어 물이 빠져 나가 있어 아마 몇 십리는 되어보였다. 그 갯벌로 한 주민이 지게를 지고 한없이 나가고 있었다. 마침 둑방에 주민 한 사람이 있어 이야기를 나누게 되었다. 주민들은 아침 일찍 물이 빠진 갯벌을 멀리 나가 그물을 쳐놓은 곳에 가서 밀물 때 그물에 걸린 고기를 건져서 지고 와 생계를 꾸려가는 사람이라는 설명을 친절하게 해 준다. 자신은 농사를 지어 사는데 이곳 사람들은 농사를 짓는 사람과 어업을 하는 사람, 둘 다 같이 하는 사람이 있다고 하는데 자신은 몇 년 경우 바다에 나가 보았는데 너무 힘들어 이제는 그냥 농사만 짓는다고 한다. 생활에 매몰되어 살아가는 우리 이웃들의 모습이 여기서도 힘겨워 보였다.

전등사 동문 주차장에 차를 대고 절로 향했다. 경사도가 심하여 오르는 발길에 숨이 차왔다. 그래도 많은 사람이 다니는 길이어서인지 길을 잘 닦아놓고 청소도 깨끗이 되어 있어 오르는 사람의 마음을 상쾌하게 했다. 얼마의 급경사를 오르자 석성이 나타나고 성문이 문은 사라진 채로 우리를 맞이하고 서 있다. 성은 단군의 세 아들이 쌓았다고 전하는 정족산 삼랑성이고 전등사로 들어가는 동쪽 성문이라 한다. 원래부터 성문 위 누각이 없었는지 세월 속에서 마멸이 되었는지는 모르겠으나 우거진 송림 속에 하나의 통로로 전락한 채로 역사를 품고 있었다. 성문을 지나자 완만한 경사로를 내려가다가 다시 오르니 돌계단 위로 전등사 문이 보인다. 강화도 하면 먼저 머리에 떠오는 절이 전등사이다. 아담한 절이 오랜 역사의 풍광 속에서 의연한 자세로 서 있었다. 사찰을 방문하면서 늘상 느끼는 것이지만 풍수니 풍수지리니 하는 것은 모른 채로도 그냥 참 좋은 곳에 자리 잡았구나 하는 느낌을 받는다. 신앙인으로 부처에 참배할 입장은 아닌 관계로 한 바퀴 참관을 하다 보니 대웅보전 옆 안내판에 나부상(裸婦像)에 대한 설명이 있어 제목을 보고 고개를 드니 처마 귀퉁이에 특이하게 생긴 나부상이 보였다. 절집에는 어울리는 않는 모습에 설명을 보니 전등사를 창건할 당시 일했던 도편수가 절 밑 동네 어느 여인과 사랑에 빠졌는데 이 여인이 도편수의 돈을 모두 훔쳐 다른 남자와 도망쳤다고 한다. 이에 실의에 빠진 도편수는 그 여인의 조각을 만들어 대웅보전 지붕 아래 네 귀퉁이에 세워 지붕을 받치게 해 놓았다고 한다. 사랑이란 허무한 것인가 아님 사랑에 배신 받은 사내의 응어리를 종교로 승화시킨 것인가 오늘도 처마 귀퉁이를 받치고 있다.

절문을 나서니 앞쪽에 찻집 입구에 긴 학다리가 사람을 유혹한다. 나무를 잘도 깎아 날개를 접고 서 있는 학을 만들어 세워서 오실 임을 학수고대 하는 것일까? 차를 마실 생각이기 보다 마당이 잘 꾸며져 있어 그기에 끌려 들어갔다가 찻잔을 앞에 놓게 되었다. 나그네가 주인장에게 앞에 있는 절이 어떻게 전등사라 하느냐고 물으니, 먼 옛날을 이야기해 준다.

전등사의 창건 연대는 확실치는 않으나 고구려 소수림왕 때라고 한다. 우리나라에 불교가 처음으로 전래된 뒤에 창건되었다고 전해지는 성문사와 이불란사는 어디 있는지 그 흔적이 없고 다만 이 전등사만 남아서 한국에 남아있는 사찰로서 역사가 가장 오래된 것이란다. 이 절은 진나라에서 건너온 아도 화상이란 사람이 창건하고 '진종사(眞宗寺)'라 하였단다.

이 진종사는 몽골의 침략 때 고려 왕실이 강화도로 도읍을 옮겼을 때 절의 경내에 가궐(假闕)을 지었을 정도로 고려 조정과 밀접한 연관을 맺으며 지냈었는데 충렬왕의 왕비인 정화궁주가 진종사에 경전과 옥등을 시주한 것을 계기로 '전등사'라 사찰 명칭을 바꾸었다고 전해진다고 하고 다른 설로는 정화궁주가 인기(印奇) 스님으로 하여금 바다 건너 송나라에서 펴낸 대장경을 구해 전등사에 보관하게 한 까닭으로 즉 송나라에서 전해진 대장경이 있는 데 그 대장경 속에는 '경덕전등록' 등의 불전이 포함되어 있었기 때문에 전등사로 개칭되었다고 한다.

▲ 전등사 앞 찻집에서

강화에는 우리나라 근대사의 격랑을 사실적으로 보여주는 진(鎭)과 보(堡)들이 많았다. 강화 12진보의 하나라는 덕진진에 이르니 세워진 진의 돌들이 개축된 것임을 알 수 있었다. 신미양요 때 미국해병대에 의해 점령을 당하면서 모두 파괴가 된 것을 1978년에 다시 보수하였다고 한다.

다음으로 들른 곳은 광성보였다. 어제 본 초지진이나 아침에 본 덕진진에 비해 규모가 컸다. 어재연, 재순 형제가 신미양요 당시 미군들과 용감히 싸워 모두 순국하였다는 곳이다. 포탄이 떨어지면 칼과 창으로 싸우고 그도 떨어지면 맨주먹으로 싸워 한사람도 물러서거나 포로가 되지 않고 모두 장렬히 순국하였다고 한다. 그 뜻을 기려 세운 비는 그 기상을 기리고 있었고 쌍충비(雙忠碑)는 두 사람의 충성심을 말하고 있으나 장쾌하게 이긴 모습이 아닌 게 마음 한구석을 답답하게 한다.

고려궁지는 강화읍의 골목을 따라 가다가 있었다. 문을 들어서니 터만 덩그마니 남아있고 위쪽에는 새로 세운 듯이 보이는 외규장각 건물이 쓸쓸하다. 고려 고종 때 몽고에 항전하기 위해 송도에서 이곳으로 옮겨온 터라 하는데, 39년간 몽고에 항쟁하다가 화친을 하고 그에 반대한 삼별초는 계속 항쟁을 하며 제주까지 갔다고 한다. 외적에 대해 끈질기게 항전할 수 있는 정신이 오늘에도 돋보인다. 그런데 국경부근에서 바로 막아낼 수 있는 힘이 있었더라면 그 많은 민초들의 피해는 없었을 것인데………….

외규장각 건물에 있던 많은 서적, 은궤, 지도 등은 병인양요 때 프랑스군들이 약탈해 갔다고 한다. 얼마 전에 프랑스가 약탈해간 문화재의 반환을 요구한 적이 있는데 아직까지 별 진전이 없는 모양이다. 우리가 만약 미국과 같이 힘 있는 나라였다면 프랑스가 이렇게 미적미적하고 있을 것인지? 아마 그렇지 않을 것이다. 하긴 처음부터 빼앗기지도 않았겠지만 말이다.

▲ 강화도의 고인돌

강화 여정의 마지막으로 찾아간 곳이 고인돌유적지였다. 이것은 유네스코지정 세계문화유산으로 지정된 곳이라 한다. 도로에서 보이는 거대한 돌들의 집단에 경탄하며 들어가니 도로 인근에 있는 것들은 모조품이었고 도로와 떨어진 곳에 두 개의 굄돌이 얹힌 거대한 반석이 남북 방향으로 올려져 있다. 안내판은 현재 남한에서 일명 탁자식이라 부르는 북방식 고인돌로서는 가장 거대한 고인돌이라 설명하고 있다. 덮개돌의 길이가 무려 7.1m, 너비가 5.5m나 되는 둥글고 넓적한 바위가 두개의 굄돌에 받쳐져 있다. 그 큰 뚜껑돌은 순전히 사람의 힘만으로 운반하고 얹고 하였을 것인데 그 무덤의 주인공, 주인공의 자손은 얼마만한 세력을 가진 사람이었기에 이런 거대한 작업을 할 수 있었을까

수천 년 전에 이곳에 살던 사람들은 비록 그 당시에 이런 무덤을 만드느라 무진 고생을 했을망정 이렇게 흔적을 남겨두었는데, 오늘을 사는 우리는 몇 천 년 뒤의 사람들에게 어떤 흔적을 남기고 갈 것인지 우리 삶을 되돌아보며 생각에 빠져 있는 동안에 차는 강화대교를 건너 김포의 한강변을 달리고 있었다.

열흘간의 해외 연수

지도를 펼쳐 놓고 여정을 그려 보며 미지의 세계에 대한 동경과 궁금증으로 마음이 들뜬다. 생활의 些事에 찌들었던 내게 이런 마음이 남아 있었을까 싶었는데, 수학여행 떠나는 아이들 마냥 설렘으로 뒤척이다 잠이 들었다. 빗소리에 눈을 뜨니 하늘은 어두운 채 빗발만 건물과 대지를 요란히 두들기고 있다. 출발부터 어려움이 있으려나? 걱정하였더니 다행히 조금 뒤에 비는 긋고 해가 구름 사이로 얼굴을 내밀며 前程을 축복해 준다.

요란한 소리를 내며 질주하는가 싶더니, 비행기는 앞머리를 쳐들고 활주로를 박차고 오른다. 날개에 구름인가 안개인가 하얗게 부서지더니 어느 새 한없이 펼쳐진 極地의 雪原같은 위를 미끄러져 간다. 위에는 구름 아래는 雪海, 각양으로 바뀌는 모습들에 도취되어 있다가 안전띠를 매라는 機內 방송에 퍼뜩 정신이 드니, 귀가 약간 이상한 느낌이 들며 주위의 소리들이 차츰 작아져 고요의 세계로 잠겨간다. 기압 차이에서 오는 귀먹음이구나! 느끼며 밖을 내다보니 짙은 녹색으로 경지 정리가 잘 된 들판이 다가온다.

나리따 공항의 복작거림을 뚫고 나와 차를 기다리는데 습관대로 우측으로 가려다 그만 苦笑를 터트렸다. 일본에선 차가 좌측통행을 한다는 지식은 몸에 밴 관성에 뒤지고 말았다.

세계적인 도시라는 東京을 眺望하기 위해 동경타워-해발 고도는 남산타워보다 낮지만 탑 자체의 높이는 더 위라는 타워 제1 전망대에 오른다. 해발 250m라는 이곳에서 본 동경 시내는 안개인가 매연인가 뿌연 대기 속에서 빌딩의 숲으로 펼쳐져 있다. 내려오는 길은 한 층 내려와 승강기를 타도록 구조가 되어 있어, 층계를 내려오노라니, 노인 두 사람이 열심히 계단을 닦고 있다. 일손이 부족하여 노인들까지 일을 하는가? 아니면 어떤 다른 이유라도 있는 것일까? 차에 오른 뒤에도 노인 문제가 어른거린다. 인간의 수명이 길어지고 停年 이후의 기간이 길어지면서 차츰 고조 되고 있는 노인 문제, 가장 좋은 방법은 무엇일까? 생각에 잠겨 있는 동안 皇居에 이른다.

잔디와 소나무로 오밀조밀 가꾸어진 공원을 가로지르면, 퍽 넓은 너비의 垓字 건너 돌로 쌓은 城壁이 우뚝하다. 日本은 섬인 관계로 外國의 침략을 적게 받았는데 저렇듯 엄중한 방비가 있는 것을 보니 군웅들의 다툼이 치열했음을 말해 주는 듯하다. 아무튼 그런 성곽 안에 자기네 왕을 살게 하고, 각료들은 대동아전쟁 때 공신들의 위패를 안치한 신사에 참배를 계속하고, 천황은 지난 날 우리나라에 저질렀던 만행에 대해 '痛惜'이라 얼버무리고 있으니, 아직도 이네들은 제국주의의 망령된 꿈을 버리지 못하고 있는 것은 아닌지? 吉鳥라며 키운다는 공원에 떼 지어 있는 까마귀의 검은 모습이 그네들의 마음이 아니길 바라며 발길을 돌린다.

저녁 식사, 일본에서의 첫 식사는 일본 음식이려니 했는데 한국식 불고기 식당으로 안내한다. 기대에 어긋난 대로 4~5명씩 식탁에 둘러앉으니, 반찬으로 깍두기와 김치 한 접시씩, 콩나물과 시금치 등을 무친 것을 한 모숨씩 놓은 찬그릇 하나가 전부다. 채소랑 반찬들이 풍성하게 나오는 우리의 식탁을 생각하며, 일본의 절약 정신은 본받아야 되겠다는 마음에 겹쳐 너무 지독하고 삭막한 인간의 모습이 떠오르는 것은 단순히 선입견 때문일까?

객실에 돌아와 내다 본 시가지는 조용한 느낌이다. 현란한 네온도 없고 길엔 사람도 차도 드문드문하다. 이웃한 사무실 빌딩엔 층층이 환하게 불 켜진 가운데 바삐 움직이는 모습이 보인다. 거리에 배회하는 사람 없이 일에만 매달리는 것이 일본을 지탱하는 한 기둥인가 보다.

이튿날 조반 후 우에노 공원으로 가는 길에 燈을 여러 개 단 곳을 보았다. 이곳에선 크고 작은 축제가 있을 때는 燈을 다는 경우가 많다고 한다. 우리에겐 불교 의식에만 남아 있는 연등 행사가 일본에선 민간에 뿌리내려 그것을 지키고 있는가 보다는 생각을 하며 거리의 간판을 자세히 살펴본다. 영어로 된 간판은 거의 찾아볼 수 없고 自國語를 사용하고 있다. 자기 것을 지키려는 정신과 民族的 自矜心이 대단함을 느끼겠다. 문득 외국 경기장에서 하는 운동 경기와 중계방송 화면에 비친 한글 선전물들의 영상이 스치고 지나간다. 과연 상품을 선전하려는 것인가? 한글을 선전하려는 것인가? 아니면 내국인에 대한 과시인가? 국내의 영어 간판의 영상과 묘한 대비가 된다.

빌딩 숲 사이사이로 신사와 묘지, 장례식장(전문적으로 장례 의식을 치러 주는 식장) 등이 일본 전통 양식으로 많이 남아 있다. 우리나라 거리엔 교회 건물이 많이 눈에 띄는데……. 日人들이 그네들의 정신을 꿋꿋이 지켜 나가고 있는 동안 우리는 너무 우리 것을 버리고 서구 것을 추종하는 것 같아 씁쓸하다.

東京의 도로는 6차선 이상도 보이나 4차선, 2차선도 많아 서울에 비해 길들이 좁은데도 비교적 차 소통이 잘 되고 있다. 유심히 살펴보니 승용차의 수가 서울에 비해 훨씬 적고 차들이 교통도덕을 잘 지키고 있다. 경적 소리를 들을 수 없고, 끼어들기나 차선을 위반하는 것을 보지 못 하겠다. 동경 시민들이 보유한 승용차 수는 매우 많지만 사용을 자제하고 지하철을 이용한다는 이야기를 듣고 보니 기름 한 방울 나지 않는 나라에서 셋방을 살아도 차는 있어야 되겠다는 우리의 시각과는 매우 차이가 남을 느끼겠다.

東京 韓國人 學校, 우리가 찾아 갔을 때는 校舍를 신축하고 있었다. 母國에서 10억 엔의 지원을 받고 교포들의 성금 13억 엔 등 모두 23억 엔으로 짓고 있는데 후학기부터는 사용할 수 있으리라 한다.

이 학교에는 초, 중, 고등부가 있는데 모두 780여 명의 학생들이 40여 분의 선생님들의 가르침을 받고 있단다. 그 중 교포 자녀가 20% 정도이고 나머지는 동경 주재 상사원이나 공무원의 자녀라 한다. 이렇게 인적 구성이 되다보니 교육에도 복잡함과 어려움이 있다고 한다. 한국어와 일어 2가지로 교육해야 된다든지, 교포 학생은 현지 적응 훈련을, 주재원 학생은 본국과의 연계 교육을 시켜야 하는 등 난점이 많다고 한다.

교포 학생 수가 적어 의아해한 궁금증을 길잡이가 풀어준다. 민단 계열의 학교는 학력이 인정되지 않아 검정고시에 합격하여야 진학이 가능하므로, 번거로움이 적은 일본 학교에 보내기 때문이란다. 그런데 조총련계는 초등에서 대학까지 있으며 학력이 인정된다니, 길잡이가 잘못 알고 있기를 바라는 마음이며, 그게 사실이라면 본국에서 더 힘을 써야 하겠다.

日人들은 간교하게도 자기들 필요에 따라 끌고 가 실컷 부려먹고, 아직도 세금 등 의무는 모두 강요하면서 권리는 인정해 주지 않아서 선거권도 없으며 취직도 하기 어렵고 천신만고 하여 직장을 얻어도 진급이 되지 않는 등 차별을 매우 심하게 하고 있단다. 그러나 우리는 불사조! 단군의 후예들이여 힘을 내소서.

7월 18일 오후. 중국으로 가기 위해 동경발CA928편 비행기 문을 들어서자 이상한 냄새가 코를 자극한다. 이게 중국의 냄새인가 생각하며 자리를 찾으니 맨 뒷좌석이다. 재일 동포 몇 사람과 만나 세상사는 이야기를, 술 한 잔과 곁들여 하노라니 시간은 빨리 지나간다.

북경 공항은 퍽 한산했다. 김포나 나리타의 복작거림과는 달리 어느 시골 역에 도착한 기분이었다. 공항엔 북경 청년여행사 한국 담당이라는 李某 여인과 안내인이 마중 나와 있었다. 공항 청사를 막 나서니 앞에 낡은 승합차 한 대가 서고 안내인이 운전기사에게 무어라 하는 것을 들으며 '어이쿠, 저 차를 타고 가야 된다는 말인가' 속으로 아연한 생각을 했는데 그 차는 물건만 싣고 가고 우린 다른 버스를 타고 시내로 출발했다.

북경으로 들어가는 길은, 자연 그대로 키운 가로수가 울창하고, 사람과 차가 적어, 한적한 모습이었다. 시내로 향해 가면서 입체 교차로가 나타나자 안내인의 자랑이, 들리다 말다 하는 마이크를 통해 들려온다. 전문 안내인까지도 서방 세계의 실정을 잘 모르는 것을 보니 닫힌 사회의 실상을 짐작할 듯하다.

시장기를 느끼며 '기린반점'에 들어가니 원탁에 8~9명이 둘러 앉아 식사를 하도록 되어 있는데 음식을 한꺼번에 차리는 것이 아니고 한두 가지 음식을 식탁 위의 원반에 놓으면 돌려가며 자기가 필요한 만큼 덜어서 먹노라면 또 다른 음식이 나오고 하는 방식으로 계속되다가 과일이 나오면 식사가 끝난다. 그런데 음식에 이상한 향료가 들어갔는지 역한 냄새가 코를 찔러 식욕이 가신다. 그래도 밥이 나오기에 먹어 두려고 떠 보니 찰기가 없어 밥알 하나하나가 제멋대로 돌아다닌다. 문득 "진긔ᄂᆞᆫ 다 빠져서 아모 맛도 업는 거슬 남녀노쇼 식후ᄃᆡ로 부모 형제 쳐ᄌᆞ권솔 한 ᄉᆞᆼ의 둘너안져 한 그릇식 밥을 써다 젹가치로 그러먹고 낫부면 더 써온다"는 연행가 구절이 떠오른다.

7월 19일.

많은 자전거의 물결을 보며 시내를 빠져 나가니 차량 통행이 적은 길 양쪽으로 과수가 심어진, 넓디넓은 들판이 펼쳐지고 버드나무 가로수 늘어진 밑으로 마차들이 한가로이 지나고, 화물 적재함에 서너 사람을 태운 트럭이 활보한다. 이런 저런 이국의 풍물을 즐기다 보니 참도(參道)에 도착한다.

길 양쪽엔 사자, 낙타, 코끼리, 무관, 문관, 공신이 돌로서 서고 앉아 있다. 크기와 모습이 우리 것과는 다르다는 것을 살피고는 定陵의 붉은 색 문을 지나 약간 경사진 길을 오르다 나무 우거진 언덕배기 옆 시멘트 의자에 앉아 땀을 식혔다. 잠시 후 자리를 털고 일어나 돌아보니 삭아 가는 돌일망정 인공의 흔적이 역력하다. 그 언덕배기가 능이었다.

계단을 밟고 아래로 내려가 대리석문을 지나니 지붕이 아치형으로 된 지하 궁전. 前, 中, 後殿의 中殿엔 옥좌가 있어 死後에도 영원히 황제로 군림하고픈 마음이 보이는 듯한데 지금은 몇 푼의 입장료를 벌어들이는 역할로 전락하고 말았구나.

▲ 참도에서

죽어서도 자기 것을 지키고 싶어 한 안달을 뒤로하고 살아서 지키겠다는 욕심이 배어 있는 만리장성을 보기 위해 완만한 경사길을 오르는 차창으로 붉은 바위가 특이하다. 八達嶺 입구에 차를 내리니 많은 인파로 출렁인다.

팔달령에서 장성은 양쪽으로 경사를 이루며 뻗어 올라갔다. 양쪽을 다 올라가 보고 싶었지만 시간 관계로 동쪽을 택하여 오르기 시작했다. 처음엔 경사가 완만하다가 차츰 급하여지더니 마침내 계단으로 변하고 3번째 성루 부근에선 급경사를 이루고 있어 숨이 턱에 닿고 다리는 모래주머니를 달아 놓은 듯 무거워지나, 빨리 오르고픈 마음에 속도를 늦출 수 없다. 세 번째 성루에서 바라본 장성은 등성이 등성이를 타고 한없이 뻗어 갔다.

높이 7m 정도 폭이 5~6m나 되게 돌과 연와로 쌓여진 성곽이 만 리를 넘는다니……. 얼마나 많은 사람의 피와 땀이 스며 있을까? 노역에 남편을 빼앗기고 짓던 한숨 소리가 들리는 듯한데, 장성은 오늘도 風霖을 이기며 묵묵히 서 있다.

다시 북경 시내로 돌아온 것은 퇴근 시간 무렵이었다. 前門大街와 大柵欄街를 걸으면서 본 거리엔 자전거를 탄 사람, 걷는 이들로 온통 뒤덮여 있다. 너무 사람이 많은 탓인가 인도에 사람이 넘쳐 車道 한쪽은 인도로 둔갑하고 신호등은 있으나 마나 붉은 불인데도 그냥 인간의 물결은 흐르고 있다.

이곳의 교통수단으로는 자전거가 주를 이루는 것 같고 무궤도 전차와 버스 2대가 연결된 셔틀 버스-여자 기사가 운전하는 것이 많음-가 사람을 수송하고 있다. 특이한 것으로는 3륜 자전거가 보이는데 위쪽에 의자와 포장이 있어 손님을 태우고 유유히 지나다닌다.

▲ 만리장성에서

길 옆 아파트들은 손질을 하지 않아 우중충하고 유리창은 군데군데 깨어진 채로 흉측한 몰골 조성에 일익을 담당하고 있고 퇴근 시간 이후면 주민들이 벤치에 앉아들 쉬는데 게 중엔 반바지에 웃통을 벗어부친 사람도 있다. 날이 어두워지면 이들은 집 안으로 숨어 버리고 거리는 적막과 어둠에 잠긴다. 사회주의 국가여서 밤 문화는 실종된 모양이다.

청대(淸代)의 여름 별궁이었다는 이화원에 들어가니 인공으로 조성하였다는 곤명호의 풍광이 수려하다. 호수 한 쪽으로 역시 인공으로 조성하였다는 만수산의 건물들이 특이한 모습을 자랑하고 있다. 호수 주위론 728m나 된다는 긴 회랑이 갖가지 그림을 지닌 채 엎드려 있다.

제2차 아편 전쟁 때 영·불 연합군이 북경을 공격할 때 이곳을 점령하면서 형편없이 파괴된 것을 서태후가 해군의 군함 건조비를 유용해서 재건했다고 한다. 그 때문에 군함이 줄어들어 청일전쟁의 대패 요인의 하나가 되었다 하니 지도층에 있는 한 사람의 허영이 나라를 어떤 경우까지 몰고 가는가를 새삼 느끼며, 후세의 지도자를 양성하는 교육자로서의 자세를 다잡아 점검케 된다.

중식(中食)을 하러 들어간 장춘원. 이 집에서는 금이 가거나 이가 빠진 그릇이 나왔다. 국영식당이어서 그럴까? 대륙인의 무감각 때문인가? 아니면 절약 정신이 투철하여서인가? 아무튼 별스런 인상을 가지고 천안문 광장으로 향한다.

지난해 수많은 젊은이들의 자유를 절규하였던 함성은 어디로 가고 지금은 관광객만이 그 자리를 메우고 있다. 여행증을 쥔 중국인, 한복을 입은 교포들, 서구인들이 제각기 사진을 찍노라 부산한 모습을 모택동이 천안문 벽에 걸린 채로 바라보고 있을 뿐이다.

천안문을 지나면 곧 자금성. 붉은 칠을 한 성벽의 누문을 통과하면 엄청난 규모의 전각이 막아선다. 옛날 사신들이 오면 건물 크기에 압도되었음 직하다. 대단한 건축물이라 찬탄하며 둘러보는데 망가진 포도석 사이로 잡초가 무성하다. 황제의 위엄도 전각의 위용도 세월의 늪 속에선 무상하단 말인가!

북경에서 가 보고 싶은 몇 곳엔 아쉬움을 남겨두고 연주로 가기 위해 북경 역으로 가니, 역 광장엔 굉장히 많은 사람들이 걷거나, 서서 기다리거나, 앉아 있는데, 더러는 아예 광장 바닥에 편히 누워서 쉬고 있다. 그런데 대합실은 반대로 조용하고 한적했다. 입구에서 역무원이 막고 있다. 자유 진영의 국가라면 야단이 날 텐데, 여기선 당연시 하는가보다.

개찰을 하고 차에 오르니 냉방 장치가 되지 않아 한증막이다. 복도는 나을까 싶어 나와 봤으나 마찬가지다. 옆 칸은 나으려나 싶어 들여다보니 3층 침대차로 많은 사람으로 차 있어 열기가 더 심하다. 9시 10분 기차가 서서히 움직이고 냉방기가 가동되는지 더위가 가셔진다. 승객의 편의보다는 기름을 아끼는데 힘을 쓰는 모양이다.

단조로운 바퀴 소리를 들으며 잠들었는데 얼마나 잤을까 눈을 뜨니 차는 여전히 달리고 있고 밖은 아직 어둠에 싸여 있다. 시계를 보니 6시. 날이 밝아야 할 시간인데 싶어 밖을 자세히 보니 비가 오고 있지 않은가! 걱정하는 한편으로 연주에 도착하면 개이길 기대해 보았으나 연주역에 내렸어도 비는 한결같이 내리고 있다.

초소 같은 출찰구를 빠져 나와 포장되지 않아 질척거리는 경사진 길을 내려오니 우측으로 포탄을 맞아 골조만 앙상한 것 같은 건물 기둥에 백화점이라 쓰여 있고 그 안에서 장사를 하는데 간판과 격이 맞지 않는 것 같다. 좌측으로 굽어 수십 미터를 더 가서 우측으로 다시 접어드는 길옆엔 우중충한 천막 밑으로 노천 식당이 즐비하고, 그 앞엔 길쭉한 나무판자로 된 의자와 같은 것 위에 세숫대 2~3개를, 옆엔 때에 절은 수건을 비치하고 지나는 사람들에게 웃음을 지으며 세수를 하고 가라는 시늉을 한다. 또 그 옆엔 자전거인력거군(?)이 손님을 물색하느라 눈을 굴린다. 이런 것이 서민들의 참 모습인가 보다 하며 차에 오르니 빗발은 더욱 거세어진다.

공자의 묘소를 찾아가는 시간 내내 비는 그칠 기미가 없다. 우장을 갖추고 버스에서 내려 孔廟를 찾아간다. 孔府를 거쳐 공자와 그 자손들이 묻힌 孔林을 돌아보니 역대의 천자들이 공자의 德을 기린 흔적이, 朝天吼란 괴물 조각, 同文門 뜰의 여러 황제들이 공자의 덕을 찬양한 커다란 비석 등등에서 역력하게 나타나 있다.

중국 오악의 하나인 태산에 공자는 올라가 "천하가 작다" 했다는데, 과연 어떤 산일까? 궁금증을 품고 산 어귀에 이르렀으나, 우리에겐 인연이 없는 탓일까 짙은 구름은 산의 자태를 보일 성 싶지 않아 발걸음을 돌린다. 시내를 빠져 나오기 직전 구름이 높아지는가 싶더니 급격히 벗겨지며, 정상 일부를 제외 하고는 모습이 드러난다. 비록 태산에 올라 공자의 심경을 엿보지도 못하고 전체 모습도 못 보았지만 그나마 다행으로 여기며 제남으로 떠난다.

佛寺가 많아 이름 붙여졌다는 千佛山에, 唯物論의 사회주의 국가 상태에서 절들이 어떤 상태로 남아 있을까 궁금해 하며 산에 오른다. 무궁화가 군데군데 피어 있는 길을 따라 걸음을 옮기노라니 興國寺란 편액이 香내 속에서 보인다. 가사 입은 스님은 향을 사르고 불상 앞에 복을 비는 모습은 체제를 초월하여 동일함을 느낀다.

부처님의 자비를 구하러 오는 사람들에게 보시를 원하는 것일까? 내려오는 길 옆엔 늙은 거지 둘이 구부려 손을 내민다. 사회주의 이론대로라면 이런 구걸자는 없어야 되는 게 아닐까?

▲ 황하의 물은 언제 맑을 것인가 생각하며

오후엔 물이라기보다 흙탕에 가까운 黃河를 보며 百年河淸의 뜻을 실감하고 李白과 杜甫가 시를 짓고 놀았다는 大明湖 正門에 당도하니 마침 星旗日[日曜日]이어서 사람이 많아 차가 들어갈 수 없어 옆문으로 들어갔다. 넓은 호수 위에는 유람선이 유유히 떠다니고, 연인인 듯한 쌍쌍들은 노를 젓고, 패달 밟고 있는 아버지, 어머니들, 모터보트로 속도감을 만끽하는 젊은이 ……. 온통 배와 사람으로 뒤덮여 있다. 곳곳에 정자가 있고 연꽃과 나무가 어우러져 옛날엔 시인 묵객들이 모였음직하다.

제남은 물의 도시임이 틀림없나 보다. 다음에 찾은 곳도 물, 趵突泉이라는 표지가 맞이한다. 정원과 건물을 보며 조금 들어가니 꽤 큰 샘에서 물이 솟아 아래로 흐른다. 이렇게 맑게 흐르는 물은 중국에 들어온 이후 처음 보는 것이라 손을 담그니 시원함이 무더위를 씻어 주는 듯하다. 이곳은 宋代의 여류시인 李清照가 살았고 그 뒤에도 개인의 정원으로 있었단다. 이곳에 산 사람들은 특별한 緣이 있었으리라 생각하며 나오는데 소나기가 쏟아지기 시작한다. 샘에서 소나기를 만나니 공교롭기도 하다. 빗발이 약간 약해진 틈을 이용하여 버스에 올라 李若禪記念館인 万竹園을 거쳐 가는 중에 비는 폭우로 변하여 내리붓는다. 삽시간에 길은 수로로 화하였다.

호텔에 돌아와 저녁 식사 시간을 기다리는 중에도 비는 한결같이 쏟아져 상해로 가는 일정에 문제가 생기지 않을까 걱정하며 자주 창밖으로 눈을 돌렸다. 다행히 6시가 넘자 날이 개고 비행기 운항이 정상이라는 연락이 와 안도했다.

7시 반, 항주로 향하는 버스에 몸을 실었다. 어제 저녁 공항에서 들어올 때는 밤이어서 몰랐는데, 이제 보니 큰 수로가 곳곳에 나 있어 각종의 배들이 다니고 있다. 교외 쪽으로 나오자 물고기 양식장과 오리 사육장이 많이 보인다. 간혹 이 지방 전통 가옥인 듯한, 경사가 급하게 땅 가까이 처마가 쳐진 초가집이 남아 있다. 들녘 군데군데 모양이 거의 비슷한 2층집들이 널려 있는데 북경과 산동 지방에서 보던 붉은 벽돌의 붉은 기와집은 거의 볼 수 없고 회백색 벽에 검은 색 기와를 올린 집이 주종을 이룬다. 토질과 기후에 따라 집 색깔마저 바뀌는 모양이다.

상해에서 멀어질수록 마을들도 드물어지고, 사방을 둘러보아도 산이라곤 찾아볼 길 없는 들판에 모를 심고 있는가 하면 벼가 한창 자라고, 바로 옆 논에는 베고 타작하고 한다. 말로만 듣던 다모작의 모습을 확인한다. 경지 정리는 잘 되어 있는데, 한 두락의 크기는 폭이 5~20m, 길이 50~150m 정도다. 그런데, 논들 사이에 높낮이를 느낄 수 없는데도 왜 그렇게 작게 만들었을까? 인력에 의존하는 농사법 때문일까? 아니면 사회주의의 토지개혁에서 찾아야 할까? 아무튼 이런 넓은 들이 부럽다. 우리에게 이런 들판이 있다면, 트랙터로 갈고 심고하여 값싼 농산물을 대량 생산할 수 있으니, 농산물 수입 개방으로 주름지는 농민의 얼굴을 보지 않아도 되련만……. 상상에 잠겨 있는데, 허름한 3층 건물 앞에 차를 세운다.

▲ 차창으로 보이는 한 들판에서 심고 크고 수확하는 것에서 부러움을 느끼며

용변을 보기 위해 3층 건물로 가 보니, 2층, 3층은 객실이고, 1층은 식당과 매점을 겸하는 듯 한 켠에 식탁이 있고 음료수와 주류가 있고 진열장에는 라면, 과자 등 몇 가지가 덩그러니 놓여 있다. 이곳은 招待所[여관]인데, 창문을 통해 보이는 객실엔 헌 돗자리 비슷한 것이 깔린 나무 침대 2개가 놓였고, 그 위쪽에 줄을 메어 모기장을 걷어 올려놓았다. 화장실은 공동인 모양인데, 문을 열면 좌측 벽으로 붙여 소변을 볼 수 있게 되어 있고 그 안쪽으로 대변을 볼 수 있는 타원형의 구멍 2개 나란히 뚫려 있다. 女厠所는 어떤가 싶어 가만히 보니 타원형의 구멍 2개만 있다.

버스는 다시 움직여 11시 반쯤 되니 산들이 나타나고, 길옆으로 차밭과 삼밭이 많이 보인다. 항주 13㎞라는 이정표를 뒤로 하자 왼쪽으로 제철소가 보이고 곧 항주다. 출발한 지 5시간. 180㎞를 달려 왔다. 항주 차로 갈아타고 호텔로 향했다. 상해 차는 이곳에서 영업을 할 수 없단다. 그래서 상해 차는 대기하고 있고 항주 버스로 움직인다고 하는데, 지부만 다를 뿐 결국 한 여행사인데, 이상하다는 생간이 든다. 한편으론 그 지역의 지리를 잘 아는 기사가 모는 차가 유리하겠다는 생각도 해 본다.

중식 후 西湖를 끼고 돌아 영은사로 향한다. 소나무가 늘어선 길을 지나니 붉은 바탕의 벽에 쓰인 '西天咫尺'이라는 글씨와 좌측 석벽의 크고 작은 마애불들이 佛域임을 말해 준다. 향을 팔려는 사람들을 헤치고 雲林禪寺란 현판이 붙은 문을 지나 佛像을 보니 우리나라의 불상들이 잔잔한 미소를 띤 相好인데, 이 불상은 위엄을 부린 엄숙한 얼굴이다. 뒤로 돌아가니 옷을 입힌 장대한 불상이 내려다보는 좌우로 각색의 모습을 한 불상들이 안치된 형태가 특이했다.

저녁을 먹은 후 거리로 나오니 낮에는 없던 노점상이 길 양쪽으로 진을 치고 있다. 물건들을 구경하며 거닐다가 이상하게 생긴 모자가 있기에, 얼마냐? 물으려 했으나, 안내인 없이 나온 길이라 말이 통하지 않아 "價格嗎?"라 써 보이니, "5元"이라 써 준다. '太貴'라 써 보이며 손을 저으니, 4元에 사라고 한다. 손짓 발짓과 筆談을 통한 기이한 흥정을 계속하여 2元씩에 샀다. 다른 몇 점포에서도 소품 몇 점을 샀는데 그때마다 우리 주위엔 흥정하는 모습이 재미있는 듯 구경꾼이 몰려 선다. 국영상점과 달리, 하나라도 더 팔려고 노력이 대단하다. 어떤 이는 물건을 보이며 자기 가게를 가리키기도 한다. 자본주의의 물결이 스며들고 있구나 생각하며 호텔 근처에 오니 청년들이 "체인지 머니"를 반복하며 접근한다. 다른 지역과는 달리 아주 적극적이고 공개적이다.

24일 아침에 찾아간 육화탑은 전당강을 내려다보며 지난날을 이야기한다.

옛날 오나라 때, 부부가 육화라는 아들과 함께 전당강 가에서 단란하게 살고 있었다. 그런데, 육화가 여섯 살 되던 해 어느 날 격랑에 아버지가 죽고, 몇 년 뒤엔 어머니마저 錢塘江이 앗아가 버렸다. 이런 변을 당한 六和는 전당강 언덕에서 부모를 돌려 달라고 애통하게 부르짖으며 자꾸 자꾸 돌을 던졌다. 그 돌이 용궁에까지 미쳐 창문이 부서지고 하여 용왕이 무슨 소란이냐며 물 위로 나와 보니, 한 아이가 부모를 돌려 달라 그렇지 않으면 모두 죽여 버리겠다고 울부짖으며 돌을 던지고 있지 않은가? 용왕은 六和를 달래어 자초지종을 듣고 일을 저지른 부하를 징계하여 용서를 빌고 다시는 주민들을 괴롭히는 일이 없도록 하겠다고 약속하였다. 그 후 매년 음력 8월 18일이면 용왕이 부하들이 잘못을 저지르지 않는가를 살피려 시찰 나오기 때문에 전당강에 격류가 일어난다고 한다.

이 용감한 육화를 기려 탑을 세웠다고 한다. 13층(안에서는 7층으로 되어 있다는데 수리 중이어서 들어가 보지는 못했다)의 8면으로 된 웅장한 탑은 전당강을 바라보며 오늘도 육화와 용왕의 약속을 지켜보고 있다.

전당강 치수에 고심한 흔적이리라. 범람이 얼마나 심하였기에 탑까지 세웠을까?

花港公園에서 배에 오르니, 西湖엔 여기 저기 유람선이 유유하고, 蘇堤·白堤는 소동파와 백낙천을 이야기하고 있는데 梅妻鶴子하며 살았다는 西湖主人 林逋는 안내인의 머릿속에도 없구나! 그 부인 그 아들은 또 어디로 갔는고?

오후엔 다시 상해로 발길을 돌린다. 날씨가 무척 더워서인지 맑지도 않은 수로 물에서 아이들이 물장구를 치고 있다. 중국의 일부라고는 하나 꽤 넓은 지역을 여행하면서 맑은 물이 흐르는 것을 별로 못 보았다. 토질 탓인지 기후의 영향인지?

더운 여름에 뜨거운 물만 마시다보니, 고향의 시원한 샘물이 더욱 그리워지며, 우리나라의 깨끗하고 맑은 물은 하늘이 내린 큰 복이니 아끼고 잘 보존해야겠다는 생각이 든다.

상해는 한때 미국, 영국, 독일, 불란서 등의 租借地가 있었던 도시라 길들이 복잡하고 비계획적인 도시가 되었다고 한다. 조차지로 사용될 당시엔 "중국인과 개는 들어갈 수 없다"는 말이 있었다는 길잡이의 설명을 들으며 결국 개 취급을 받은 것이 아닌가 하는 생각에 겹쳐 일본 제국주의의 희생을 강요받았던 우리 처지가 연상되어 同一한 아픔으로 전해온다. 일제 때 우리의 임시 정부가 있었다는 馬当路 406号, 들어가는 골목길은 초라한 채로 옛 모습을 지니고 있었으나, 지금은 개인 주택이 되어 비린 그 장소엔 자그마한 패찰이 옛 흔적의 전부였다. 뒤이어 찾아 간 홍구 공원에도 독립 운동의 자취는 찾아 볼 길 없어 허전하다. 동상 하나 아니, 비석 하나만이라도 있었으면…….

나라를 떠나 異國의 風物을 접하면서, 우리는 바른 눈을 크게 떠야겠음을 새삼 깨닫는다. 反目과 嫉視의 마음을 버리고 합심 단결하여 우리 것을 찾고 키워서 동해의 푸른 민족이 되어야 한다. 아니, 세계의 등불이 되어야 한다.

비행기에서 내려다 본 조국 강산이 정겹다.

(1990. 7)

분단의 현장에서

임진각으로 향하는 통일로 가에는 철조망이 먼저 맞이하고 있다. 왼쪽으로 조금 떨어진 곳에는 고층빌딩이 철조망과는 대비적으로 즐비하다. 가까운 거리에 우리를 위협하는 집단을 두고 우리의 발전을 추구하는 현실을 극명하게 보여주는 모습이었다. 분단을 실감시키는 철조망을 지척에 두고 서 있는 고층의 건물은, 하나의 민족이라는 말에 너무나 빠져 흉포한 짓을 서슴지 않는 존재가 있다는 것을 잊어버리고 사는 우리의 표상은 아닌지 하는 의구심이 든다.

아직 어둠이 걷지 않은 이른 새벽부터 부산을 떨며 준비하여 집합 장소에 모여 버스에 몸을 싣고 밝아오는 날을 따라 고속도로를 달린다. 그러나 영동고속도로에 들어서서 얼마를 달리는 중에도 구름인가 안개인가 주위는 잔뜩 어둡고 해는 보이지 않아서 오늘의 여정이 순조롭지 못할 것 같아 슬며시 걱정이 되어 차창 밖에 눈을 주고 있는데 8시 40분이 지나자 해가 나타나 걱정을 접게 되었다.

임진각 주차장에 예상보다 빠른 시각에 도착하였다. 전망대로 사용되고 있는 건물 옥상에 올라 설치되어 있는 망원경을 통하여 살펴본다. 다른 곳에서는 500원 주화를 넣도록 되어 있는데 이곳은 무료로 사용할 수 있도록 되어 있었다. 통일교육을 위한 배려라 느끼며 살펴보는 임진강 건너에는 사람의 움직임이 눈에 띄지 않는다.

전망대 근처에는 평화랜드라는 놀이시설이 손님이 없어 썰렁한 채로 서 있다. 분단의 아픔을 실감하는 임진각에서 놀이시설에 평화를 넣은 것은 평화에 대한 애절한 바램인가, 아니면 어떤 무엇이던가? 바라보는 이들의 심정을 복잡하게 한다.

임진각에는 북쪽을 향해 향로가 있고 그 뒤에 상석이 가로 놓이고 상석 뒤에는 망배단이라는 비가 있고 그 뒤로 7폭의 석제(石製) 병풍이 둘러져 고향을 가지 못하는 실향민들의 제사처가 되고 있다. 분단의 아픔과 통일의 염원이 곳곳에 남아 있고 조금 떨어진 곳에 통일대종이 웅장한 자태로 자리하고 있다. 하루 속히 통일이 되었음을 알리는 종소리가 삼천리 방방곡곡으로 울려 퍼졌으면 하고 염원해 본다.

▲ 망배단 앞에서

점심이 끝나고 버스는 다시 움직여 통일의 관문을 통과하여 점점 접적 지역으로 향하고 있다. 차창 너머로 얼어 있는 임진강이 얼어붙은 남북의 마음인양 흰 배를 드러내고 있다. 곧 출입국 사무소가 보이고 차는 오른쪽으로 방향을 바꾸어 도라산 전망대로 향하는데 길옆에는 해골이 그려진 역삼각형의 모양에 지뢰라 쓰인 패찰이 일정한 간격으로 철조망에 달려 있어 섬뜩한 기분이 든다.

이 도라산은 참 얄궂은 운명을 지닌 곳인가 보다. 옛날 신라 마지막 왕인 경순왕이 천년 사직을 왕건에게 넘기고 송도에 와서 살면서 종종 이곳에 와 신라의 수도인 경주 쪽을 바라보곤 하였다고 한다. 그래서 도읍인 신라의 경주를 바라보았다는 뜻으로 도읍의 도와 신라의 라를 따서 도라산이라 이름하였다는 애틋한 전설이 깃든 곳이다. 이 도라산에서 지금은 북쪽을 향해 가지 못하는 산하를 바라보며 한숨짓는다. 이곳에서 북에서 내려온 얼마나 많은 실향민들이 고향을 그리며 눈물을 흘렸을 것인가!

전망대에서 바라보는 북녘 땅은 손에 잡힐 듯한데 오늘은 사진도 마구 찍지 못하게 막는 살벌한 현장이 되어 있다. 멀리 개성이 보이고 왼쪽으로는 남북을 왕래하는 길이 있는데 오늘은 차가 보이지 않는다. 안내하는 군인의 설명으로 오른쪽으로는 판문점이 있다고 하는데 잘 보이지는 않았다. 전망대에서 바라본 남북을 가르는 휴전선과 남북한의 한계선을 따라 처진 철조망이 보는 이는 마음을 답답하게 한다.

흔히 판문점이라 불리는 공동경비구역으로 들어가는 길은 녹녹하지 않았다. 공동경비구역 입구의 주차장에 도착한 버스는 한참을 기다리며 수속을 밟고서야 들어가는 것이 가능하였다. 주차장에 도착한 버스에 사병 한명이 올라와 서약서를 받고 신분증을 검사하며 신발까지 점검을 하였다. 그리곤 기다리라 하고는 내려간다. 그렇게 반시간이나 기다렸을까 버스는 'JSA안보견학관'으로 이동하여 슬라이드를 통한 교육이 실시되었다. JSA부대 창설과 판문점 관할이 국군으로 이관에 대한 설명도 있었고, 판문점이 위치한 지형적 설명과 우리와 북한군의 초소와 서로가 관리하는 지역의 설명을 하였다. 초소가 아주 근접하고 있는 것을 보며 긴장이 되었다. 그곳에서 일어났던 도끼만행사건을 이야기하고 판문점에 들어갔을 때 주의사항 등을 설명하는 안내자의 목소리가 비장하게 느껴졌다.

교육을 마친 우리는 부대에서 제공한 버스에 올라 사진 촬영금지, 휴대폰 끄기, 북한군 쪽에 대고 손짓 하지 말기 등의 주의사항을 다시 당부 받으며 대전차 방호벽을 지나 이동한다. 곧 남방한계선을 넘으니 길옆으로 추수를 하고 난 뒤의 논이 분단된 나라의 긴장을 모르는 듯 평화롭게 펼쳐져 있다. 대성동 주민들이 경작하는 논이라는 설명을 들으며 가는 왼쪽으로 높이 걸린 태극기가 펄럭이는 모습이 눈에 들어온다. 대성동 마을에 걸린 태극기란 설명이다. 대성동 마을에서 이곳의 농토를 경작하여 가구당 연간 육천만원에서 일억 원의 수입을 올린다고 하니 수입이 좋다는 것을 알 수 있었다. 이렇게 수익이 높다고 아무나 들어와 살 수 있는 것은 아니란다. 남자는 타지에서 이곳으로 전입이 되지 않고 여자는 이곳의 남자와 결혼을 하면 전입이 가능하다고 한다. 그리고 이곳에서 연간 8개월 이상 거주하고 있어야 계속 거주권한이 주어진다고 한다. 다만 학생들은 8개월 규정에서 자유롭다고 하는데 이곳에는 초등학교까지 밖에 없어서 중학교 이상은 다른 지역에 유학을 하여야 하기 때문에 예외로 한다는 것이다. 이곳 초등학교 졸업식은 특별히 성대하다고 안내인은 말한다. 경기도 지역의 많은 사람과 군에서 관심을 갖고 지원을 해주는 관계로 졸업생 일인당 여러 개의 상과 장학금을 받는다고 한다. 이곳 초등학교를 졸업하면 경기도내 자신이 희망하는 지역의 중학교에 입학할 수 있다고 한다.

최전방의 남북한 초소는 25m밖에 떨어지지 않은 곳도 있으며 판문점에서 개성공단까지 거리가 3㎞라 한다. 설명을 듣다보니 이내 판문각 주차장에 도착한다. 차에서 내려 2열로 계단을 올라가 건물 현관을 지나니 사진이나 텔레비전을 통해 자주 접하던 정전위 회의실 건물과 건너편 언덕으로 북한의 판문점 건물이 눈앞에 나타난다. 장방형의 건물 세 채가 나란히 서 있고 건물 사이의 중간에 약간 도드라지게 남북을 가르는 표시가 되어 있는, 현재와 같은 체제로 갈라진 나라가 아니라면 그냥 조그만 경계석에 지나지 않는 것인데 보이지 않는 장벽으로 갈라놓은 사이로 군인들이 부동자세로 서로 감시하고 있는 모습이 펼쳐져 있다.

길을 건너 정전위 회의실로 들어서니 별로 넓지도 않은 장방형의 실내 가운데에 탁자를 두고 좌우에 의자를 배치하여 마주 앉도록 되어있다. 가운데 선이 휴전

▲ 판문각에서 분단을 한탄하며

선에 해당한다고 한다. 회의실 실내에 한정하여 휴전선을 넘어도 괜찮다고 한다. 창문으로 보이는 남북의 경계를 내다보며 북쪽에 해당하는 지역으로 가 보았다. 우리의 유구한 역사에서 이곳은 그냥 자유로 왕래하던 곳인데 산이 높아 넘지 못하는 것도 아니고 물이 깊어 건너지 못하는 것도 아니면서 어쩌다 이렇게 제한된 실내를 통해서만 넘을 수 있는 곳이 되었더란 말인가? 빨리 자유로운 왕래가 가능한 날이 와야 하겠다는 생각을 한다.

회의실을 나와 남쪽의 판문각 건물 봉당에서 북쪽의 건물을 보니 인민군 한명이 북의 건물 앞에서 쌍안경을 통해 우리들을 살피며 서 있다. 북한 쪽에서도 견학을 하는 경우가 있는데 우리와 달리 많은 돈을 내야 하기 때문에 그렇게 많은 인원은 오지 않는다고 한다. 이곳에서 건물들을 다시 둘러보니 남북이 관리하는 건물이 색깔을 달리한 채 섞여 있어 묘한 느낌을 주었다. 남쪽은 청색이고 북측은 회색 건물인데 한 선을 기준으로 이쪽저쪽이 아닌 서로 섞여 있는 것이 한 동네인 듯한데 사실은 엄청난 긴장감으로 나날을 보내는 곳이라니 참 어이없다는 생각이 들었다.

도끼만행 사건이 있었던 곳으로 가기 위해 버스에 오르니 좀 전에 들어갔던 정전위 회의실 건물 앞을 지나 천천히 움직여 제3초소는 그냥 지나고 미루나무가 있었던 곳의 표지가 있는 옆에 선다. 버스에서 내려 구경하는 것이 아니고 자리에서 일어나 버스 내에서 보라고 한다. 지금은 표지만 남아 있는 이곳이 북한군이 도발했던 곳이라 한다. 문득 옛날 신문과 방송에서 떠들썩했던 사건이 머리를 스친다. 그에 이어 최근에 있었던 북한의 도발 모습이 떠오른다. 연평도 포격으로 우리의 양민과 군인들이 희생되고 재산의 손실을 많이 보았고 그 앞서는 천안함을 폭발시켜 장병 40여 명이 산화하였다. 우리는 늘상 이렇게 당하고만 있어야 하는가 하는 답답함이 가슴을 먹먹하게 한다.

3초소를 지나 4초소 앞에서 차를 멈추는데 차창으로 돌아오지 않는 다리를 설명하며 보라고 한다. 돌아오지 않는 다리를 우리는 버스에서 내리지도 못하고 차창으로 볼 수밖에 없는 현실이 안타깝다. 안전을 위해 어쩔 수 없는 처지라 하지만…….

제4초소와 조금 떨어진 곳에 북한군 제7초소가 있는데 이곳은 공동경비구역 밖이어서 중화기로 무장을 하고 공동경비구역 안에 있는 우리의 제4초소를 위협하는 까닭으로 안전을 위해 첨단 장비로 감시를 하고 인원은 상주하지 않는다고 한다. 차창으로 보이는 돌아오지 않는 다리로 많은 사람이 걸으며 역사를 이야기 하는 장면을 그려보는데 다리 위 하늘에 새 한 마리가 유유히 날고 있다.

돌아오는 길에 보이는 기정동 선전마을 위로 보이는 인공기와 대성동 마을의 태극기가 서로 대결이나 하듯이 펄럭이고 있다. 안내인은 인공기는 15×30m 크기로 무게가 275kg이나 되고 깃대의 높이가 160m나 된다고 하니 북측의 체제 선전에 얼마나 애쓰고 있나를 짐작할 수 있었다. 대성동의 태극기는 100m 높이의 깃대에 12×18m 크기에 무게는 15kg으로 깃발을 바꾸는데 150만원이라는 많은 돈이 소요된다고 하니 북한은 크기도 더 크고 더 높이 달려있어 닳기도 더 빨리 닳을 텐데 주민들의 삶이 어려운데 깃발 교체에도 돈을 들여야 하니 참 안타깝다. 빨리 통일이 되어 이런 소모적인 경쟁은 없어졌으면 하는 바람을 되뇌어 본다.

한 시간여의 판문점에서 분단의 아픔을 가슴에 담고 우리는 제3땅굴로 향한다. 땅굴 입구에서 간단한 브리핑을 받고 땅굴로 들어간다. 잘 닦여진 경사로를 따라 한참을 내려가니 북측이 판 땅굴이 나타난다. 그냥 대충 본다면 우리들이 파고서 북측이 팠다고 우긴다고 생각할 수도 있겠다고 여기며 자세히 보니 착암공의 흔적이 저쪽에서 뚫어온 것임을 알려주고 있다. 모두 암반으로 되어 있는 것을 기계도 아닌 수작업으로 그렇게 뚫어 왔다니 그들의 침략 야욕이 얼마나 강인한지 알 것 같다. 얼마 전 인터넷에 북한이 땅굴을 파서 수원까지 왔다는 주장을 하는 사람이 있다는 기사를 본 일이 있는데 정말로 더 이상의 땅굴은 없는지 있는데도 발견하지 못하고 있지는 않는지 걱정스럽다.

그들은 참 땅굴을 잘도 파는가 보다. 연평도 포격 사건 때 북한의 포에 대한 기사를 보니 굴을 파고 포를 숨겨두고 있다고 하고 이런 땅굴을 판 것을 보니 말이다.

도라산역에 들러 역장의 설명을 들으며 통일의 당위성을 다시금 생각하게 된다.

통일이 되고 철로가 연결되면 부산에서 북한지역을 지나 시베리아 횡단 철도를 통해 유럽까지 일주일이면 갈 수 있다고 하니 우리의 수출품이 기차를 통해 유럽으로 가게 되면 선박을 통해 25일에서 28일이나 걸려 가는 것보다 시간과 운임에서 엄청난 이득을 볼 수 있고, 유럽의 관광객을 우리나라에 유치할 수 있어 관광산업의 발달을 가져올 수 있다고 한다. 또 중국과 동남아 중앙아시아 등을 철도를 이용하여 움직이면 물류에 원활을 기할 수 있다는 설명을 들으며 통일의 필요성을 구체화하게 된다.

차는 다시 임진각을 거쳐 강화도로 가고 있다. 가는 길옆으로는 여전히 강둑의 철조망이 따라오고 있었다. 강화도로 들어서 숙소 쪽으로 가는데 붉은 해가 핏빛으로 빛나며 서해로 떨어지는 것이 분단된 이 강토를 한(恨)하는 것 같다.

서해유스호스텔에 도착하여 회의실로 들어가 오늘 본 것을 연상하며 “내 딸을 100원에 팔다”란 VTR를 시청하였다. 굶주림에 허덕이는 북한의 처참한 실상이 적나라하게 화면에서 나와 가슴에 박혔다. 이렇게 죽어가는 사람이 많은데 지도층에서는 과연 무슨 생각을 하고 있는지? 정치는 예로부터 백성을 등 따시고 배부르게 하는 것이 기본인데 그것을 잘못한다면 정치 지도자라 할 수 없는 것 아닌가?

이어진 김기철 박사의 강연에서 우리는 앞으로 우리가 한반도의 통일과 안보를 위해 해야 할 일을 새삼 되새기며 후세들의 바른 국가관 정립을 위해 무엇을 해야 할 것인가 생각하게 되었다.

이튿날 창문으로 보이는 바다가 싱그럽다. 광성보를 향하여 가는 길에 안개가 자욱해지고 있어 걱정을 하게 하더니 20여 분 뒤에는 다시 해가 나와 주위를 밝게 한다.

안해루 누각이 우뚝하니 성벽 위에서 우리를 맞이하고 있다. 안해루 옆에 있는 광성보에 다다라 대포가 전시된 곳으로 갔다. 우리가 쓰고 있는 무대뽀란 말이 이곳에 전시된 이런 대포에서 유래되었다고 길잡이가 설명한다. 대포알이 금속덩어리로 되어 있어서 터지지 않고 포의 정확성도 어디로 갈지도 잘 모르는 대포라 한다. 그래서 무조건 밀어붙이거나 밀고 나가는 것을 뜻하는 무대뽀란 말이 여기서 나왔다고 한다. 사실 여부는 그만두고 이런 형편없는 무기를 가지고 적들을 상대하였다니 참 안타깝다는 생각이 든다.

이런 병기를 가지고 발달한 무기를 가지고 침입해 들어오는 외적을 상대하였으니 우리가 피해를 많이 당할 수밖에 없음은 당연한 것이리라. 안해루 왼쪽으로 길을 잡아 조금 오르니 쌍충비각이 나타난다. 우리의 역사에서 외국의 침략이 많은데 이곳에 와서 보면 슬픈 역사의 편린이 가슴에 와 박힌다. 이 광성보는 고려 왕조가 몽골의 침략 때 강화도로 피난을 와서 적들과 대항하기 위해 강화해협을 따라 길게 쌓았는데 조선시대에 몇 번에 걸쳐 보수하고 다시 축성하였다고 한다. 1871년 신미년에 미국 극동함대가 초지진, 덕진진을 점령하고 이곳 광성보로 쳐들어 왔다고 한다. 최신 대포와 총을 가지고 밀고 오는 적들을 조선군은 열세한 무기로 분전하다고 포로가 되는 것을 거부하고 전원이 순국하였다고 한다. 이 때 파괴된 문루와 돈대를 1976년에 복원하고 당시 전사한 어제연 장군과 그의 동생 어제순의 전적비를 세우고 무명용사 무덤을 정비하여 충절을 기렸다. 쌍충비각에는 열세인 가운데도 나라를 위해 통절히 목숨 바쳐 싸운 어제연 어제순 형제의 충의가 뜨겁고, 칠성의 모습을 한 무명용사 무덤에서 우리는 나라를 위해서는 목숨도 아깝게 여기지 않는 애국심을 본다.

신미양요 때 미국 동아시아 함대를 이끌고 온 딜톤 대위가 강화해협에서 "이 나라는 참 아름답소. 푸른 산과 푸른 계곡이 굽어지고 온갖 곡식이 풍요롭게 자라고 있소. 작은 초가집을 이 상록수 숲 속에 아늑하게 자리 잡아 짓고 당신을 불러다가 그 집에서 살고 싶은 마을 금할 수 없구려."라고 자신의 아내에게 보낸 편지 구절처럼 아름다운 강화 해협의 기슭에 우리의 선열 350여명의 혼령이 떠돌고 있으니 애통하다.

쌍충비각에서 미리 미리 준비하지 못하여 열악한 무기를 갖고 오로지 애국심만으로 적을 맞아 산화한 충혼들을 애통해 하며 가다보니 용두돈대에 이른다. 용두돈대 앞 손돌목에는 얼음이 빠른 속도로 흘러가고 있다. 얼음이 없을 때는 물이 이렇게 빨리 흘러도 속도를 눈으로 확인하기 어려운데 오늘은 유빙이 빠른 물의 흐름을 보여 준다. 이곳을 손돌목이라 한 것은 조선 조 인조 때 손돌이란 사공의 이름에서 유래하였다고 길잡이는 말한다.

인조 5년, 후금이 쳐들어 와서 인조가 한양을 버리고 강화도로 피난을 하게 되었다. 이때 임금이 탄 배를 손돌이라는 사공이 몰았단다. 그런데 이곳을 지나는데 급한 물살에 배가 뒤집힐 것 같아 임금을 불안해하였다. 그런데도 손돌은 태연하게 노를 저어 점점 더 험한 물살의 가운데로 배를 몰아갔다. 인조는 속으로 '이놈이 나를 죽이기 위해 배를 이곳으로 모는 것은 아닐까'하는 생각을 하고 손돌을 죽이라고 호위 군사에게 명령하였다.

그래서 손돌은 죽게 되었는데 죽기 전에 바가지 하나는 띄우며 자기가 띄우는 바가지가 흘러가는 곳으로 배를 몰고 가면 안전하게 강화도에 도착할 것이라 하였다.

손돌이 죽고 나서 다른 사공에게 배를 몰게 하였는데, 배가 도무지 나아가지 않았다. 할 수 없이 손돌이 시킨 대로 바가지를 따라가도록 하였더니 강화도에 무사히 도착할 수 있게 되었다. 강화도에 도착한 인조는 손돌을 의심한 자신의 경솔한 판단을 뉘우치고 손돌을 후히 장사지내 주었다고 한다. 물살 너머 건너다보이는 덕포진에 손돌의 무덤이 있다고 길잡이가 가리킨다. 이런 연유로 사람들은 이 물길을 손돌의 목을 벤 곳이라 하여 '손돌목'이라 부르고 손돌이 죽은 음력 상달 20일에는 큰바람이 분다고 하는데 이 바람을 '손돌의 한숨', '손돌바람', '손돌추위'라 부른다고 한다.

강화 평화전망대에 오르니 아래쪽 강 쪽으로 철조망이 국경 아닌 국경임을 나타내는데 해무(海霧)로 인하여 강 건너 북녘 땅은 안개에 숨어서 자취를 보이지 않는다. 마치 하루 앞을 내다볼 수 없는 남북관계를 상징하는 것 같다. 아쉬운 마음을 뒤로하고 박물관에서 강화의 비운의 역사를 살펴본다.

역사박물관에서 우리 역사의 축소판을 보는 듯한 슬픈 역사의 땅 강화를 보면서 나라가 강해야만 백성들의 삶이 편안할 수 있음을 새삼 느끼게 된다. 군사적으로 강하고 경제적으로 풍족하고 거기다가 정신적인 투지와 단결력이 우리를 안전하게 지켜주는 버팀목이 될 것이리라.

최근 이집트나 리비아 소요사태에 우리 교민들을 철수시키는 일이 언론에 보도된 것이 생각나면서 만약 우리의 국력이 60-70년대의 상황이었다면 어떠했을까? 그런 국력으로 인도주의를 주장하고 평화를 애걸하며 교민들을 지키기 위해 애쓴다고 교민들의 안전이 확보될 수 있었을까?

평화는 구걸로 이루어지는 것이 아님을 새삼 느끼며 우리와 우리 후손의 안전을 위해 더욱 안보를 튼튼히 하고 나라의 힘을 기르는데 모두가 힘을 모아야겠다는 생각이 든다.

(2011. 2)

겨울철의 여름 여행

앙코르 제국 속으로

결혼한 지 30년을 넘어서야 처음으로 부부동반 해외여행을 가게 되었다. 일행들과 모이기로 한 시간을 맞추기 위해 4시에 일어나 부산을 떨었다. 아직 어둠이 걷히지 않은 6시, 상주를 출발하여 김해공항으로 향하였다. 8시까지 공항에 도착하여야 한다고 하여 중간에 쉬지도 않고 곧장 달렸다. 양산을 지나자 날이 밝아왔다. 공항에는 약속 시간을 5분 남기고 도착하였다.

수속을 마치고 9시 45분 베트남항공 비행기에 올랐다. 출발을 하기 전에 탑승자 유의사항과 각종 점검이 끝나고 10시 17분 비행기는 출발을 위해 활주로로 움직이기 시작한다. 10시 32분 예정시간보다 약 반시간 늦게 굉음을 내며 대지를 박차고 올랐다. 비행기는 방향을 잡기 위해 선회를 하면서 한쪽으로 기울어진다. 그러자 창가에 앉았던 내자가 몸을 넘어지는 반대로 하며 '어어'한다. 그것을 보고 나는 속에서 미안함이 뭉클거렸다. 결혼하고 30년을 넘어 살면서 처음 비행기를 타는 아내가 하는 모습이 우스우면서 안쓰럽고 미안하였다. 비행기는 곧 수평을 유지하고 창으로는 김해의 들이 보이고 곧 남해의 모습이 멋스럽게 내려다보인다. 내자는 창으로 비치는 풍경에 연신 감탄사를 연발한다. 곧 구름만이 보이고 단조로이 구름 위를 날고 있다.

그러던 중 전날 저녁 준비하고 아침에 일찍 일어나느라 잠이 부족한 탓이었을까 까무룩이 잠이 들었다. 얼마나 지났을까 기내 방송을 하는 소리에 눈을 뜨니 창밖으로 호치민 인근의 파란 들판과 메콩 강 황톳물이 굽이굽이 흐르고 작은 산들이 올록볼록 솟아 있는 것이 눈에 들어온다. 15시 30분(현지 시간 13시 30분) 비행기는 다시 땅으로 내려와서 계류장으로 이동한다. 비행기에서 내리니 기온이 이국에 온 것을 먼저 알렸다. 한겨울의 추위에 오리털 잠바를 입고 아침에 나왔는데 이곳은 한 여름이다. 물론 이 지역은 그래도 시원한 철이라고 하기는 하는 데도 말이다. 호치민 공항은 환승 공항인 관계로 공항 내에서 대기를 하였다. 씨엠립으로 가는 항공편이 5시 반에 있어서 기다리는 동안 공항 이곳저곳을 구경하고 식품점에 들어가 지역의 특산 음식을 맛보기도 하면서 앙코르에 대한 기대를 부풀렸다.

15시 35분 씨엠립행 캄보디아항공 비행기에 올랐다. 15시 55분 호치민 공항을 떠난다. 2시간 후 비행기가 고도를 낮추자 내려다보이는 곳은 홍수가 나서 범람 뒤의 모습 같은 땅들이 보여서 건기라는데 갑자기 비가 왔는가 하고 의아해 하는 동안 비행기는 착륙 준비를 한다. 16시 40분 씨엠립 공항에 도착하여 트랩을 타고 내렸다. 나무며 건물들이 남쪽 나라를 잘 나타내고 있다. 우리가 평소 보지 못하던 수목들이 널려 있고, 지붕이 경사가 급하고 뾰족한 형태의 공항 건물이 이국인을 맞이하고 있었다. 지방 공항이어서인지 청사 건물이 작았다. 공항에 내리자 곧 공항과 청사를 배경으로 사진을 찍고 있는데, 공항 관리인인 듯한 제복을 입은 젊은 사람이 무어라 무어라 한다. 눈치로 빨리 나가라는 듯 하여 고개를 주억거리며 풍경과 인물을 사진에 담았다. 공항의 업무를 수작업으로 하고 있어서 시간이 많이 지체되었다. 화물로 보낸 짐을 찾고 버스에 오르니 17시 15분이다.

▲ 씨엠립 공항에 내려

우리가 탄 버스는 현대자동차에서 만든 것인데 한국에서 운행하던 것을 수입하여 활용하고 있다고 한다. 현지 길잡이는 이곳에서 고무농장을 하고 있는 교민이었다. 이곳에는 교민이 200명 정도 산다고 하며 이곳 공항은 최근에 군사 공항을 새로 정비하여 민간 항공에서 사용한다고 한다. 앙코르를 찾는 관광객이 많아서 그 수요를 감당하고 그것을 통해 관광수입을 올리기 위해서라 한다. 우리가 수속을 하고 짐을 찾고 하는 중에도 비행기는 계속 들어오고 있었다. 그런 중에 우리말 소리가 많이 들린다.

숙소로 향하는 버스에서 길잡이는 캄보디아에 대해 설명을 한다. 캄보디아는 호수처럼 생긴 나라라 한다. 바다를 면한 곳을 제외하고 나라 주위에 높은 산으로 둘러싸여 있고 메콩 강이 세로로 질러 흘러가고 있으며 하나의 큰 분지 형태여서 흡사 호수와 같은 형태라고 길잡이는 말한다. 이 나라는 크메르 족이 한 때 앙코르 제국을 건설하여 영화를 누리던 곳이었으나 지금은 생필품을 수입하여 생활해야 하는 관계로 물가가 비싸고 전기가 몹시 부족하여 밤 문화가 없는 가난한 나라로서 이 앙코르 지역은 이 나라 수입의 많은 부분을 차지하는 관광의 도시가 되어 많은 외국인들이 오고 있단다.

숙소인 엠프레스 호텔에 도착하니 17시 25분. 방이 배정(115호)되어 짐을 풀고 땀에 전 몸을 씻었다. 이곳에서 짐을 옮겨 주는 벨맨에게 봉사료는 1달러였다. 라운지에서 방으로 들어가는 곳의 한쪽에 부처의 상이 모셔져 있어 이국에 온 것을 실감나게 한다.

18시 7분 식당으로 출발하기 위해 버스에 오른다. 식사를 하러 가기 위해 버스를 타기에 식당까지 먼 거리인 줄 알았더니 금방 도착한다. 평양냉면관! 말로만 많이 듣던 북한 식당이다. 북한에서 외화벌이를 위해 운영하고 있는 식당이라고 한다. 이 캄보디아는 지금은 한국 사람들이 많이 진출하여 있고 관광도 많이 오지만, 김일성이 생존할 당시 북한과 국교를 열어서 교류를 하였던 나라라 심정적으로 북한과 더 가까운 사이라고 한다. 식당 안에는 한국인들로 가득 찼다. 음식은 김국, 김칫국, 생선, 잡채, 돼지고기, 고등어, 달걀, 콩, 고추, 오이무침, 망고채무침 찰떡 등이 나오고 밥은 큰 그릇에 한 그릇이 나와 각자 덜어서 먹도록 하였다. 식사 끝부분에 냉면이 맛 뵈기로 조금 나오는데 그 맛이 이전까지 입에 길들여져 있는 것과는 다르게 좀 밋밋했다.

음식은 전체적으로 썩 맛있다는 느낌은 아니었으나 처음으로 북한식 음식을 먹어본다는 설렘으로 수저를 놀린다. 반주로 백두산들쭉술을 한 병 신청했다. 40도의 독한 술이었다. 평소 술을 먹지 않지만 특별한 경우라 맛을 보았다. 술맛은 입에 맞았다.

식사 후반에 식사 도우미를 하던 20세 전후의 아가씨들이 무대에 올라 동포여러분이라는 노래를 필두로 공연에 들어갔다. 춤과 노래로 흥을 돋우는데 우리가 텔레비전에서 접하는 우리의 젊은이 모습과는 너무 달랐다. 우리 젊은이들은 기성세대들이 잘 이해하기 힘들 춤이며 노래 등 자유분방한 모습인데 이들이 펼치는 공연은 절도 있고 정형적인 아름다움이다. 통일의 노래와 고향의 봄 노래를 들으며 우리 민족이 극복하고 넘어가야 할 '다름'임을 새삼 절감한다. 이들은 외화를 벌어들이기 위해 파견되었는데 자주 얼굴이 바뀐다고 한다. 사상적으로 무장이 된 사람 중에 선발이 되어 오기는 하지만 너무 오래 있다 보면 다른 생각을 할 수 있기 때문에 자주 교체를 한다는 것이다. 어쨌든 너무 젊은 사람들이, 아니 젊다기 보다 어린 사람들이 이국에 와서 애쓰는 모습이 안쓰럽다. 우리도 70년대 80년대를 살아오면서 아라비아 사막의 열사의 건설 현장에서, 독일의 탄광 굴속에서, 이국의 병원에서 땀을 흘리며 나라를 위해 애쓰던 모습이 겹쳐온다.

다음날 늘 일어나던 습관 때문에 시간이 두 시간이나 늦은 시차에도 아랑곳 않고 평소대로 눈이 떠졌으나 너무 이른 시간이어서 다시 잠을 청한다. 뒤척이다 5시 20분에 일어나 씻고 밖으로 나오니 텁텁한 날씨다.(사실은 이곳은 시원한 날씨라고 하는데 겨울에서 갑자기 날아온 몸이 적응이 안 되어서 그럴 것이다.) 6시 10분에 아침 식사를 위해 식당에 들어갔다. 아직 일행들은 보이지 않는다.

7시 40분 버스에 오르니 길잡이가 이곳의 말을 소개한다. '안녕하세요.'는 '섭섭하이'라 하고, '감사합니다.'는 '섭궁지란'이라 한다나. 귀로 들으며 내다보는 차창에는 오토바이가 무척 많이 달린다. 길옆에는 전주가 서 있는데 우리와는 모양이 생판 다르다. 원형만 보아왔는데 여기 전주는 4각으로 되어 있다. 굵기도 우리 것의 반도 안 되어 보인다. 어떤 것은 사각의 시멘트 전주 위에 나무를 묶어 높이를 높인 것도 보인다.

비교적 좋은 길을 버스가 달린다. 한국에서 건설해준 길이란다. 이곳 씨엠립에는 한국기술진이 만들어준 길이 꽤 있다고 하는데 그 중의 하나라고 한다. 이 나라는 1958년과 1959년에 우리나라에 식량 원조를 해준 나라다. 우리가 전쟁 후 굶주림에 빠져 있을 때 우리를 도와준 고마운 나라인데 그 보답을 하고 있는 것 같아 기분이 좋았다. 길옆에는 리어카를 오토바이에 연결한 탈 것이 서 있기도 하고 한 두 사람씩 타고 지나가기도 한다. 이곳에서 그 탈 것을 툭툭이라 한단다. 아마 인력거를 이곳 실정에 맞게 개량한 것으로 짐작된다. 이곳에는 오토바이가 많이 있지만 면허증이 없이 그냥 타며 사고가 나도 보상 문제가 쉽지 않아서 서로 알아서 피해 다녀야 한단다.

7시 54분 앙코르 유적지 매표소에 도착을 하여 표를 사는데 좀 특이하게도 표에 사진을 찍어서 목걸이 형태로 만들어 준다. 위조를 막기 위해서 그렇게 한단다. 그렇게 하지 않아도 될 날이 이 나라에 빨리 왔으면 하는 생각에 겹쳐 간혹 우리나라 신문지상에 나오는 부정 문제가 떠오른다. 사람 사는 세상에는 이권과 관련하여 문제가 되는 경우가 없어질 수 없는 것인가? 이 입장권은 하루 종일 사용할 수 있다고 하고 목걸이는 나중에 반납을 하여야 하였다. 표를 사고 다시 버스로 이동을 하였다. 우리나라에서는 동물원에 가야 볼 원숭이가 길에, 길가 나무에 한가롭게 노닐고 있다.

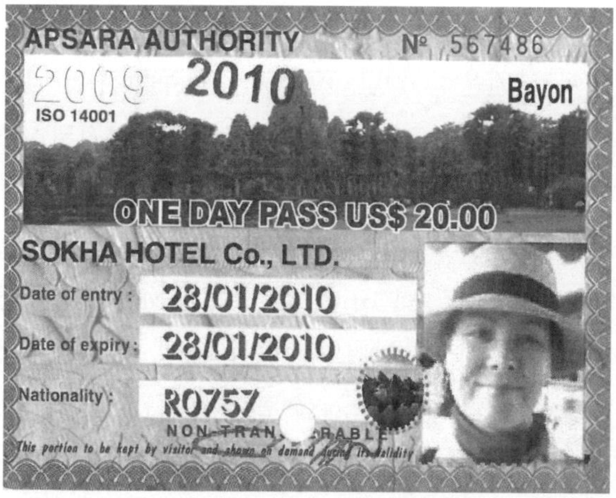

▲ 앙코르와트 입장권

앙코르와트 사원 입구에 차를 세우자 목걸이니, 부채 등 자잘한 소품을 팔려는 사람들이 먼저 반긴다. 물건을 들어 보이며 2달러, 5달러, 10달러를 외치는 그들의 사이를 비집고 나아가 사원으로 들어가는 다리 위에 선다. 이 앙코르와트는 200미터 너비의 해자가 사원 주위를 둘러 있어서 보호하고 있는데 해자 길이가 무려 5㎞가 넘는다고 한다. 물은 신과 인간을 구분하는 경계가 되기에 이 물을 건너 있는 곳은 신의 영역이라는 의미가 있다고 한다. 캄보디아인들은 일 년에 한 번씩 이곳에서 목욕재계 하고 신에게 빈다고 한다. 입구에는 풍상에 마모되어 형태를 잘 알아볼 수 없는 석조 형상이 양쪽에 고개를 쳐들고 있다. '다가'라는 머리가 7개 달린 뱀의 왕을 조각한 것이란다. 난간에는 사암으로 조각한 여러 형상들이 뱀의 몸통을 옆구리에 끼고 있는데 머리가 없거나 난간이 부서지거나 하여 많은 곳이 훼손된 상태다. 나중에 안 일지만 왼쪽에는 선한 얼굴 형상을 한 석상들이 있었는데 이것은 신을 뜻하고, 오른쪽의 험상궂은 형상을 하고 있는 것은 악마를 뜻한다고 한다.

이 앙코르와트 사원으로 들어가는 곳은 원래 이 다리뿐이었다고 한다. 이 다리를 건너면 정문인데 이 문은 서쪽으로 향하고 있는 것이 특징이라 한다. 서쪽은 서방정토가 있는 곳인데 왕이 사후에 가는 세계를 위한 배려의 의미가 있는 듯하다는 설명을 들으며 문득 미당의 추천사의 한 구절 "서으로 가는 달 같이는 나는 아무래도 갈 수가 없다."가 생각난다. 동양에서 서쪽은 서로 의미가 통하는 것인가 보다.

이 사원은 1660년 프랑스의 동무락자 앙리우로에 의해 발견되어 세계 7대 불가사의로 알려지고 세계문화유산으로 지정된 유물이다. 다리를 건너 정문을 지나니 흡사 나무 모양과 같은 5개의 탑모양 건축물이 웅장하게 자태를 드러낸다. 이 건축물을 만든 돌은 사암인데 이곳에서 50㎞ 밖에서 실어온 것이라고 한다. 이곳에서는 짝수는 죽음이고 홀수는 삶이라는 의미가 있다고 하는데 탑은 5개로 되어 있으니 삶과 관련되는가 보다.

들어가는 정문 옆에는 남루한 모습을 한 사람이 책을 보고 있어 무엇을 하는 사람인지 길잡이에게 물으니 수도자라 한다. 많은 사람이 드나드는 데도 전혀 개의치 않고 자신의 일에만 몰두하고 있는 것이 수양이 된 사람인 듯 하다.

정문의 모습은 인터넷에서 종종 보아서 일까? 아니면 전생에 이곳에서 생활한 일이 있어서 일까 눈에 익은 느낌이 들었다. 다가가서 보니 대략 한 면 두자 정도의 4각 지고 길이는 3자 정도의 각진 돌들을 쌓아서 전체적으로 하나의 큰 부처의 상(아니면 힌두교의 어떤 신상인지도 모르겠다)을 만든 모양이다. 어떻게 그 많은 돌들을 쌓아서 그런 형상을 만들었었을까? 각각을 조각하여 조합하였는가 아니면 쌓아놓고 조각한 것인가? 또 그런 높이까지 어떻게 올렸을까? 높이 10미터도 넘게 엄청 크게 만들면서도 아직까지도 그 원만한 상으로 남아 있어 보는 이의 감동을 불러일으키고 있으니 당시의 기술력과 예술적 감각이 대단하였음을 실감한다. 요즘 같은 장비도 없었을 텐데……. 역사적 유물을 보면서 늘 느끼는 것이지만 경이로움을 표하지 않을 수 없다.

사원의 벽면에는 모두 그림이 새겨져 있다. 그 그림도 모두 연결된 하나의 그림으로 말이다. 전쟁터에서 진군하는 모습, 코끼리를 탄 왕과 그 왕에게 일산을 씌워주는 모습, 따르는 병사들의 다양한 모습이 부조로 새겨져 있다.

그림에는 당시 크메르가 위대했음을 나타내는 정복의 그림과 당시의 모습을 엿볼 수 있는 각종 모습이 나타나고 있다. 그런 중간 중간에 총탄의 흔적은 이 나라의 혼란한 한때를 보여주고 있었다. 내란의 흔적이다. 인간의 욕심은 어디까지인지 이런 위대한 유적의 손상은 자신의 욕망을 위해 아무렇지도 않게 훼손할 수 있는 심장이니 말이다.

사원에는 창문의 모양이 있는데 특이하게도 창살을 양각으로 나타내고 안을 들여다보지 못하게 되어 있다. 창으로서의 역할을 할 수 없는 것을 왜 만들었는지 그 이유를 물으니 이곳은 신의 영역이므로 인간이 보지 못하게 하기 위해 그렇게 하였다고 한다.

설명을 하던 길잡이가 울산서 왔느냐고 묻는다. 여행사가 울산에 소재하고 있어서 그렇게 짐작한 모양이다. 우리가 울산이 아니고 상주서 왔다고 하니 갑자기 멈칫하더니 자기도 상주가 고향이라는 것이다. 상주 어디냐고 물으니 함창이란다. 옆에서 내가 함창이 집이라고 하자 길잡이와 나는 눈앞이 흐려지며 포옹을 한다. 머나먼 이국에서 고향사람을 만나게 되다니! 객지에서 고향 까마귀만 만나도 반갑다는데 더구나 천리만리 떨어진 타국에서 고향 사람을 만났으니 얼마나 반가우며 감회가 새로운가! 잠시 관광도 잊은 채 일행과 길잡이는 고향의 산천을 달렸다. 고향의 정을 나눈 흐뭇한 마음으로 경관을 보니 더 정겨워 보인다.

기가 가장 강하게 느껴진다는 중앙의 탑에 오르는 길은 관광객을 위해 계단을 만들어 두었는데 유적의 보호를 위해 들어가는 사람 수를 제한한다고 한다. 우리 일행은 가파른 계단을 따라 올라서 길을 따라 2층, 3층으로 올라갔다. 네 방향으로 각기 다른 모양의 부처가 있는데 각기 다른 모습이었다. 탑 위에서 아래로 내려다보니 세월의 무게를 덮어쓴 담과 건물들이 주위의 녹색 밀림과 어울려 묘한 조화를 이루고 있다. 중앙 건물에는 목욕탕으로 사용되었다는 네모진 공간이 있는데 그런 높은 곳까지 물을 넣을 수 있었을까 하는 의구심을 가져본다. 진짜로 목욕탕이었다면 요즘의 조그만 풀장의 모습이 되지 않았겠는가 하는 생각을 해 본다.

9시 55분 앙코르와트를 출발하여 다음 장소로 이동하는 길에 차창으로 흰 소가 한가로이 말라버린 벼의 둥치를 뜯거나 앉아 있다. 이곳에서는 힌두교의 영향으로 흰 소는 쁘레아코(성스러운 소)라 하여 사람이 그 고기를 먹지 않으며 죽으면 매장해 준다고 한다. 화장을 하는 사람과 달리 사람보다 더 존중받는 존재인 것이다.

10시 10분 화장실이 있는 곳에 버스가 선다. 이곳 앙코르 지역에 화장실이 6개 밖에 없기 때문에 화장실이 있는 곳에서는 꼭 이용을 하는 것이 좋다고 한다. 차창으로 보이는 일반 주택들을 볼 때 일반 가정의 화장실은 대략 짐작이 되는데 이곳의 화장실은 외국 관광객이 많이 와서 그런지 비교적 깨끗하였다. 다만 휴지는 장력이 약하여 사용하기에 불편하다. 화장실에서 용변을 보면서 우리의 어릴 때 생각이 났다. 판자를 큰 독을 묻은 위에 가로질러 걸쳐 놓고 가운데 20㎝ 정도 사이로 띄워서 그 위에 양발을 벌려 쪼그리고 앉아 용변을 보던 모습이 말이다.

그러다 새마을운동이 일어나며 지붕개량 사업을 하고 곧 화장실 근대화 사업이 진행되어 콘크리트 화장실이 학교나 집들에 들어서며 화장실이 깨끗한 모습이라 하여 좋아들 하던 때가 있었다. 그러다 그것도 곧 퇴물이 된다. 얼마 지나지 않아 아파트 주거가 많아지고 양변기나 좌변기 사용이 일반화 되면서 콘크리트에 구멍이 뚫린 화장실은 재래식 화장실이라 하여 학생들이 무서워 사용하지 못하여 집에 가서 용변을 보고 온다는 내용이 방송을 탔다. 이제는 화장실이 실내로 들어오고 좌변기가 일상화 되어 있다. 반세기 만에 무척이나 변화가 많았던 것 중의 하나가 화장실 문화가 아닌가 한다. 이것은 우리나라가 발전해온 자취의 한 모습인데 타국 멀리에서 그런 생각이 문득 스치고 지나갔다.

용무를 마치고 가뿐해진 몸으로 다시 출발한 차창에 붉은 흙벽돌 담장이 보인다. 천여 년의 비바람을 버텨낸 담장이다. 우리와 같이 흙을 구워서 만든 벽돌로 쌓은 것으로 생각하였으나 그렇지 않고 벽돌을 만들어 보름을 그늘에서 보름은 볕에서 말리면 라테라이트라는 벽돌이 되는데 그렇게 만들어 쌓은 것이라 한다. 이곳의 황토에는 철분이 많이 있어 시간이 갈수록 철성분이 녹아 단단해지는 성질이 있어서 그렇게 오랜 세월을 버텨내었으며, 각 사원의 돌 건물도 돌 안쪽에 붉은 흙으로 쌓음으로 해서 더 단단하게 버틸 수 있었을 것이라 한다. 이런 특성이 다른 나라에 알려지면서 이 지역의 황토가 최신 건축 자재로 활용되고 있으며, 우리나라에도 수입되어 건축자재로 많이 팔리고 있다고 한다.

이 나라의 사원은 밀림 속에 묻혀서 사람 손이 가지 않아 세월 속에서 훼손이 많이 되었다. 프랑스 학자에 의해 발견되고 세계문화유산으로 등록이 되면서 관광자원이 되어 훼손된 것들이 복구되었고 또 되고 있다. 그런데 지금 가고 있는 사원은 오랜 세월을 나무와 더불어 생활이 되는 과정에서 나무와 사원이 일체가 되어 나무를 제거하고 복구하기가 어려운 처지가 되어 있다. 타프롬 사원이다. 스퐁이라는 식물이 건축물을 감고 있는 사원 타프롬 사원에는 자연의 힘을 다시 확인하는 시간이었다.

밀림의 길을 따라 걷다보니 애잔한 음악소리가 들린다. 맹인들이 타는 악기 소리다. 밀림 속에 퍼지는 애잔한 소리는 인간의 동정심을 자극한다고 느끼다 보니 나무 사이로 세월을 뒤집어쓴 건축물이 나타난다. 양쪽으로 회랑형태의 담을 쌓았고 그 중간쯤에 탑 형태의 문이 있는데, 그 문을 지나 안으로 들어가게 되어 있다.

12세기에 자야바르만 7세가 그의 어머니를 위해 건립하였다고 하는 이 사원은 들어가는 쪽의 담인지 회랑인지 일부가 무너져 돌들이 흩어져 있는데 그 돌이 엄청 많다. 무너진 거리는 10여 미터 정도 밖에 되지 않는데도 말이다. 그렇다면 이 건물을 지을 때 들어간 돌은 얼마나 많을까 짐작이 되지 않는다. 이 돌을 캐낸 곳은 산이 몇 개라도 없어진 것은 아닐까? 제대로 복원이 되지 않아 길잡이가 안내하는 대로 폐허 속을 헤집고 들어간다. 곳곳에서 거대한 나무뿌리가 건축물을 감싸고 있다. 나무뿌리인지 둥치인지 거대한 뱀이 웅크리고 있는 것 같은 곳을 지나다니 벽면에 풍만한 젖가슴을 지닌 아름다운 여인이 금방이라도 뛰어나와 춤을 출 것 같은 조각상이 나온다. 압시라 또는 압사라라고 한다는데 어떤 이름이면 어떠랴. 천년이 지났음에도 이렇게 아름다운 모습을 하고 있다니 놀랄 뿐이다. 이 압시라들은 사람이 사라진 사원이 나무에 짓눌리는 모습을 지켜보면서 그 심정이 어떠했을까?

▲ 돌 속에 갇힌 무희

얼마를 가다보니 한곳에 부처를 모셔두고 향을 피우고 있는 곳이 있다. 아마 이곳이 옛날 성소였던 장소였을 것이라 한다. 인간이 드나들자 다시 불심이 생겨서 이렇게 다시 향을 피우고 있는 것인가, 아니면 밀림 속에 묻혀 있을 때도 어느 불심 깊은 여인네가 계속 향을 피우며 극락왕생을 기원했던가?

이 사원은 불교 신도였던 자야바르만 7세가 건축한 불교 사원인데 당시로서는 뚜렷하게 불교 양식이란 게 없어서 사원의 구조나 양식은 힌두교 건축양식으로 되어 있다고 한다.

지금은 허물어져 그 규모를 판단하기가 어렵지만 사원 외벽의 둘레가 1,000m × 700m정도로 추정되고 있다. 워낙 깊은 밀림 속에 거대한 나무들이 심하게 침범하여 아직 정확한 신전의 크기와 규모를 측정하지 못하고 다만, 타프롬에 새겨진 문자 기록에 의하여 당시의 규모를 짐작하고 있다.

남아 있는 기록에 의하면, 고위급 승려가 18명이나 있었고, 관리인이 2,740명, 보조원이 2,202명, 그리고 무희들이 무려 615명이나 소속되어 있었다. 또 황금으로 만든 접시 세트가 있었는데 총 황금 무게가 무려 500kg이나 되었으며, 35개의 다이아몬드, 40,620개의 진주, 그 외 4,540여개의 각종 보석과 876개의 중국산 휘장과 512개의 실크 침구, 523개의 양산이 있었다고 자산 목록에 수록되어 있다고 한다. 그 규모와 화려함을 대략 짐작할 듯하다. 한편으로 사찰에 무희가 그렇게 많다니 얼른 이해가 되지 않는다. 우리와는 또 다른 이곳의 모습을 본다. 아마 제사를 지낼 때 분위기를 돋워주는 역할을 한 것이 아닌가 하는 짐작을 해보며 벽속에서 아직도 세월을 넘어 사원을 지키는 압시라의 아름다움에 매료된다.

처음 들어왔던 문으로 다시 나오며 뒤돌아보니 나무속에 갇힌 사원이 애처롭다. 이 사원을 건설한 당시는 분명 나무를 모두 제거하고 건물을 세웠을 것인데 어느 때인가 건물 위에 씨가 떨어지고 그 나무가 자라며 뿌리를 내려 건축물을 휩싸서 자신의 자리를 잡았다. 인간의 힘보다 강한 자연의 위대함을 드러내고 있었다.

11시 타프롬 사원을 출발하여 식당으로 가기 위해 버스에 올랐다. 이곳의 노임은 식당 도우미는 60불 정도, 은행원은 300~400불 정도, 이 나라의 통치자는 1200불을 한 달에 받는 정도라고 한다. 인건비가 싸서 어떤 일을 계획하고 추진하기가 좋겠다고 하니 꼭 그렇지만도 않다고 한다. 이 나라는 인건비는 싸지만 일을 시켜보면 시키는 일만하고 창의적으로 일을 하려고 하지 않는다고 한다. 예를 들어 나무에 물을 주라고 시키면 비가 와도 물을 주는 식이라 한다.

또 이 나라는 치안 상태가 좋지 못하여 밤에는 차량통행을 안 한다고 한다. 도시 지역을 조금만 벗어나면 산적이 출몰하여 운행이 사실상 힘들다고 한다.

길잡이의 구수한 이야기에 취하고 이국의 풍광에 빠져 있다 보니 버스는 어느듯 캄보디아식 샤브샤브 식당 앞에 도착한다. 향이 독특한 음식이 있기는 하였으나 대체로 우리의 입맛에도 맞았다. 12시가 조금 넘어 식당을 출발하여 왕궁으로 향했다.

2시 20분 왕궁 입구를 지나 궐내를 버스로 이동한다. 왕궁이었다는 것을 알게 하는 징표는 밀림에 숨어 있어서 인지 세월에 묻혀 소실되었는지 발견하기가 힘들다. 얼마 뒤 붉은색 탑형태의 건축물 피미아나까스 앞에 선다. 이 피미아나까스는 붉은색 라테라이트와 사암으로 건립되었으며, 1층(계단층), 2층(갤러리층), 3층(성소)의 구조로 되어 있는데, 전체적으로 바닥이 직사각형이고 위로 올라갈수록 줄어드는 뿔의 구조로서 1층에서 2층까지는 지상에서부터 정점을 향해 뾰족하게 3단으로 공간을 나누고 있다. 3단의 사방 각 면 한가운데에 성소로 향하는 계단을 두고 각 계단은 1단마다 두 개의 난간의, 총 6단으로 장식하고 각 2단층마다 양쪽에 사자상으로 장식했는데 풍상에 마모되어 사자상도 일부만 남아 있다.

2층은 사방을 둘러 사암으로 쌓은 좁은 복도(갤러리)가 난간과 벽의 구실을 하며 앙코르 톰 사방을 내려다 볼 수 있는 창문이 나 있고 복도의 사방 각 코너에는 파빌리옹(휴식 공간, 또는 전망하는 시설)을 두었으나 지금은 일부만 남아 있다. 3층은 성소로서 계단으로 연결되며 원나라 세관원으로 톰에 거주했던 주달관(周達觀)의 방문기에 의하면 3층의 성소 꼭대기는 황금으로 입혔다고 전해온다고 하나 지금은 무너진 돌무더기만 흩어져 있다.

이곳은 앙코르 왕국의 수도 앙코르 톰 내에서도 왕과 왕비가 거주하는 궁전과 맞붙어 왕이 수시로 드나드는 실제적인 왕궁 부속 사원이었다고 한다. 왕이 뱀 여인과 동침하는 비밀스런 궁전이여서 “하늘의 궁전(Aerial Palace)”이라 불리기도 한다. 또 ‘황금탑’이라 하기도 하며 뱀 여인이 왕과 동침하던 전설이 전해지는 신비의 장소라 한다.

이 황금의 탑에는 머리가 9개 달린 뱀의 정령이 살고 있었다. 왕은 인간 여자와 동침을 하기 전에 반드시 이 뱀이 둔갑한 여인과 먼저 동침을 해야 하며 만약 뱀 여인과 동침을 하지 않은 채 인간 여인과 자게 되면 왕의 목숨을 잃게 되기에 밤마다 왕이 탑을 올랐다고 한다.

옛날 왕이 올랐다는 성소로 오르는 계단은 사방으로 있었지만 무척 가파른데다 풍상에 마모되어 오르기가 쉽지 않다. 이쪽저쪽 오르기 좋은 곳을 찾다보니 서쪽에 철제 손잡이가 되어 있어서 거기로 오른다. 계단이 가파른데다 무너진 돌들이 곳곳에 가로막고 있어서 오르기가 만만치 않았다. 그래도 뱀 여인의 전설을 확인하고자 악착같이 오른다. 성소였던 곳으로 짐작되는 곳에 오르니 무너져 내린 돌들만 어지럽고 화려하였을 방의 모습은 간데없고 뱀 여인은 종적을 찾을 수 없다. 그곳에서 어떤 젊은 현지인이 무어라 안내를 하는데 알아듣지를 못하겠다. 내려오는데 손을 내미는데 무슨 뜻인지 얼른 알아채지 못하였다. 내려와서 생각하니 설명을 해준 대가를 달라는 것이란 것을 깨달았다. 그러면서 의사소통의 중요성을 생각한다.

왕궁 페미니키스 탑 옆에는 상가가 개설되어 있고 상가에는 음료수와 과일을 파는 가게도 있다. 야자를 하나씩 사서 먹었다. 야자 한쪽을 도려내고 빨대를 꽂아 그 안에 든 물을 마신다. 이런 음료는 처음이었는데 입에 맞고 시원하며 달았다. 더위 속에서 지친 몸을 풀어주는 것 같다. 어떤 이는 야자 안의 껍질을 깎아서 먹는다. 나도 먹어보니 흡사 박속과 같은 맛이다.

이렇게 휴식을 취하고 있는데 아이들이 부채를 사달라고 보챈다. 부채를 펴서 바람을 부쳐주면서 1달러를 외친다. 끈질기게 달려드니 많은 사람들이 하나씩 사준다. 휴식을 방해하는 것은 달갑지 않으나 이국의 한 모습은 이채로웠다.

잠시 휴식을 취하고 왕의 관람석이란 곳으로 이동한다. 왕궁의 정문인 동쪽 입구에서 약 300여m 길이로 조성된 단상이다. 300m가 넘는 긴 벽을 따라 무수한 무리의 실물 크기의 코끼리 떼가 새겨져 있어서 흔히 '코끼리 테라스'라 불린다.

돌로 300여m나 되게 대를 쌓고 광장 쪽으로 벽면에 끝없이 무리지어 행진하는 코끼리 떼를 조각하였고, 중앙에 계단이 있고 남쪽과 북쪽 끝에, 그리고 그 사이에 쪽 계단을 배치한 구조로 되어 있다. 중앙계단은 나가(뱀)의 낭창한 허리로 테를 두른 계단 위에는 늠름한 사자상이 서 있어 그 용도가 특별하였음을 일러주고 있다. 이 계단 위에 서면 현재의 풍광만으로도 어깨가 우쭐해진다. 테라스 앞은, 확 트여서 저편 쁘라삿 수오르 쁘랏이란 탑들이 도열한 곳까지 넓은 평지가 펼쳐진다. "왕의 광장"이라 불리는 이곳은 평소에는 정원으로 사용되지만 외국 사신을 영접하거나 국가의 공식행사, 군대사열, 전투에 출정하는 군대를 전송하거나 귀환한 군대를 환영하는 등 왕이 일반 군중과 접하는 장소이기도 했다고 한다. 중앙계단을 떠받히는 단에는 가루다(힌두신화에서 비쉬누 신이 타고 다니는 천상의 새이며 불교에선 문수보살의 현신으로 부처와 중생을 수호하는 신)와 용맹스런 사자가 새겨져 있다.

테라스 위에 2단의 건물 기단 흔적이 남은 곳이 있다. 이곳에는 12세기 말에서 13세기 초 무렵 쟈야바르만 7세에 의해 왕궁을 확장하면서 정원을 내려다보는 날

렵한 지붕으로 된, 황금 도장을 한 크메르 양식의 목조로 된 정자 형식의 건물이 있었다고 하는데 목조였기 때문에 천년 세월동안 사라져 버렸고 기단과 그 기단을 장식하는 거위 등의 부조들만이 남아 옛 영광을 말해준다.

▲ 왕의 광장에서 길잡이의 설명을 들으며

오늘은 내가 왕이 되어 그 테라스 위에 선다. 그 위에 서자 앞으로 넓은 광장에 백만 대군이 기치를 펄럭이며 함성을 지른다. 이웃 나라를 정벌하기 위해 도열한 코끼리부대를 위시하여 자국 군대, 용병인 한족부대, 아랍인 부대 등이 질서 정연하게 도열하여 창검을 번쩍이며 기세를 올리니 기상이 천지가 떠나갈 듯 하다.

광장 맞은편으로 12개 탑들이 도열하고 있다. 도열해 있는 쁘라삿 수오르 쁘랏이라는 탑모양의 집들에 대해 궁금해 하자 그것은 일종의 감옥으로 사용되었는데 그 감옥에 4일간 투옥을 하고 나서 피부병이 걸리면 죄가 있는 것이고 그렇지 않으면 석방하였다고 길잡이는 설명한다. 그러자 일행 중의 한 사람이 일행 모두 들어가서 죄의 유무를 알아보자고 우스갯소리를 한다.

15시 프레아칸(성스러운 칼)이란 곳에 들어간다. 들어가는 길에서 아이들이 맨 땅 위에 그림문양을 그리고 있는데 솜씨가 제법이다. 이곳의 신전을 건립하고 조각한 솜씨가 그들의 핏속에 남아 있는 까닭일까? 해자를 건너 탑문을 지나 입장하도록 되어 있는데 해자 다리 위에 나가라는 뱀의 몸통을 끼고 있는 석상들이 양쪽에 탑문을 등지고 있는데 들어가며 오른쪽에는 선한 신이 왼쪽에는 악마가 도열하고 있다. 몸통 부분은 검은데 얼굴 부분이 흰 것들이 보이는 것은 최근에 목이 잘린 것을 보수한 것이라 한다.

이곳은 열십자형 사원으로 가운데에 있는 사리탑에 부처님 진신사리가 있다고 한다. 물론 현재도 사리가 그대로 보존되고 있는지 도굴이 되어 없는지 알 수는 없는 상태라고 한다. 이 사리탑에서 사진을 찍으면 사진에 한줄기 빛이 비치는 신비한 형상이 나타난다고 하여 사진들을 찍어 본다.

이 사원은 수많은 문들이 사방으로 끝없이 이어지는데 가운데 있는 성소로 갈수록 점점 그 문이 작아지게 설계가 되어 있다. 인간이 신에게 다가가기 위해서는 몸을 낮추어야 하는데 저절로 몸을 낮추도록 만들었다는 것이다. 이런 설명을 들으며 길잡이를 따라가는데 앞서가던 길잡이가 조심하지 않으면 이렇게 된다는 것을 보여 주는 것일까? 문설주에 이마를 부딪친다. 웃음이 나왔지만 참고 우리도 조심하여 고개를 숙이며 성소로 향하였다. 이 사원은 자야바르만 7세가 참족을 물리친 후에 완공한 뒤에 크메르왕조의 시조인 자야바르만 2세 때부터 전해오는 신검을 참족과의 전쟁을 승리로 이끌기 위해 이 사원에 모셔왔다는 전설이 전해지고 있는 곳이다.

앙코르 지역 유일한 산이라고 하는 바켕 산 앞에 도착하여 산을 오른다. 처음에 등산을 한다고 하여 내심 걱정이 되기도 하였다. 길이 험하고 멀다면 오르는데 많은 힘이 들 것일 것이기 때문이다. 그러나 산은 65여 미터 높이로 오르는 길도 평탄하여 쉽게 오를 수 있었다. 거리도 250여 미터 정도로 시간이 많이 소요되지 않았다. 산의 정상에 오르자 프놈바켕이라는 탑모양의 사원이 하나 있다. 크메르 왕국 초기에 시바 신에게 헌납된 신전으로 이 지역에서는 유일하게 산에 있는 사원이란다. 프놈이란 산 또는 언덕 등 높은 지대를 의미하고 바켕은 사원의 뜻이란다. 즉 프놈바켕은 바켕 산에 있는 사원, 언덕에 있는 사원 정도의 뜻이 될 것이다.

사원으로 오르는 길은 돌계단으로 되어있는데 보폭이 좁고 경사도가 70도는 될 듯하다. 1단에서 5단까지 오르는 각 단의 좌우에는 한 쌍의 사자상이 지키고 있다. 너무 가파르고 계단이 마모되어 있어 안전에 유의해야 하겠다는 생각부터 들었다. 일부는 그곳에 잔류하고 일행 대부분은 기어이 올라보자고 가파를 돌계단을 기고 있다. 맨 아래 층에서부터 5단의 테라스형 단과 성소가 있는 최상층으로까지 7개 단을 점점 좁혀 솟구쳐 오른 형상은 힌두 신화의 메루산(Mount Meru, 우주의 중심인 산)을, 7단은 7개의 하늘을 상징하고, 신전 자체는 하늘의 제왕인 인드라(Indra, 불교의 제석천)가 천상천하 최고의 왕궁을 메루산에 지었다는 힌두 신화에 나오는 그의 황금궁전을 비유한 것이란다. 제1단은 가로세로 각 76m의 정사각형이며 최상층까지의 높이는 13m, 탑의 개수는 총 109개로서 108개의 크고 작은 첨탑들이 있었다고 하는데 상층은 보수 중이라 장막을 치고 있어서 모습을 볼 수 없어 아쉬웠다. 그래도 사방으로 탁 트인 조망은 올라온 보람을 안겨주었다. 멀리 보이는 곳은 온통 밀림으로 가득하고 한쪽으로 앙코르 사원이, 한쪽으로는 호수가 보였다. 끝 간 데 없이 펼쳐지는 평원 같은 밀림만 보이고 산들은 보이지 않았다. 이곳의 지형의 특성이 그대로 나타났다.

올라갈 때 보다 내려올 때가 더 걱정이 되었다. 사방으로 내려가는 길인데 좀 더 좋은 길을 찾아본다. 한 곳이 그래도 더 좋은 것 같아 조심조심 내려온다. 내려오니 코끼리가 관광객을 태우고 지나가고 있었다. 역한 냄새가 났다. 코끼리는 긴 코로 바닥을 툭툭 치자 퉁퉁하고 큰소리가 나며 땅이 울리는 것 같아 겁이 나서 멀찍이 돌아서 처음 사원으로 오르던 곳으로 갔다. 그곳에서 뒤에 오는 사람들을 기다리며 주위를 살펴보니 오를 때 미처 보지 못했던 흰 소의 조각상이 엎드려 있다. 흰 소는 탑을 쳐다보고 엎드려 있는데 기도드리러 신전에 올라간 주인을 기다리는 모습인 듯이 느껴졌다.

일행들이 모두 내려와 하산하게 되었다. 길이 두 곳이 있는데 한 사람이 한 길을 잡아서 모두 그 길로 접어들어 조금 내려가자니 한 사람이 코끼리 온다고 올라가라며 되돌아온다. 그래도 앞서간 일행 몇은 그대로 가서 시야에서 사라지고 없었다. 우리는 되돌아와 피할 수 있는 곳에 모여 코끼리가 지나가기를 기다렸다. 올라올 때 보니 코끼리길이 왼쪽에 사람길이 오른쪽으로 나 있었는데 아마 이 길이 코끼리가 다니는 길인 모양이다. 이제 코끼리가 올라왔으니 더는 없을 것이라며 산길을 내려오기 시작 했다. 얼마를 내려오는데 저 앞에서 집채만 한 검은 코끼리가 올라오지 않은가 일행들이 기겁을 하며 샛길로 후다닥 내려간다. 사람들이 이 길로 더러 다니는 모양인지 샛길이 나 있다. 이때 한 사람이 부인보다 먼저 피하는 바람에

▲ 프놈바켕의 코끼리

사람들의 이야깃거리가 되기도 했다. 이제 두 마리나 올라왔으니 다 왔겠지 하고 안심들을 하고 내려오는데 저만큼 두 마리가 또 올라오지 않는가? 되돌아갈 수도 없고 샛길도 없는 상황에서 코끼리와 우리 사이의 중간에 길이 조금 넓은 곳이 보인다. 모두들 걸음을 빨리하여 그곳에 가서 코끼리가 지나기를 기다렸다. 혹시 큰 코로 어찌하지나 않을까 하는 두려움을 가지고 지나가는 코끼리를 쳐다보니 관광객이 탄 코끼리를 모는 현지인이 우리들의 하는 양이 재미있다는 듯이 웃고 있다. 두 마리로 보았던 코끼리는 세 마리가 연달아 올라왔다. 다 지나간 후에 내려오는 길엔 군데군데 산덩이만 한 코끼리 응가가 고약한 냄새를 풍기고 있다.

캄보디아와 인근 나라들에 흩어진 사원의 수는 1200여 개로 추정이 되고 있으며 현재 공개되고 있는 곳은 33개라 한다. 태국과 베트남, 캄보디아는 서로 자신의 것이라 주장한다고 한다. 무한한 관광자원으로 관광 수익을 창출한 자원이기에 서로가 자기네 것이라 주장할 만하다고 생각이 된다.

16시 45분 오늘의 일정을 마치고 식당으로 향했다. 18시경에 캄보디아식당에 도착하였다. 다양한 음식이 있어서 뷔페식으로 자신들의 식성에 맞게 먹을 수 있도록 된 큰 식당이었다. 음식이 다양하여 까다로운 식성을 가진 사람이라도 별 문제가 없었다. 이 식당에서는 디너쇼를 하였는데 설명을 한국어로 먼저하고 중국어 현지어 순으로 하는 것을 보며 한국인이 많이도 왔고 세계로 뻗어가는 한국의 힘을 새삼 느꼈다.

호텔에서 간단히 씻고 야외수영장 옆에서 고향 이야기랑 이 나라의 이국적 풍습 등으로 이야기꽃을 피웠다. 가져간 한국 소주가 흥을 돋우고 길잡이와 현지 담당자까지 합석하여 씨엠립의 마지막 밤을 즐겼다. 이곳은 전기가 부족하여 9시면 바깥의 불이 꺼진다고 하여 그 시간쯤 방으로 들었다.

밀림과 호수의 나라에서

캄보디아에서 이틀째 날이다. 화려했던 고대 문명의 여운을 간직한 채 7시 15분 호텔을 출발하여 현재를 사는 사람들의 삶을 보러 재래시장으로 향하였다. 쭉 뻗고 비교적 잘 닦인 길이다. 곧장 가면 태국으로 갈 수 있다고 한다. 태국으로 가기 위해서는 국경에서 간단히 수속만 밟으면 된다고 하는데 실감으로 다가오지 않는다. 우리나라는 남북이 육지로 연결되어 있지만 판문점을 가 봐도, 고성을 가 봐도 철조망 앞에서 돌아서야 하지 않던가?

길옆에는 사각의 전주가 늘어서 있다. 이 길은 태국에서 만들어준 길이고 전봇대도 태국에서 세운 것이라 한다. 태국에서 물건을 수출하기 위해 수송로로 닦았고 전기를 수출하기 위해 전봇대를 세워주었다는 것이다. 가는 길에 작물이 재배되고 있는 농토가 보였다. 어제는 말라버린 벼의 그루터기만 보다가 작물이 재배되고 있는 농토를 보면서 기후로 볼 때 언제든지 벼나 다른 작물을 재배할 수 있을 것 같은데 왜 놀리고 있는 땅이 많을까? 건기라 물이 없어서? 숲에 들어가면 먹을 것이 지천으로 깔려 있어서? 건기라고 하지만 근처에 물이 있어서 조금만 노력하면 물을 끌어들일 수 있을 것인데…….

10분가량 차를 타니 재래시장이다. 좁은 시장 골목을 따라 들어가다 보니 열대과일이랑 잡화 등을 파는 좌판이 양쪽으로 쭉 이어져 있고 많은 사람들이 흥정을 하고 물건을 사고파는 모습이 활기가 넘치고 치열한 삶의 모습이 나타난다. 어릴 때 보았던 우리의 5일장 모습이 떠올랐다. 최근에 우리의 5일장은 시설이 많이 좋아졌는데도 쇠퇴하고 있는데 이곳은 아직 우리의 옛날 재래시장의 활기찬 모습이 보인다. 길게 조성된 시장 통로를 따라 구경을 하다 보니 한 곳

▲ 재래시장의 모습

에 푸줏간이 있다. 그런데 좌판에 그냥 고기 뭉텅이를 진열하고 냉동하지 않은 채로 팔고 있었다. 더운 날씨에 고기가 쉽게 상할 것 같은데 그냥 벌려놓은 채로 있는 것이 우리와는 사뭇 다르다는 것을 느꼈다. 그 고기를 먹고 탈이 나지 않는지 궁금하기도 하였다.

길옆 한곳에서는 기름을 파는 곳이 있는데 병에 담아서 팔고 있다. 우리의 유사 휘발유와 비슷한 것이라 한다. 그래도 아무도 단속하는 사람이 없이 장사를 하고 있다. 아마 이곳에서는 문제가 되지 않는 모양이다.

현지인들의 생생한 삶의 모습에서 우리의 어릴 때 모습을 연상하며 천 년 전 인공으로 조성하였다는 바라이 호수로 향한다. 가는 길에 바나나 나무가 많이 보였는데 길잡이는 이곳에서는 바나나 나무로 울타리를 많이 한다고 한다. 바나나는 뱀의 침입을 막아주기 때문에 울타리로 적격이라고 한다. 바라이 호수에 버스가 도착하니 주위로 맨발의 까만 아이들이 둘러선다. 버스에서 내리니 목걸이인지 팔찌인지 수공으로 만든 것들을 팔려고 떼 지어 접근한다. "3개 10달러", "아줌마 예뻐", "아줌마 날씬 해" 하다가 사주지 않자 "아줌마 뚱뚱해" 하고 말이 바뀐다. 제법 우리말을 능숙하게 하며 물건을 팔기 위해 노력한다. 이렇게 한국어를 할 줄 아는 것은 선교사들이 이곳에 와서 우리말을 가르치기 때문이란다. 학교에 있어야 할 아이들이 이곳에서 생계를 위해 노력하고 있는 것은 이곳의 사정을 웅변하고 있는 것이리라. 그리고 어떤 아이는 1달러만 달라고 손을 내민다. 행색을 보아 불쌍하여 주고 싶지만 사전(事前)에 들은 이야기가 있어 그만 두고 말았다. 한 사람을 주면 벌떼같이 많은 사람들이 달려들어 곤란에 빠진다는 것이다.

바라이 호수는 인공으로 만든 동양 최대의 호수라고 하는데 잘 정비되어 있었다. 바라이란 말이 호수라는 이곳 말이라 하며 옛날에는 동서남북 바라이가 있었다고 한다. 이곳은 서바라이인데 직사각형 모양의 큰 호수로 보인다. 최근에야 댐을 막아서 더 큰 호수들이 있겠으나 천년도 넘은 그 예전에 장비도 변변찮았을 텐데 어떻게 그렇게 큰 호수를 만들 수 있었을까? 둑에서 내려가는 계단을 따라 물가까지 와서 사진으로 추억을 남기고 호수를 떠난다.

캄보디아는 어제 본 앙코르 유적에서 볼 수 있었듯이 위대한 제국을 건설하여 천하를 호령하였던 나라다. 그리고 지난 한국전쟁 후에 우리에게 원조를 했던 나라로서 1970년대까지만 해도 우리보다 잘 사는 나라였다.

서세강점의 시기에 서구의 힘에 굴복하여 프랑스의 지배를 받고 이후 군사쿠데타가 일어나고 반정부군인 크메르루즈군과의 내전 등 전쟁의 소용돌이에서 국민들은 피폐해지고 나라는 어려워진 모습이 되었다. 한 때 폴포트 추종세력들이 이상사회를 건설한다고 배운 사람, 혼혈아, 중국인 등 200만 명을 학살하고 학교를 없애는 등 강권정치를 행하였다. 이런 와중에 국민들의 감정을 추스른다고 1977년에는 베트남과 전쟁을 벌였으나 도리어 베트남에 점령당하는 수모를 겪게 된다. 당시 베트남은 남북의 전쟁으로 전쟁에 단련된 군인들이 대부분인데 전쟁으로 피폐해 졌으리라 오판을 한 것이다.

전쟁은 1993년 미국의 중재로 끝나서 현재에 이르고 있는데, 현재 총리는 훈센이고, 입헌 군주국으로 국왕이 있으나 사실상 연금 상태에 있으며 모든 권한을 훈센이 행사하고 있다고 한다. 그리고 자신이 계속 집권을 하겠다고 공공연히 이야기 한다고 한다. 이 나라는 다른 나라와의 전쟁, 내전 등으로 나라가 어려워질 대로 어려워지고 밀림이 많은 지역 특성상 인구 집계도 되지 않으며 사회 기반 시설도 조성되지 않아 현재의 어려운 모습으로 살아가고 있다고 한다.

문득 지도자의 자질 문제가 머리를 스친다. 지도자에 따라 나라가 결딴나기도 하고 잘 되기도 하니 지도자의 선택이 얼마나 중요한가 새삼 생각하게 되고, 나라와 같은 큰 집단이 아니더라도 작은 집단도 지도자의 역할에 따라 그 면모는 달라질 수 있다는 것을 생각하며 자신은 물론 우리 젊은이들의 자질 함양에 노력하여야 할 필요성을 더욱 절감한다.

세계는 냉혹한 자국 중심으로 나가고 있음을 명심하고 나라가 부강해야만 국민이 천대를 받지 않고 살 수 있음을 절실히 인식하고 지도자를 선출할 때 냉철하게 판단해야 하는데……. 선거가 다가오는데, 선거철마다 화려한 말솜씨로 유권자를 현혹하는 자칭 애국자들 중에서 어떻게 하면 진짜 국민을, 도민을, 시민을 위하는 사람을 골라낼 수 있을까? 뽑아 놓고는 욕을 하는데, 유권자들의 수준이 지도자의 수준인 것을 어찌 하리오.

캄보디아 최대의 호수라는 톤레샵 호수는 과연 얼마나 광대하고 대단한 것일까 하는 생각을 가지고 길을 간다. 톤레샵 호수 가까이 가니 길 양옆으로 늪지가 끝없이 펼쳐져 있다. 이 늪에는 뱀과 악어가 많이 살고 있다고 한다. 지금은 건기여서 늪지로 보이지만 우기에는 모두 물에 잠겨 광대한 호수로 바뀐다고 한다.

호수의 둑에 도착하니 9시 20분경이다. 큰 호수로 나가기 위해 수로가 있고 그

옆으로 둑이 있어 둑에는 집들이 있고 건설장비도 보인다.

이곳에서 배를 타고 호수로 나아간다. 배를 타다가 미끄러지면서 손을 짚으며 오른손이 접질러졌는지 금방 퉁퉁 부어오른다. 통증이 꽤 심했지만 일행의 여행 기분을 생각하여 참으며 손가락을 움직여 보니 손가락이 움직여지는 것을 보니 뼈가 탈이 난 것은 아닌 것 같다. 2미터 가량의 뱃머리를 세로로 나무판자를 깔고 흰 페인트칠을 한 곳을 지나서 타는데 몇 사람이 먼저 잘 지나갔다. 그래서 자세히 살피지 않고 몇 걸음 옮기는데 발이 미끄러지며 얼결에 손을 뒤로 하여 짚으면서 엉덩방아를 찧으면서 미끄러져 내려갔다. 이때 손을 뒤로 짚을 때 잘못된 모양이다. 선원과 현지 여행 담당자가 쫓아와 부축하여 일으켜 세우는데 손이 아파왔다. 우선은 부끄러운 생각도 들었으나 털고 일어나며 다른 곳은 괜찮은가 보니 손을 제외하고는 별 문제가 없는 것 같다. 바닥에 아마 물기가 있는 부분이 있는데 그 부분을 밟아서 그렇게 된 듯하다.

배는 길이 5-6미터, 폭이 2미터 정도 되는 목선이다. 동력은 무엇을 사용하는지 몰라도 배 뒤로 꽤 길게 뻗친 막대기 끝에 스크루를 달아서 운행하게 되어있었다. 아마 물의 깊이에 따라 스크루를 조절할 수 있도록 하기 위한 것인 듯싶다. 수로를 따라 가는 왼쪽은 둑이 있고 수상가옥이 늘어서 있는데 한곳에 다인공동체란 한글 간판이 보인다. 둑을 따라 장이 서는지 시장 비슷한 곳도 보인다. 수상 가옥은 바닥에 기둥을 박고 일정한 위에 집을 지은 형태와 배 위에 집을 지어 생활하는 형인데 그 안에 그래도 텔레비전은 보인다. 어떤 일을 하여 먹고 사는지 모르겠으나 많은 집에서 그물 침대에 누워 흔들흔들 여가를 보내는 남정네가 보인다. 수상가옥에 쓴 기둥과 바닥들이 나무로 되어 있어서 금방 썩어버리면 무너지지 않을까 속으로 걱정을 하는데 길잡이가 의문을 해소시켜 준다. 이런 수상 가옥을 짓는데 쓰는 기둥은 야자나무를 많이 사용하는데 야자나무는 자체에 기름기가 있어서 30년간 물속에서 버틸 수 있다고 한다.

호수로 나가는 왼쪽에 둑을 따라 수상 가옥이나 둑 위에 집이 있다면 오른쪽으로는 나무와 풀이 무성한 습지로 되어 있는데 어디서 떠내려 온 것인가 나무에 생활쓰레기들이 걸려 있어 인간 삶이 자연에 흠집을 내는 것 같아 안타까웠다.

좌우의 풍경에 취해 얼마쯤 가는데 작은 배가 한척 우리가 탄 배를 빠른 속도로 쫓아온다. 무슨 바쁜 일이 있어 우리 배를 앞질러 가려나 보다 하며 보고 있는데 우리 배 옆에 다다랐다 싶더니 한 아이가 우리배로 뛰어 오른다. 그리곤 물건을 사라고 한다. 몇 사람이 물건을 사주자 다시 그 배로 뛰어 건가가서 뒤로 사라져간다. 모두들 대단한 기술이라고 찬탄을 하는 사이에 배는 큰 호수로 나왔다. 호수라기보다 바다라고 하는 것이 좋은 듯이 넓어 수평선만 보이고 끝이 보이지 않았다. 동남아에서 가장 큰 호수라고 한다. 호수의 왼쪽으로 수상 도시가 제법 형성되어 있다. 캄보디아 국기를 단 곳도 보이고, 태극기가 걸린 곳도 보인다.

배는 잠시 운행을 멈추고 일행은 경관을 구경하고 있는데 한 작은 배에 아이 셋이 타고 우리 배로 다가왔다. 그런데 그 배의 한 아이는 목에 커다란 뱀을 걸고 오지 않는가 모두들 기겁을 하고 있는데 그들이 우리 배로 와서 물건을 팔아달라고 한다. 뱀이 겁이 나서 두말없이 얼른 몇 가지를 사주니 자기 배로 가서 되돌아간다. 우리는 뱀을 보면 무서워하고 피하기 마련인데 이곳에서는 뱀을 장난감처럼 가지고 노는 모양인지 아이들도 목에 걸고 다니고 있다. 문득 해적 생각이 났다. 소말리아 해적에게 우리나라 배가 납치되었다는 기사를 보면서 그렇게 큰 배가 조그만 해적선에 잡힐까 하는 생각을 하였었는데 이번 경험을 하면서 그럴 수 있다는 것을 실감하였다.

되돌아오는 중에 배가 한 집 앞에 선다.(10시 14분) 수상 주유소다. 드럼통에 든 석유를 양철로 된 됫박으로 퍼서 플라스틱으로 된 말통에 담아서 파는 주유소인데 한 여인네는 곱게 치장을 하고 앉아서 계산을 하는 모양이고 남편인 듯한 한 남자는 대조적인 모습으로 맨발에 허름한 복장으로 열심히 기름을 담고 배달을 해 준다.

배는 다시 시동을 걸고 오던 수로로 들어서서 되돌아오는데 왼편에 한 팀이 호수로 나아가고 있는데 우리와 모습이 닮았다.

선착장에 도착하여 배에서 내려 둑에서 대기하고 있는 버스에 오르려 하니 현지인이 다가와 일행 중의 몇 사람 사진이 담긴 접시를 3달러에 사라고 한다. 들어가는 중에 언제 사진을 찍어 유람을 하고 있는 중에 접시에 프린트를 하여 팔고 있는데 아무도 사는 사람이 없다.

11시 왓트마이 사원에 도착한다. 이 사원은 캄보디아 사람들이 다니는 절이라고 한다. 다만 유명한 것은 영화 킬링필드에서 나왔던 캄보디아 학살 때 죽은 사람들의 유골의 일부를 발굴하여 사각의 탑 안에 안치하여 이름이 난 곳이란다. 절에 모신 부처님의 모습은 우리가 보던 부처님이 아니고 이 지방 특유의 모습을 하고 있다.

절 경내에 유골탑이 있었다. 유골은 일본인들이 씨엠립 도시를 선점하기 위해 조사하고 지뢰를 탐지하다가 암매장된 것을 발굴하여 사원에 안치를 한 것인데 사방에 유리로 된 창이 있고 그 안에 유골들이 즐비하게 쌓여있다. 그 많은 유골이 그렇게 암매장 되었다면 그 살상의 과정은 얼마나 끔찍했을까? 인간의 잔악성이 몸서리쳐진다. 유골이 너무 많아서인지 무섭다거나 징그럽다는 생각보다는 석고로 모형을 만들어 전시하고 있는 듯한 느낌이다.

사회가 안정되지 못하고 어지러우면 이렇게 피해를 보는 국민이 나오게 되어 있다. 우리는 남북이 대치되어 있는 상황인데 자칫 잘못하여 전쟁이 일어나든지 국민들이 위정자를 잘못 선택하면 많은 사람들이 희생당하고 고통을 받는 일이 벌어지지 않을까 걱정을 해보기도 한다.

식당으로 이동하는 길에 독립기념관 앞에서 잠시 버스를 세운다. 근처에 있는 여행사에 들러 오늘 저녁 비행기 운항에 대해 알아본단다. 다녀온 길잡이는 오늘 비행기가 정상적으로 운행한다고 한다. 비행기는 날씨나 공항 사정에 따라 운항 상황이 변하므로 미리 알아보는 것이 좋다. 특히 이곳에서는 운항 여부가 불규칙하므로 미리 꼭 확인할 필요가 있다는 것이다. 다시 버스에 오른 길잡이는 이곳 씨엠립은 캄보디아 제2의 도시로서 신호등이 모두 7개가 있는데 신호등이 도리어 통행을 느리게 한단다.

11시 반경 한국인이 경영한다는 비원이라는 식당에서 콩비지 정식으로 점심을 해결한다. 한때는 장사가 잘 되었으나 지금은 어려움에 처해 있어서 식당을 매물로 내놓았다고 한다. 신종플루의 영향으로 여행객이 줄어서 그렇다는 것이다. 사업은 능력이 있고 열심히 노력하여야 하겠지만 그것만으로는 안 되나 보다. 역시 운도 따라 주어야 함을 느낀다.

12시 경에 상황버섯을 파는 곳으로 갔다. 성박사라는 한국분이 경영하는 곳으로 상황버섯연구소라 한다. 상황버섯은 이곳의 뽕나무에서 많이 나는 특산품인데 한 사람이 4kg까지 반출이 가능한, 이 나라에서 중히 여기는 수출품이란다. 상황버섯에 대한 설명을 듣고 살 사람은 사라고 한다. 이곳에서는 오십 년, 백 년, 삼백 년 묵은 상황버섯이 채취된다고 한다. 약효는 오래된 것이 좋다고 하는데 그럴 것이란 생각이 든다. 자연산 상황 50g에 간에는 인진 8g, 비장에는 백초 10g, 신장에는 오미자 10g, 고혈압에는 현삼 8g, 당뇨에는 지골피 8g, 암에는 시호 10g을 넣어 달여서 장복하면 좋은 효과가 있다고 한다.

나는 그 설명보다 한의사를 만난 것이 무엇보다 반가웠다. 그래서 성박사에게 내 손목을 보이고 치료를 부탁드렸다. 성박사께서는 보시고 쾌히 손에 침을 놔 주시며 만져보고는 타박이라고 안심을 시킨다. 진료비를 드리려고 하니 한사코 받지 않는다. 침은 20분 뒤에 빼면 된다고 한다. 무척 고맙다.

이틀간 강행군을 한 여독을 풀기 위해 이 지역에서 유명하다는 발마사지 하는 집으로 갔다. 일부는 전신 마시지를 한다고 가고 나는 발마사지를 받기 위해 안내된 곳으로 들어갔다. 따뜻한 물이 든 통에 발을 담그니 마사지 전에 피로가 풀리는 듯하다. 발을 마사지 해주는데 간지러워 발가락을 꼼지락거리며 참았다. 발과 장딴지 그리고 다리 전체를 마사지하여 피로를 풀어준다. 다 끝났는가 하였더니 돌아앉으라 하여 등도 지압을 하여 준다. 나는 손이 아픈 관계로 조심을 시키고 팔과 등의 지압으로 피로를 풀었다. 발마사지를 마치고 대기실에서 전신마사지를 하는 사람을 기다리는데 몸이 노곤하여 잠이 밀려온다. 그렇지만 잘 만한 의자가 아니어 잠을 쫒으며 기다리다가 밖에 나오니 마사지 걸들이 자기들끼리 이야기도 하고 어떤 이는 휴대전화 걸기도 한다. 이 직업이 그래도 꽤 괜찮은 직업인가 보다. 휴대전화가 있다는 것은 이 나라에서는 대단한 것이라는 느낌을 받았기 때문이다.

저녁에는 하노이로 가기 위해 공항으로 나갔다. 이곳에서 하노이로 가는 비행기는 베트남 항공인데 하루에 세 차례 있다고 한다. 그러나 출발 전에 꼭 확인이 필요하다고 한다. 우리도 점심 후에 여행사에 가서 항공편을 확인하니 정상으로 떠난다고 하였다. 이 항공은 좌석이 차는 상황에 따라 편수가 조정된다고 한다. 결항이 되어도 사과하는 법도 없고 당당하다는 것이다.

공항에는 면세점이 없는 것이 이 공항의 특색이라고 한다. 물론 면세점이라고 쓰여 있지만 면세점이 아니고 이 나라 유력자가 운영하는 가게라는 것이다. 대신에 씨엠립 시내에 면세점 있다는 것이다.

수속을 마치고 출발을 기다리는 지루한 시간을 보내고 있다. 어느 정도 시간이 되어 곧 비행기를 탈 시간이라고 준비를 하자고 이야기하는데 일행 한 사람이 비행기가 딜레이 된다고 나왔다며 전광판을 가리킨다. 21시 40분으로 시간이 바뀌었다. 그래서 기내식 대신에 공항에서 저녁을 먹으라고 증명서를 만들어 준다. 갑자기 이런 사태가 되니 제공하는 곳엔 줄을 서서 장사진을 이루고 있고 일부 음식은 동이 나서 제공이 안 되고 있다. 겨우 빵 한 개와 음료수 한 통을 받아 허기를 달랬다. 관광객이 무척 많다. 이곳의 수입이 대단하겠다는 생각을 한다. 기다리는 동안에 이곳저곳을 둘러보는데 공항에 있는 많은 사람들 중에 우리말을 쓰는 사람이 절반은 되는 것 같다.

하롱베이와 하노이

전날의 강행군과 시엠립 공항에서 비행기가 늦어진 관계로 몸이 피곤하여 비행기를 타고 잠시 눈을 붙이려 하니 기내에서 간단한 음식이 제공된다. 잠은 밀려오지만 저녁 먹은 것이 부실하였기에 그래도 먹는 것이 낫다고 판단하여 먹고 나니 이번엔 얼른 잠이 오지 않아 눈만 감고 있는데 어느 순간엔가 잠시 잠이 들었는데 착륙한다고 한다.

비행기에서 내려 수속을 밟고 짐을 찾는데 당최 짐이 나올질 않는다. 홍콩이나 중국에서 온 비행기에서 나오는 짐이 나오고 가장 나중에야 짐이 나온다. 안 그래도 비행기가 늦은 가운데 또 180㎞를 가야할 텐데……. 짐을 찾고 나오니 베트남 현지 안내인이 맞이한다. 한국인으로 베트남에 살고 있는 청년이었다. 차에 짐을 싣고 차에 올라 캄캄한 밤을 달려 하롱베이로 향한다. 다음날을 위해 잠을 청해 보는데 길이 나쁜지 덜컹거려서 잠이 들지 않고 눈만 아프다. 세 시간 여를 달려 호텔에 도착하여 바로 방을 배정받고 들어가 간단히 씻고 잠자리에 들었다.

아침에 일어나 밖을 보니 비가 오고 있다. 건기가 되어 비가 오지 않는다고 알고 왔는데 오는 날이 장날이라고 비가 와서 여행을 망치는 것은 아닌가 하는 걱정이 되었다. 식당에 가니 너무 늦어서 그런지 음식이 거의 바닥이 나 먹을 것이 다양하지 않았다. 빵과 몇 가지 음식을 가지고 아침을 해결하고 오늘의 일정을 위해 준비를 하였다. 다행히 비는 그쳐 있었다. 버스를 타자 조금 가더니 버스를 어느 가게 앞에 세우고 과일을 산다. 배 위에서 먹을 것이었다. 잠시 밖을 구경하고 선착장으로 향하였다. 선착장에서 베트남 모자를 하나씩 나누어준다. 모자는 여성용과 남성용이 있다. 어제 다친 손이 걱정이 되어 조심하여 배에 오른다.

▲ 월남 모자를 쓰고 폼 잡는 모습

항구에는 무척이나 배가 많다. 그런 사이를 뚫고 배가 나아가기 시작한다. 제법 큰 유람선인데 우리 일행만 싣고 떠난다. 바다는 잔잔하고 옅은 안개에 싸인 여러 봉우리들을 보일 둥 말 둥 신비롭게 전개 된다. 바다로 나아갈수록 날씨는 걷혀간다. 호수와 같은 바다 위에 너무도 다양한 기암괴석들이 나타났다가 배의 뒷면으로 사라진다. 하롱베이, 이 지명은 한자 하룡(下龍) 즉 용이 내려 오다는 뜻이고 베이는 만이란 말이란다. 즉 용이 내려온 만 정도의 뜻일 것이다. '옛날에 이곳에, 바다 건너에서 침략자들이 쳐들어왔는데, 그 때 하늘에서 용이 이곳으로 내려와 입에서 보석과 구슬을 내뿜자, 그 보석과 구슬들이 바다로 떨어지면서 갖가지 모양의 기암(奇巖)이 되면서 침략자를 물리쳤다고 하는 전설에서 용이 내려온 만이란 하롱베이 지명이 생겨났다고 한다.

기묘하게 생긴 봉우리들을 지나 바다 위에 조성된 어시장에 도착하였다. 배가 들어갈 틈이 없는데도 밀고 들어간다. 그러자 옆의 배가 밀리며 자리가 난다. 그렇게 정박을 하자 사람들이 내려서 장을 본다. 길잡이와 선원들이 고기를 흥정하고 필요한 것을 산다. 그 사이 같이 탑승한 사진사 아가씨가 사진 찍기를 권한다. 일자리 창출의 일환으로 유람선마다 한 사람씩 사진사를 탑승시켜서 사진을 찍어서 생계를 유지하게 한다는 것이다. 한 장에 1달러라고 한다. 이들은 그 수입에서 일부는 국가에 바치고 나머지는 자신의 수입으로 하고 있으나 선주에게도 상납을 해야 하는 현실이라 한다. 그래서 3장을 찍으면 1장이 자기 몫으로 남는다고 한다. 전문적인 사진사 인지라 사진이 잘 나오는 포인트를 알고 있어서 그에게 사진을 찍어주면서 그 포인트에는 우리의 사진기에도 풍경과 인물을 담았다.

워낙에 기암괴석이 많아서 일까 우리가 다도해의 해금강을 구경할 때 설명을 기대하고 있었는데 기대와는 달리 드문드문 설명을 해 준다. 그런 가운데 두 마리 닭이 금방이라도 엉겨 붙어 싸울 것 같은 형상을 한 닭싸움 바위라는 것이 앞에 나타난다. 닭싸움 바위가 참 묘하게 생겼다며 이야기를 하는 동안 배는 섬 사이에 많은 배들이 있는 곳을 지난다. 주위의 산들과 배들이 진을 치고 있는 모습이 흡사 임진왜란 때 해전을 위해 배들이 준비하는 모습을 연상시켰다. 모두들 명량해전이니 뭐니 하며 신기해들 하는 가운데 배는 넓은 곳으로 나왔다. 드넓은 바다 가운에 배가 정박하고 음식이 나왔다. 다금바리 회가 나오고 각종 해산물이 풍성하게 나온다. 한 테이블에는 남자들이, 한 자리에는 여자들이 모여앉아 음식을 즐기며 우리나라의 소주도 곁들이며 풍경 속에 한담으로 풍류를 즐긴다. 옛사람들의 선유놀이의 풍류가 이와 같았으리라 짐작하며 흥에 젖는다.

이렇게 즐기고 있는데 조그만 배가 노를 저어 와서 우리 주위에 배회하다가 한 아이가 우리 배의 배전 창으로 들어다 본다. 한 사람이 과자를 주니 받는다. 다른 사람이 남을 음식을 주니 고맙다고 받는다. 밥도 주고 남은 음식들을 주었다. 어머니와 아이들, 아마 생계가 곤란하여 이렇게 걸식하여 살아가는가 보다. 불쌍히 여긴 몇 사람이 몇 푼의 돈까지 주니 고맙다고 인사하고 노를 저어 간다. 삶이 팍팍하기가 이와 같은 사람이 도처에 있구나. 그에 비하면 우리는 얼마나 행복한 처지인가? 그런데도 삶에 불만을 갖고 너무 아옹다옹하고 있는 것은 아닌지 되돌아 본다.

여유로운 점심이 끝나고 배가 다시 움직여 동굴이 있는 섬에 정박한다. 배에서 내려 동굴로 올라간다. 석회동굴인데 죽은 굴이라 한다. 더 이상 종류석이나 석순이 생기지 않는 동굴이란다. 기괴한 모습의 동굴내부를 보는데 굴에서 소리의 울림이 없다. 천정을 보니 울퍽울퍽 계란 판같이 홈이 나 있다. 그것이 방음 역할을 하는가 보다. 한 곳에 이르니 남근석이 있는데 길잡이가 걸쭉하니 20대에서 60대까지의 남근석 서는 자리를 이야기하여 일행을 웃긴다.

동굴에서 나와 전망대가 있다는 섬에 이르니 남자들은 아무도 내리지 않고 여자들만 내려서 전망대로 갔다. 남자들은 배에 앉아 술을 마시며 한담을 하며 보낸다. 배에서 즐기다 보니 언제 시간이 지나갔는지 해가 서쪽으로 꽤 기울었다. 배를 섬의 선착장에 대고 전망대에 올라갔던 여자 일행들이 합류하였다. 전망대를 갔던 여인들의 이야기에 의하면 마침 전망대에 올랐을 때 날씨가 활짝 개어 멀리까지 볼 수 있어서 좋았다고 한다.

▲ 동굴 앞에서 바라본 하롱베이

항구로 돌아오는 중에 배 위에 올라 주위를 조망하며 오는데 길잡이의 베트남 이야기가 흥미를 돋운다. 베트남은 여인들의 권한이 세다고 한다. 남편들은 저녁에 9시까지 집에 들어가야만 한다고 한다. 그리고 일은 대부분 여자들이 하고 남자는 놀고 먹는 경우가 많다고 한다. 그래서 여인들이 권세를 부린다고 한다. 만약 남자가 바람을 피우면 남자 역할을 못하게 하는 수모를 당하거나 염산 세례를 받기도 한다고 한다. 오랜 전쟁의 영향으로 남자들은 전장에 나가고 집안에서 자식을 건사하고 살림을 꾸려나가는 것은 여자들의 몫이 되어버린 영향이 아닌가 하는 생각이 들었다. 베트남은 자원도 풍부하다고 한다. 석유나 석탄이 많이 나고 각종 자원이 풍부하다는 것이다. 거기에다가 평균 연령이 매우 낮아서 한창 일할 수 있는 사람들이 많고 노인들이 거의 없는 상황이란다. 문득 성장 잠재력이 대단한 이 나라가 곧 우리를 쫓아오지 않을까 하는 생각이 스쳐간다.

저녁을 먹기 위해 식당으로 가는 거리에서 길거리 이발관을 목격하였다. 길거리에 의자를 하나 놓고 그곳에서 이발을 하고 있다. 문득 어릴 때 느티나무 밑에서 이발하던 이발사의 모습이 떠올라 입가에 미소가 돌았다. 요즘 우리는 이발관이 잘 되지 않는다고들 한다. 젊은 사람들이 미용실에 가서 이발을 하는 관계로 손님이 줄어서 힘들다는 얘기다. 이발관보다 미용실이 싸기 때문에 그렇게 되고 있는지도 모르겠다. 물론 이발관에서는 면도까지 해주니 가격이 비싼 것이 아닐지 모른다. 그러나 요즘 면도기가 좋은 것이 나와서 집에서 면도를 해도 잘 되므로 이

발소를 이용하지 않는 한 요인이 되기도 한다. 저곳에 있는 이발사가 돈을 벌어 가게를 세를 얻어 가게 되고 좀 더 형편이 좋아지면 자기 건물의 가게를 갖게 되고, 그런 사이에 사회의 상황이 바뀌면 그 옛날이 좋았다고 추억에 빠질지도 모르겠다는 생각이 스치고 지나간다.

하롱베이에서 떠나는 날이다. 호텔 방에서 내려다보이는 하롱베이는 한 폭의 그림이다. 마침 해가 구름 속에서 햇살을 비추어 멋진 풍경을 자아낸다. 호텔 옆에는 소나무가 살고 있다. 문득 우리나라에서 소나무가 사라지게 될 것이란 말이 떠올랐다. 온난화의 영향으로 소나무가 사라지게 된다는 것이다. 그 이론은 잘못된 것이 아닌가 하는 의구심을 가지게 하는 소나무였다. 아열대 지방에도 소나무가 살고 있다면 우리나라에서 소나무 생존은 문제가 되지 않을 것이기 때문이다.

아침 후에 하노이로 향한다. 길은 평탄하고 주위로는 높은 산이 없고 넓은 들판이 펼쳐진다. 산이라고 있어도 조금 높은 언덕 정도나 될 성싶다.

하롱베이 인근은 택지로 조성되고 있었다. 우리와 달리 택지로 조성되고 있는 곳이 온통 물이 흥건하다. 이 지역은 참 물이 많구나 하고 생각하면서 이런 곳에서 생활하면 너무 습하여 괜찮을까 하는 의문도 든다. 하롱베이 부근의 땅값은 몹시 비싸다고 한다. 외국자본까지 들어와 투기에 가까운 투자를 한다는 것이다.

하롱베이에서 하노이까지 약 180㎞정도 된다고 하는데 길옆으로 거의 집들이 이어져 있다. 우리나라나 중국, 일본 등을 여행해 보면 마을이 이곳저곳에 조성되어 있고 들판이 있는 모양새인데 이곳은 길옆으로만 집들이 늘어서 있는 것이 좀 특이했다. 그리고 집들이 길 쪽으로 폭이 좁고 뒤쪽으로 길쭉한 것이 거의 모든 건물에 공통이었다. 이곳 사람들은 길가의 집을 좋아하여 많은 사람들에게 길가 집을 제공하기 위해 길 쪽으로 향한 부분의 폭이 좁은 집으로 한다는 것이다. 물론 길에서 떨어진 곳에 마을이 있기도 하였으나 많지를 않았다. 중간 중간에 붉은 색으로 보이는 자그마한 기와집들의 모임이 보여서 길잡이에게 물으니 묘지라고 한다. 좀 더 관심을 갖고 보니 논둑에도 그런 집모양이 보이고, 들판 중간에도 보인다. 마을 앞에는 어김없이 공동묘지들이 보인다. 산이 없는 특성상 들판에 그렇게 묘지를 조성하는 모양이다.

하노이로 향하는 중에 라이따이한에 관한 이야기가 방송에 나왔는데 그곳이 어느 곳인지 아는가 하고 일행 중 한 사람이 묻는다.

라이따이한은 월남전 당시 우리나라 군인과 월남 여자 사이에 태어난 아이를 말하는데 우리가 한국 전쟁을 거치면서 많은 혼혈아가 탄생한 것을 염두에 둔다면 하나의 큰 사회 문제로 남아 있을 것 같았다.

길잡이는 이 나라에 살면서 여러 곳을 돌아다녀 보았는데 이곳에서는 전쟁의 상처로 대다수의 사람들이 살기가 어렵고, 사회주의 체제로 통일이 된 관계로 라이따이한과 같은 경우는 불리한 대우를 받을 수 있기 때문에 숨기고 살 수밖에 없으며, 또 모습이 표가 나는 것도 아니어서 그냥 베트남인으로 살아간다는 것이다. 설령 그런 사람이 있더라도 특별히 주위의 다른 사람보다 더 어렵게 사는 것이 아니고 다 같이 어렵게 살기 때문에 특별히 그들만 도와야 하는 것은 아니라는 것이다. 물론 아이를 낳은 여인의 입장에서는 원한에 차 있을 것이란 것도 생각이 들지만, 언론에서 야단스럽게 할 정도로 그렇게 살아가는 것은 실제로는 찾아보기 어렵다고 한다.

중간에 '쉼터'라 한글로 적힌 휴게소에 들렀다. 이 휴게소는 한국인이 운영하는 곳으로 휴게소 겸 상점이다. 이곳에서 nee라는 것을 판다고 씌어 있는데 일행들은 무엇인지 아는 사람이 없다. 그래서 길잡이에게 설명을 듣는다. 열대 식물인데 맛이 특이하여 먹기가 어렵기는 한데 몸에는 아주 좋다고, 특히 변비에 좋다고 하는 식품이라고 한다. 그 외에도 운동복도 파는데 우리나라 회사 제품으로 베트남 공장에서 만든 것이어서 값이 싸다고 한다.

차창으로 스쳐가는 이국의 풍경에 빠져 있노라니 어느 덧 하노이 근처까지 온 모양이다. 멀리 높은 건물들이 보인다. 길옆으로는 큰 바나나 농장도 보인다. 강이 보이고 다리를 건너 시내로 들어오자 첫눈에 들어오는 것은 오토바이다. 거리는 온통 오토바이 세상이다. 남녀를 가리지 않고 오토바이를 타고 있으며 어떤 이는 뒤에 한 사람을 태우고 가는 경우도 있으며, 여인들은 마스크를 하고 타는 사람이 많았다. 버스가 신호 대기를 하며 서 있는 옆에 한 젊은 여인이 화장을 짙게 하고 흰 마스크를 한 상태로 오토바이를 타고 있다. 화장한 것이 마스크에 다 묻지 않을까 하고 괜한 기우를 해본다. 이곳에서는 여인들이 흰 얼굴을 좋아하여서 이렇게 마스크를 하고 있는 것인지 아니면 공기가 좋지 못하여서 인지 모르겠으나 여자들만 유독 마스크를 많이 한 것으로 보아 전자가 맞을 것 같다. 오토바이가 참 많다고 감탄들을 하자 길잡이가 이곳에서는 오토바이가 너무 많고 이곳 사람들의 급한 성미로 인하여 과속으로 질주를 하기 때문에 길을 건널 때는 여럿이서 뭉쳐서 오토바이가 오는 것을 피하여 건너야 한다고 단단히 주의를 준다.

▲ 키암 호수 입구

하노이에 도착하여 버스에서 내려서 첫 관광지로 들어간 곳은 호안 키암 호수였다. '되돌려 준 칼의 호수'라는 뜻이라고 길잡이는 말한다. 이 호수는 주위에 오래된 수목들이 늘어서 있어 하노이의 낭만을 더해 주면서 시민들의 안락한 휴식처가 된다고 한다. 호수의 남쪽으로는 프랑스식의 아름다운 건물들이 들어찬 외교공관 거리를 형성하고 있고 북쪽으로는 시장이 형성되어 있다.

옛날 15세기 경 중국 명나라 군사가 이곳에 쳐들어 왔을 때 '레노이'란 어부가, 하늘에 이들을 물리쳐 달라고 기도하며 고기를 잡았는데, 그물에 번쩍이는 신비로운 칼이 하나 걸려 올라왔다고 한다. '레노이'는 이 칼은 나라를 지키라고 하늘이 내린 것이라고 생각하며, 사람을 모아 군대를 조직하여 쳐들어온, 명군을 물리쳐 민족의 영웅이 된다. 이를 기반으로 그는 나라를 세우고 스스로 황제의 자리에 오른다. 바로 레 왕조의 시작이다. 그 후 이 호수에 감사하는 마음으로 예를 올리던 어느 날, 천둥이 치면서 호수에서 거북이가 나와 신비로운 칼이 든 칼집을 낚아채 호수 속으로 들어갔다고 전해진다. 그리하여 하노이 시민들은 이 호수를 외세로부터 자신들을 지켜주는 영적 대상이 사는 곳으로 여긴다.

호수 관광을 위해 버스에서 내려 떼로 몰려 오가는 오토바이를 피해 길을 건너서 조그만 다리를 건너 문을 지나니 건물이 한 채 있는데 그 안에 그 호수에서 나왔다고 하는 거북이를 박제한 것이 있었다. 그렇게 큰 거북은 생전 처음 보는 것이다. 그것을 금칠을 하여 보관하고 그 앞에 돈까지 놓인 것을 보니 신앙의 대상이 되고 있는 듯하다. 그 건물 앞에는 정자 형태의 건물이 호수를 면하여 있었고 주위에는 고무나무가 중턱에서 뿌리를 내려 발이나 주렴 모양으로 바람에 흔들리고 있었고, 사당 건물 옆에는 나무가 엉킨 상태로 가운데가 비어 있는 곳이 있고 그곳에서 연인들이 사진을 많이 찍고 있다. 나무가 서로 엉키고 연리지가 된 모양에서 연인이 서로 화합하기를 기원하는가 보다.

▲ 호치민 광장에서

호치민의 묘가 있는 바딘 광장, 베트남의 영웅 호치민을 기리고 행사를 할 수 있도록 조성된 광장이다. 호치민의 시신이 안치되어 있다는 4각진 4-5층 높이는 될 듯한, 그리스의 신전을 연상시키는 건물 앞으로 넓은 광장이 조성되어 있고 건물의 양옆으로 높고 긴 담장이 있는데 그 담 위로는 붉은 색의 베트남 글씨로 무어라 쓰여 있다. 묘소 앞에는 군인이 지키고 서 있고 앞쪽으로 잘 조성된 광장과 풀이 심겨진 직사각형의 바둑판 모양으로 조성된 공원이 넓게 자리하고 있다. 광장의 건너 쪽 즉 호치민 묘 반대쪽에는 국회 건물이 있는데 애국심으로 國事를 논하라고 이곳에 세웠다고 한다. 광장에는 많은 관광객이 있다.

광장을 옆으로 끼고 돌자 호치민주석의 집무실이라는 4층짜리 노란 서양식 건물이 나타난다. 원래는 프랑스의 동양전권부 건물이었고 지금은 영빈관으로 사용한다고 한다. 그곳은 통제가 되어 들어갈 수 없어 멀리서 보면서 식민지의 잔재라며 무조건 없애기만 하려는 우리의 모습과 대비가 된다는 생각이 들었다.

영빈관에서 왼쪽을 조금 돌아가자 길이 두 갈래로 갈라지는데 영빈관 뒤쪽으로 나 있는 우측 길은 저 만치에 군인들이 지키고 서 있어 들어갈 수 없고 왼쪽으로 난 길을 따라 호치민이 숙소로 이용하였다던 곳으로 간다. 건물은 단층으로 검소하였고 한곳에는 사용하던 자동차 3대를 전시해 둔 것을 보면서 몇 걸음 옮기면 그가 기거했다는 서제 등이 나타난다. 참으로 검소하고 소박한 생활을 하였던 사람으로 보인다. 그곳에서 나와 호치민 박물관으로 가는 길은 연못 옆을 통하도록 되었는데 보도와 연못 사이로 부처뿌리라는 것이 있는데 죽순 나오듯이 솟아 있다. 그 모습이 다양한데 어찌 보면 부처의 모양을 한 것 같기도 하다. 이 뿌리가 다 자라 큰 나무가 되면 어미 나무는 죽는다고 하는데 과연 뿌리라면서 그것이 나무로 자랄 수 있는지 모르겠다. 박물관으로 가는 길에 이름 모를 열대 식물이 큰 멜론만 한 열매를 달고 있는 것이 특이하였다.

박물관은 호치민 묘 바로 뒤편에 있었다. 호치민 탄생 100주년을 기념하기 위해 1990년에 개관하였다는 이 박물관에 들어서면 먼저 태양을 배경으로 한 호치민의 조각상이 맞이한다. 호치민의 생애와 베트남 혁명, 통일을 위한 노력과 흔적 등 다소 사상적이고 이질감을 느끼게 하는 다양한 자료를 전시하고 있었다. 우리나라도 참전을 하였던 월남전 생각이 났다. 밀림에서 게릴라전을 전개하는 과정에서 물자를 이동하는 각종 수단과 무기 등이 젊은 시절에 듣던 맹호부대 노래와 함께 관련 이야기들이 머릿속에서 명멸했다.

▲ 하나의 기둥에 세워진 절인 일주사

박물관을 나와 계단을 내려와 문을 나서니 일주사가 있다. 기둥이 하나만 있다고 하여 일주사라는 설명을 듣고 우리나라 절의 일주문을 연상했다. 그런데 막상 눈앞에 나타난 절은 우리의 일주문과는 전혀 다른 모습이었다. 가운데 시멘트로 만든 굵고 둥근 기둥이 세워져 있고 기둥 중간부분에서 옆으로 여러 개의 가지를 뻗게 만들어 판을 받치고 그 판위에 누각을 세운 모양이었다. 입구는 호수 밖에서 계단을 통해 올라갈 수 있도록 되어 있었으며 절의 크기는 자그마했지만 양식은 특이하였다. 중국 지배하에 있던 이씨(李氏) 왕조가 후사가 없어서 간절히 기도하던 중 관세음보살을 친견하고 아들을 낳았다고 하는데 이를 기념하여 1049년에 세운 절이라고 하며 연못은 시름의 바다이고, 일주사는 시름의 바다 위에 피어난 연꽃을 의미한다고 한다. 프랑스가 1954년에 폭파하여 뒷날 다시 세웠다고 한다.

여행에서 양념으로 첨가되어 있는 쇼핑 시간이다. 이 지역 특산물인 고무로 만든 라텍스 제품을 파는 곳에 들렀다. 이곳을 경영하는 사람이 한국인인지 아니면 한국인 관광객이 많으니 한국인 직원을 채용하였는지 모르겠으나 한국인 나와서 설명을 한다. 자사 제품과 다른 제품을 비교 설명하고 한 사람을 지명하여 라텍스 요위에 눕게 하고 밑에 볼펜, 담뱃갑 등을 넣고 좌우로 돌아눕게 하고는 무엇이 있는지 알아보라 한다. 누운 사람은 이물질이 있는 것을 느끼지를 못하는 모양이다. 쿠션이 좋기는 좋은 모양이다. 그리고 이 고무 요는 세균에 강하여 건강에도 좋다고 선전을 하여 구미가 당기도록 설명을 잘 한다. 이 지역은 고무나무가 많이 있는 곳이니 고무가 많을 것이고 가격도 상대적으로 쌀 것이란 생각을 가졌는데 한국에서 홈쇼핑에서 광고하는 것보다 비싸다. 설명하는 사람은 품질 차이 때문이라고 하지만……. 일행 중에 가격이 비교적 싼 베개를 사는 사람은 있어도 요는 사지 않는다.

누군가 그 지역 사람들의 진면목을 보려면 재래시장을 가보라 하였던 기억이 난다. 인근에 있는 재래시장에 갔다. 시장은 비가림막이 쳐진 기다란 통로를 따라 양쪽으로 좌판에 각종 물건을 진열해 놓고 팔고 있었다. 다양한 물건이 있었지만 우리 눈에 얼른 들어오는 것은 바나나랑 열대 과일을 달아놓고 쌓아놓은 것이었다. 바나나 같은 것은 우리가 마트에서 구입하게 되는데 한 송이씩 포장을 하여 나란히 보기 좋게 진열하여 놓고 팔고 가격도 만만찮은데 이곳엔 지천으로 깔려 있는 것이 그런 과일이다. 시장 통로를 따라 한참을 오니 장마당이 끝나고 시장사람들이 이용하는 오토바이 주차장인지 많은 오토바이가 세워져 있는 곳에 이른다. 시장의 다른 골목이 있는가 찾아보았으나 외줄로 장이 서는 곳이어서 왔던 곳으로 되돌아 갈 수밖에 없도록 되어있다. 일행들이 같은 곳을 가지 말고 돌더라도 다른 곳으로 가자고 하여 좀 더 내려와 왼쪽으로 꺾어 주택가 쪽으로 가는데 길옆에 바나나가 달린 바나나 나무가 서 있다. 이곳에서는 가로수로 바나나 나무도 심는가 하는 생각을 했다. 재래시장에서 나와 주택지로 나오니 최근에 지은 듯한 잘 정비된 집들로 된 거리가 나타난다. 여기서도 집들은 도로를 면한 부분은 좁고 뒤로는 비교적 긴 모습이다. 국가에서 토지를 분양할 때 도로를 면한 부분은 4미터를 기본으로 한다고 하더니 그런 관계로 거기에 지은 집도 그런 모양인 듯하다. 어떤 건물은 앞부분이 다른 곳 보다 넓다고 느껴져 자세히 보니 두 집이 같이 지은 것으로 역시 한 집의 길이는 같음을 알 수 있어 이 지역 건축물의 특징임을 알았다.

베트남의 마지막 관광인 수상공연을 보러 갔다. 공연시간이 아직 많이 남아 있어서 거리 구경을 하기로 하고 수상공연장 오른쪽으로 좌측에 큰길을 끼고 산보하듯이 걸어가면서 주위를 관광하였다. 50여 미터나 왔을까 큰 길에서 오른쪽으로 들어가는 2차선 도로가 나타났고 건널목이 있었다. 건널목을 건너려고 좌우를 살피고 있는데 오토바이가 끊이지 않고 몰려온다. 그것도 속력을 내서 달리고 조심성이 없어 보인다. 한참을 오토바이 행렬이 끊이기를 기다렸으나 도저히 끊일 기미가 보이지 않는다. 이곳 사람들은 이런 곳에서 어떻게 길을 건너고 할까 하는 생각을 하다가 문득 오는 도중 차안에서 본 모습이 생각났다. 어떤 아주머니가 길을 건너는데 좌우를 살피지도 않고 그냥 무턱대고 용감하게 길을 가로질러 간다. 우리는 곡예 하는 것을 구경하는 것 같아 신기했다. 우리는 결국 건너기를 포기하고 되돌아오다가 도자기 가게에 들어가 구경하는데 뚜껑 달린 머그컵이 있기에 가격을 물어보니 10달러를 달라고 하여 사는 것을 포기하고 나왔다. 외국인이라 그렇게 불렀는지 실제로 가격이 그런지는 모르겠으나 우리가 생각하는 것과는 가격차이가 너무 났다.

수상 인형극장에 들어가니 이층으로 된 기와집 모양의 집이 정면에 있고 객석은 맞은편에 반원형으로 관람이 용이하게 층계 형으로 설치되어 있다. 객석에서 보아 무대 오른쪽에 악사들이 나와 연주하는 공간이 마련되어 있으며 객석과 기와집 사이는 연못으로 되어 있다. 우리 일행은 조금 일찍 입장을 하였는데 지정좌석이 되어 있었다. 우리 좌석은 관람석의 왼쪽 앞부분에 위치하고 있다. 일부는 가운데 좌석이 비어있고 정면이 되어 잘 보일 것 같다며 그곳으로 가려고 하는데 지정 좌석이라는 소리를 듣고는 그만 둔다. 이곳에 입장을 하니 물이 있어서 그런지는 모르나 음기가 강하게 느껴진다고들 한다.

곧 객석이 거의 차고 악공들이 나와 음악이 연주되면서 공연을 알렸다. 악기 소리는 밤에 물이 있는 공연장의 분위기에서 오는 기분 때문일까 애잔한 느낌이 든다. 사람 인형, 물고기 인형, 새 인형, 그리고 불을 뿜는 용 인형 등 다양한 인형이 나와서 펼치는 연기는 관중들을 매료시킨다. 인형을 조종하는 솜씨가 예술의 경지에 이르고 있다. 이 놀이는 추수가 끝나고 농부들이 들판에 물을 채워 놀던 것에서 발전했다고 한다. 범람한 홍강에서 때론 일부러 물을 채워 넣은 자리에서 펼쳐지는 즉흥적인 놀이에서 발전했다는 것이다. 극의 전체적인 흐름은 이곳의 농경문화를 담은 것 같다. 쟁기질은 농부를 의미하고 물고기는 어부를 뜻한다. 용들의 춤사위는 국가 독립을 염원한 것이라 한다. 우리말로 된 설명이 없어서 정확한 뜻은 파악이 되지 않지만 주민들이 물에서 고기를 잡고, 키우는 닭을 해치려는 짐승을 쫓는 등 이곳 서민들의 생활이 생생하게 재현되고 있는 것 같다. 베트남의 여러 가지 문화를 이야기 하지만 이 수상 인형극이야말로 가장 베트남적인 것이라는 생각이 든다.

공항에 갈 시간이 남아서 쇼핑센터에 들렀다. 가방이 유명하다는 곳이란다. 이곳에는 가방 말고도 여러 가지가 있는데 이곳의 특산품이라는 다람쥐 커피를 팔고 있다. 가격은 크게 비싸지 않아서 구입할 만 했고, 꿀로 빚었다는 환도 팔았다. 음식물은 자칫하면 문제가 있을 것 같아 길잡이에게 물으니 이곳에서 먹는 것에 대해서는 정부에서 엄격하게 통제를 하기 때문에 믿을 수 있을 거라 한다.

베트남의 여정을 되돌아보며 하노이 공항에서 귀국 비행기를 기다린다. 밤 12시 50분 드디어 비행기는 하노이 공항을 이륙하였다. 며칠간의 여행에서 피로해 있었던 까닭인가 곧 잠에 빠져들었다.

수런거리는 소리에 잠을 깨니 창밖으로 불빛이 보인다. 김해 공항에 도착하니 거의 아침 6시가 되었다. 비행기에서 내리니 추워진다. 여름을 살다가 갑자기 겨울이 되니 몸이 움츠러든다. 다시 겨울옷으로 무장을 하고 공항을 떠난다.

상주로 향하여 가는 중에 날이 밝는다. 오다가 청도 휴게소에서 아침 식사를 하는데 잠을 설친 까닭일까 입이 까슬하다.

상주에 도착하니 10시경이 되었다. 다가온 개학을 대비하고 여행의 피곤함을 풀기위해 집으로 향한다.

흔히 백문이 불여일견이라는 말을 사용한다. 교단에서 이러니 저러니 많은 이야기들을 학생들과 나누는데 교사들의 체험은 무척 중요함을 다시 생각하는 계기가 되었다. 사람은 직접 체험한 것만큼 확실하게 아는 것은 없다. 물론 책이나 언론, 인터넷 등을 통해 간접적으로 알 수 있는 것이 엄청 발전하기는 하였으나 그래도 그런 것에 의한 경험은 절실하게 몸으로 배어오지 않기에 여행이 보람되고 즐거운 것이리라.

(2010. 1)

삶에서 흘린 비늘들

[주 : 이 글은 대학졸업논문으로서 당시 문리과대학 학보인 "學脈"에 실린 것을 옮겨온 것이다.]

대학졸업논문

■ 학 생 논 단 ■

詩에 나타난 複合助詞에 對하여

- 韓國詩選을 中心으로 -

金 聖 鎭

Ⅰ. 序 論

國語는 世界의 言語를 形態上으로 흔히 孤立語, 附着語, 屈折語 等 3가지로 分類하는 中에서 附着語에 該當하여 文法上 特徵은 體言과 다른 語辭와의 文法的인

關係를 表示하는 助詞라는 接尾辭와 用言의 叙法, 動作態 等을 包含한 語尾라는 接尾辭에 依하여 單語와 單語와의 文法的인 關係가 나타나는 것이다. 따라서 國語에 있어서 助詞와 語尾는 매우 重要한 역할을 하는데 여기서는 助詞의 一部인 助詞와 助詞가 結合하여 이루어진 複合助詞에 對해서만 살펴보고자 하는 것이다.

그런데 여기서는 범위를 좀 더 좁혀 特殊한 文章인 詩에 나타난 複合助詞에 對해서만 우선 살펴보려는 것이다.

왜냐하면 詩란 意味의 直叙보다는 文章의 뉘앙스를 중요시하는 일면이 있어서 복합조사를 잘 구사할 것이라는 생각이 있었기 때문이다.

韓國에 있어서 1908年 六堂 崔南善의 新詩 "海에서게 少年에게"가 새로운 詩形式에 依해 등장한지 60餘年이 지났다. 그동안 짧은 歷史를 지니고 있기는 하지만 質的으로나 量的으로나 豊盛한 業積을 남기고 있다.

이러한 新詩에 나타난 複合助詞를 살펴보는데 있어서 모든 詩作品을 調査하면 좋겠으나 全 詩作品을 求한다는 것이 매우 힘들뿐 아니라 詩답지 않은 詩까지도 모두 包含될 危險性도 있고 하여 韓國新詩六十年記念事業會에서 愼重히 選定하여 編纂한 韓國詩選을 Text로 삼았다. 이 冊에는 作故詩人 33名과 現存詩人 203名의 詩 464篇이 실려 있는데, 여기 나타난 것만으로 살펴보아도 現在까지 나온 韓國新詩에 나타난 複合助詞를 代表하는데 크게 무리는 없으리라 생각하는 바이다.

Ⅱ. 本　　論

이 글을 叙述함에 있어서 便利를 도모하기 爲하여 다음과 같은 前提를 하는 바이다.

① 이 作業을 함에 있어서 詩 題目은 除外하고 本文만 취급하였다.

② 分類의 便宜를 爲해 大分類를, 즉 格助詞+格助詞, 格助詞+特殊助詞, 特殊助詞+格助詞, 特殊助詞+特殊助詞 等의 型과 特異한 型으로 格助詞+特殊助詞+特殊助詞, 特殊助詞+格助詞+特殊助詞 等이 나타나는데 이들을 "型態"라 假稱하고 그 下位分類를 類型이라 假稱하며, 類型別로 나타나는 具體的인 複合助詞의 型을 語型이라 부르고자 한다. 이 名稱들은 筆者가 叙述의 便宜를

위해 임의적으로 붙인 것이므로 적절한 用語가 있으면 바꾸어도 좋다.

③ 語型은 나타나는 그대로를 취했다. 卽 "~으로도"와 "~로도"와 같은 語型은 同一語型으로 취급해도 좋겠으나 여기서는 그 둘을 合치기는 쉬우나 分離하기는 어려운 點을 고려하여 그 나타나는 그대로를 존중하여 둘로서 취급하기로 하고, 또 語型은 같으나 類型이 다른 것이 나타나면 各各 하나의 語型으로 잡는다.

그러면 以前에 複合助詞에 對하여 어떻게 말하고 있는가 몇 개 살펴보고 넘어가자.

1) 改訂 國語學概論[1)]

"이음토(와, 과, 하고, 하며, 에)는 서로 結合하여 複合體로 쓰이는 일이 많다.

2) 國語學概論[2)]

"格助詞는 겹치어 쓰이는 일이 없으나 複合助詞는 겹치어 쓰일 때가 많으며, 그리고 格助詞의 앞이나 뒤에 붙어서 쓰이기도 한다.

補+補 —조차도, —까지도, —만은, 格+補 —에라도, —에는, —에서도, —도다도, —도다는

補+格+格 —에까지는"

3) 國文法硏究[3)]

"격어미(格助詞)는 둘이 합하는 일은 거의 없으나 특수조사는

① 격어미 앞이나 뒤에

② 특수조사끼지

와 같이 겹쳐 쓰일 수 있다."

以上 複合助詞에 對하여 言及한 것을 세 곳에서 뽑아 보았는데 吟味해 보면

1)의 "이음토"는 助詞를 다섯 가지로 分類하는 중의 하나인데 크게 둘로 助詞를 分類하면 격조사에 들어갈 것이다. 따라서 격조사는 겹치어 쓰이는 일이 많다는 말이 될 것이다.

2)의 格助詞는 겹치어 쓰이는 일이 없다고 단정하고 있다. 그런데 例示한 부분의 마지막 것은 인쇄의 잘못이 아닌가 여겨진다. 왜냐하면 "補+格+格"의 예로 "—

1) 金亨奎

2) 韓國語文學會偏 螢雪出版社

3) 李仁模 東華文化社

에까지는"을 들고 있는데, "까지"와 "는"은 모두 補助助詞로 分類해 놓고 있으면서 例는 그렇게 들었기 때문이다.

3)은 1)이나 2)보다는 잘 보고 있으나 격어미(格助詞)가 둘 合하는 일은 거의 없다고 한 點은 再考의 여지가 있지 않을까 생각한다.

그러면 시에 있어서 복합조사는 어떻게 나타나는가 각 型態別, 類型別로 살펴보기로 하자.

1. "格助詞+格助詞" 型態의 複合助詞

이 型態는 類型數가 가장 많아 15個나 나타나며, 語型 22個로서 50個處에 보여서 頻度數는 韓國詩選에 나타는 全體 複合助詞 599個의 8.3%에 該當하는 것으로 이것은 두 번째로 많이 나타나는 型態이다.

그러면 각 類型別로 살펴보기로 하자.

1) 處所格+所有格

本型態에서 가장 많이 쓰이는 類型으로 19個處에 나타나는데 이는 38%에 該當하는 것이다. 나타나는 語型은 "에+의, 에서+의"의 둘이다.

마이크 앞에서의 나의 말 <無明有明>(李相魯)

영원에의 도달 그 完全한 到達을 <할아버지>(金珖燮)

2) 處所格+目的格

3個處에 "에+ㄹ, 에+를" 두 語型으로 나타난다.

자네 사는 이 깊은 산골 어디엘 가나 <편지>(姜禹植)

나는 田園茶房에를 드나들면서 <無明有明>(李相魯)

3) 處所格+向格

但, 1개의 語型 "에+로"로서 2個處에 보일 뿐이다.

아래서 부르면 위에로 떠오르고, 눌리면 터지느니 <검푸른 얼굴을 하였느뇨>(李敬純)

4) 處所格+ 比較格

"에서+처럼" 語型이 1個處에 나타난다.

어느 허허로운 출발에서처럼 바람은 짙은 데 <群鶴圖>(金尙憶)

5) 處所格+敍述格

단 1個處에 나타나는데 "에서+ㄴ가"의 語型이 보인다.

어느 일몰에선가/가지마다 환한 重量의 빛을 담고 <어느 肖像>(浪承萬)

6) 向格+所有格

2個處에 語型 "로+의, 으로+의"로 나타난다.

아아, 나도 陶淵明을 본 받아 슬퍼하지 말고 앞으로의 일을 좇아 바르게 행하여 볼 것인가 <無明有明>(李相魯)

나는 새벽마다 찬란한 세계로의 歸還에 安心한다. <어둠속의 散策>(李裕憬)

7) 與格+向格

"에게+로"의 語型 하나로 2個處에 나타난다. 그것을 모두 例文으로 보면

밤은 나에게로 오고 있다. <市店에서>(崔元)

그리하여 당신은 우리에게로 닥아올 뿐 유예하지 않아 <像>(金尙憶)

와 같이 나타난다.

8) 由來格+所有格

2個處에 나타나는데 語型은 "로부터+의" 하나뿐이다.

태초로부터의 불붙음으로 <바다의 靈歌>(朴斗鎭)

9) 由來格+敍述格

3개 語型 "에서부터+인지, 부터+인지, 부터+ㄴ가"로서 5곳에 나온다. 예를 들어 보면

어디쯤에서부터인지 나는 잠이 들었다. <無明有明>(李相魯)

언제부터인가 텅빈 어둠 속에 내가 던져졌다. <壁>(尹三夏)

언제부턴가 / 조용한 주위가 좋았다. <山>(韓性祺)

와 같이 나타난다. 그런데 "인지, 인가, ㄴ가"가 敍述格助詞라고 하는 것이 이상하다고 할지도 모르나 이는 敍述格助詞 "이다"는 다른 助詞와는 달리 活用하는데 그 活用形이 바로 그렇게 나타난 것일 뿐이다. 그러면 모두 한 語型으로 다루어야 한다고 할지도 모른다. 사실 한 語型으로 취급할 수 있다. 그러나 冒頭에서 말했듯이 나타나는 語型自體를 重要視하기 爲해 別個의 語型으로 잡아본 것이다.

10) 造格+所有格

語型 "로+의" 하나로 但 한 곳에만 나타난다.

몸채로의 苦惱가/꼭 무슨 소용돌이처럼 <十字架의 노래>(金京洙)

11) 資格格+所有格

이 類型도 10)類型과 같이 1개처 밖에 나타나지 않는데 語型은 "으로서+의"이다.

꽃으로서의 생명은/부질없는 한 순간에 져버려 <薔薇>(金后蘭)

12) 比較格+所有格

語型 "만큼+의"로 2個處에 보인다.

비로소 깨닫는 그만큼의 무게를 <壺>(李仁秀)

13) 共同格+比較格

1個處에 보이는데 語型은 "와+같이"이다.

그와같이 / 당신의 운명을 생각할 때 <말>(南宮 壁)

14) 同位格+所有格

7個處에 나타나는데 語型으로는 "과+의, 와+와" 두 가지가 보인다.

나의 순이와의 사랑을 생각한다. <觀水洞>(張萬榮)

성가신 不信이거나 수다스런 女人과의 愛撫란 <비둘기> (洪潤基)

15) 同位格+目的格

"과+를" 語型으로 한 곳에 나타난다.

살점이 무너지는 感情의 崩壞와/교활한 방랑자, 後日譚과를/淸掃夫의 귀는 놓치지 않는다. <가을의 청소부>(김광협)

以上 本形態의 類型에 對하여 살펴보았는데, 處所格에 他格助詞가 붙은 類型이 5個類型으로 27個處에 나타나고, 他格助詞에 所有格이 붙어 複合助詞가 된 것이 7個類型 44個處에 나타나서 다른 것에 비해 월등히 많이 쓰이고 있음을 알 수 있다.

助詞 두 개가 複合되면 하나의 助詞는 機能이 弱化되고 助詞 하나가 格의 機能을 주로 나타내는데 格助詞 두 개가 結合하면 어느 것이 主機能(格의 기능을 말함. 以後는 便宜上 그렇게 부르겠다)을 나타내는가 보자.

위에 든 例文을 中心으로 보면 "處所格+所有格" 類型과 "處所格+目的格" 類型은 處所格에 重點이 있는 것 같고, "處所格+向格" 類型과 "處所格+比較格" 類型은 後者 즉 向格과 比較格에 重點이 있으며 "處所格+敍述格" 類型은 處所格에, "向格+所有格" 類型과 "與格+向格" 類型은 向格에 重點이 있는 듯이 보인다. "由來格+所有格"類型과 "由來格+敍述格"類型은 由來格에 重點이 있는 것 같으며, 10)類型, 즉 "造格+所有格"類型은 所有格에, "資格格+所有格"類型은 資格格에, "比較格+所有格"類型은 所有格에, "共同格+比較格"類型은 比較格에, "同位格+所有格"類型은 所有格에, 15)類型, 卽 "同位格+目的格" 類型은 目的格에 重點이 있는 듯하다. 그

러나 이것도 絶對的인 것이 아니며, 또 어떤 規則이 있어 그 規則에 따르는 듯한 點도 發見할 수 없다. 여기에 들지 않은 例들까지 합해서 보면 規則性은 더욱 發見할 수 없다. 단지 그때 그때 文章 사정에 따라 主機能이 어느 것인가를 식별할 수 밖에 없을성 싶다.

물론 詩 以外의 文章에서는 달리 規則性이 있을런지도 모르겠으나 筆者가 調査한 韓國詩選에 나온 것들은 規則性을 發見하기 힘들다. 卽 詩文에서 格助詞와 格助詞가 合쳐진 複合助詞에서는 主機能을 나타내는 部分은 文章에 따라 찾아낼 수 밖에 없을성 싶다.

2. "格助詞+特殊助詞" 類型의 複合助詞

韓國詩選에 複合助詞가 나타나는 곳은 모두 599個處인데 이 중 格助詞+特殊助詞 型態는 12類型, 68語型으로 477個處나 나타나고 있어 頻度數는 79.6%를 차지하고 있다. 類型別로 살펴보면

1) 主格+特殊助詞

이 類型은 단 1個處에 語型은 "께서+ㄴ "이다.

당신<u>께선</u> 사람의 재주로 된 이 울창한 숲에, 황금의 지팡이로 나를 잠재우듯 그토록 또 나를 피리로 일깨우사 <群鶴圖>(金尙憶)

그런데 例文을 음미해 보면 主機能을 나타내는 것은 格助詞, 즉 主格助詞 "께서"인 것을 알 수 있다.

2) 處所格+特殊助詞

모든 類型中 가장 많은 곳에 나타나는 것으로 352個處에 보여서 全體의 58.76%나 되며, 格助詞+特殊助詞 型態의 73.8%나 차지하고 있는 형편이다. 語型數도 18個로 모든 類型中 가장 많은 語型을 보이고 있으니 "에+ㄴ(75), 에+는(100), 에+도(77), 에+나(6), 에+만(4), 에+까지(2), 에+야(3), 예+라도(1), 에+ㄴ들(2), 에서+ㄴ(24), 에서+는(19), 에서+야(4), 에서+도(14), 에서+만(5), 로+는(8), 에서+나(5), 에서+라도(1), 서+도(2) 等이 그것이다.

각 語型에 該當하는 例를 하나씩만 들어보면

① 바다<u>엔</u> 새기 밴 고래가 늠실렁 거리며 <독수리의 秘歌>(楊明文)

② 산<u>에는</u> 꽃 피네 <山有花>(金素月)

③ 오늘 밤에도 별이 바람에 스치운다. <序詩>(尹東柱)

④ 自鳴鼓처럼 묻는 귀에나 입을 열리라 <마자서 우니노라>(金在元)

⑤ 靑春은 다달을 수 없는 곳에만 서서 울고 (湯>(李祭夏)

⑥ 땅멀미를 아는 데에까지 왔다 <멀미>(朴敬用)

⑦ 革命은 마지막에야 하고 싶던 재채기 <마자서 우니노라>(金在元)

⑧ 어떤 것은 또 엷은 거미줄에라도 걸려 파닥거리는 시늉으로 <處暑記>(朴成龍)

⑨ 꿈엔들, 어찌 꿈엔들 잊으리오 <나의 江山아>(李孝祥)

⑩ 축음기에선 狂想曲을 몰아낸다 <冷戰>(金榮泰)

⑪ 山에서는 새들이 우짖고 <주정꾼>(李相魯)

⑫ 百貨店에서야 詩를 팔리라 들려 봤으나 <詩와 때>(鄭永泰)

⑬ 물동이에서도 아주머님 푸른 하늘이 넘쳐흐르는 구료 <낡은 우물이 있는 風景>(金鍾漢)

⑭ 올빼인 양 어둠 속에서만 광채나는 눈 <살무사>(咸允洙)

⑮ 꽃은 어디에서나 피어 있었다. <꽃을 노래하는 課程>(李敬南)

⑯ 숨막히는 불꽃의 苦痛 속에서라도 더욱 뜨거운 삶을 살고 싶다고 <불놀이>(朱耀翰)

⑰ 내 마음이 때로는 가라앉고 <바다의 靈歌>(朴斗鎭)

⑱ 東海二千里 벼랑 끝가지서도 / 꽃은(피어있었다) <꽃을 노래하는 課程>(李敬南)

으로 나타나는데, 이들을 음미해 보면 ⑦과 ⑰은 時間을 나타내는 處所格으로 主機能이 나타나고, 나머지는 모두 장소를 나타내는 處所格이 主機能을 나타낸다. 그리고 特殊助詞는 뜻을 더해 주거나, 强調하는 등 副機能으로만 쓰이고 있음을 알 수 있다. 여기에는 번잡을 피하기 위하여 例를 하나씩만 들었는데 本類型의 325個 모두 格助詞가 主機能을 나타낸다.

3) 向格+特殊助詞

이 類型에 쓰이는 語型으로는 "로+라도(1), 로+도(1), 로+는(1), 로+만(3), 으로+라도(1), 으로+만(2), 으로+도(3) 等이 나타나고 頻度數는 12個處로 本型態內에서 2.7%에 해당한다.

바다로라도 다 흐르고 말면 <處暑記>(朴成龍)

들로도 산으로도 따라다니며 <贖罪羊Ⅱ> (閔在植)

하얀 커어튼 틈새로는 金의 햇살이 들고 <어느 날>(金松姬)

언제나 宇宙로만 窓을 열어주는 밤 <演奏者>(金潤成)

江으로라도, 바다로라도, 다 흐르고 말면 <處暑記>(朴成龍)

안으로 안으로만 채찍질하여 <바위>(柳致環)

들로도 산으로도 따라다니며 <贖罪羊Ⅱ> (閔在植)

以上 7個의 例를 들었는데 음미해 보면 이들 역시 格助詞, 즉 向格이 主機能을 나타내고 있음을 알 수 있을 것이다. 여기 例로 들지 않은 것도 마찬가지로 나타난다.

4) 與格+特殊助詞

이 類型은 26個處에 나타나 "格助詞+特殊助詞" 型態에서 5.5%의 비중으로 나타나고 있으며, 語型으로는 "게+도, 게+ㄴ, 게+는, 에게+ㄴ, 에게+나, 에게+는, 에게+도, 에게+만, 에게+야, 에게서+도" 等이 나타난다.

내게도 끝 있음을 어디든 새겨 <나비> (劉康煥)

내겐 / <그날>이 중요하였다. <今週에 온비> (朴義祥)

시방 내게는 그 눈물이 없다. <生活白書> (全尙烈)

나에겐 <그대> 부를 言語는 없다. <메마른 언어> (朴載崙)

아무에게나 짖어대는 버릇은 <우리리들은 아랑곳 없이> (李活)

당신에게는 服從만 하고 싶어요 <服從> (韓龍雲)

나에게도 있었던 그 한 때를 立證하여 주고 <芭蕉> (설창수)

나에게만 있도다 <조선의 맥박> (梁柱東)

사랑잃은 청년의 어두운 가슴 속도 너에게야 무엇이리오 <불놀이> (朱耀翰)

英雄에게서도, 골목에서도 /안간힘을 쓰는, 나의 노력 위에 <個性> (李盛夫)

語型에 따라 하나씩 例를 들어 보았는데 이것 역시 格助詞, 즉 與格이 主機能을 나타내고 있음을 알 수 있다.

5) 由來格+特殊助詞

이 類型은 8個處에 나타나는데 格助詞+特殊助詞 類型의 1.7%에 該當하는 것이다. 나타나는 語型으로는 "에+ㄴ, 에서+나, 에서+도, 에서부터+라도, 부터+는, 로부터+는" 等 9형이 있는데 例를 들어보면

自由의 눈초리엔 외면 <寒木抄> (尹明)

어느 바다에서나 / 행여나 화답이 오나 하고 귀를 귀울이네 <노래> (李光洙)

松花江 끝에서도 왔다. <발> (申東曄)

屛風은 무엇에서부터라도 나를 끊어준다. <屛風>(金洙暎)

여기서부터는 내 땅이 아니란다. <恍馬車> (盧天命)

左右陣地로부터는 一齊히 射擊開始 <밤의 休戰線> (張虎崗)

로 나타나는데 이들은 主機能을 由來格이 한다.

6) 造格+特殊助詞

이 類型은 "으로+는, 으로+도, 으로+만, 로+도, 로+만, 로+는, 로+야, 로+ㄴ" 等 九個語型으로서 12個處에서 보인다. 이것은 本型態의 2.7%에 該當하는 것이다.

나는 사람의 힘으로는 / 어찌할 수 없는 <밤> (南宮壁)

내 困憊한 意識으로도 記憶할 수 있다. <어둠속의 散策> (李裕憬)

그런 있음으로만 너를 잊게 하라 <바람속에서> (鄭韓模)

月賦로나 가능할까를 씹으면서 <어둠속의 散策> (李裕憬)

時間의 變貌하는 빛깔로도 / 입술을 추기는 <街路에서> (成春福)

한 토막 모진 꿈결로만 헤아려지면서도 <아가야> (金海剛)

奢侈로는 지켜볼 수 없는 孤獨의 窓을 도루 닫는다. <꽃의 사투리> (朴琦遠)

나의 이 젊은 나이를 / 눈물로야 보낼거냐 <떠나가는 배> (朴龍喆)

호미론 풀을 매지요 <南으로 窓을 내겠소> (金尙鎔)

九個의 例를 보았는데 모두 格助詞가 主機能을 나타내고 있다.

7) 原因格+特殊助詞

7個處에 나타나는 類型으로 語型은 "에+도, 에+라도" 둘 뿐이다.

한 점 바람에도 歷史에 흔들리어 <끝내 한 잎의 落葉인 것을> (金容浩)

술에라도 취해 볼거나 < 겨울 밤> (申庚林)

의 두 例文中은 後者가 主機能이 어느 것인가 구별이 약간 힘든 듯 한데 음미해 보면 "취하는 것"은 "술"이 原因이 되는 것이니 主機能은 역시 原因格이라 할 수 있다. 이것 以外는 쉽게 主機能이 原因格인 것을 發見할 수 있으니 例를 몇 개 더 보면

熱風에도 마르지 않을 / 속 깊은 샘으로 살았다. <街路에서> (成春福)

한 줄기 바람의 손짓에도 / 솔가지는 모두가 震動하는 것일까 <暗室에서> (李秀翼)

2個의 例를 더 들어 보았는데 이 例에서는 主機能이 原因格이라는 것을 명백히 알 수 있을 것이라 생각한다.

8) 資格格+特殊助詞

語型 "로서+ㄴ, 로+만" 둘로써 3個處에 나타나 있다. 쓰이는 例는

열두번째로 主峰 「天王」을 넘은 그로선 분명 익혀아는 毒草 누루치의 뿌릴 汁해 먹고 <汎生의 章> (설창수)

눈자위가 발그레한 그러한 토끼들로만 보였다. <주정꾼> (李相魯)

와 같은 것이 있는데 이것 亦是 格助詞가 主機能을 나타내고 있음을 알 수 있다.

9) 比較格+特殊助詞

本 類型은 34個處에 나타나 本型態에서 두 번째로 많이 쓰이고 있는 類型으로 本書(韓國詩選, 以後는 本書로 부르기로 한다.)의 複合助詞 全體 使用中 5.7% 本型態의 7.1%에 該當하는 것으로 "보다+도, 보다+는, 만큼+만, 만큼+이나, 만큼+이라도, 과+도 等 6語型이 나타나는데 例를 보면 다음과 같다.

너의 넋은 修女보다도 더욱 외롭구나 <芭蕉> (金東鳴)

눈짓보다는 목소리가 그립다 <혀> (李炭)

하늘만큼만 되십시오 <山山山이여> (金淑子)

아픈 魂만큼이나 싸움을 익혀가느니 <和音> (鄭玄宗)

靑年의 때 묻은 속옷만큼이라도 / 비야 쏟아지라 <비만 오면> (李中)

나의 몽롱한 不在感 엄청난 解放의 느낌과도 같은 <배암> (金次榮)

以上 6個의 例를 들어 보았는데 이것들도 特殊助詞에 主機能이 있다고 하기보다는 比較格, 즉 格助詞에 主機能이 있다고 보아야 할 것이다.

10) 共同格+特殊助詞

本類型은 語型 "과+도, 와+도, 와+는, 과+는" 等 4個로서 19個處에 나타나 全體의 3.2% 本型態의 4%로서 本型態에서는 3번째로 많이 쓰이는 類型이다.

허허 만주 벌판과도 같은 가슴과 함께 민하게 마구잡이로 꼬리치는 뱀과 동침을 하고는 <인생이란 무엇인가 묻는 주책없는 靑年> (全榮慶)

나는 新舊와도 말이 없는 데 <Vanitas Vanitatum> (李孝祥)

우리는 죽으러 가는 者와는 反對方向의 列車에 앉아 <검은 江> (朴寅煥)

제멋대로 時針이 한바퀴 돈 서머·타임과는 달리 손쉽지 않은 人生의 廣場에 크낙한 페닉스의 굳은 心臟을 갖게 하여 주십시오 <傲慢한 孤獨을 위하여>

(金容浩)

各 語型別로 하나씩 例를 들어 보았는데, 여기서도 主機能은 나타내는 것은 格助詞라는 것을 쉽게 알 수 있을 것이다.

11) 引用格+特殊助詞

이 類型은 但 1個處에 나타나고 語型은 "라고+나"이고 主機能은 引用格으로 나타난다.

자동차라 낳은 商品 정도라고나 할까 <어느 날> (金丘庸)

12) 同位格+特殊助詞

이 類型은 語型 "와+는, 랑+은" 둘로서 2個處에 나타나고 主機能은 亦是 格助詞가 담당하고 있다.

나와 너와는 언제까지나 이렇게 서로 /半體溫만을 지켜가야 하는가 <祖國은 너의 것이 아니다> (韓無學)

그 숱한 言語랑은 / 잊어버리고 <貴重한 것은> (秋恩姬)

以上 "格助詞+特殊助詞"型態의 複合助詞에 對하여 各 類型別로 살펴보았는데 本 型態는 本書에 나타난 全體 複合助詞의 79.6%를 차지하고 있다.

類型別로는 處所格+特殊助詞의 類型이 本 型態內에서 가장 많이 쓰여서 73.8%나 쓰이고 있는데 이는 全體의 58.70%에 該當하는 것이다. "處所格+特殊助詞"類型 뒤를 이어 "比較格+特殊助詞", "與格+特殊助詞", "共同格+特殊助詞", "造格+特殊助詞"와 "向格+特殊助詞", "由來格+特殊助詞", "原因格+特殊助詞", "資格格+特殊助詞", "同位格+特殊助詞", "主格+特殊助詞"와 "引用格+特殊助詞"類型의 順序로 나타난다.

위에서 副詞格 內에 包含될 것들과 特殊助詞가 合쳐진 것들을 "副詞格+特殊助詞" 類型으로 하지 않았는데 이것은 각 小類型을 重要視하기 위한 것이다.

굳이 副詞格+特殊助詞 類型을 잡으면 여기 쓰이는 總數는 47個處로서 本型態의 99%를 차지하고 있어 大部分이 여기에 包含됨을 알 수 있다.

"副詞格+特殊助詞" 類型 以外는 다만 3個處에서만 찾아볼 수 있을 뿐이다.

助詞가 두개 겹쳐 複合助詞가 되면 앞에서도 말했듯이 助詞 하나의 機能은 弱化되기 마련인데 格助詞에 特殊助詞가 겹칠 때는 어느 것이 弱化되고 어느 것이 主機能을 나타낼까?

위에서 各 類型別로 複合助詞 語型 68個를 各 1개씩의 例文으로 살펴보았는데 모두 格助詞가 主機能을 나타냄을 보았다. 위에 든 例 以外에도 本書에 나타나는 이 型態의 語型은 모두 格助詞가 主機能을 表示하고 있다. 다시 말해서 主格+特殊助詞일 때에는 主格助詞가, 副詞格+特殊助詞의 複合助詞일 때는 副詞格助詞가, 同位格+特殊助詞의 複合助詞일 때는 同位格助詞가 主機能을 나타낸다.

3. "特殊助詞+格助詞" 型態의 複合助詞

이 型態의 複合助詞는 8類型, 13語型으로서 47個處에 나타나 全體 出現數 1,599個處의 7.9%로 퍽 적으나 語型數는 13個가 나타나 全體 語型 114個에 對해 11.3%에 該當하여 꽤 큰 비중을 차지하고 있다.

1) 特殊助詞+主格助詞

"特殊助詞+格助詞"型態의 複合助詞에서는 가장 많은 頻度數를 나타내는 23個處가 나타나 50%를 차지하고 語型別로는 "마저+가" 語型이 한곳에 나타나고 "만+이"가 나머지 22個處에 나타난다.

對話마저가 / 몹시도 권태로와지는 午後이면 <太陽이 直角으로 떨어지는 서울> (金璟麟)

밤만이 할아버지의 것 <할아버지> (金光燮)

2) 特殊助詞+所有格助詞

"만+의, 마다+의, 대로+의" 等 3個의 語型으로 5個處에 나타나서, 本 型態의 約 10.6%를 점유하고 있다.

비둘기는 참말로 나의 하나만의 市民이라 <비둘기> (洪潤基)

저마다의 겨레와 그 꿈을 걸어 <볼리비아의 기수> (權逸松)

하늘 땅에 내 마음대로의 그림을 그린다. <所願) (金海星)

3) 特殊助詞+目的格助詞

本 型態에서 "特殊助詞+主格助詞"類型 다음으로 많이 쓰이는 9個處에서 보이는데 이는 19%에 該當하는 것으로 語型은 "만+을, 마다+를" 둘만이 보인다.

順伊의 봄만을 적셔주는 것이 아니다. <바람에> (章 湖)

누거 풍상을 젖어 그 가슴마다를 넘쳐온, 다시 숨쉼이고져 <像) (金尙憶)

4) 特殊助詞+處所格助詞

앞에서 본 "格助詞+特殊助詞"型態의 "處所格+特殊助詞"類型이 本書에 나타난

複合助詞 全體의 58% 以上이나 쓰이고, "格助詞+特殊助詞" 型態의 73%나 쓰이고 있는 것과는 對照的으로, 다만 그 位置가 바뀐 것뿐인데 但 3個處밖에 나타나지 않아 本書에 나타난 複合助詞 全體의 0.5%에 불과하고 本 型態 內에서도 6.4% 밖에 되지 않는다. 語型도 "만+에" 하나만 보인다.

한 돌만에 나는 / 사랑을 잃어 버린다. <初冬에> (金光會)

5) 特殊助詞+造格助詞

이 類型은 "만+으로"란 語型 한 개로 2個處처에 나타난다.

이것만으로 별 속의 精靈과 꽃 속의 亡靈 / 두로 꿰매진다. <나의 祭壇> (成贊慶)

6) 特殊助詞+原因格助詞

5)와 같이 "만+으로"란 語型 하나로 2個處에 나타나는 類型이다.

바람은, 부는 것만으로 구실을 삼으려 들지 않는다 <바람에> (章　湖)

7) 特殊助詞+比較格助詞

但 하나의 語型 "에다+처럼"으로 한곳에 나타난다.

거울에다처럼 / 어릴제 달아 두고 있었던 <小曲> (李壽福)

8) 特殊助詞+敍述格助詞

"만+이다, 만+이라도"의 두 語型이 各 1個處씩 나타나 2個處에 이 類型이 보이고 있을 뿐으로

허허한 땅과 하늘만이다. <風景A> (안장현)

한번만이라도 / 참사랑의 속살에 / 입맞췄더라면 <女情> (朴明星)

이 그것이다.

以上 8類型, 13語型에 對해 살펴보았는데 本書에 나타나는 複合助詞의 7.9%로 적은 비중을 차지하고 있으나 그래도 "格助詞+特殊助詞", "格助詞+格助詞" 型態 다음으로 많이 쓰이는 型態이다. 語型과 類型別로도 세 번째로 많이 쓰이고 있다.

위에서 各 語型別로 例를 하나씩 살펴보았는데 主機能을 나타내는 것은, 1)類型은 主格이, 2)類型은 所有格이, 3)類型은 處所格이, 4)類型은 處所格이, 5)類型은 造格이, 6)類型은 原因格이, 7)類型은 敍述格助詞인 것을 例文에서 쉽게 판별할 수 있다. 즉 格助詞가 主機能을 나타내는데 여기 例로 들지 않은 것들도 모두 同一하게 나타난다.

여기에서 "格助詞+特殊助詞"型態와 "特殊助詞+格助詞"型態를 綜合해서 볼 때,

格助詞와 特殊助詞가 結合하여 複合助詞가 되면 그 둘의 位置의 前後에 關係없이 格助詞가 主機能을 한다고 할 수 있겠는데, 그 理由는 格助詞는 機能을 담당하는 것이 主任務인데 對하여 特殊助詞는 意味를 더해 주는 등 뉘앙스面을 다채롭게 하는 것이 특징이기 때문인 듯 하다.

4. "特殊助詞+特殊助詞" 型態의 複合助詞

이 型態는 類型別로 나눌 수 없는 것이 特色인데, 여기서는 便宜上 이 型態 全體에 들어가는 全 語型을, "特殊助詞+特殊助詞" 類型을 設定하여 이곳에 귀속시키겠다.

이 型態는 1類型 9語型으로 22個處에 나타나 全體의 3.7% 정도의 비중을 차지한다. 나타나는 語型은 "까지+도, 까지+나, 만+은, 까지+는, 까지+고, 까지+라도, 마저+도, 만+도, 두+야"인데 例를 들어 보면

나의 만년필까지도 / 다시 만났다 <正體> (鄭鎭圭)

언제까지나 내닫는 너를 <꽃 · 天上의 樂器 · 豹범> (全鳳健)

새빨간 귀만은 내게다 돌려다오 <雪景> (李祭夏)

이 새벽의 나른한 時間까지는 / 고단한 꿈길을 참고 견뎌야만 <處暑記> (朴成龍)

내 속샘까지라도 다 짚어 주시듯 <四行詩抄> (姜禹植)

이젠 언제까지고 바라볼 수 있는 기쁨 <아가야> (金海剛)

음향과 빛깔과 아마 향기마저도 / 實은 그들이 어디 있더냐 <프리즘> (成贊慶)

나의 詩는 술장수만도 못했다 <마자서 우니노라> (金在元)

나두야 간다 <떠나가는 배> (朴龍喆)

語型別로 하나씩 例文을 보았는데 좀 特異한 語型으로 "두+야"가 나타나고 있어 이상하게 생각할 사람이 있을지 모르겠으나, 이상할 것이 없으니 詩語이기 때문에 "두+야"로 표현하여 멋을 부려본 것 뿐으로 "도+야"의 異形態인 것이다.

格助詞와 特殊助詞가 合쳐져 複合助詞가 된 경우와는 달리 特殊助詞 둘이 합쳐져 複合助詞가 된 경우는 위 例文에서도 알 수 있듯이 主機能을 어느 것이 나타내는가 區別할 수가 없다. 이것은 두루토니 通格이니 하는 異稱이 있듯이 여러 格

으로 두루 使用되는 特殊助詞 둘 結合한 때문이다. 즉 "特殊助詞+特殊助詞" 型態의 複合助詞는 어느 것이 主機能을 나타낸다고 말할 수 없다.

5. "格助詞+特殊助詞+特殊助詞" 型態의 複合助詞

이제까지 記述해온 型態와는 달리 助詞 3個가 겹쳐서 複合助詞를 이루고 있는 型態인데 類型은 "與格+特殊助詞+特殊助詞" 하나만이 보이고 語型도 "에게+만+은"으로 1個處에 나타난다.

당신에게만은 / 그렇게 허술히 느껴버리지 않으면 <볼리비아의 기수> (權逸松)

本 型態는 여기 들은 例文 以外에서는 찾아볼 수 없는데, 이것은 이런 型態, 이런 類型도 나타난다는 데 重要性이 있다고 본다.

6. "特殊助詞+格助詞+特殊助詞" 型態의 複合助詞

이 型態도 3個가 겹친 것으로 잘 쓰이지 않는 것이다. 類型은 "特殊助詞+處所格+特殊助詞" 하나뿐인데 나타나는 語型은 2가지 "만+에+는", "만+에+야"가 보일 뿐이고, 나타나는 數도 各 語型이 각각 하나씩 2個處에 나타날 뿐이니

나는 / 늦어도 三週日만에는 / 원수처럼 만났다 <食事> (金閏喜)

삼천원을 사흘만에야 받아 가지고 田園茶房에 갔다 <有明無明> (李相魯)

가 그것이다.

助詞 3개가 겹쳐져 이루어진 複合助詞는 도무 2型態에 各 1類型씩 2類型이 있으며, 語型은 모두 3個로 3個處 밖에 나타나지 않아 무시해도 좋을 듯 하나, 다만 그런 型도 있어 쓰이고 있다는 點에 重要性이 있다고 본다.

Ⅲ. 結　　論

이제까지 記述해온 것을 要約해 보면, 1908年 以後 60年間에 나온 詩들 中에서 各 詩人의 代表作을 모은 韓國詩選을 調査해 보니

1. 詩에 나타난 複合助詞에는 "格助詞+格助詞", "格助詞+特殊助詞", "特殊助詞+格助詞", "特殊助詞+特殊助詞" 型態가 쓰이고, 極少數이긴 하지만 "格助詞+特殊助詞+特殊助詞", "特殊助詞+格助詞+特殊助詞" 型態와 같이 3個의 助詞가 겹쳐진 것도 쓰이고 있다.

2. "格助詞+格助詞" 型態는 15類型 21語型으로 50個處에 나타나며, "格助詞+特殊助詞" 型態는 12類型, 68語型으로 477個處에 나타나는데 그 중 "處所格+特殊助詞" 類型이 18語型으로 352個處에 나타나 이 型態의 7할 以上을 차지하고 있으며 특히 副詞格에 該當한 助詞와 特殊助詞가 結合한 複合助詞는 이 型態의 거의 大部分을 차지하고 있다. "特殊助詞+格助詞" 型態는 8類型, 13語型으로 47個處에 나타나고, "特殊助詞+特殊助詞" 型態는 1類型 9語型으로 22個處에 나타나며, "格助詞+特殊助詞+特殊助詞" 型態는 1類型 1語型으로 1個處에 나타나고, "特殊助詞+格助詞+特殊助詞" 型態는 1類型 2語型으로 2個處에 나타나 있다.

3. 助詞가 合쳐져 複合助詞가 되면 그 中 하나는 機能이 弱化되기 마련인데 格助詞와 特殊助詞가 合쳐져 複合助詞가 되면 그들의 結合의 前後에 無關하게 格助詞가 主機能을 나타내고 特殊助詞는 意味를 더해주는 等 뉘앙스를 다채롭게 하고 있다. 格助詞끼리 겹쳐서 複合助詞가 되면 主機能을 나타내는 部分은 文章에 따라 달라진다. 그리고 特殊助詞가 둘 結合하여 複合助詞가 된 것은 여러 格으로 두루 쓰이는 特殊助詞의 性質 때문에 主機能을 나타내는 部分을 區別할 수 없다.

參 考

우리말본, 崔鉉培, 正音社 (4292)

國文法硏究, 李仁模, 東華文化社 (4293)

改訂國語學槪論, 金亨奎, 一潮閣

國語學槪論, 韓國語文學會編, 螢雪出版社 (1973)

정통高校國文法, 白正基 (1972)

國語助詞의 分類에 對하여(論文) 李基白, 常山 李在秀博士 還曆記念論文集

<國文學科 四年>

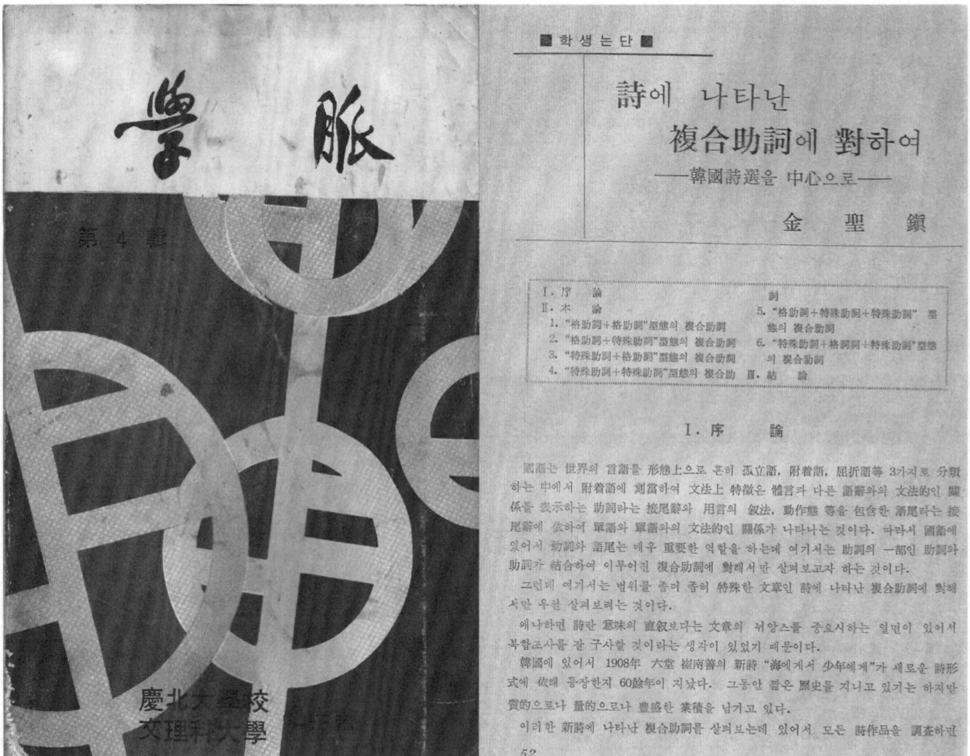

■학생논단■

詩에 나타난 複合助詞에 對하여
——韓國詩選을 中心으로——

金 聖 鎭

I. 序 論
II. 本 論
1. "格助詞+格助詞"型態의 複合助詞
2. "格助詞+特殊助詞"型態의 複合助詞
3. "特殊助詞+格助詞"型態의 複合助詞
4. "特殊助詞+特殊助詞"型態의 複合助詞
5. "格助詞+特殊助詞+特殊助詞" 型態의 複合助詞
6. "特殊助詞+格助詞+特殊助詞"型態의 複合助詞
III. 結 論

I. 序 論

國語는 世界의 言語를 形態上으로 흔히 孤立語, 附着語, 屈折語等 3가지로 分類하는 中에서 附着語에 該當하여 文法上 特徵은 體言과 다른 語辭와의 文法的인 關係를 表示하는 助詞라는 接尾辭와 用言의 敍法, 動作態 等을 包含한 語尾라는 接尾辭에 依하여 單語와 單語와의 文法的인 關係가 나타나는 것이다. 따라서 國語에 있어서 助詞와 語尾는 매우 重要한 역할을 하는데 여기서는 助詞의 一部인 助詞와 助詞가 結合하여 이루어진 複合助詞에 對해서만 살펴보고자 하는 것이다.

그런데 여기서는 범위를 좀더 좁혀 特殊한 文章인 詩에 나타난 複合助詞에 對해서만 우선 살펴보려는 것이다.

왜냐하면 詩란 意味의 直敍보다는 文章의 뉘앙스를 중요시하는 일면이 있어서 복합조사를 잘 구사할 것이라는 생각이 있었기 때문이다.

韓國에 있어서 1908年 六堂 崔南善의 新詩 "海에게서 少年에게"가 새로운 詩形式에 依해 등장한지 60餘年이 지났다. 그동안 짧은 歷史를 지니고 있기는 하지만 質的으로나 量的으로나 豊盛한 業積을 남기고 있다.

이러한 新詩에 나타난 複合助詞를 살펴보는데 있어서 모든 詩作品을 調査하면

52

[現場研究 論文]

要約 訓練 課題 活用을 通한 國語 學力 伸張

Ⅰ. 序 論

1. 研究의 必要性

國語 教育은 "國語"와 "教育"이라는 두 要素를 밝힘으로써 그 性格을 分明하게 糾明할 수 있다. 國語 教育은 우선 "國語"라는 要素로 因하여 國語 要素를 包含하고 있지 않은 一般 教育과는 區別된다. 國語 教育은 또한 "教育"이라는 要素로 因하여 國語學 또는 國文學과도 區別된다. 國語學이나 國文學에서는 國語 또는 國文學 自體가 探究의 對象이 되지만, 教育이라는 要素는 探究의 對象에서 除外된다. 이에 곁들여 國語 教育의 性格 糾明에서 빠뜨릴 수 없는 또 한 가지 要素는 教育現場의 主體가 되는 "人間" 要素이다. 教育이 "누가 무엇을 누구에게 가르치는 일"이라면, 國語 教育 現場 속에서 教授와 學習이 主體가 되는 人間(教師와 學生) 要素를 빠뜨릴 수가 없다.

國語 教育은, 한편으로는 國語(言語)를 다루는 分野라는 点에서 國語學 또는 國文學과는 聯關되나 一般 教育(學)과는 區別되며, 다른 한편으로는 人間이 人間을 對象으로 하는 教育이라는 特性으로 因해 內容만을 다루는 國語學 또는 國文學과 區別되며 一般 教育과는 聯關을 맺는다.

國語 教育이 內容으로는 "言語"를 중시하고, 對象으로는 "人間"을 重要視하며 그 現象은 "使用"에 있으므로, 이 세 要素로부터 우리는 國語 教育의 窮極的인 目標를 人間의 言語 使用 技能 伸張으로 規定할 수 있다. 이 命題 속에는 人間이라고 하는 教育의 對象(object)과 言語라고 하는 教育 本體(substance) 그리고 使用

이라는 敎育하여야할 現象(phenomenon) 이 세 가지 要素가 모두 包含된다. 人間의 言語 使用은 現實 生活에서 말하기, 쓰기(以上 表現 活動), 그리고 듣기, 읽기(以上 理解 活動) 活動으로 具現된다. 國語 敎育은 言語 活動인 말하기, 듣기, 읽기, 쓰기 活動을 伸張시켜 주는 敎科 敎育이라는 点에서 知識 自體를 다루는 敎科라기보다는 技能(表現技能 및 理解技能)을 다루는 敎科 敎育이 된다. 國語科를 道具 敎科라고 부르는 理由는 바로 國語 敎育이 言語 使用 能力을 伸張시켜 주는 敎科이기 때문이다.

國語 敎育은 文字를 읽고 쓸 수 있는 基礎 技能 水準을 넘어서서 學生들에게 글(생각)을 表現하고 理解하는 高等 技能을 伸張시켜 주는 것이다. 高等 技能은 文字나 文章 水準이 아닌 談話(discourse) 水準에서의 知的 技能을 뜻하는데, 이는 知識의 單純 受容(듣기나 읽기에서) 또는 單純 生産(말하기나 쓰기에서)을 超越하는 一種의 "앎의 樣式(mode of knowing)"이요, 知的 成長을 유발하고 造成하는 힘인 것이다. 國語 敎育에서 關心을 갖고 敎育하여야 할 課題는 學生의 言語 使用 技能을 高等 水準으로 이끌어 주는 일이다.

그런데 實際 高等學校 現場의 敎育 內容은 言語 使用 技能을 높은 水準으로 이끌어 주기보다는 言語 知識이나 文學 知識의 指導가 中心이 되어 왔다. 이러한 訓詁註釋的인 指導의 結果, 國語敎育이 單純히 單語나 知識의 暗記에 흘러 言語 技能의 伸張이나 바람직한 人格 形成 또는 創意的 思考力은 기르는 일에 별로 도움을 주지 못하고 있다. 大學 入試가 갈수록 熾烈해지고 이제까지의 學力考査의 出題가 選多型과 얼마의 主觀式 問題로 되어, 高等學校 敎育이 그 影響을 많이 받고 있었다. 特히 國語는 入試에서 比重이 높다 보니 學父母나 學生들의 要求, 地域社會의 바램 등으로 入試 爲主 敎育 方式을 擇하는 경향이 많았다. 빨리 敎材를 끝내고 重要한 곳을 다시 反復 學習시키려다보니 여러 가지 副作用이 따르게 된다. 時間에 쫓기는 關係로 學生들에게 充分히 思考시킬 餘裕 없이 說明으로 理解시키고 그것을 記憶시키려는 注入式 敎育이 中心이 되어 바람직한 價値觀 形成이나 高等 言語 技能 伸張이 어려워진다. 이런 現實은 무척 안타까운 일이었다.

'94 學年度 入試부터는 '大學修學能力試驗'으로 바뀌어 統合 敎科的인 素材를 바탕으로 出題하여 "短期的 集中 訓練을 通해서는 達成하기 어려운 高次元的인 思考力을 測定하는 試驗[4]"으로 "簡單히 記憶해서 對答할 수 있는 單純한 知識은 지

4) 敎育部, 대학 수학 능력 시험은 이런 方向으로 실시됩니다 (서울: 중앙교육 평가원, 1991), p.1.

양하고 주어진 問題나 資料를 바탕으로 解釋하고 分析하며, 綜合하는 高等 精神 能力을 測定"[5]하게 되었으니, 學校 敎育이 바로 서는 契機가 되리라 期待한다.

現代 社會는 知識의 量이 爆發的으로 늘어나고 있어서 그것들을 모두 記憶할 수도 없으며, 오늘의 學生들이 學習한 知識들이 몇 년 뒤에는 쓸모없는 것이 될 수도 있다. 따라서 고기를 잡아 먹여 주는 것이 아니라 고기를 잡는 方法을 習得시켜 주어야 한다. 쏟아지는 情報를 要約하고 分析, 綜合, 整理, 判斷하는 能力을 길러 주어야 한다. 그러기 위해서는 學生들의 自主的 學習 態度 育成과 情報의 핵심을 빠르고 正確하게 把握하고 批判的으로 받아들이는 能力을 높여 주어야 한다.

그리고 大學修學能力試驗의 言語·領域은 國語 使用을 通하여 여러 分野의 知識을 얼마만큼 다룰 수 있는가에 대한 能力 評價로서 出題 지문이 現代 高等學校 敎育課程에서 定하고 있는 모든 敎科가 包含된다. 즉 人文(國語, 文學, 哲學 등), 社會(倫理, 國史, 政治經濟, 地理, 世界史, 社會文化 등), 藝術(體育, 音樂, 美術 등), 實業 및 家庭 등과 敎科別로 分類하기 어려운 보도문, 보고서, 편지, 계약서, 상품 광고 등 多樣한 種類의 言語 資料에서 出題된다. 또 大部分의 題材가 敎科書 밖에서 選擇되며 全般的으로 짧은 時間에 많은 內容의 情報를 把握하는 것을 要求하므로 多樣한 글을 읽고 制限된 時間에 많은 量의 지문에서 情報를 빠르고 正確하게 讀解해야 한다.

言語 使用 技能을 高等 水準으로 높여 주어야 하는 國語 敎育의 本質에 充實하여 情報가 爆發的으로 늘어나는 時代에 能動的으로 對處하는 人間을 기르고 大學修學能力試驗에 效果的으로 對應할 수 있는 敎育 方法의 摸索이 切實한 形便이다.

2. 硏究의 目的

學生들의 言語 使用 技能을 높이고 情報化 時代에 對處하는 高等 精神 能力 向上의 일환으로 要約 訓練 課題를 活用하여 多樣한 글을 接하는 自主的 學習 態度를 함양하고 要約 訓練을 通하여 內容을 迅速 正確하게 把握하는 讀解 能力을 向上시키고 나아가 國語 學力을 길러 大學修學能力試驗에 效果的으로 對備하게 함에 目的을 둔다.

5) 상게서, p, 2.

3. 研究의 問題

本 研究를 效果的으로 推進하기 위하여 아래와 같은 研究 問題를 設定하였다.

가. 要約 訓練 課題의 素材를 어떻게 抽出하려 活用할 것인가?

나. 課題 提示 段階를 어떻게 設定하여 實際 教授와 聯關시킬 것인가?

4. 研究의 制限

가. 本 研究의 對象은 農村 地域 面所在地에 있는 綜合高等學校 普通科 學生으로 한다.

나. 學習의 形態는 課題 學習을 適用한다.

Ⅱ. 理論的 背景

1. 理論的 探索

가. 國語科 教育의 特性[6)]

國語科는 言語 使用 技能을 發達시키는 教科다. 學生들에게 日常 生活에 必要한 國語를 正確하게 理解하며 使用할 수 있는 能力을 길러 주는 것이 國語 教科 教育의 重要한 目標다.

教育 課程에 提示된 말하기, 듣기, 읽기, 쓰기의 目標 및 內容은 '言語 技能' 領域에 關한 教科 目標를 達成하기 위한 것으로, 思考를 言語로 表現하고 言語를 통해 思考를 理解하는 高等精神技能을 길러 준다. 이와 같은 國語科 教育의 重要한 目的인 言語와 思考 사이를 연결시켜 주는 高等精神技能은, 文字나 文章 水準이 아닌 談話 水準의 知的 技能을 뜻하며, 知識의 單純 受容 또는 單純 表出을 超越하는 '앎

6) 국어연구소, 국어생활 12호(서울: 국어연구소, 1988). pp.13~14

의 양식'이요, 知的 成長을 誘發하고 造成하는 知識 生産의 힘인 것이다. 이 힘은 順次的(liner)으로 주어지는 말/글을 듣고/읽고 그 意味를 立體的으로 構成하는 理解 過程과, 우리의 머릿속에 立體的인 形態의 意味를 順次的인 말이나 글로 엮어내는(composing) 表現 過程 속에 具現한다. 그러므로 國語科 教育에서 기르고자 하는 言語 技能은 知識 自體가 아닌 知識 活用 技能을 뜻하는 것이라 하겠다.

國語科는 言語와 國語에 관한 體系的인 知識을 익히고, 주요 事項들의 概念과 原理를 選定하여 이를 體系的으로 習得시키며 國語를 올바르게 使用하여 日常의 言語 生活에서 正確한 表現과 理解를 이루는데 도움을 준다. 나아가 언어 운용을 通하여 言語 現象에서 規則과 原理를 스스로 발견하는 能力을 기르게 하는 教科다.

國語科는 文學 作品을 通하여 文學에 관한 體系的인 知識을 갖추고 創造的인 체험을 함으로써, 美的 感受性을 기르며 人間의 삶을 總體的으로 理解하게 하는 教科다.

文藝에 대한 基礎的인 理解와 技能을 기르기 위하여 國語 教科의 文學 領域에서는 文學 作品의 鑑賞과 理解를 中心으로 教育 課程을 編成하였다. 文學에 관한 體系的인 知識을 갖추고 形象化된 文學 作品에 대한 理解와 鑑賞을 通하여 學生들에게 즐거움을 주고 풍부한 想像力을 發達시켜 주며 作品에 나타난 多樣한 人生觀과 世界觀을 間接 體驗하여 自身의 人生觀과 世界觀 形成에 도움이 되도록 한다. 그리하여 健全한 全人으로서의 成長에 도움을 주고, 藝術로서의 文學의 아름다움을 느끼게 한다.

國語科는 言語를 소중히 여기고, 國語의 發展과 民族의 言語 文化에 대한 理解와 關心을 가지며 그 創造에 이바지하게 하려는 教科다.

나. 國語科 目標 및 內容[7)]

1) 目標

國語 生活을 바르게 하고, 國語와 民族의 言語 文化를 繼承, 發達시키게 한다.

① 目的, 對象, 狀況에 맞게 內容을 選定, 組織하여 正確하고 效果的으로 말하게 한다.

② 말의 內容을 바르게 理解하고, 그 內容이 正確하고 效果的으로 表現되었는지

7) 문교부, 고등학교 교육과정(서울: 대한교과서주식회사, 1988), pp.47~50

判斷하게 한다.

③ 글의 內容과 짜임을 分析, 綜合하고, 理解, 批判하며 읽게 한다.

④ 目的, 對象, 狀況에 맞게 생각과 느낌을 選定 組織하여 創意的으로 쓰게 한다.

⑤ 言語와 國語에 관한 一般的 知識을 바탕으로 國語를 바르게 理解하게 한다.

⑥ 文學에 관한 一般的 知識을 바탕으로 作品을 바르게 理解, 鑑賞하며, 人間의 삶을 總體的으로 理解하게 한다.

2) 內容

<말하기>

① 意思 疏通 行爲로서의 말하기의 特性을 理解한다.

② 標準語과 標準 發音으로 말한다.

③ 主題, 目的, 狀況, 對象에 따라 語調, 聲量 等을 調節하여 效果的으로 말하다.

④ 듣는 이의 背景, 知識, 要求에 맞게 話題의 內容을 選定 組織하여 말한다.

⑤ 事實과 意見, 具體的인 例와 一般的인 命題를 區分하여 말한다.

⑥ 話題와 主題에 따라 傳達 方法을 달리하여 效果的으로 말한다.

⑦ 理由나 根據를 들어 意見, 主張, 느낌 등을 分明하게 말한다.

⑧ 相對方의 意見을 尊重하면서 나의 意見을 責任있게 말한다.

<듣기>

① 意思 疏通 行爲로서의 듣기의 特性을 理解한다.

② 主題를 把握하고 話題의 主要 內容을 간추리며 듣는다.

③ 話題의 內容이 效果的으로 選定, 組織되었는지 判斷하며 듣는다.

④ 말하는 이의 意圖나 目的을 把握하며 듣는다.

⑤ 事實과 意見, 具體的인 例와 一般的인 命題를 區分하며 듣는다.

⑥ 意見, 主張, 느낌의 理由나 根據가 妥當한지 判斷하며 듣는다.

⑦ 最善의 結論에 이르도록 여러 사람의 意見을 綜合하며 듣는다.

<읽기>

① 意思 疏通 行爲로서의 읽기의 特性을 理解한다.

② 글의 素材, 줄거리, 要旨 및 主題를 把握하며 읽는다.

③ 글의 짜임, 脈絡 關係를 分析, 把握하며 읽는다.

④ 여러 가지 表現法을 理解하고 글쓴이의 意圖를 把握하며 읽는다.

⑤ 內容이 目的, 對象, 狀況에 맞게 效果的으로 選定, 組織되었는지 綜合, 判斷하며 읽는다.
⑥ 經驗, 知識, 文脈으로 미루어 省略된 內容을 推論하며 읽는다.
⑦ 여러 類型의 글의 特性을 理解하고, 그 特性에 맞게 效果的으로 읽는다.
⑧ 여러 가지 內容의 冊을 골고루 찾아 읽고 讀書錄을 作成한다.

<쓰기>

① 意思 疏通 行爲로서의 쓰기의 特性을 理解한다.
② 文章의 構成 原理를 理解하고, 이를 效果的으로 活用한다.
③ 單語나 文章을 效果的으로 活用하여 個性 있는 글을 쓴다.
④ 여러 가지 表現 技法을 使用하여 效果的으로 表現한다.
⑤ 對象, 目的, 狀況에 맞게 內容을 選定하고, 一貫性 있고 統一性 있는 글을 쓴다.
⑥ 여러 類型의 글의 特性을 理解하고 그 特性에 맞게 效果的으로 글을 쓴다.
⑦ 쓰여진 글을 評價하고 다듬어, 보다 나은 글로 고쳐 쓴다.

<言語>, <文學> ………… 생략

다. 高等學校 國語 科目의 性格[8]

1) 目標 設定의 方向

高等學校 國語 科目은 國語科 內의 다른 科目들과는 달리 中學校 國語科 內容 範疇라고 할 수 있는 '國語 生活'과 '國語 文化'의 두 가지를 모두 包括하고 있다. 그리고 下位 領域의 區分으로 보면, 國語 科目은 言語 使用技能을 重點的으로 다루는 '國語 生活'을, 言語나 文學의 體系的 知識을 重點的으로 다루는 '國語 文化' 보다 더 강조하고 있다. 따라서 國語 科目의 基本 性格은 學生들의 言語 使用 技能을 重點的으로 指導하는 科目이라고 할 수 있다. 國語 科目에서 다루는 言語나 文學 領域의 內容은 言語 使用 技能을 啓發하고 또 啓發된 言語 使用 技能을 적용하기 위한 題材的 次元에서 다루어진다. 國語 科目 內에서의 言語 領域의 目標와 文學 領域의 目標 陳述 內容이 이를 뒷받침하고 있다.

國語 科目의 窮極的인 目標는 學生들의 言語 使用 技能을 伸張시켜 주는 것이

8) 敎育部, 高等學校 國語 敎師用指導書(서울: 대한교과서, 1991), pp.4~8

다. 여기에서 말하는 言語 使用 技能이란 言語(말이나 글)를 通하여 意味를 構成하는 知的 과정을 뜻한다. 이 知的 과정은 右側과 같이 簡單히 그림으로 나타낼 수 있다.

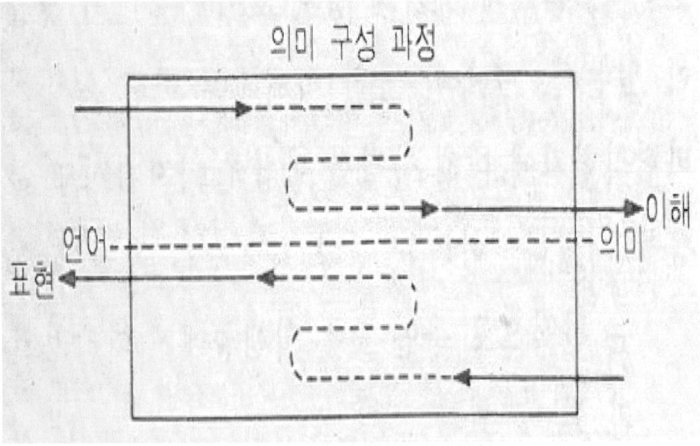

<圖1> 表現 · 理解의 言語 過程

右側 <圖1>에 있는 '意味 構成 過程'은 크게 두 가지로 區分된다. 하나는 意味(表現 또는 理解하고자 하는 內容)의 選定과 組織 과정이고, 다른 하나는 選定, 組織된 意味의 言語的 表現 過程이다. 이들은 '어떤 內容을 어떤 言語로'라고 한마디로 말할 수 있으나, 여기에 動員되는 知的 技能과 精神 作用은 그 性格이 서로 다르다. 表現 過程만을 例로 든다면, 첫째 表現하고자 하는 內容 또는 意味는 話者나 筆者의 머릿속에 있는 知識으로서, 그 記憶 形態는 立體的이다. 그러나 記憶 속에 저장되어 있는 立體的 形態의 知識이 말이나 글로 表出될 때에는 順次的인 形態로 나타난다. 立體的 形態의 內容을 處理하는 知的 과정과 그 內容을 順次的인 言語로 表現하는 言語化 過程은 서로 다른 知識 背景가 精神 技能을 必要로 한다. 즉 內容의 選定 및 組織 과정은 그 內容에 대한 知識, 아이디어의 蒐集, 發見, 그리고 組織에 대한 策略 等에, 그리고 言語的 表現 過程은 語彙, 文章, 文章 間의 連繫性과 統一性 등 言語 要素에 各各 더 크게 依存한다. 內容 處理 過程과 言語 處理 過程이 別個의 知的 技能에 의해 處理되고 있음을 우리는 "생각[內容]은 있으나 이를 말[言語]로 表現하지 못하겠다." 또는 "말[言語]은 들어도(읽어도) 무슨 뜻[內容]인지 잘 모르겠다."라는 日常의 告白에서 찾아볼 수 있다. <圖1>에서 言語와 意味를 連結짓는 表現 過程과 理解 過程의 中間 部分이 點線으로 이어지고 있음은 이 두 過程(言語 處理 過程과 意味 處理 過程)이 같지 않음을 나타내는 것이다.

國語 科目의 敎育 課程은 表現 過程과 理解 過程에 動員되는 여러 水準의 技能과 策略들을 찾아내고, 이러한 技能이나 책략들을 學校 敎育을 通하여 伸張시킬 수 있도록 計劃, 實踐, 評價하는 데에 重點을 두어야 할 것이다.

2) 科目 目標 構成의 論理的 基礎

表現·理解에 대한 지금까지의 傳統的 立場에서는 意思 交換의 메시지가 되는 말이나 글에만 關心이 集中되어 왔다. 따라서 表現·理解 특히 읽기와 쓰기에 대한 硏究나 敎育에서는 주로 글의 內容 및 構造 分析, 글에 나타난 言語의 特徵 및 스타일, 綴字 및 言語의 올바른 使用法(usages) 等 글에 드러난 結果에 關心을 두어 왔다. 읽기에서의 文法 說明, 文章 및 段落 分析, 讀解 評價, 그리고 쓰기에서의 文章의 길이, 構文 分析, 序論·本論·結論 分析, 段落 構成法 等이 그 例이다. 글을 위주로 하는 結果, 中心 硏究나 敎育에서는 글을 通해서 意味를 構成하는 過程 또는 意味를 글로 表現하는 過程, 이러한 過程에서 動員되는 技能의 種類와 發達, 敎育的 指導 方法 등에 관하여 有用한 示唆를 얻기가 힘들다.

言語的 意思 疏通의 過程을 中心으로 엮어진 第五次 國語 科目의 敎育 課程에서는 메시지 自體보다는 表現과 理解의 行爲者인 話者(筆者)와 聽者(讀者), 그리고 表現 또는 理解의 狀況을 重要視한다.<圖2 參照>

여기에서 읽기나 쓰기는 '글자를 意味로 옮기는(translating)' 또는 '소리를 글자로 옮기는(transcribing)' 單純한 번역 과정이 아니라, 意味를 '再構成(reconstructing, represnting)' 하는 과정으로 認識된다. 意味의 再構成은, 읽기에서는 글을 쓴 筆者의 생각과 글을 읽는 讀者의 事前 知識이 狀況 要因과 메시지 要因을 通하여 濾過되는 相互 作用 過程이며, 쓰기에서는 讀者를 考慮하여 筆者가 그의 생각을 構成하는(composing) 과정이다.

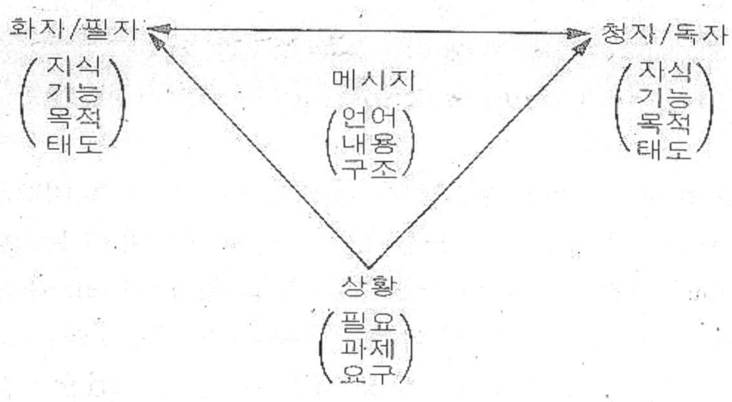

<圖2> 意思 交換의 側面에서 본 表現·理解의 狀況

3) 科目 目標의 水準

言語 使用 技能은 크게 基礎 技能과 高等 技能의 두 가지로 나누어 생각할 수 있다. 意見과 理解 과정에서 要求되는 기초 기능과 고등 기능은 記憶 속에 저장되어 있는 知識의 探索 過程 側面에서는 各各 非意圖的 探索과 意圖的 探索으로, 그리고 知識의 인출 과정 측면에서는 各各 知識의 單純 引出(knowledgetelling)과 知識의 組織 引出(knowledge-organizing)로 그 特性을 規定할 수 있다.

<表1> 지식의 탐색 과정과 인출 과정 측면에서 본 기초 기능과 고등 기능

수 준	탐 색 과 정	인 출 과 정
기 초 기 능	비의도적 탐 색	단 순 인 출
고 등 기 능	의 도 적 탐 색	조 직 인 출

이러한 基礎 技能과 高等 技能의 差異는 앞에 提示된 <圖2>의 三角形의 言語的 意思 交換 狀況과 함께 생각할 때 쉽게 說明이 된다. 基礎 技能은 表現과 理解에 關聯되는 네 가지 要素(表現者, 理解者, 狀況, 그리고 메시지) 中에서 메시지 自體에만 執着하는 水準의 技能이다. 이는 읽기의 對象이며 메시지의 傳達 媒體인 글을 읽이 낱낱의 語彙나 文章의 意味를 讀解하는 內容 理解 위주의 읽기와 생각을 머릿속에서 떠오르는 대로 글자로 옮겨 놓은 單純한 쓰기를 말한다.

基礎 技能과 對比되는 高等 技能은 知識의 탐색 과정이 意圖的이며, 知識의 인출 과정은 조직 인출이다. 言語的 意思 交換의 첫 段落에서는 基礎 技能의 所有者나 高等 技能의 所有者 사이에 큰 差異가 없다. 왜냐하면, 읽기나 쓰기의 첫 段階는 읽은 글 그 自體의 意味 把握 또는 쓸 內容을 머리에 떠오르는 대로 單純히 整理하는 水準의 內容찾기이기 때문이다. 그렇기 때문에, 基礎 技能 水準의 意見理解는 文章 水準의 언어 번역(translation, transciption of language)을 넘어서지 못한다. 基礎 技能 水準의 사람들은 쓴다는 것과 意味한다는 것 사이의 差異(쓰기에서), 그리고 글자를 읽는 것과 글을 읽는 것 사이의 差異(읽기에서)를 깨닫지 못한다. 그러나 基礎 技能을 넘어선 高等 技能의 所有者들은 이들 사이의 關係가 恒常 一致하지만은 않는다는 것을 깨닫고, 오히려 글과 意味 사이의 距離를 技術的으로 넓히려는 精神的인 努力을 기울인다.

言語的 意思 交換에서 要求되는 高等 技能의 伸張은 끊임없는 도전이다. 고등 기능의 活用은 머릿속에서 저장되어 있는 知識을 單純히 찾아내어 引出하는 것이 아니라, 知識을 意圖的으로, 그리고 計劃的으로 찾아내어 해석하고 組織하는 精神的인 과정이다. 앞에서 提示한 <圖2>의 三角形의 意思 交換 模型에 비추어 본다면 高等 技能의 意思 交換에서는 메시지의 內容뿐만 아니라, 表現者와 理解者의 事前 知識, 態度, 技能, 目的 그리고 狀況的 必要나 요구가 고려된다. 그러므로 高等 技能에서 要求되는 表現이나 理解는 單純한 文字·文章 읽기나 쓰기, 그리고 內容 自體의 單純한 理解나 表現을 超越하는 一種의 앎의 樣式(mode of knowing)이요, 知識의 單純 受容이나 單純 表現을 초월하여 知識 成長을 誘發하고 造成하는 힘이 된다. 眞正한 意味의 言語 使用은 어떤 知識을 있는 그대로 내뱉는 앵무새 같은 行爲가 아니라, 知識을 完全히 消化하고 實際 狀況에서 그 知識을 活用하는 것이다. 高等學校 國語 科目에서 指導하고자 하는 言語 技能은 바로 이런 高等 技能을 말한다. 그리고 이런 趣旨와 意圖 下에서 選定된 것이 國語 科目의 目標이다.

라. 高等學校 讀書 敎育의 指導 目標[9]

1) 思索的, 批判的인 讀書 態度를 길러 준다.

우리들은 思索的, 批判的인 讀書를 通해서 人生을 注視하고 自己의 生活을 反省한다. 이 反省에서 잘못을 깨닫고 새로운 人生을 찾는다. 이렇게 함으로써 進步가 있고 發展이 있다. 特히 靑年期의 가장 純眞한 時期에 구김살 없이 받아들인 人生의 指針은 그 사람의 一生을 決定하는 것이라고도 할 수 있다. 그 만큼 學校 時節에는 아무리 冊 數가 적다고 할지라도 마음의 糧食이 될 수 있는 좋은 冊을 選定하여 읽히도록 하고 思索도 하게끔 指導해야 한다.

靑年들은 思索的, 批判的인 讀書를 通해서 未知의 世界를 探究하고 直接, 間接의 經驗을 擴充해 나가는 것이다. 直接, 間接의 經驗이 擴充되어진다는 것은 人生의 視野가 擴充되는 것이고, 視野의 擴充은 生活에 있어서 自信을 가지게 한다. 生活에 自信을 가지는 것처럼 보람 있는 人生은 없을 것이다. '빨리 成人이 되고 싶다.'는 그들의 宿願은 思索的, 批判的 讀書에 의해서 充分히 다짐될 수 있는 것

9) 金京一, 독서 교육과 독후감 지도(서울: 세문사, 1988), pp.47~50

이다.

敎師와 先輩들의 올바른 指導에 依해서 그들 自身이 讀書의 意義와 價値를 알고 스스로 生活化하려는 習慣을 가지게 되면 그 學生으로서는 一生의 幸福이라고 할 수 있을 것이다.

2) 集團 讀書에 依해서 視野를 넓히게 한다.

思索的, 批判的인 讀書가 重要하다고 하는 점에 대해서 이미 이야기한 바 있지만, 이 指導가 잘못 되거나 또는 너무 放任하면 오히려 學生들은 孤獨하게 되기가 쉽다. 즉 우울해지거나 人生의 어두운 면만 보려고 하는 것과 같이 學生으로서의 覇氣가 없어진다. 이런 傾向은 優秀한 學生에게 오히려 더 많다.

例를 들면 K 高校 三學年인 B 군은 어렸을 때부터 머리가 좋았고 中學校에서는 學校 成績이 最上位圈에 들었으며 高等學校에 入學해서도 成績이 매우 좋았으나 讀書의 傾向이 주로 厭世 哲學 圖書 等을 耽讀하면서부터 '사는 게 귀찮다.'고 생각하여 끝내는 厭世 自殺을 한 事實이 新聞에 報道된 일이 있었다.

讀書에 대한 討論會와 讀書 發表會 等은 이런 學生들의 氣分을 解放시켜 주는데 좋은 機會가 된다. 이런 學生들에게는 마음 놓고 自己의 意見을 이야기로 할 수 있도록 하는 것이 좋을 것이다. 이런 學生들의 大部分이 自己의 視野만으로 생각하고 있기 때문에 마치 迷路에 갇혀 있는 것과 같다고 볼 수 있다. 그러므로 많은 친구들이나 선배들과도 서로 이야기하는 가운데서 여러 가지로 觀察할 수 있는 方法, 思考하는 方法, 그리고 느끼고 생각하는 方法 등이 있다는 것을 깨닫고 自己 自身의 視野도 이로 因하여 넓게 擴大될 수 있는 것이다.

이렇게 讀書의 폭을 넓히고 同時에 이러한 機會를 通하여 그들은 讀書를 깊이 있게 한다. 한 가지의 作品을 여러 사람의 힘으로 파고 들어가게 되는 것이다. 단지 作品의 줄거리만 읽는 것이 아니고, 作品 속에 그려져 있는 人生의 眞實을 깊이 있게 追求하면서 읽는다.

3) 文學 作品을 많이 읽도록 한다.

高校生과 같은 學生의 年齡은 어른들의 世界에 非常한 關心을 가지고 있다. 文學은 이러한 어른들의 生活을 事實대로 描寫한 것을 通해서 作家가 人生의 眞實을 追究하고 人生의 바른 길을 摸索하고 있는 것이다. 作品이 훌륭할수록 讀者는 作品을 通해서 人生觀의 指示를 받으며 마음속 깊이 感銘한다. 高等學校 學生들이

文學 作品에 興味를 느끼고 읽으려고 하는 것은 文學 作品이 人生 探究에 있어서 하나의 징검다리 구실을 하기 때문이다.

4) 讀書 記錄의 意義를 認識시킨다.

思索的, 批判的인 讀書를 하기 위해서는 이의 手段으로서 讀書 記錄을 하게 하는 方法이 있다. 이것은 讀書 記錄을 하는 과정에 思索과 思考가 隨伴되기 때문이다.

讀書 記錄은 무엇 때문에 쓰게 하는가에 대해서 여러 가지 側面에서 論議될 수가 있지만, 主要한 意見을 모아보면 다음의 다섯 가지로 區分할 수 있다.

ⓐ 讀書 記錄을 하게 함으로써 思索과 思考의 能力, 習慣을 가지게 하며 또한 思索과 思考의 과정에서 論理的으로 體系化할 수 있는 要領과 能力을 가짐으로써 大學 入試의 論文型 主觀式 問題 對備에도 萬全을 期할 수 있게 된다.

ⓑ 學生들이 讀書 感想文을 通해서 그들의 生活 環境, 觀察力, 思考力을 把握할 수 있으며, 生活 指導의 수단으로서 利用할 수 있다.

ⓒ 讀書 記錄을 함으로써 讀書에 대한 記憶이 確實해지고 知識이 많아져서 日常 生活에 도움이 되는 일이 많다.

ⓓ 讀書 經歷이 되고 讀書 傾向의 反省에도 도움이 되며 마음의 成長 과정을 알 수 있다.

ⓔ 記錄하는 行爲에는 반드시 思索과 思考가 따르기 마련이고, 思考와 思索에서 얻어진 것을 論理的으로 體系化하여 글로 쓰는 習慣을 生活化함으로써 語彙와 文章力이 向上된다.

마. 바람직한 國語 敎育 - 讀書 敎育의 나아갈 方向[10)]

글자를 읽지 못하는 國民學校 一學年 취학 兒童들에게 주는 學校 敎育의 첫째는 글자 읽기 指導이다. 學生들은 語彙의 난이도, 글자 構造의 복잡성, 文章의 길이, 文型의 構造 等 여러 면에서 잘 精鍊된 國語 敎科書를 敎材로 文字 획득을 始作한다. 이것이 讀書 敎育이 始作이다. 그러나 讀書 敎育은 글자나 單語 또는 文章 읽기 指導에 그쳐서는 안 된다. 비록 讀書 敎育이 낱자 읽기에서부터 始作된다 하더라도 그 窮極的인 目標는 學生들이 '글'을 읽고 그 意味를 把握할 수 있도록

10) 국어연구소, 國語生活 12호(서울: 국어연구소, 1988), pp.25~29

指導되어야 한다. 이것은 平凡한 眞理이며 일반 常識이다. 그러나 이 같은 평범한 진리, 一般的 상식이 讀書 敎育의 專門 敎科라고 할 수 있는 國語科 敎育에서 제대로 履行되지 않고 있다.

1) 讀書 敎育 敎材로서의 國語 敎科書

많은 사람들이 現在 使用되고 있는 國語 敎科書를 讀本이라고 부른다. 이는 國語 敎科書의 편찬이나 國語科 敎育이 지금까지 말하기, 듣기, 쓰기 敎育에 비해 相對的으로 읽기 敎育 위주로 되어 왔다는 점을 생각해 볼 때, 國語 敎科書를 讀本으로 부르는 것은 어쩌면 妥當한 名稱이라고 할 수 있다. 그러나 實際 分量을 볼 때 現在 200여 쪽에 불과한 敎科書로 한 學期 또는 一年의 讀書 敎育의 敎材로 삼는 것은 問題가 아닐 수 없다. 讀書 敎育의 첫째는 于先 學生들에게 많은 分量의 글을 읽히는 일부터 始作되어야 하기 때문이다.

둘째, 현행 國語 敎科書는 國語 敎育의 下位 領域인 말하기, 듣기, 읽기, 쓰기, 言語, 文學의 여섯 領域 모두를 포괄하는 單一 敎材이다. 그리고 敎科書의 各 單元도 위의 여섯 領域의 內容을 모두 指導하도록 편찬되어 있다. 읽기가 말하기, 듣기, 쓰기와 매우 밀접하게 聯關된 知的 行爲이고, 文學이나 言語學的 知識이 讀解의 背景 知識이 된다고는 할 수 있지만, 한 單元 또는 글 한 편에서 國語 敎育의 모든 것을 指導하도록 되어 있는 現行 敎科書 편찬은 마치 方向이나 目標없이 온 山을 샅샅이 뒤져 보물을 찾게 하는 것과 같다.

셋째, 讀解에 대한 지금까지의 硏究에 依하면, 讀解에 가장 큰 영향을 미치는 變因은 글 內容에 대한 讀者의 背景 知識이다. 그리고 글 內容에 대한 독자의 背景 知識 중 가장 重要한 要素는 內容을 代表할 수 있는 核心 語彙이다. 그런데 現行 國語 敎科書는 語彙에 대한 배려가 매우 不足하다. 이 말은 國民學校 低學年 敎科書 편찬에서와 같이 글에 나오는 語彙의 數, 種類, 難易度를 統制하여야 한다는 뜻은 결코 아니다. 國民學校 上級 學年 以上의 敎材에서 語彙를 統制하게 되면, 이는 자칫 글의 情報 傳達 技能을 侵害하기가 쉽고, 語彙 學習의 機會도 막는 結果를 招來하게 된다. 語彙에 대한 배려는 글을 읽기 前에 그 글의 讀解에 關聯이 된 만한 重要 語彙를 事前 點檢시키고 學習시켜 讀解 過程이 단절됨이 없이 進行될 수 있도록 構成되어야 한다.

넷째, 現行 國語 敎科書에 실린 글은 說明文이나 文藝 作品이 主流를 이룬다.

그리고 그 內容도 大部分 勸善懲惡이나 現實 受容의 色調를 띠고 있다. 대부분의 西歐 나라에서 使用하는 讀書 敎育의 敎材가 人文, 社會, 自然의 여러 領域에 두루 걸쳐 實生活에서 보고, 듣는 것은 勿論 幻想的인 世界, 創造的인 世界 대한 글로 폭 넓게 構成되어 있음을 볼 때 우리 나라의 讀書 敎育 敎材는 너무 單調롭고 學生들에게 읽는 즐거움을 鼓吹하기에는 미흡하다.

다섯째, 作文 敎育에서도 마찬가지이지만, 讀書 敎育도 주어진 글을 읽고 그 뜻을 理解하고 받아들이는 內容 理解, 情報 受容의 敎育에서 벗어나 積極的으로 思考하고 判斷하고 活用하는 方向으로 敎育의 幅을 넓혀야 한다. 그런 脈絡에서 본다면, 現行 國語 敎科書가 모범적인 글, 처음과 끝이 완벽한 글, 問題의 提起보다는 解答을 提示하는 글, 學生들의 글보다는 有名한 文筆家들의 글 위주로 構成되어 있음은 再考되어야 할 것이다.

2) 讀書 敎育의 方法

말하기, 듣기, 읽기, 쓰기, 言語, 文學의 여러 領域을 包括하는 한 學期(學年) 用 國語 敎科書가 200여 쪽의 單一本이라는 現行 敎科書의 制限點은 讀書 敎育의 方法을 誤導하는 決定的인 原因이 되기도 한다.

첫째, 讀書 敎育은 읽는 데에서부터 始作하여 읽는 것으로 끝나나야 한다. 이 말은 讀書 敎育의 要諦는 多樣한 內容, 多樣한 種類의 글을 많이 읽어야 한다는 뜻이다. 이런 多讀 속에서 讀書 能力이 伸張되는 것이다. 그런데 一線 學校에서는 單元의 種類에 相關없이 敎科書에 실린 모든 글을 여러 번 反復해서 읽는 것으로 讀書 敎育을 代身한다. 默讀도 거의 없어 朗讀이 主流를 이룬다. 이 같은 수업에서는 글 內容의 理解보다는 '바르게 소리 내어 읽기'가 學習의 關心이 된다. 그리고 敎科書의 全體 쪽 수가 적은 관계로 實際 讀書 分量은 一週日에 10쪽 內外에 불과하다. 한 번 읽은 글을 두 번 읽기도 지루한데 같은 글을 일주일 내내 읽어야 하는 國語 敎育이 얼마나 지루하고 無味乾燥할까는 쉽게 짐작이 된다.

둘째, 실제로 읽는 分量이 일주일에 10쪽 內外에 불과하다는 것은 곧 讀書 指導를 필연적으로 글의 全體 內容 把握보다는 細部的인 內容 分析으로 흐르게 된다. 敎師는 글이 아닌 單語나 文章을 對象으로 講義式 解說을 하고 칠판에 그 內容을 적어 준다. 學生들은 스스로 글을 읽고 그 內容을 把握하고, 더 나아가 읽은 글을 토대로 自身의 생각을 더욱 發展시키고 擴大 發散的으로 思考하기보다는 斷

片的인 知識을 暗記하는 學習에 머무르게 된다. 出版社에서 발간하는 國語科 學習 參考書의 內容들이 낱말의 뜻, 바르게 읽기, 준말, 본디말, 비슷한 말, 반대말, 구절 풀이 등 單語나 文章 水準의 分析과 解說로 가득 채워져 있다는 事實만으로도 國語 教育 또는 讀書 教育이 얼마나 그 本來의 方向에서 벗어나 있는가를 알 수 있다. 이러한 指導, 이러한 參考書는 山을 眺望하여야 할 學生들을 山 속에 집어넣어 나무만을 더듬게 한다. 달리 말하면 學生들의 思考의 視野를 넓혀주어야 할 讀書 教育이 오히려 視野를 좁혀 주거나 또는 차단하는 逆技能을 하고 있는 실정이다.

셋째, 國民學校에서부터 高等學校에 이르기까지 讀書 教育에서 文段 나누기가 그토록 重要視되는 나라는 아마 우리나라와 日本뿐일 것이다. 西歐의 여러 나라 讀書 教育에서는 文段 나누기를 거의 하지 않는다. 文段 나누기 練習은 于先 그 活動의 內容 自體가 갖는 構造的 特性으로 인해 統合的이라기 보나는 分析的이며, 思考 過程은 發散的이 아닌 收斂的 樣相을 띤다. 그리고 文段의 區分은 주어진 글에 담긴 內容에 局限될 뿐이다. 여기에는 讀者의 反應이나 새로운 情報의 添加가 介入될 수 없다. 學生들이 스스로 글을 分析하면서 그 構成을 文段으로 나누는 實際的인 練習을 하지 않고 參考書에서 보고 베낀다는 點도 讀書 教育에서 하는 文段 나누기 練習이 갖고 있는 또 하나의 實際的인 問題點이다. 文段 나누기 練習은 그 練習이 갖는 構造的, 技能的, 實際的 特性으로 보아 마땅히 쓰기 指導 領域에 포함되어야 할 것이다.

넷째, 現行 國語 教育에서 讀書 教育이 안고 있는 또 하나의 問題點은 實際的인 讀書 指導가 거의 없다는 점이다. 教師들은 學生들에게 글을 읽으라고 指示하고 글의 內容을 하나하나 풀이해 주고 重要한 낱말이나 句節 또는 文段 나누기를 宿題로 내주고 宿題 檢查하고 隋時로 試驗을 보아 學習 結果를 評價한다. 이러한 모든 일은 指示, 檢查, 評價는 될지언정, 實際的인 讀書 指導는 되지 못한다. 教師들은 學生들이 어떻게 읽고 있으며, 어떻게 읽어야 하며, 어떻게 指導하면 學生들이 보다 잘 읽을 수 있게 되는가에 대하여는 關心도 적고 指導는 거의 없는 狀態이다. 그 端的인 한 例가 글에 알맞은 題目 定하기 練習(글에 알맞은 題目을 붙이기 위해서는 먼저 그 글의 內容을 全體的으로 把握하여야 하고, 때로는 筆者의 意圖까지 看破하여야 한다)이 讀書 教育에서 試圖되지 않고 있다는 點이다.

바. 要約하는 能力

1) 要約이란[11)]

큰 辭典에 따르면 “文章 따위의 大要를 취함”이라고 要約을 定意하고 있다. 이 경우 ‘大要’의 內容이 問題가 된다. 읽기의 目的에 따라 대충 줄거리, 大義, 梗概 등을 把握할 境遇와 要旨 · 主題 · 論旨 · 主眼點 따위를 把握하는 境遇가 있다. 앞에 것은 글의 言語面을 中心으로 重要한 點을 잡아내는 읽기이며, 뒤에 것은 內容面을 中心으로 要約하는 읽기라고 말할 수 있을 것이다. 이것을 그림으로 나타내어 보면 <圖3>과 같이 된다.

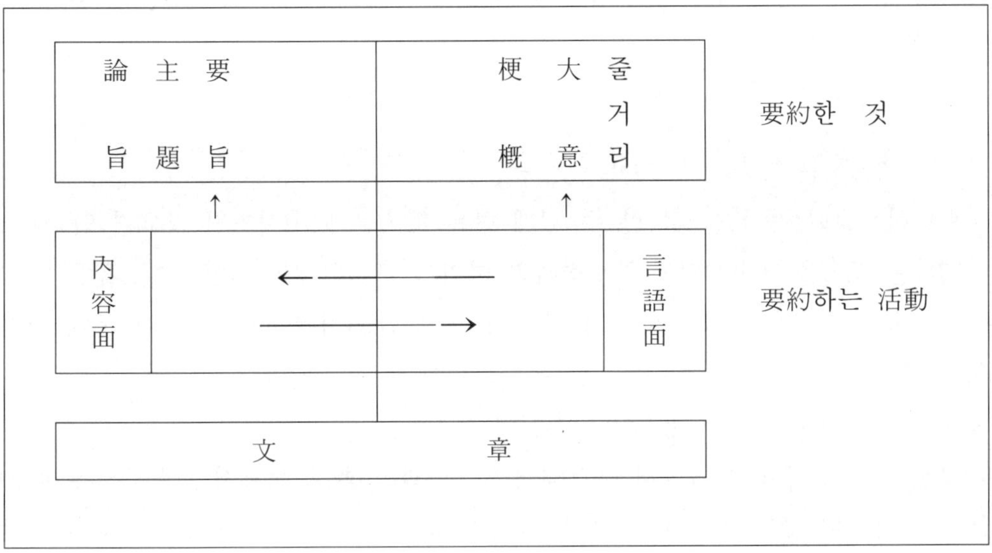

<圖3> 要約 過程

要約이라는 것은 넓은 概念을 나타내고 있으며, ‘要約하는’ 活動과 ‘要約한 것(일)’의 글을 縮小한 結果를 가리키는 것이 된다. 要約한 結果는 글의 再生産이며, 要約하는 活動은 읽기 活動의 全體를 받드는 概念이라 하겠다.

11) 독서지도硏究회, 讀書指導事典(서울: 경인문화사, 1982), p.176

2) 要約하는 基礎的 能力[12)]

'要約하면서 읽는' 것은 '大義를 뭉뚱그리는 活動', '縮小하는 活動'을 가리키며 읽기의 過程을 나타내고 있다. 要約하기 위해서는 다음과 같은 讀解 能力이 必要하다.

○ 文脈을 따라 重要한 낱말이나 事項을 讀解하는 힘(뒤집으면, 重要하지 않은 낱말이나 事項을 내버릴 수 있는 힘)
○ 말로 話題나 지은이의 意圖가 나타나 있지 않더라도 文脈에서 미루어 짐작할 수 있는 힘(글줄 사이를 읽는 힘)
○ 內容에 맞추어 딴 짤막한 말로 바꾸어 말할 수 있는 힘.
○ 事實·事例·解說 따위의 部分을 잘라 버리고 지은이의 意圖나 結論을 잡는 힘.
○ 글의 짜임에 따라 重要한 點을 讀解하는 힘.

3) 要約하는 能力의 伸張[13)]

要約하는 데는 要約을 잘 할 수 있게 하는 能力을 向上시키지 않으면 안 된다. 要約하는 能力을 向上시키고자 노력하면 머리가 自然히 鍛鍊되어 간다. 짧은 時間에 더 重要한 것을 골라내어, 그것을 條理 있게 連結시켜 가는 能力이 몸에 익혀진다. 그 머리의 作用은 整頓된 文章을 쓰는 데 도움이 된다.

어떻게 하면 要約하는 能力이 向上될까?

우선 가까운 우리 周邊에서 생각해 보자. 남과의 對話 속에서 意圖的으로 要約 作業을 行하여 보는 것이다. 自身이 본 영화의 內容을 누군가에게 要約하여 이야기하여 본다. 이러한 內容이었다는 것을 相對方의 머리에 쏙 들어가도록 이야기하여 본다. 相對가 興味를 표시하여 오면 要約은 成功한 것으로 보아도 좋다. 相對가 싫증난 表情을 하면, 그 영화의 劇的인 部分을 表現하는 要約이 不足한 것으로 된다.

우리들은 日常 生活 속에서 많은 일들과 부딪치고 있다. 때로는 커다란 緊迫感을 가지고 그 일과 싸우고 있다. 그러한 일에는 반드시 核心이 있다. 勿論 무엇을 核心으로 잡느냐 하는 것은 잡아가는 사람에 따라서 달라진다. 自己가 核心으로

---

12) 독서지도연구회, 前揭書, p.176

13) 李又載, 고교생의 작문·논문(서울: 아이템뱅크, 1984), pp.54~56

잡은 것을 前面에 크게 내놓고, 그 核心을 軸으로 하여 그 일어나는 일의 構造를 要約하여 남에게 이야기하여 본다. 이것을 意識的으로 생각하고 있는 동안에 要約能力이 自己 속에서 길러진다.

要約 能力을 몸에 붙이는 第二의 方法은 말할 것도 없이 實際로 要約文을 써보는 것이다. 먼저 부딪히는 問題는 어떠한 말로 要約하면 좋을 것인가 하는 것이다. 原文의 言語에 끌려버리면 原文을 옮겨 쓰는 結果가 되어버리고, 要約이 되지 않게 된다.

사. 課題 學習

1) 課題 學習의 定意

① 課題 學習이란 自律 學習의 方法의 一種으로서 學生들에게 學習할 要素를 收錄한 課題를 賦與하고 이를 解決하게 함으로써 學習하는 學習 方法이다.

② 課題 學習은 問題法에 가까우나 學習 課題 作成에 있어 敎師의 一方的인 作業으로 이루어지는 點에 있어 問題法과는 다르다.

③ 筆問(記問記答)을 通하여 學習이 이루어지는 點은 口問口答을 通하는 問答法과는 다르다.

④ 學習 課題는 案內的인 形態로 나타나는 수도 있고, 問題 解決的인 形態로 나타나는 수도 있다.

⑤ 課題 學習은 처음에는 個別 學習으로 이루어지나 學習 事項의 正誤 判斷이나 確認을 위하여 分團 學習이나 全體 學習이 隨伴되어야 한다.

2) 課題 學習의 性格

學習 方法이나 學習 順序에 대하여 說話를 通하여 暗示를 주며 課題 解決의 背景이 되고 基礎가 될 만한 事項에 대하여 說話를 通하여 例示를 해 준다. 또 學習의 參考事項이 될 만한 資料를 提供해 주어야 한다.

3) 바람직한 課題

바람직한 課題란 學生들의 興味를 일으킬 수 있는 經驗이나 活動을 內包하는 것이라야 한다.

① 學習 課題는 學習의 한 始發이 된다.

② 學習 課題는 學習 過程을 組織化한다.

③ 課題 學習은 個人差에 適應한 學習을 推進하는데 쓰이는 한 方法이다.

④ 學習 課題는 本 學習에 들어가기 前에 쓰이는 豫習的인 性格을 갖는다.

以上의 理論的인 背景을 通해서 볼 때 國語科 學習에서는 學生들이 自主的이고 主體的으로 學習하고 多樣하게 讀書의 幅을 넓히며, 주어지는 情報에서 迅速하게 核心을 뽑아내는 要約 能力을 길러주는 것이 重要함을 알았다.

그런데 요즘 敎育 現場의 授業 實態는 學習者가 被動的이며 斷片的인 知識 暗記 爲主여서 多樣한 內容을 多角的으로 洞察하며 統合的, 有機的, 構造的으로 學習하는 機會가 充分하지 않은 편이다.

그러나 '94學年度 大學入試부터 學力考査가 大學修學能力試驗으로 바뀌어 統合敎科的 素材로 高次元的인 思考力을 測定하게 되었으므로, 이제까지의 敎授-學習 方法을 버리고 多樣한 讀書를 通한 要約, 分析, 綜合, 批判하는 能力을 길러주는 方法으로 바꾸어져야 한다.

이렇게 볼 때, 學生들이 스스로 問題를 解決하고, 洪水처럼 밀려드는 情報의 核心을 짧은 時間에 要約하여 把握하고 綜合的으로 思考하는 能力을 높여주는 學習 方法을 摸索하여 적용시킬 必要가 절실하다.

2. 先行 研究 分析

本 研究에 參考하기 위하여 先行 研究를 調査하여 關聯 있는 것들을 分析, 整理하여 보니 다음과 같았다.

구분 연도	연구자	연 구 주 제	연 구 내 용	참고한 점
1987	신규철	국어 교과서의 "공부할 문제"를 활용한 읽기 능력 신장	공부한 문제 再構成 투입으로 讀解 能力 및 國語科 學力 伸張	• 읽기 교재 구성법
1988	柳元圭	段階的 認識 過程에 따른 主體的 學習을 通한 讀解 能力 伸張	學生들의 主體的 思考 過程을 通한 學習 活動 展開로 讀解 能力을 伸張시키는 方案	• 讀解力 伸張 方案 • 讀解力 伸張으로 國語 學力 向上

1990	李 元	文章의 構造化에 依한 教授 學習이 讀解力 向上에 미치는 結果	文章의 圖式化, 부호화로 構造化하여 內容의 正確한 理解를 通해 讀解力 伸張과 學力 向上을 도모함.	• 文章 讀解의 意義
1990	朴要一	大學入學 學力 考査 主觀式 評價에 對備한 單句的, 敍述的 單答型과 論文型 指導의 實踐 研究	大學 入學 問題 構造의 主觀式 問題 풀이 能力 함양과 대응 방안을 모색함.	• 主題·要約·要點 찾기
1991	조일남	과정 중심 독서지도 프로그램 개발 적용을 통한 독서력의 증진 방안	體系的인 讀書 指導를 위해 讀書 課題를 개발하여 教科書 單元과 일치시켜 讀書 能力 伸張을 꾀함.	• 教科書 單元과 關聯된 읽기 課題의 抽出

본 研究를 위하여 國語 教育과 關聯된 各 論文과 現場 研究物을 調査해 보았더니 讀書 教育 및 讀解 教育에 관한 것을 다소 찾을 수 있었다. 그 中에서 關聯이 많은 다섯 篇을 選定하여 分析해 보니 위와 같았다.

이들은 國語 學力 伸張을 위한 讀解力 및 讀書力 伸張이라는 點에서 도움이 되었다. 그런데 本 研究에서 推進하는 要約 能力 伸張을 通해 國語 學力을 伸張시키고자 하는 內容의 것은 찾지 못하였다.

3. 用語의 定意

본 研究에서 使用하는 用語는 理論的 背景을 根據로 하여 다음과 規定한다.

要約 訓練 課題란 教育 現場의 分析的이고 細分化되고 他律性이 强한 面을 補完하여 自律的이고 綜合的이며 創意的인 能力을 伸張시키기 위해 글의 內容을 要約한 訓練을 시키는 課題를 말한다.

Ⅲ. 實態 分析

本 研究를 推進하기 위한 基礎資料로 活用하기 爲하여 實施한 基礎調査의 結果는 다음과 같다.

1. 研究班과 比較班의 知能 檢査 分析

<表2> 知能 檢査 分析('91. 4. 29. 한국 심리 검사 연구소)

급간 구분	60 ∫ 69	70 ∫ 79	80 ∫ 89	90 ∫ 99	100 ∫ 109	110 ∫ 119	120 ∫ 129	130 ∫ 139	N	M	비고
연구반	2	·	2	12	8	1	6	1	32	101.56	
비교반	1	2	4	6	10	5	3	1	32	101.43	

2. 學力 診斷 考査 成績 比較

<表3> 研究班과 比較班의 成績 分析('92. 8. 28. 대싱학력평가연구소)

득점구간 구분	9 이 하	10 ∫ 19	20 ∫ 29	30 ∫ 39	40 ∫ 49	50 ∫ 59	60 ∫ 69	70 ∫ 79	80 ∫ 89	90 ∫ 100	N	M	비고
研究班	2	8	14	4	2	1	1	·	·	·	32	24.94	
比較班	1	7	14	7	2	·	·	·	·	·	31	24.48	

<表4> 수학 능력 시험 7차 평가 시험 언어 영역 성적 분석

득점구간 구분	9 이 하	10 ∫ 19	20 ∫ 29	30 ∫ 39	40 ∫ 49	50 ∫ 60	N	M	비 고
연구반	4	6	16	5	·	·	31	21.90	
비교반	1	13	12	6	·	·	32	22.00	

[解 析]

研究班과 比較班의 知能檢査를 分析해 본 結果 평균이 101.56과 101.43으로 그 差가 거의 없으며, '92년 8월 28일 대성학력평가연구소 주관으로 실시한 모의고사 국어 성적이 24.94와 24.48로 비슷하였고, 중앙교육평가원 주관으로 實施한 弟七次 大學 修學 能力 實驗 評價 言語 領域 成績 分析 結果도 비슷한 得點을 한 것으로 나타나 等質 集團임을 알 수 있었다.

3. 國語科 學習에 대한 設問 調査

國語 學習에 대한 興味度와 學習 方法에 대하여 실시한 設問 調査의 結果는 다음과 같다.

<表5> 國語 學習에 대한 設問 調査

번호	설문 내용	항목	비교반 (32)		연구반 (32)	
			N	비율	N	비율
1	국어 과목에 대한 흥미도는?	①재미있는 편이다.	13	40.63	11	34.38
		②그저 그렇다.	14	43.75	16	50.00
		③재미 없는 편이다.	5	15.63	5	15.63
2	국어 과목의 주된 학습 방법은?	①문법, 어휘 중심의 분석적 방법	14	43.75	15	46.88
		②국어 또는 국문학의 지식 암기 위주	16	50.00	17	53.13
		③전체 및 단락별 의미 파악 위주	2	6.25		
3	가정학습의 정도는?	①예·복습을 매일 실시한다.	1	3.13	1	3.13
		②예·복습을 때때로 한다.	11	34.38	10	31.25
		③예·복습을 거의 하지 않는다.	20	62.50	21	65.63
4	과제 제시에 대한 생각은?	①필요하다.	10	31.25	6	18.75
		②잘 모르겠다.	20	62.50	22	68.75
		③필요 없다.	2	6.25	4	12.50
5	국어 학습 과제를 해결하는 방법은?	①자기 힘으로 해결한다.	3	9.38	3	9.38
		②참고서를 그대로 베낀다.	26	81.25	27	84.38
		③다른 사람의 도움을 받는다.	3	9.38	2	6.25
6	교과서 내용과 연관된 다른 글을 어느 정도 읽는가?	①거의 읽지 않는다.	22	68.75	23	71.88
		②가끔 읽는다.	9	28.13	8	25.00
		③자주 읽는다.	1	3.13	1	3.13
7	글을 읽을 때의 방법은?	①대충 읽어 나간다.	23	71.88	25	78.13
		②자세히 읽는다.	8	25.00	6	18.75
		③메모를 하며 독후감을 쓴다.	1	3.13	1	3.13

[解 析]

國語 科目에 興味를 가진 사람이 37.5%(비교반 40.63%, 연구반 34.38%)로 적은 편이며, 學習 方法은 斷片的 知識 暗記 위주의 學習을 하는 學生이 兩班 共히 大部分이었다. 이는 이제까지의 大入 學力考査 出題 傾向과 講義式 授業 方法에 길들여져 온 때문이 아닌가 한다.

예·복습에 대한 習慣 形成이 잘 되어 있지 않음이 共通的으로 나타나 있으며 課題에 대한 必要를 못 느끼는 사람이 많았고 課題를 내어도 參考書나 自習書, 또는 他人에 依支하여 解決하는 것으로 나타나 自律的 學習 態度 形成이 잘 되어 있지 않아 高等 精神 能力 伸張에 도움이 되지 못함을 알 수 있다.

學習을 하는데 敎科書에 너무 치중하여 幅 넓은 공부를 하지 않고 글을 읽어도 깊은 생각 없이 色讀하는 경우가 大部分으로 나타나 있다.

Ⅳ. 研究의 設計

1. 研究 對象 및 期間

가. 對象 : 慶北 尙州郡 中牟綜合高等學校 第三學年 64名

나. 期間 : 1992年 5月 1日~1993年 8月 10日(約 15個月)

2. 實行 重點

本 研究의 實行 重點을 研究 目的과 理論的 背景을 基盤으로 하여 다음과 같이 設定한다.

가. 要約 訓練 課題를 具案한다.

나. 課題의 提示 活用으로 讀解力과 要約 能力을 向上시키고 自發的인 學習 習慣을 길러 學力 伸張을 꾀한다.

3. 研究의 節次

研 究 推 進 內 容	期　　　間
◦ 문헌 연구 및 자료 수집	◦ '92. 5. 1 ~ '92. 10. 30
◦ 선행 연구의 조사 및 분석	◦ '92. 11. 1 ~ '92. 12. 31
◦ 연구 주제 및 연구 중점 설정	◦ '92. 12. 1 ~ '93. 1. 10
◦ 기초 실태 조사 및 분석	◦ '93. 3. 1 ~ '93. 3. 31
◦ 실행 중점의 실행	◦ '93. 3. 1 ~ '93. 7. 10
◦ 연구 결과의 검증	◦ '93. 7. 1 ~ '93. 7. 20
◦ 연구 보고서 작성	◦ '93. 7. 21 ~ '93. 8. 10

Ⅴ. 研究의 實行

1. '實行 重點 가'의 實行

要約 訓練 課題를 具案한다.

가. 要約 訓練 課題 具案의 目標

이제까지 分析的이고 訓詁註釋的인 指導를 위주로 받아온 學生들에게 글의 要約 方法을 가르쳐 주고 그에 따라 글을 要約하고 核心을 찾는 訓練을 實施함으로써 學習力을 伸張시키고 本授業과 關聯된 要約 訓練 課題 開發로 自律性과 學習興味 및 效率을 높이고 나아가 讀解力을 길러 스스로 學習하는 態度와 方法을 익히도록 한다.

나. 課題 具案의 基準

要約 訓練의 效率性을 높이기 위하여 다음과 같은 課題 具案의 基準을 設定한다.

① 學生들의 讀書 能力에 맞는 글을 택한다.

讀書 能力 段階는 金世益의 '독서 능력의 발단 단계'를 기초로 다음 그림과 같이 設定한다.

<table>
<tr><td colspan="2">讀書 開始期</td><td>국민학교 1학년 1학기말까지</td></tr>
<tr><td colspan="2"></td><td>⇩</td></tr>
<tr><td colspan="2">初步 讀書期</td><td>國校 1학년 2학기 ~ 3학년 말</td></tr>
<tr><td colspan="2"></td><td>⇩</td></tr>
<tr><td rowspan="2">多讀期</td><td>無差別 多讀期</td><td>國校 4·5 학년</td></tr>
<tr><td>選擇的 多讀期</td><td>國校 6학년 ~ 中 1 무렵</td></tr>
<tr><td colspan="2"></td><td>⇩</td></tr>
<tr><td rowspan="2">成熟讀書期</td><td>共感的 讀書期</td><td rowspan="2">中學校 2학년 以後</td></tr>
<tr><td>個性的 讀書期</td></tr>
</table>

<圖4> 讀書 能力 發達 段階

② 國語科 目標, 指導 計劃에 맞추어, 課題의 글감은 當該 單元 글의 種類 및 內容과 關聯이 있는 것으로 함을 원칙으로 하였다.

③ 小單元別로 한 篇씩 選定한다.

④ 짧은 글에서 始作하여 차차 긴 글로 나아간다.

⑤ 課題는 1/3로 줄이기, 1/5로 要約하기, 1/10로 要約하기 練習을 基準하여 글을 택한다.

⑥ 敎科書 外에서 글감을 찾는 것을 原則으로 하되 처음에는 敎科書의 글을 利用할 수도 있다.

⑦ 學生의 能力이나 關心에 맞는 것을 擇하도록 하고 차츰 여러 종류의 소재 글감을 提示한다.

⑧ 敎科書 詩 單元은 評論에서 擇함을 원칙으로 한다.

다. 要約 訓練 課題案(例)

教科書 單元				要約 訓練 課題	비고
大單元	小 單 元	시간	문 종	題 目(內 容)	
1. 토의	(1) 토의의 의의	2	설명문	민주주의와 토의	
	(2) 토의의 방법	3	설명문	토의 종류와 참가자 태도	
2. 독서와 지식	(1) 독서와 지식	2	설명문	독서의 단계	
	(2) 인간의 특성	2	설명문	산업사회와 인간	
	(3) 기미독립선언서	2	논설문	조선 독립의 글	
3. 글의 전개 방식	(1) 분석과 묘사	1	설명문	분석과 묘사	
	(2) 분류와 예시와 정의	1	설명문	구분과 분류와 정의	
	(3) 비교와 대조와 유추	1	설명문	비교와 대조 유추법과 예증법	
	(4) 서사와 과정과 인과	2	설명문	서사	
4. 언어와 문화	(1) 민족과 문화와 언어사회	4	설명문	언어와 사회	
	(2) 언어와 민족 문화	4	설명문	국어의 특질	
5. 노래와 삶	(1) 제망매가	1	향 가	'제망매가' 해설	
	(2) '청산별곡'에서	1	속 요	'청산별곡' 해설	
	(3) '용비어천가'에서	2	악 장	중세 국어의 이해	
	(4) 관동별곡	3	가 사	'서포만필'에서	
	(5) 유산가	1	잡 가	유산가의 이해	
	(6) '춘향가'에서	3	판소리	춘향전의 갈등	
6. 토론	(1) 토론의 의의	2	설명문	토론과 토의	
	(2) 토론의 방법	3	설명문	토론의 의의와 방법	
7. 글의 구조와 독서	(1) 글의 구조와 독서	2	설명문	독서의 방법과 전개	
	(2) 현대 사회의 과제	2	논설문	현대 사회의 실업 문제	
	(3) 전통과 창조	2	논설문	전통 문화 계승에 대하여	
8. 표현하기와 고쳐쓰기	(1) 단어와 문장 구조	2	설명문	단어	
	(2) 표현 기법	1	설명문	표현과 수사	
	(3) 고쳐쓰기	2	설명문	퇴고	
9. 국어와 역사	(1) 한민족과 국어	4	설명문	한국어의 기원	
	(2) 우리말의 의미 변화	4	설명문	우리말의 기원	
10. 희곡과 무대	(1) 희곡의 이해	2	설명문	희곡의 이해	
	(2) '봉산탈춤'에서	3	민속극	양주별산대에 나타난 민중 의식	

2. '實行 重點 나'의 實行

課題의 提示 活用으로 讀解力과 要約 能力을 向上시키고 自發的인 學習 習慣을 길러 國語 學力 伸張을 꾀한다.

가. 課題 學習의 段階

要約 訓練의 효율성을 높이기 위해 다음과 같은 指導 段階를 設定하였다.

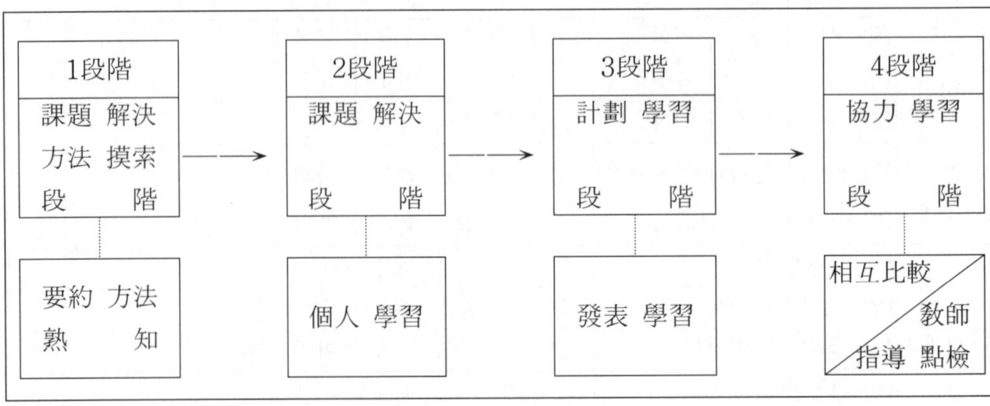

<圖5> 要約 訓練 課題 學習 段階

나. 課題 提示 過程

1) 1/3로 要約하고 主題찾기 및 題目 붙이기 訓練 課題 提示 → 三月
2) 1/5로 要約하고 主題 찾기 및 題目 붙이기 訓練 課題 提示 → 四月
3) 1/10로 要約하고 主題 찾기 및 題目 붙이기 訓練 課題 提示 → 五月 以後

다. 指導 方法

1) 課題 解決 摸索 段階의 指導

가) 時期 : 진도 진행 과정 중 教科書에 該當 글의 種類를 授業하기 前

나) 目的 : 글의 種類別 特性을 앎으로써 그에 따른 要約 요령을 염두에 두게 하여 要約 能力을 높인다.

다) 方法 : 該當 種類 글의 性格이나 읽을 때의 留意點을 일러 준다.

라) 內容 : 글의 種類에 따른 事前 指導 內容은 다음과 같다.

<說 明 文>

(1) 性格 : 주어진 主題를 分明하고 正確하게 解說, 說明하거나 複雜하고 어려운 것을 쉽고 簡明하게, 不分明한 것을 明瞭하게 풀이하는 글로서 說明의 方法은 主觀的으로 選擇되더라도 그 內容은 客觀的이어야 한다.

(2) 留意點 : ㉠ 글의 構成을 把握한다. 즉 一般的 짜임인 머리말, 본문, 맺음말들이 時間的 順序냐, 空間的 順序냐, 연역적 혹은 귀납적이냐 등을 염두에 두고 읽는다.

㉡ 지은이가 傳達하고자 하는 事實이나 情報를 正確히 把握한다.

㉢ 主된 內容과 附隨的 內容을 區別한다. 하나의 단락은, 추상적·일반적 진술 형식을 취하는 주제문과 특수 진술·구체적 진술 형식을 취하는 뒷받침 문장으로 되어 있는 것이 보편적임을 염두에 두고 主된 內容과 附隨的 內容을 구별한다.

㉣ 形式 段階別로 制限 字數를 고려하면서 要約해 나간다.

<論 說 文>

(1) 要件 : ㉠ 主張하는 內容이 뚜렷해야 한다.

㉡ 見解가 合理的이어야 한다.

㉢ 論據가 具體的이고 妥當해야 한다.

㉣ 用語가 正確해야 한다.

(2) 留意點 : ㉠ 論說文은 論點이 明確한 것이 特徵이므로, 읽는데 그 論旨를 把握하며 읽는다.

㉡ 事實과 意見이 包含되므로, 事實(例證)과 意見(論點)을 區別한다.

㉢ 接續語의 技能을 알아서 論理的 展開를 把握한다.

㉣ 指示語의 구실이 重要하므로 指示語의 技能을 把握하여 論理의 展開를 뚜렷하게 잡는다.

㉤ 選定 語彙에 抽象性이 强하므로 語句의 意味를 主觀的으로 把握하지 않도록 한다.

㉥ 어려운 語句에 主意하며 읽는다.

㉦ 小段落으로 나누어 要點을 把握한다.

㉧ 작은 대문을 몇 개씩 合하여 큰 段落을 設定하고 그 內容을 要約한다.

<隨筆>

(1) 性格 : 隨筆은 人生과 事物에 대한 個人의 느낌과 思索을 比較的 自由로운 形式으로 쓴 對話的인 散文으로서 ㉠ 다른 文章에 比하여 形式이 自由롭고, ㉡ 제재가 多樣하며, ㉢ 形式的 制約이 없이 自身의 느낌이나 體驗을 告白的으로 쓴 글이므로 글쓴이의 個性이 잘 드러난다. ㉣ 유머, 위트, 풍자를 곁들여 흥미로움을 주고 날카로운 知性에서 비롯되는 批判 意識이 있다. ㉤ 人生과 自然의 觀照에서 體得한 삶의 意義, 價値 등이 드러나며, ㉥ 다른 文學 장르와 달리 代理人을 必要로 하지 않으며 作者가 讀者에게 직접 傳達한다.

(2) 留意點 : ㉠ 여러 形態로 쓰여지는 것이 隨筆이므로 그 形態를 살리며 要約한다.

㉡ 作者의 人格·個性을 念頭에 둔다.

㉢ 作者의 言語 感覺에 유의한다.

㉣ 보여주고자 하는 人間 類型을 念頭에 두고 要約한다.

<小說>

(1) 性格 : ㉠ 小說은 實際로 있었던 이야기가 아니라 作者의 想像力에 依하여 創造된 蓋然性 있는 虛構 世界다.

㉡ 小說은 虛構의 世界를 그리지만, 窮極的으로 人生의 眞實과 참모습을 追究하여 人生의 意味를 깨닫게 한다.

㉢ 小說은 人物, 事件, 背景 등을 맞추고 一定한 時間의 흐름에 따라 이야기가 展開된다.

㉣ 小說은 現實에서 素材를 選擇하여 作品에 알맞게 그 素材들을 修正하고 變形하여 現實을 反映한다.

㉤ 小說은 韻文이 아닌 散文으로 씌어지는 대표적인 文學 樣式이다.

㉥ 小說은 예술의 한 形式으로서, 그에 相應하는 形式美와 예술적 技巧를 갖추어야 한다.

(2) 留意點 : ㉠ 小說의 三要素와 構成 段階를 생각하며 要約한다.

㉡ 社會相과 時代相이 잘 反映되어 있는가 檢討한다.

㉢ 지은이의 人生觀, 宗教觀, 道德官, 哲學觀, 世界觀들은 어떻게 反映되어 있는지를 생각한다.

㉣ 構成의 類型에 맞게 要約한다.

㉤ 視點을 念頭에 두면서 그에 맞게 줄인다.

㉥ 主題가 무엇인가를 생각한다. 주인공의 주요 目的이 무엇이며 그 目的 達成을 위해 하는 가장 重要한 行動이 무엇인가를 생각한다.

<題目 붙이기>

글의 題目을 보면 그 글 속에 어떤 內容이 있는지를 짐작 할 수 있다. 글의 題目은 글의 理解에 도움을 준다. 반대로 글을 읽고 內容을 제대로 理解했다면 그 글에 알맞은 제목을 붙일 수 있다. 글의 題目은 그 글의 內容을 함축하고 있으므로 題目을 붙이려면 그 글의 要旨(主題)를 把握할 수 있어야 한다. 읽고 있는 글이 무엇에 대하여 어떻게 말하고 있는지를 把握해야 한다.

一般的으로 論說文, 說明文은 中心 思想 中心 內容으로 題目을 삼고, 文藝文의 題目은 具體的인 글의 素材나 話題, 비유적인 상징어로 제목을 삼는다.

2) 課題 解決 段階의 指導

教師의 活動으로 教科書 各 單元의 글들을 分析하여 글의 種類를 把握한다. 그 把握된 것에 依해 서로 關聯이 있는 글감을 발굴하여 學生들에게 提示하여 解決하게 한다.

가) 課題 提示

教科書 單元과 연결시키고 結果 確認을 쉽도록 하기 위하여 <表6>과 같은 樣式에 글감을 프린트하여 내어 준다.

<表6> 要約 訓練 課題 (例)

要約 訓練 課題 글감

과 제 번 호	11	교과서 관련 단원	언어와 민족 문화
글감의 길이	1,776자	요 약 조 건	1/3로 줄이기

체언은 독립적으로 한 문장 성분이 될 수 있다. 이를 테면, "밥 먹어."란 문장에서 '밥'은 단독으로 서술어에 대한 목적어의 구실을 한다. 그러나 체언과 다른 문장 성분과의 관계는 주로 조사로 나타낸다. 이러한 구실을 맡은 조사를 격조사라 한다.

국어의 격을 몇 가지로 분류하느냐 하는 데 대하여서는 학자에 따라 의견이 다를 수 있지마는 그 중 중요한 것으로는, 주격 조사(이,가), 목적격 조사(을,를), 보격 조사(이, 가) 관형격 조사(의), 부사격 조사(에, 에게), 서술격 조사(이다), 호격 조사(아, 야), 따위가 있어 체언과 다른 말과의 관계를 정밀하게 나타낸다.

조사 중에는 체언의 다른 말에 대한 일정한 관계를 나타내지 않고 말의 표현을 더 섬세히 하는 데 도움이 되는 것이 있는데, 이것을 보조사라 한다. '는, 은'은 대조의 뜻을 나타내고, '도'는 이것과 저것이 한가지임을 나타내든지, 또는 감탄의 뜻을 나타낸다. '만'은 단독·한정의 뜻을 나타내고, '부터'는 비롯함을 나타내는 따위이다.

용언은 한 낱말 안에 어간과 어미가 있어서 어미는 조사와 같이 여러 가지 문법적인 뜻을 나타낸다.

어미가 나타내는 문법적인 뜻은 크게 두 가지로 나뉜다.

하나는, 용언의 다음 문장 성분에 대한 복잡한 관계를 정밀하게 나타내는 것인데, '-니'는 이유나 조건, 원인을 나타내면서 다음 말과 접속하고, '-면서'는 두 동작이 함께 일어남을 나타내고, '-고'는 맞섬의 관계를 나타내고, '-는데'는 앞의 상황을 계속 설명함을 나타내고, '-는, -은, -을'은 뒤의 체언의 뜻을 꾸미게 된다. 또 용언을 체언처럼 만들어주는 '-ㅁ, -기'가 있다.

어미가 나타내는 또 한 가지 분법적 뜻은, 말하는 사람과 듣는 사람과의 관계를 나타내는 것인데, 이것은 두 가지로 구별할 수 있다.

하나는 말하는 사람의 듣는 사람에 대한 의향을 나타내는 것으로서 '(책을) 읽는다.'란 말은 말하는 사람이 자기가 할 말을 해 버리는 데 그치는 꼴이요, '읽느냐?'란 말은 듣는 사람에게 답을 요구하는 꼴이요, '읽어라'란 말은 시킴을, '읽자'란 말은 함께 하자는 뜻을 나타내는 꼴이다.

그리고 다른 하나는, 말하는 사람과 듣는 사람과의 사회적인 지위를 표시해 주는 일로써, '읽는다, 읽느냐?, 읽어라, 읽자'란 말은 말하는 사람과 듣는 사람의 지위가 대등하거나, 듣는 사람이 아랫사람일 때에 쓰이는 꼴이요, '읽습니다, 읽으오?' 등은 듣는 사람을 높이는 꼴이다.

어간과 어미의 사이에는 선어말어미가 들어가는 일이 있는데, 선어말 어미는 시제와 주제에 대한 존대를 나타낸다.

이러한 현대 국어의 문법상의 기본적인 특질은 15세기 국어에도 대체로 적용된다. 그러나, 당시의 언어에서는, 현대어에서 볼 수 없는 몇 가지 중요한 특징을 발견할 수 있다. '-숩-, -숩-, 줍-,……'과 같은 선어말 어미가 있어서 이것은 용언이 나타내는 행동이나 상태가 미치는 대상이나 상대인 객체를 존대하는 데 쓰이었고, '-더라, -다니, -다이다'아 '-더라, -더니, 더이다'가 구별되어 쓰이어서 '-다-'를 포함한 꼴은 그 용언의 주어가, 말하는 사람 자신일 때에 쓰이고, '-더-'를 포함한 쪽은 그렇지 않을 때 쓰이었다.

낱말은 그 짜임새로 보아 다음과 같이 나뉜다. '봄, 손, 가을, 머리, 미나리'와 같은 낱말은 어근 하나만으로 만들어진 것이므로 단일어라 한다. 그리고 '맨손 : 늙다리'들은 어근과 접사로 짜였으므로 파생어라 하고, '등불: 듣보다' 들과 같이 한 낱말 안에 어근이 둘이 있는 것은 합성어라 한다.

※ 글감의 길이는 원고지 사용 기준으로 띄어쓰기를 포함한 글자 수로 따진다.

나) 要約 課題 作成

要約 訓練의 效率을 꾀하고 要求하는 分量을 쉽게 알고 작업할 수 있도록 다음 <表7>과 같은 用紙를 製作하여 活用하였다.

<表7> 要約 課題 作成 用紙 (例)

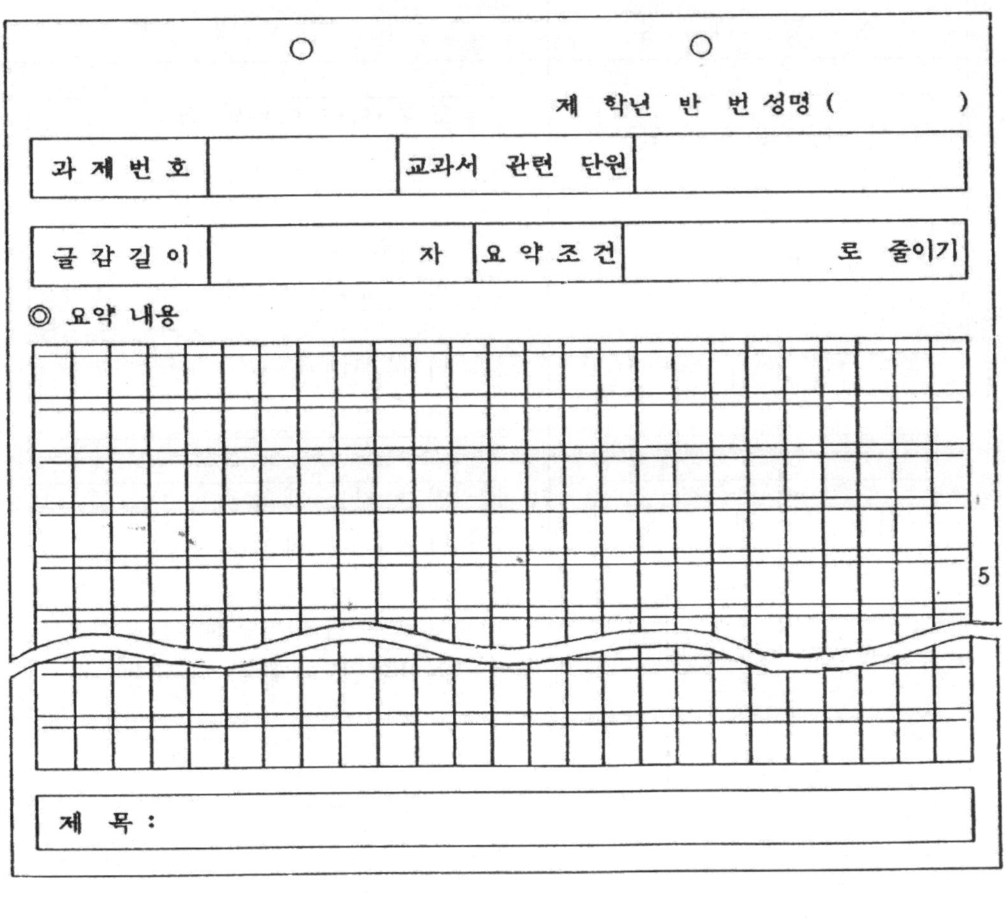
제 학년 반 번 성명 ( )

과 제 번 호		교과서 관련 단원	
글 감 길 이	자	요 약 조 건	로 줄이기

◎ 요약 내용

제 목 :

3) 計劃 學習 段階의 指導

該當 小單元 導入 部分에서 2~3名을 無作爲로 抽出 指名하여 發表하게 하여 本授業과 關聯을 짓도록 하고 全體 學生 것을 거두어 確認 評價 하였다.

4) 協力 學習 段階의 指導

該當 小單元의 整理 部分에서 거두어서 評價한 것을 내어주고 敎科書 글의 內容과 課題 글의 內容을 比較해 보게 하고 잘된 것 한두 편을 複寫하여 配付해 자신이 한 것과 比較하게 함으로써 要約 訓練 能力을 向上시키게 하였다.

라. 課題의 敎授-學習에의 適用

위의 課題 解決 段階에 따라 學習 模型을 定立하고 敎授-學習에 適用하였다.

1) 學習 模型 定立의 過程

정 립 과 정	실 천 내 용
문헌 연구 및 선행 연구	◦ 교수-학습 이론의 적용 ◦ 선행 연구 분석
교 재 분 석	◦ 교사용 수업 지도서 ◦ 학생 교과서 분석
실 태 분 석	◦ 학생 실태 ◦ 학습 자료 실태
연간 지도 계획 수립	◦ 연간 지도 계획 ◦ 과제 제시 방안 수립
교수-학습안 구안	◦ 교수-학습의 5단계 이론 적용 ◦ 소단원별 과제 종류 선정
수 업 안 작 성	◦ 소단원별 수업안 작성 적용 ◦ 과제의 활용

2) 小單元別 學習 指導 模型

단　　계	지　도　내　용
準 備 段 階	○해당 소단원 내용 분석 ○요약 훈련 과제 글감 찾기 ○요약 훈련 과제안 작성
導 入 段 階	○前單元 학습 내용 확인 ○본단원 학습 목표 제시
展 開 段 階	○단원 특성에 따른 수업 전개
整 理 段 階	○본단원 학습 내용 및 정리 확인 ○본단원과 요약 과제 내용 비교 ○차시 예고 ○次單元 과제 제시

마. 課題의 評價

1) 評價 基準

要約 能力의 向上度를 점검하고 個別 學生의 指導 資料抽出을 위해 다음과 같이 評價 基準을 作成하여 評價하였다.

구분 등급	평　가　기　준		점수 (각각 배점)
	분　량　면	내　용　면	
1	제시 조건의 10%이내	핵심 내용을 정확히 요약	5
2	제시 조건의 20%정도 과부족	핵심 내용을 다소 빠뜨림	3
3	제시 조건의 30%정도 과부족	핵심 내용을 많이 빠뜨림	1

2) 個人別 評價表 作成 活用

번호	횟수	1 회			2 회			3 회			4 회			5 회		
	성명	분량	내용	계	분량	내용	계	분량	내용	계	분량	내용	계	분량	내용	계
1	강○○															
2	박○○															
3	박○○															
4	이○○															
5	서○○															
6	서○○															

Ⅵ. 研究의 結果 및 解析

本 研究는 國語科의 폭넓은 學習을 圖謀하고 自主的인 習慣을 形成시켜 國語科 學力 伸張을 꾀하기 위하여 글의 要約 訓練을 시키는 것이었으므로

첫째, 課題學習과 國語 科目에 對한 反應 傾向

둘째, 國語科 및 言語 領域 試驗의 學力 向上 與否에 대한 檢證을 實施해 보았다. 課題學習과 國語科 學習에 대한 反應은 設問을 通한 前後 比較를 하였고 學力 向上 與否는 前後 및 研究 比較班 對比를 實施하였다.

1. 課題學習과 國語 科目에 對한 反應 傾向 調査

<表8> 國語 學習法 比較表

번호	설문 내용	항　　목	비　율			
			1차(93.3%)		2차(93.7%)	
			비교반	연구반	비교반	연구반
1	국어 과목에 대한 흥미도는?	① 재미있는 편이다.	40.63	34.38	37.50	46.88
		② 그저 그렇다	43.75	50.00	43.75	37.50
		③ 재미없는 편이다.	15.63	15.63	18.75	15.63
2	국어 과목의 주된 학습 방법은?	① 문법, 어휘 중심의 분석적 방법	43.75	46.88	40.63	40.63
		② 국어 또는 국문학의 지식 암기위주	50.00	53.13	50.00	34.38
		③ 전체 및 단락별 의미 파악 위주	6.25	·	9.38	25.00
3	가정 학습의 정도는?	① 예·복습을 매일 실시한다.	3.13	3.13	3.13	12.50
		② 예·복습을 때때로 실시한다.	34.38	31.25	37.50	28.13
		③ 예·복습을 거의 하지 않는다.	62.50	65.63	59.38	59.38
4	과제 제시에 대한 생각은?	① 필요하다.	31.25	18.75	31.25	43.75
		② 잘 모르겠다.	62.50	68.75	59.38	50.00
		③ 필요 없다	6.25	12.50	9.38	6.25
5	국어 학습과제를 해결하는 방법은? (요약훈련 과제 제외)	① 자기 힘으로 해결한다.	9.38	9.38	9.38	25.00
		② 참고서를 그대로 베낀다.	81.25	84.38	78.13	68.75
		③ 다른 사람의 도움을 받는다.	9.38	6.25	12.50	6.25
6	교과서 내용과 연관된 다른 글을 어느 정도 읽는가?	① 거의 읽지 않는다.	68.75	71.88	65.63	50.00
		② 가끔 읽는다.	28.13	25.00	31.25	43.75
		③ 자주 읽는다.	3.13	3.13	3.13	6.25
7	글을 읽은 때의 방법은?	① 대충 읽어 나간다.	71.88	78.13	65.63	46.88
		② 자세히 읽는다.	25.00	18.75	28.13	31.25
		③ 메모를 하며 읽고 독후감을 쓴다.	3.13	3.13	6.25	21.88

가. 國語 科目에 대한 興味度는 比較班은 前後 比較에서 큰 變化가 없었는데 研究班은 1차에서 '재미있는 편이다.'와 '그저 그렇다'가 각각 34.38%와 50.00%였

는데 2차에서는 '그저 그렇다'가 37.50%로 줄어든 代身에 재미있다고 답한 반응이 12%가량 증가했음을 알 수 있었다.

나. 國語 科目의 주된 學習 方法面에서 全體 및 단락별 意味를 把握하는 바람직한 方法을 使用하는 비율이 1차에서는 두 班 다 같이 매우 낮았던 것이 2차 調査에서 比較班은 변동이 적었는데 硏究班은 1/4정도가 意味 把握 위주의 學習을 하게 되었다. 그런데 아직 25%가량만 이렇게 하는 것은 이제까지의 타성에서 벗어나기가 쉽지 않다는 것을 보여주는 것이다.

다. 家庭 學習의 정도는 比較班, 硏究班 모두 큰 변화는 없었다. 이것은 學校內에서 生活이 많다보니 家庭에 돌아가서는 공부할 時間이 많지 않음에서 基因하는 것으로 볼 수 있겠다.

라. 課題 提示에 대해서는 1차 조사와 2차 조사에서 比較班은 큰 변화가 보이지 않고 있는 데 硏究班은 필요하다고 응답한 사람이 25% 많아져 課題에 대한 認識이 肯定的으로 바뀌고 있음을 보여준다.

마. 課題 解決 方法은 1차에서는 두 班 다 '參考書를 보고 베끼는 방법'을 대다수 學生들이 使用하였었다. 그런데 2차 調査에서는 比較班은 別 變化가 없었으나 硏究班은 自己 힘으로 해결하는 사람이 늘어나고(9.38%→25%) 있음을 볼 수 있었다. 이것은 要約 訓練 課題가 學生들의 學習 態度를 바꾸는데 有效했음을 보여준 것이라 볼 수 있다.

바. 敎科書 內容과 關聯된 다른 글을 읽는 程度에 대한 1·2次 調査에서 比較 및 硏究班 모두 '자주 읽는' 사람이 아주 적었었다. 2차 調査에서 '가끔 읽는다.'는 답변이 比較班은 약 3%, 硏究班은 19%정도 높아졌으나 全體的으로 다른 글을 읽지 않는 學生이 많았다. 이는 이제까지의 學習 習慣의 영향도 크리라 보며, 벽지 농촌 지역에 거주하는 學生들인 관계로 경제적 사정이 여의치 못해 책을 구입해 보기도 어렵고 이웃에서 책을 구하기도 힘들어 읽지 못하는 경우도 많다고 본다. 따라서 要約 訓練 課題와 같은 읽을거리를 많이 제공할 必要가 있을 것이다.

사. 글을 읽을 때의 方法에서는 1차 調査 結果 두 班 다 2/3 이상의 學生이 대충 읽었는데 2차에서는 比較班은 큰 變化가 없었으나 硏究班은 메모를 하며 읽거나 자세히 읽는 사람이 53%가 되어 이 硏究가 效果가 있었음을 보여 준다.

2. 國語科(言語 領域) 學力 伸張 與否 檢證

要約訓練課題를 活用하였을 때 國語 (言語 領域) 學力에 어떠한 效果가 있을까 살펴보기 위해 國語 成績과 言語領域 試驗 成績을 比較해 본 結果는 다음과 같다.

<表9> 國語 成績 比較表

차순	구분 / 집단	N	M	SM	DM	유의도 여부		
						CR	P	해석
1차	비교반	32	58.00	20.17	0.16	0.03	$P>0.1$	의의 없음
	연구반	32	57.84	23.09				
2차	비교반	32	53.38	19.33	10.87	2.31	$p<0.05$	의의 있음
	연구반	32	64.25	18.27				

實驗前인 1993年 2月에 實施한 二學期末考査 國語 成績을 가지고 두 集團을 比較한 結果 平均의 差가 0.16이고 CR = 0.03으로서 差異가 거의 없는 等質集團임을 알 수 있었다. 實驗後 結果로서 금년 一學期末考査 國語 成績은 比較班이 53.38 硏究班이 64.25로서 硏究班이 比較班에 比해 10.87점이 높게 나타났고 CR = 2.31, $P<0.05$로서 意義있는 것으로 나타나 要約 訓練 課題가 國語 學力 伸張에 도움이 되었음을 알 수 있다. 한편 統合 敎科的 素材를 바탕으로 高次元的 思考力을 測定하는 言語 領域에서 本 試圖가 有效한지 살펴보기 위해 1차로 第七次 大學修學能力 實驗 評價를, 二次에서는 中央敎育振興 硏究所 주관으로 實施한 模擬考査 成績을 가지고 檢證하여 보았더니 <表10>과 같았다.

<表10> 言語 領域 成績 比較表

차순	구분 / 집단	N	M	SD	DM	유의도 여부		
						CR	P	해석
1차	비교반	32	22.00	7.56	0.10	0.05	$P>0.1$	의의 없음
	연구반	31	21.90	8.24				
2차	비교반	32	23.81	7.44	4.19	2.58	$P<0.01$	퍽 의의 있음
	연구반	31	28.00	5.29				

1차 比較 資料에서는 平均의 差異가 거의 없었다. 2차에서는 比較班이 23.81, 研究班이 28.00으로 평균차가 4.19이고 CR = 2.58로서 P < 0.01로 퍽 의의 있는 것으로 나타나 自體 製作의 國語成績에서보다 言語領域成績 伸張에 더 효과가 있었음을 확인할 수 있었다. 이것은 國語 試驗은 知識을 묻는 것이 더 많기 때문인 것으로 생각된다.

Ⅶ. 要約·結論 및 提言

1. 要約

가. 이제까지의 大學入試의 影響으로 學校 現場의 國語 敎育은 單純히 單語나 知識을 暗記시키는 注入式 敎育에 置重한 傾向이 있어, 國語 敎育의 本來 目的인 高等精神技能을 伸張시키지 못하고 있는 實情이므로

나. 高等精神技能 向上의 一環으로 要約訓練課題를 具案 活用하여 訓練을 시킴으로써 迅速 正確하게 情報를 把握할 수 있는 讀解 能力을 向上시키며 自主的 學習 態度를 길러 國語 學力 伸張을 試圖하였다.

다. 本 硏究 推進의 基礎 資料로 知能 檢査 結果, 學力診斷考査 成績 등을 分析하여 等質 集團임을 확인한 두 班을 擇하였다.

라. 讀解 能力 向上 및 課題 學習에 對한 理論을 토대로 高等學校 國語 敎科書 下卷의 單元別 內容과 關聯이 되는 글들을 뽑아 要約 訓練 글감을 만들었다.

마. 訓練은 '要約 方法 熟知' → '個人學習' → '發表學習' → '相互比較・敎師 點檢 指導' 段階로 하였다.

바. 課題 提示는 1/3로 줄이기, 1/5로 줄이기, 1/10로 줄이기를 段階的으로 함을 原則으로 하되 글감에 따라 變化도 주었다.

사. 課題의 作成 및 評價를 쉽게 할 수 있도록 要約 課題 作成 用紙를 만들어 活用하고

아. 評價 基準을 만들어 個人別 評價表를 作成하여 活用하였다.

자. 課題 學習과 國語 科目에 대한 反應 傾向은 設問調査를 通하여 檢證해 본

結果

○ '國語 科目에 대한 興味도에서 1次에서 '그저 그렇다'로 반응한 사람 중에서 '興味있다'로 12% 가량 늘어났으며

○ 家庭 學習 정도는 三學年인 관계로 學校에서 生活 時間이 많은 때문에 큰 變化가 없었다.

○ 課題 提示에 대하여 肯定的 認識이 늘어나고 있었으며,

○ 課題 解決 方法은 自己 힘으로 解決하는 사람이 10% 미만에서 25%로 늘어나고 있으며,

○ 教科書 內容과 關聯된 다른 글을 읽는 것을 地域的 여건으로 큰 變化를 가져오지 못하고 있어 읽기 資料 提供의 必要性을 느꼈으며,

○ 글을 읽는 方法에서 바람직한 讀書法으로 차츰 變化되고 있었다.

차. 學力 伸張面의 結果 중 國語科 成績 伸張 檢證은 自體 製作의 國語 試驗 成績을 比較하여 보았더니 比較班에 비해 研究班은 의의 있는 것으로 나타났으며, 言語 領域 成績은 第7次 大學修學能力 實驗 評價 成績과 금년 六月에 실시한 模擬考査 言語 領域 點數를 比較하여 본 結果 CR = 2.58, $P<0.01$로서 퍽 의의 있는 것으로 나타났다.

2. 結論

가. 國語 學習에 대한 興味가 높아졌다.

나. 學習 方法面에서 變化를 보여주었다.

다. 課題 學習의 必要性을 認識하는 사람이 많아졌다.

라. 課題 解決을 스스로 하는 사람이 늘었다.

마. 幅 넓은 讀書를 할 수 있는 資料 提供의 必要性을 느꼈다.

바. 學生들의 글을 대하는 態度에서 자세히 읽는 習慣이 차츰 形成되고 있다.

사. 國語 學力은 比較班에 對比하여 CR = 2.31, $P<0.05$로서 國語 學力 伸張에 의의있는 것으로 나타났다.

아. 言語 領域 試驗 結果는 國語 學力 伸張에서보다 더 도움이 됨을 알 수 있었다.

3. 提言

가. 教科 內容과 關聯된 各種 글을 接할 수 있도록, 敎師用 指導書에 資料를 提示하거나 따로 글감 모음집이 나왔으면 많은 도움이 되겠다.

나. 學生의 判斷力을 길러줄 수 있는 한 사항에 대한 여러 시각의 글을 모은 資料가 보급되어야겠다.

다. 中學校 때부터 이런 訓練이 될 수 있는 資料가 開發되어야 하겠다.

參 考 文 獻

敎育部, 高等學校國語敎師用指導書, 서울 : 대한교과서, 1991

敎育部, 대학수학능력시험 이런 방향으로 실시됩니다, 서울 : 중앙교육평가원, 1991

국어연구소, 國語生活 12호, 서울 : 국어연구소, 1988

金京一, 讀書敎育과 讀後感 指導, 서울 : 一朝閣, 1973

讀書硏究會, 讀書指導事典, 서울 : 경인문화사, 1982

文敎部, 高等學校 敎育課程, 서울 : 대한교과서, 1988

文敎部, 高等學校 國語 2, 서울 : 대한교과서, 1990

이우재, 고교생의 作文·論文, 서울 : 이이템 뱅크, 1984

진보영, 현장 교육 연구법, 서울 : 배영사, 1975

최창열, 국어 수업 연구, 서울 : 一志社, 1981

한국출판연구소, 출반연구총서 1, 서울 : 한국출판연구소, 1987

교육활동 사례
[교육상주 원고]

재량활동의 편성·운영

모 서 중 학 교
교사 김 성 진

Ⅰ. 들머리

구성주의 교육관에 기초한 제7차 교육과정은 만들어 가는 교육과정으로 여러 특성을 지닌다. 그 중의 하나가 재량활동의 도입이라 할 수 있다.

제7차 교육과정이 교육공급자 중심의 획일적인 교육체제에서 탈피하여 교육 수요자 중심 즉, 학생 중심의 교육 체제로 전환하는데 중점을 둠으로써 국가 수준에서 전체를 획일적으로 정하는 것이 아니라 지역과 학교의 실정에 맞는 교육을 할 수 있는 여지를 열어 둔 것이 바로 재량활동이다. 그러나 시행 초기여서 편성·운영에 다소의 혼란과 어려움이 있는 것도 현실이다. 따라서 서로가 정보를 공유하고 논의하여 슬기롭게 문제를 해결할 필요가 있다. 여기에서는 제7차 교육과정에의 특색의 하나인 재량활동의 편성·운영에 대하여 경상북도교육청지정 시범학교 운영 사례를 중심으로 소규모 중학교에서의 재량활동의 편성·운영의 방안을 소개하고자 한다.

Ⅱ. 재량활동의 기초

1. 재량활동의 개념

재량활동 교육과정이란 단위 학교의 교육적 필요와 요구에 따라 교육의 목표와 내용, 방법, 평가에 관한 일체의 사항을 단위 학교가 결정·운영하는 교육 활동을 의미한다.

2. 중학교 재량활동의 의의와 교육적 필요성

가. 교과와 특별활동을 심화, 보충함과 동시에 교과와 특별활동을 통해 달성하기 어려운 범교과 학습과 자기 주도적 학습의 기회를 제공하기 위한 것이다.

나. 지역 사회와 단위 학교의 지역적 특성에 맞는 교육 과정이 편성·운영되도록 하기 위함이다.

다. 교육 내용에 대한 학생의 선택권을 확대하기 위한 것이다.

라. 학생들의 자기 주도적 능력을 향상시키며, 다양한 요구·흥미를 수용하기 위한 것이다.

마. 입시 중심, 지식 중심 교육에서 인간 교육으로의 전환을 의미한다.

즉, 학교에서 다양하고 창의적으로 만들어 가는 교육과정이라는 흐름으로 볼 때 이를 가장 효과적으로 달성할 수 있는 것이 바로 재량활동이라 할 수 있다.

3. 재량 활동의 성격

재량 활동 교육과정은 단위 학교의 교육과정 편성·운영에 대한 재량권을 부여하고, 교육 내용에 대한 선택권을 부여한 점에서 자율성을 가지며 학교 단위에서 창의적으로 구성할 수 있다는 점에서 무정형성의 특성을 갖고 있다.

재량 활동 교육과정은 운영의 분권화, 자율화, 지역화, 내용의 적정화를 촉진시키기 위한 교육과정의 한 영역으로서 교과 및 특별 활동과 상호 보완적 성격, 단위 학교의 자율적 교육 활동, 국가 수준에서 공식적으로 인정한 창의적 교육과정, 만들어 가는 교육과정이라는 성격을 가진다.

특히, 중학교에서 할 수 있는 재량 활동은 선택 과목 학습과 교과의 심화·보충, 그리고 창의적 학습으로 범교과 학습과 자기 주도적 학습을 제시하고 있는데, 초등학교에서의 단편적이고 초보적이며 외형적인 맛보기 활동을 심화 발전시키고, 고등학교에서 경험할 수 있는 역량과 주제의 통합·분석력을 길러주는 활동으로 이어지도록 자기 주도성과 깊이 있는 관찰력, 문제 해결력을 기르는 교량적 역할을 담당하게 된다.

4. 재량 활동 교육과정에서 재량권의 주체

재량 활동 교육과정에서 재량은 단위 학교의 일관성 있는 특색과 다양성이라는 두 가지 목적을 동시에 조화시키려는 학교 전체 차원의 교육적인 노력과 계획을 전제로 학교에 주어진 재량으로 학부모와 학생을 포함하여 학교 구성원 전체의 의사가 반영되어야 하겠다.

5. 중학교 재량활동의 영역과 시간 배당

중학교 재량 활동 시간은 연간 136시간인데 이중 102시간은 교과 재량활동에 34시간은 창의적 재량 활동에 활용하도록 하고 있다. 102시간의 교과 재량 시간은 선택 교과(목)에 우선 배정하되 나머지 시간으로 기본 교과 시간에 할애하도록 하고 있다.

재량 활동 시간에 다룰 수 있는 학습 내용을 영역별로 살펴보면 다음과 같다.

영역	활동	활동 내용(예시)
교과 재량 활동	기본교과의 심화·보충 학습	◦ 국민 공통 기본 교과(국어, 도덕, 사회, 수학, 과학, 음악, 미술, 체육, 기술·가정, 영어)의 심화 보충학습
	선택 과목 학습	◦ 한문, 컴퓨터, 환경, 생활 외국어(독일어, 프랑스어, 스페인어, 중국어, 일본어, 러시아어, 아랍어), 기타 과목
창의적 재량 활동	범교과 학습	◦ 민주 시민 교육, 인성 교육, 환경 교육, 경제 교육, 에너지 교육, 근로정신 함양 교육, 보건 교육, 안전 교육, 성교육, 소비자 교육, 진로 교육, 통일 교육, 한국 문화 정체성 교육, 국제 이해 교육, 해양 교육, 정보화 및 정보 윤리 교육 등 ◦ 학교, 지역, 학생, 학부모의 요구를 반영한 범교과 학습
	자기 주도적 학습	★교육과정에 제시된 예시는 없으나 다음과 같은 활동이 가능함. ◦ 학습하는 방법의 학습 ◦ 주제 탐구 활동 ◦ 자유연구 ◦ 소집단 공동연구, ◦ 프로젝트 학습 ◦ 체험학습 ◦ 학교 행사 관련 활동, ◦ 학교 특수 시책 구현 활동 ◦ 특정 영역 학습 ◦ 지역 행사 관련 활동 ◦ 학교장, 교사, 학생이 만든 특별교육 프로그램 ◦ 기타 자율적 교육활동

Ⅲ. 소규모 학교의 재량활동의 편성 운영 사례

❖ 주제 : 자기 주도적 학습 능력 신장을 위한 재량 활동의 편성·운영
❖ 기간 : 2001년 3월 1일 ~ 2003년 2월 28일

경상북도 교육청으로부터 시범학교로 지정되어 본교에서 시행한 재량 활동 운영의 구체적인 상황은 경상북도 교육과학 연구원 홈페이지에 탑재된 연구보고서와 지도자료를 참고하기 바라며(http://www.kbise.or.kr), 여기에서는 간략하게 운영 내용을 소개하고자 한다.

1. 운영의 실제

운영 과제 1 : 자기 주도적 학습능력 신장에 적합한 재량활동 교육과정을 편성한다.

가. 재량활동 교육과정 분석

재량 활동 교육과정은 제7차 교육과정을 분석하고, 학부모, 지역사회인사, 교원으로 구성된 학교 교육과정 운영위원회를 중심으로 의사 결정 과정을 거쳐 결정하였다.

나. 재량활동 교육과정 편성 방안 모색

국가 수준의 재량 활동 편성 기본 방향을 살피고, 경상북도교육청 재량활동 편성·운영 지침에 따르며, 상주교육청 장학지침 등 제반 관련 요인들과의 상호 유기적인 관계를 포함할 수 있도록 재량 활동의 교육과정의 편성 기준과 방침을 정하여 편성하였다.

다. 재량 활동 교육과정의 편성

1) 교육과정 운영 시간 배당

재량 활동의 교육과정 운영 시간은 1. 2학년 모두 선택 교과에 주당 1시간씩, 국민공통 기본 교과의 심화·보충에 2시간씩, 창의적 재량활동에 1시간씩 배당하여 편성하였다.

2) 연간 재량 활동 운영 시간 편성

(가) 교과재량활동의 시간 편성

1차 연도 재량활동 운영에서 시간 수를 차등 배분하여 운영한 결과 시간수가 적은 교과에서는 그냥 시간만 때우는 형태밖에 되지 않는다는 문제가 제기되어 연구학교 2년 차인 2002학년도에는 아래 표와 같이 시간을 할당하여 진행하였으며, 수요일과 목요일 6교시에 편성하여 운영하였다. 소규모 학교의 특성을 감안하고 과목별 일정 시수를 확보하기 위해, 학생 및 교사의 의견을 반영하여 학년별로 과목을 4개씩 분배하여 시행하였다.

<교과재량활동의 과목별 시간 배당표>

구분 \ 과목 학년		과학	영어	국어	수학	사회	음악	기가	체육	한문	계
국민공통 기본교과	1	17	17	17	17	·	·	·	·	·	68
	2	·	·	·	·	17	17	17	17	·	68
선택교과	1	·	·	·	·	·	·	·	·	34	34
	2	·	·	·	·	·	·	·	·	34	34
계	1	17	17	17	17	·	·	·	·	34	102
	2	·	·	·	·	17	17	17	17	34	102

(나) 창의적 재량 활동

1차 연도에는 창의적 재량 활동은 격주제로 수요일 5~6교시를 블록 타임으로 운영하였으며, 학생들의 희망에 따라 2개 군(群)으로 나누어 편성하였고, 실태분석에서 나타난 학생들의 요구를 반영하여 정보화 교육에 더 많은 비중을 두어 편성하였다.

2차 연도에는 2개 학년이 7차 교육과정에 해당이 되는데, 교과는 학년에 따라 학습 수준의 차이가 있어 통합 운영에 애로가 있을 수 있으나, 창의적 재량활동은 통합 운영이 상대적으로 쉬울 수 있다. 그래서 교과재량은 학년별로 편성하고, 창의적 재량활동은 학년 통합 운영을 하기로 결정하고 A군과 B군으로 나누어 각 군에 4개의 과정을 편성하였고 시간 배당은 전 영역에 고루 배당함을 원칙으로 하였다.

<창의적 재량 활동 영역별 시간 배당표>

구 분		정보화 교육	환경교육	예절교육	향토문화 교육	진로교육	성교육	보건체육 교육	계
창의적 재량	A군	8	8	·	10	8	·	·	34
	B군	·	·	8	10	·	8	8	34
계		8	8	8	20	8	8	8	68

다만, 향토문화는 내 고장부터 알자는 취지로 지역 학습을 위해 각 군에 모두 배정하고, 시간도 10시간씩으로 편성하였다. 학생들은 1학년과 2학년 구분 없이 각자 A군과 B군 중에서 선택하여 통합 학년으로 학습이 진행되도록 편성하였다.

운영 과제 2 : 자기 주도적 학습능력 신장을 위한 다양한 재량활동 교육과정을 운영한다.

가. 재량활동 프로그램 개발

1) 재량활동 프로그램 개발의 기본 방향

① 학생들의 자기 주도적인 학습이 이루어질 수 있도록 한다.

② 각 활동 영역의 목표-내용-방법-평가가 일관성 있게 실천되도록 한다.

③ 설정된 학습 주제와 내용 체계표를 근거로 하여 연간 지도 계획을 수립하고, 그에 따른 해당 차시 분의 자료를 개발한다.

④ 프로그램의 틀은 주제, 주제 설정의 이유, 학습 목표, 활동 계획, 평가 관점, 참고 자료 순서로 구성한다.

⑤ 인터넷에 탑재된 각 학습 사이트를 활용한다.

⑥ 실천 중심의 활동 위주로 개발한다.

2) 재량활동 프로그램 개발의 과정

교과 및 창의적 재량활동 프로그램은 다양한 방법을 통하여 개발하되, 일반적으로 "학습 모형 구안 ⇨ 시안작성 ⇨ 프로그램 개발 협의회 심의 ⇨ 지도 자료 개발"의 과정을 거쳐 개발한다.

나. 교과 재량활동의 운영

1) 교과 재량활동의 지도 방향

교과 재량활동은 각 담당 교사가 자율적으로 활동 프로그램을 개발하여 수업을 전개하고, 학생 중심의 자기 주도적 학습에 주안점을 둔다.

2) 교과 재량활동(국민공통기본교과) 연간 계획

국민공통기본교과의 연간 계획은 1학년은 수요일에 국어와 영어를 격주로, 목요일에 수학과 과학을 격주로 편성하였고, 2학년은 수요일에 사회와 음악을 목요일에 기술·가정과 체육을 격주로 편성하였다. 다만 공휴일이나 학교 행사 등을 고려하여 고르게 시간수가 돌아가도록 아래와 같이 연간 계획을 수립하여 운영하였다.

3) 교과 재량활동(국민공통기본교과)의 연간 지도 내용

교과 재량활동 각 교과별로 연간 지도 내용을 계획하고 그 계획에 맞게 지도안을 작성하여 지도하였다. 각 교과의 구체적인 지도내용은 경상북도과학교육연구원 홈페이지에 실어서 다른 학교와 공유하게 하였다.

다. 창의적 재량활동의 운영

1) 운영의 기본 방향

처음 창의적 재량활동을 도입하게 된 상황에서 교사간, 교사-학생간, 학교-학부모간에 합의된 틀이 없는 관계로 학생, 교사, 학부모를 대상으로 한 기초 설문 조사에 의해 우리 학교에서 실시 가능한 7개의 범교과 영역을 선정하여 다음과 같이 실시하기로 하였다.

① 7개 활동 영역은 정보화 교육, 환경 교육, 예절 교육, 향토문화 교육, 진로 교육, 성교육, 보건체육교육으로 한다.

② 7개 영역 중에서 1차 연도에는 우선 학생들의 요구를 반영하여 정보화 교육을 공통으로 이수하고, 나머지 6개 영역 중에서 3개를 선택하게 하여 A, B 2개의 군(群)으로 영역을 나누어 지도하고(선택 시 3희망까지 조사하여 학생들의 요구를 적극 수용하도록 하였다), 운영을 하면서 발견되는 문제점을 보완하여 융통성 있게 운영한다.

③ 담당 교사는 협의회에서 각 영역과 관련되는 담당교과 교사를 정하여 영역별로 지도한다.

④ 각 영역별 자기 주도적 학습을 통해 능동적으로 수업에 참여할 수 있도록 지도한다.

2) 창의적 재량활동의 운영

1차 연도 3월부터 4월까지는 매주 수요일 6교시에 실시하였으나 학생들이 자기 주도적 학습에 익숙하지 못하여 많은 시간이 소요되었으며, 그로 인해 주제별 수업의 단절 현상이 나타나 5월부터는 격주제로 수요일 5, 6교시에 2시간 블록타임으로 편성하였다.

2001학년도 말 재량활동 운영 평가 반성회를 가지고 다음 학년도 운영 방향을 협의하여 다음과 같이 정하였다.

① 영역은 계속성을 위해 7개를 유지하도록 한다.

② 1학년만 시행되던 것이 2학년으로 확대되었으므로 학년을 통합하여 운영한다.

③ 시간 편성은 블록 타임제가 학습의 계속성이 없는 관계로 혼란이 오므로 정시제로 운영하기로 한다.

이런 원칙으로 영역별 연간 계획을 학교 차원에서 수립하여 제시하고 진행하였으며, 각 영역별로는 담당 교사가 연간 계획을 수립하여 운영하였다.

2. 운영의 결과

가. 운영 과제 1의 결과

1) 재량 활동 편성의 적절성에 대한 교사들의 자체 평가

재량활동의 편성 운영에 대하여 교직원들은 비교적 긍정적으로 보고 있었다.

"연간 지도 계획이 창의적으로 수립되었는가"란 설문에 '잘됨'과 '보통'이 87.5%로 지도 계획 수립에 힘을 쏟았음을 보여주었다. 재량 활동 지도 계획이 "자기 주도적 학습이 이루어지도록 짜여짐의 여부"에 대해서는 '잘됨'과 '보통'이 75%로 대체로 만족하는 수준이었으며, "지역 및 학교 여건 반영하였는가"하는 물음에는 '잘됨'과 '보통'이 87.5%로 나타나 지역과 학교 여건을 감안하여 학습 계획을 수립하고 지도안을 작성하였음을 알 수 있다. "재량 활동의 시간 편성 및 운영 평가"에 대하여 '잘됨'과 '보통'이 100%로 매우 긍정적으로 평가하고 있음을 알 수 있었다.

2) 재량활동에 대한 학생들의 흥미도

재량활동에 대한 흥미도 조사에서 '보통' 이상으로 답한 사람이 76.3%로서 흥미를 가진 사람이 많았으며 교과재량과 창의적 재량의 흥미도에서는 교과재량에 더 흥미 있다는 반응을 보이고 있었다.

나. 운영 과제 2의 결과

1) 수업 관찰에서 나타난 자기 주도적 학습 태도 변화 상황

먼저 교사들이 수업을 하면서 관찰한 결과, "재량활동에서 학생들의 수업 태도"가 3월과 비교하여 7월에 적극적인 사람이 12.5%에서 37.5%로 25%나 많아졌으며, "과제 수행 태도"에서는 '교사에 의존'하려는 사람이 3월에 12.5%에서 7월에는 해당자가 없어지고 '가능한 스스로 해결하려는' 사람이 늘어났다.

2) 재량활동에 임하는 학생들의 자세 변화 상황

"재량 활동이 학습 활동에 도움이 되는가"라는 물음에 그렇다고 답한 사람이 사전에 31.6%에서 사후에 47.4%로 늘어나고 있음을 볼 수 있었고, 과제처리 방법에 대해서 스스로 해결하는 것이 23.7%에서 42.1%로 많아졌음을 볼 수 있었다.

3) 재량활동 수업에 임하는 자세

재량활동에 임하는 적극성 여부를 확인하기 위한 설문에서는 반수 이상이 적극적으로 참여한다고 반응하여 재량활동이 자기 주도적 학습 습관을 형성하는데 도움이 되고 있음을 나타낸다고 볼 수 있다. 세부적으로는 1학년이 더 적극적임이 나타났는데, 이는 소규모 학교의 학년에 따른 구성원들의 특성이 나타난 것이라 생각이 된다. 이런 태도의 변화가 다른 일반 교과로의 전이가 이루어질 수 있다고 보나 그 뚜렷한 양상은 더 관찰을 해 보아야 할 과제이다.

3. 결론

국가 수준의 제7차 교육과정, 경상북도 중학교 교육과정 편성·운영 지침 및 경상북도상주교육청의 실천 중심 장학 자료를 바탕으로, 지역 실정과 학생, 교사, 학부모의 실태 분석에서 도출된 시사점을 반영하여 본교 실정에 알맞은 학교 교육과정 편성·운영 모형을 개발하고, 특히 학생 중심의 재량 활동 교육과정을 편성·운영하고, 자작 설문지, 자기 평가, 교사의 관찰 등의 도구로 결과를 고찰해 다음과 같은 결론을 얻었다.

가. 재량활동 운영에 대하여 걱정을 많이 하던 교사들이 실제로 부닥치면서 비교적 긍정적으로 생각이 바뀌었으며, 학생들의 반응을 관찰한 결과 재량활동에서 자기 주도적 학습이 이루어지도록 지도 내용이 짜여지고 있음을 알 수 있었다.

나. 학생들이 재량활동 학습에 만족한다는 반응이 많이 나타나고 있어 재량활동에 흥미를 느끼고 만족하는 편임을 알 수 있었다.

다. 학생·학부모·교사 및 지역 사회의 요구를 반영하는 교육과정 편성·운영을 통해 제7차 교육과정의 성격에 대한 이해와 관심이 깊어졌으며, 특히 교사 주도의 교과서 중심 교육에서 학습자를 고려한 교육과정 중심 교육으로 전환될 수 있었다.

라. 재량활동 교육 과정의 편성과 운영을 위하여 학교와 지역 사회의 실태를 조사하고, 각종 설문 조사와 홍보 안내 활동을 하는 한편, 학교 교육 과정 운영 위원회를 조직하여 교사들의 다양한 의견을 수렴, 반영함으로써, 학교 교육에 대한 기존의 고답적인 교과 과정 일변도의 인식에서 벗어나 교사, 학생, 학부모가 다함께 참여하는 학교 공동체 실현의 기틀이 마련될 수 있었다.

마. 재량활동을 통하여 지역의 여러 기관과 각계 전문가 등 다양한 개인, 단체들과 접촉하고 협조함으로써, 지역 사회에 대한 관심과 긍지가 훨씬 높아졌고, 이를 통하여 지역 사회 학교로서의 위상을 재정립시키는 계기를 마련할 수 있

었다.

바. 학교 수준 교육 과정이 확대됨에 따라, 교사들은 교과서 이외의 다양한 채널을 통하여 학습 요소를 추출하고, 이를 효과적으로 지도하기 위한 자료나 프로그램 개발에 주력함으로써, 교수-학습 전문가로서의 전문성이 길러지게 되었고, 이를 기반으로 학교의 자율적 경영 능력도 향상될 수 있었다.
학생들은 과제에 대한 조사 탐구능력, 발표력 학습 활동에 대한 참여 의욕이 높아지고 있다.

사. 소집단 공동 연구와 1인 1탐구 학습을 통하여 학생들은 직접 소집단을 편성하여 탐구 주제를 설정하고 이를 해결하기 위한 탐구 계획의 수립, 탐구 방법의 모색, 역할 분담, 자료의 수집과 연구 조사 분석, 탐구 결과의 정리 등의 일련의 과정을 거치는 동안 자기 주도적인 학습 능력과 협동심 등을 배양하는 계기가 되었다.

아. 일반 교과 수업과 차별성을 기하고 기존 교과에서는 제공하지 못하는 다양하고 심도 있는 학습 경험을 제공할 수 있었으며, 일반 교과와 달리 진도에 구애됨이 없이 학생활동 중심으로 학습을 상황에 맞게 조정함으로써 학생들의 능동적 참여를 유도할 수 있었고, 학습 태도 변화를 살펴본 결과 재량활동에서 학생들이 자기 주도적으로 학습하는 태도가 길러지고 있음을 알 수 있었다. 다만 다른 일반 교과로의 전이는 더 관찰하여야 할 과제이다.

제7차 교육과정의 특색 중 하나인 재량 활동은 잘만 활용하면 지역 및 당해 학교의 특성을 잘 나타낼 수 있는 좋은 제도이다. 그러나 잘못하여, 또 다른 교과의 하나로 인식되어 교사들의 부담으로만 돌아간다면 본래의 취지를 살리지 못할 것이다. 따라서 재량 활동에 대하여 바르게 이해하고, 적절한 운영으로 그 취지를 잘 살려 나가야 할 것이다.

<특기적성 운영 우수사례>

지적·정의적 영역의 조화 추구

모 서 중 학 교

Ⅰ. 들머리

인간은 그가 살아가는 사회에 잘 적응하여야 행복한 삶을 누릴 수 있다. 만약 그렇지 못하면 소위 왕따라는 것을 당하여 소외와 고립감에서 헤어나기 어렵게 된다. 따라서 그 세대가 살아가게 될 사회를 잘 파악하여 그에 맞게 능력을 길러 주는 것이 학교 교육의 한 축이다.

현대 사회는 다양성을 추구하는 사회이다. 이런 사회에서 잘 적응할 수 있는 자신의 재능을 일찍 찾아 계발함으로써 자신의 능력을 충분히 발휘하여 잘 적응하게 할 필요가 있다. 물론 기본적으로 민주시민을 양성하여야함은 당연하다. 민주시민의 바탕 위에 자신이 잘할 수 있는 분야가 무엇인가 탐색하여 그 방면의 재능을 기르고 지식을 축적해 나가야 다른 사람과 차별이 있는 사람이 되어 지식 정보화 사회에서 잘 적응할 수 있을 것이다. 재능 계발을 위한 시도는 여러 가지로 시도될 수 있다. 그 시도의 하나로 최근 우리의 학교에서도 특기·적성 교육을 실시하고 있다. 그러나 지역적 여건에 따라 실시 여건이 다양하여 학교별로 획일적으로 운영할 수는 없다.

Ⅱ. 학생의 선택 폭을 넓혀 주는 특기 적성 교육 실시

우리 학교에서는 산간 오지에 위치한 농촌 지역 여건에 맞추고, 주어진 자원을 최대한 활용하기 위해 먼저 학교의 실정을 파악하고 그에 맞추어 운영 계획을 수립하여 시행하였다.

1. 실태 파악

본교는 농촌 지역에 위치하여 면소재지에 사설학원이나 개인의 특기 적성 계발을 위한 시설이 없고 인접한 상주시나 모동면에 일부 사교육기관이 있으나 실질적으로 특기 적성 교육을 받을 수 있는 기회가 극히 제한되어 있다. 학부모와 학생들 중에는 사교육을 받고 싶어 하는 경우도 있으나 거리가 멀고(편도 40분 소요) 경제적으로도 부담이 되어 소질 및 특기 신장을 위하여 사교육을 받는 경우는 극히 드물다. 학생들은 대체로 학습의욕이 낮고 학력도 낮아서 적극성이나 성취의욕이 별로 없다. 지역 주민들도 대부분 농업에 종사하고 있어 자격증을 가지고 있거나 전문성을 가지고 있는 강사를 확보하기 어렵고 거리 상으로 상주나 다른 도시에서 멀리 떨어져 있어 적은 수당을 받으면서 다닐 수 있는 강사를 확보하기 힘들다.

2. 운영의 실제

농촌지역의 경제적 어려움을 감안하여 국가 시책으로 지원되는 국고 지원금을 활용하여 학생들에게 부담을 지우지 않고 실시함을 원칙으로 학기 당 1회(20시간 기준)를 계획하여 운영하였다.

1) 개설 과정

외부 강사를 활용하기에는 지역 여건이 맞지 않으므로 전 교사를 강사로 활용하였고 전교생이 참여하는 형태로 운영하였다. 크게 지적 영역과 정의적 영역으로 이원화하여 교사가 특기적성 부서를 만들고, 그에 따라 학생들의 참가 희망원과 학부모의 동의서를 받아서 과정을 개설하였다. 개설 과정(과정)은 다음 표와 같다.

구분		A그룹(월요일, 목요일)				B그룹(화요일, 수요일)				금요일
과정		축구반	리코더반	워드반	수리탐구	글짓기	생활영어	과학탐구	사회탐구	독서교실
수강장소		운동장	음악실	컴퓨터실	3-1교실	도서실	3-1교실	과학실	2-1교실	각교실
지도교사		김경오	박지은	지순덕	김두환	김성진	박용복	권순희	박명희	
참가인원	1회	16	11	20	18	10	18	18	19	전교생
	2회	20	8	19	18	10	18	19	18	전교생

2) 운영 방법

<그림 1> 과학탐구반

개설된 과정은 연간 지도계획을 작성하여 학교장 및 학교운영위원회의 승인을 받고 20시간 기준으로 학기당 1회씩 연간 2회 실시하였다. 겸무를 하는 교사가 있는 관계로 A그룹과 B그룹으로 나누고 각 그룹을 요일별로 나누어서 각 과정을 주당 2회 실시하였다. 학생들은 각 그룹에서 한 부서를 선택하여 일주일에 두 번씩 두 개의 영역을 교육받게 하였다.

각 과정별로 일주일에 두 번 실시되므로 자료를 준비하는 교사 입장에서도 자료 제작과 준비를 철저하게 할 수 있었다. 특히 글짓기반등에서는 인터넷 등을 참고하여 학습자료를 제작하여 수강하는 학생들에게 무료로 제공하고 지도를 하였다. <그림 참조> 학생들도 1회 차에 2개의 과정을 선택하는 결과가 되므로 일석이조의 효과가 있었다.

금요일은 독서교실을 운영하여 미리 읽을 책을 준비하여 7교시는 전교생이 책을 읽는 시간으로 활용하였다. 읽던 책은 토, 일요일 동안 모두 읽어서 독서노트에 기록하였다. 기록 결과는 국어 수행 평가에 반영되었으며 독서 시간이 정착되어 독서분위기가 아주 엄숙하다. 1회 차에 조직된 부서는 2회 차 때 새롭게 희망을 받았으며 희망과 소질을 고려하여 지도 교사와의 상담을 통해 결정하였다.

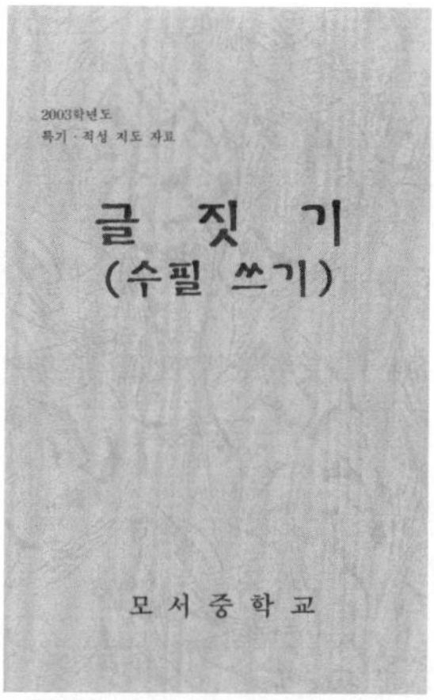

글짓기반 지도 교재

Ⅲ. 지도 결과 및 제언

가. 교과와 관련된 특기 적성 교육은 제한된 시간 제한된 교과서로 하던 수업에서 벗어나 자료를 찾고 활용하고 분석하는 과정에서 탐구 능력 및 자기 주도적 능력이 향상되었다. 또한 교과목에 대한 흥미도 높아져서 학습의욕을 높일 수 있었다.

나. 모든 학생들의 지적 영역과 정의적 영역에 걸친 특기 적성 교육의 실시는 지. 덕. 체가 조화된 인격 형성에 도움이 되었다.

다. 지역 여건상 전문적인 인적자원과 시설이 제대로 갖추어지지 않아 학생들과 학부모들의 사교육에 대한 욕구를 충족하기 힘들었는데 학교의 시설과 인적자원을 활용함으로서 그들의 욕구를 충족시키고 효과를 극대화할 수 있었다.

라. 학생의 소질, 적성 계발 및 취미 특기 신장의 기회를 제공하여 상주교육청에서 주최한 각종 대회(화랑문화제, 과학경시대회, 영어 발표력 경시대회, 국어 학력경시대회 등)에서 실력을 나타내었다.

마. 특기 적성 시간에 만들어진 결과물은 웅비 종합 전시회 및 발표회, 문예지 웅비 등을 통해 지역사회에 홍보되었으며 학생 문화 창달에 도움이 되었다.

바. 소규모 학교에서 소수 학생이 희망하는 강좌 개설이 어렵다. 학생들이 요구하는 부서를 모두 만족시킬 수 없었고 부득이 교사 위주로 부서가 편성되고 학생들이 선택하는 형태로 운영되는데, 이런 문제점을 해결할 방안 모색이 필요하다.

<독서지도사례>

영상 세대의 독서 의욕 고취

모 서 중 학 교

한글을 해득하기 전부터 텔레비전에 길들여져 온 오늘의 학생 세대는 책을 읽기 보다는 영상 매체에 더 친숙한 실정이다. 그러나 정보의 홍수 속에서 자신에게 필요한 정보를 찾아내고, 자기화 하는 판단력과 인간 됨됨이는 독서를 통해 더 잘 길러지리라고들 한다. 그래서 학생들에게 독서 의욕을 고취하여 늘 책과 더불어 생활하는 습관을 길러주는 것은 매우 긴요한 일이라 할 수 있다.

1. 독서 의욕 고취의 필요성

현재의 학생들이 활동할 시대를 흔히 정보화 시대라고들 한다. 정보화라 하면 컴퓨터 사용 능력을 먼저 떠올리게 되는데, 이것은 너무 좁은 생각이 아닌가 한다. 왜냐하면 앞으로 세계는 엄청나게 쏟아지는 정보나 지식을 모두 암기하여 사용하는 것이 아니라, 필요한 정보를 빨리 파악하여 생활에 활용하여야 하는 것이기 때문이다. 그리고 힘을 요구하는 육체적 노동보다 창의력을 바탕으로 하는 정신적 노동이 삶을 더 보람 있게 가꿀 수 있는 시대가 되리라 예측되고 있다. 따라서 앞으로 살아갈 세대에게는 판단력과 정보 획득 능력 및 창의성을 기를 수 있도록 교육하여야 함이 우리 교육자의 소명인 것이다.

그런데 이 판단력과 정보 획득 능력 및 창의성을 기르는 데는 독서가 어느 것보다 효율적이라 알려져 있다. 그래서 우리는 영상 세대의 독서 의욕 고취에 중점을 두고 노력하고 있다.

2. 독서 의욕 고취를 위한 노력

가. 학교 도서실 사용의 활성화 도모

우리 학교는 산간 농촌 벽지 지역에 소재하여, 독서할 책을 구하기도 힘들며, 대다수의 학부모들이 농업에 종사하는 연유로 일터에서 돌아오면 고단하여 눕기가 바쁘지, 자녀의 독서에 관심을 가지고 읽을 책을 사준다든가 하기는 힘들며 책 읽기를 지도하기는 더욱 어려운 실정이다. 그러므로 학생들이 가장 쉽게 책을 접할 수 있는 것은 학교의 도서실이 될 수밖에 없다. 그런 실정이므로 학생들이 학교 도서실을 잘 활용할 수 있도록 해 주어야 한다.

1) 도서실 독서 환경 정비

학생들이 많은 책을 읽도록 도서실 환경을 쾌적하게 만들고 학생들이 읽고 싶은 책을 가능한 많이 비치할 수 있도록 구입 희망 도서를 적어내게 하여 구입 때 반영하고 있다. 예산 관계로 구입이 어려운 경우는 경상북도립 상주도서관 이동문고를 최대한 활용하고 있다. 즉 학생들이 요구하는 책을 매월 조사하거나 도서실에 희망 도서 적는 곳을 만들어 학생들이 읽고자 하는 도서를 준비할 수 있도록 하고 있다.

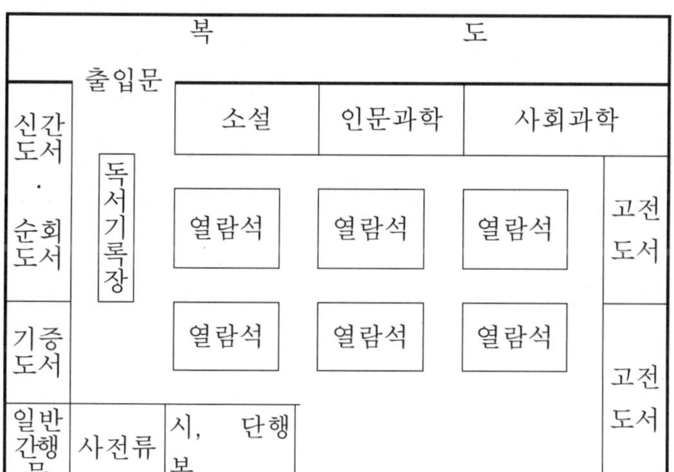

도서실의 책을 학생들이 찾기 쉽도록 분류하여 정리하였다. 학생들이 많이 찾는 책을 학생들이 쉽게 찾을 수 있는 곳에 배치하였다.

2) 도서실 운영의 활성화 도모

도서실은 종일 개방 체제를 원칙으로 하여 학생들이 언제든지 이용할 수 있도록 하고 관외 대출은 점심시간을 이용하여 실시하는데, 개가식 서가에서 학생들이 자신이 읽을 책을 골라 대출 대장에 자필로 기록하고 대출을 하게하며, 다 본 책은 항상 제 자리에 갖다 놓게 하는 등 자유로운 이용이 될 수 있도록 최대한 허용하였다.

도서 대출 및 반납 업무는 교사가 담당하여 학생들이 도서실 이용을 부담 없이 사용할 수 있도록 도서실 보조 학생을 선정하여 맡게 하고 있다.

한편 도서실 담당 이정희 교사(사회)는 도서실 정비를 위해 열성을 다하고 중에도 책을 읽고 독후감을 써서 학교에 신문에 투고하는 등 모범을 보여 도서실 운영을 활성화 하도록 힘쓰고 있다.

3) 도서실 이용 교육

매년 3월 중에 신입생을 대상으로 도서실의 이용 방법과 독서의 필요성을 숙지시켜 독서를 많이 하도록 하고 있다.

나. 다독자 표창

매 학기말에 학교 도서실의 책을 읽은 사람을 기준으로 다독자 표창을 실시하여 독서 의욕을 높이고자 노력하고 있다. 표창 계획은 사전에 예고하여 책을 많이 읽도록 권장하고 있으며 가능한 많은 사람에게 상을 주어 독서를 격려하고 있다. 지난 1학기말에는 전체 학생의 약 8%의 학생을 시상하였으며, 2학기말에는 10% 이상의 학생을 시상할 계획을 하고 있다. 다른 공부는 좀 못하더라도 책을 많이 읽으면 상을 받을 수 있음을 주지시켜 독서를 권장하고 있다.

다. 독후감 쓰기 지도 및 대회 개최

독서 결과를 내면화하고 자기표현의 기회를 마련하도록 하기 위해 독후감 쓰기 지도를 실시하여 독서 감상문을 적도록 권장하고 있다.

일 년에 2차례(6월, 10월) 독후감 쓰기 대회를 실시하여 우수 작품은 시상함과 아울러 학교 신문에 게재하고, 종합 발표회 때 낭독회 및 작품 전시를 하고 있다.

지난 6월 독후감 쓰기 대회에서는 김진실 양을 비롯하여 전교 학생의 11%를 시상하여 독서 의욕을 북돋우었다. 10월에는 더 많은 학생을 시상할 계획이다.

라. 독서 기록장 활용

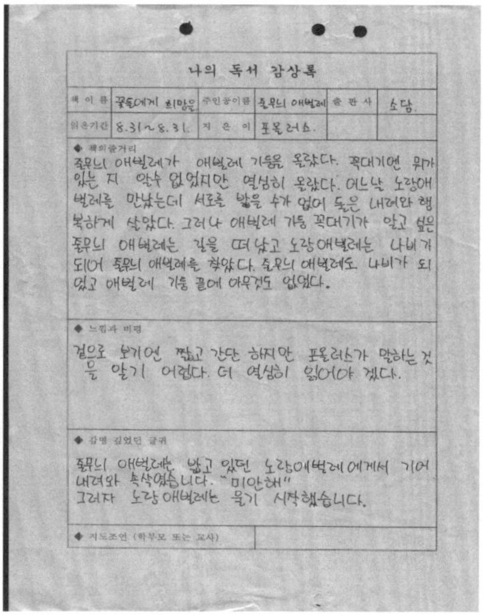

나의 독서 감상록					
책 이 름	꽃들에게 희망을	주인공이름	줄무늬 애벌레	출 판 사	소담.
읽은기간	8.31~8.31.	지 은 이	포올러스.		

◆ 책의줄거리

줄무늬 애벌레가 애벌레 기둥을 올랐다. 꼭대기엔 뭐가 있는 지 알수 없었지만 열심히 올랐다. 어느날 노랑애벌레를 만났는데 서로를 밟을 수가 없어 둘은 내려와 행복하게 살았다. 그러나 애벌레 기둥 꼭대기가 알고 싶은 줄무늬 애벌레는 길을 떠났고 노랑애벌레는 나비가 되어 줄무늬 애벌레를 찾았다. 줄무늬 애벌레도 나비가 되었고 애벌레 기둥 끝에 아무것도 없었다.

◆ 느낌과 비평

겉으로 보기엔 짧고 간단 하지만 포올러스가 말하는 것을 알기 어렵다. 더 열심히 읽어야 겠다.

◆ 감명 깊었던 글귀

줄무늬 애벌레는 밟고 있던 노랑애벌레에게서 기어 내려와 속삭였습니다. "미안해"
그러자 노랑 애벌레는 울기 시작했습니다.

◆ 지도조언 (학부모 또는 교사)

도서실에 개인별 독서 기록장 파일과 기록 용지를 비치하여 두고, 책을 읽고는 감상을 기록한 후 개인 기록장 파일에 누가 철하게 하여, 독서의 내면화를 꾀하고, 바람직한 독서가 되도록 유도하고 있다. 기록한 것은 연말에 개인에게 나눠줘 개인별로 보관하여 훗날 다시 볼 수 있도록 하며, 가을 종합 전시회에서 전시할 수 있도록 준비하고 있다.

마. 문학 감상 기록장 활용

문학 작품의 감상을 통해 인생을 간접 체험하고 꿈을 키우기 위해 청소년 시절에 읽어야 할 문학 작품 130여 편을 선정하여 학생들에게 학년 초에 제시하여 읽도록 하였다. 아울러 읽은 작품의 내면화를 도와주고, 감상력을 길러 독서 능력의 심화와 글쓰기 능력의 향상을 도모하기 위해 읽은 작품의 감상록을 적도록 하였다. 그냥 감상록을 적게 하면 중학생들에게는 힘들어 할 수 있으므로, '작품의 전체 줄거리', '인상적인 대목', '이해할 수 없었던 부분', '작품에 대한 전체적 감상', '나에게 주는 의미', '관련되는 작품', '하고 싶은 이야기', '기타' 등 세부 항목을 정하여 기록할 수 있도록 한 "문학 감상 기록장"을 고안 제작하여 학생들에게 나누어 주고서 제시된 문학 작품 중에서 10편 이상 읽고 감상을 기록하도록 하였다. 단순히 권장만으로는 소기의 성과를 거둘 수 없다고 보고 국

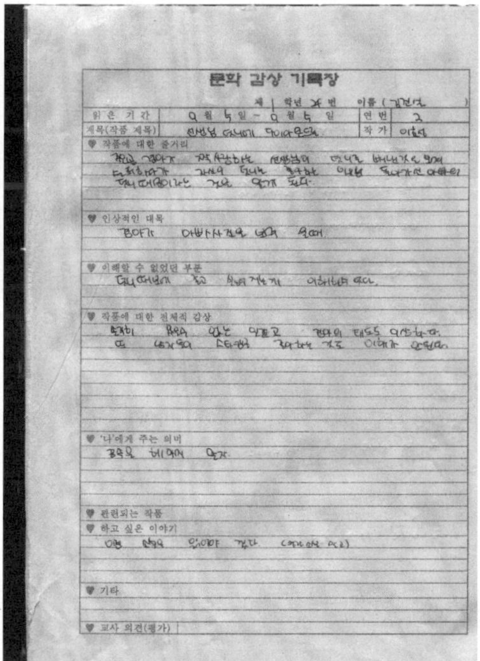

문학 감상 기록장

읽은 기간	9 월 5 일 ~ 9 월 5 일	연번	2
제목(작품 제목)	[illegible]	작가	[illegible]

♥ 작품에 대한 줄거리

♥ 인상적인 대목

♥ 이해할 수 없었던 부분

♥ 작품에 대한 전체적 감상

♥ '나'에게 주는 의미

♥ 관련되는 작품

♥ 하고 싶은 이야기

♥ 기타

♥ 교사 의견(평가)

어과 수행평가에 일부를 반영하여 의무적으로라도 읽기를 유도하여 독서 습관이 형성되기를 기대하고 있다.

바. 현장 체험 학습 및 소풍의 독서 의욕 고취

소풍이나 현장 체험 학습을 하루의 놀이로나 다른 지방의 풍물을 보는데 그치지 않고 그 지역에서 출생한 작가의 작품이나, 그 지역을 배경으로 한 작품을 사전에 조사해 보고 읽어보게 함으로써 자라난 배경이 작품에 미치는 영향을 느끼게 하고, 작품 속의 배경과 실제의 배경이 서로 어떻게 다른가 관찰하고 토론하도록 유도하였다. 봄 소풍 때 안동 도산서원과 하회 마을을 돌아 왔는데, 이때는 이육사를 중점적으로 알아보게 하고 그의 작품을 읽도록 지도하였다. 6월 일에 실시한 부여 지방 체험 학습에서는 그 지역을 배경으로 하고 있는 문학 작품을 찾아보도록 하는 등 주제 있는 체험 학습을 통해 독서 의욕을 고취하였다.

3. 마무리

인생의 밑거름이 될 독서 교육은 어느 시대나 꼭 필요하다. 특히 정보의 폭주시대에 가장 빠르고 정확하게 정보를 획득하고 이용할 수 있는 능력과 창의적으로 생활할 수 있는 기초는 바로 독서 교육을 통하여 길러질 수 있다.

영상 세대인 학생들이 영상 매체에만 매달리지 않고 독서를 통해 자아를 형성할 수 있도록 독서 의욕 고취를 위한 노력의 결과 점진적으로 나마 책을 접하게 되는 수와 양이 늘어나고 있었다. 다만, 책의 선정에서 많은 학생이 동화나 만화를 선호하고 있어, 좀 더 차원이 높은 책을 읽도록 유도해야 함을 발견하였다.

한편, 도서실을 자유롭게 개방하니까 도서가 제 자리를 벗어나 정리하는데 어려움이 있었다. 읽은 책은 제 자리에 꽂아 두도록 학생들을 지도하여야 하겠으나, 그것만으로는 한계가 있다. 도서실에 사서 전담 직원이나 교사가 배치되어 독서 교육과 도서 정리를 통해 학생들이 더 많이 활용할 수 있도록 하면 좋겠다는 바람이 있다.

자율·특색 사업 사례

은자골 공부방 운영

-- 반딧불 교실 --

은척중·상업고등학교

1. 들어가며

산업화의 물결을 타고 농촌에서 도시로 도시로 몰려가, 이제 우리 농촌에는 나이 많은 노인네가 대부분이고 젊은이는 거의 없어 농촌이 어려움에 처해 있다. 이런 상황이다 보니 농촌 지역에 남아 있는 학생들은 대다수가 형편이 여의치 못하다. 사람은 누구나 이 세상에 태어나서 행복하게 살아가기를 원한다. 행복한 삶의 터전 마련을 위해 다 같이 교육받을 기회를 가져야 하고 적성에 맞는 직업을 가져야 한다.

농촌이 어려워지면서 농촌 지역 학교에는 소외 계층의 자녀들이 대다수를 차지하는 형편이 되어 있다. 이런 아이들일수록 자존감을 심어주고 공부할 수 있는 여건을 마련해 주는 것이 필요하다.

이런 필요성을 파악하고 있는 경상북도교육청에서는 이들을 지원하는데 힘을 쏟고 있다.

2. 운영의 배경

본교가 위치한 지역은 상주시내에서 60리 이상 떨어진 산골 농촌 지역으로, 교통수단이 불편하여 모든 학생들이 교육·문화적 혜택을 못 받고 있는 실정이다.

전교생 37명(중 18명, 고 19명)중 21명이 기초생활 수급자 또는 극빈자에 해당한다. 이렇게 가정 형편이 매우 어려운 관계로 학습 여건이 열악하고, 학부모의 대다수가 농사에 종사하다보니 아침 일찍 들에 나가 저녁 늦게 집으로 돌아오고 농사일로 피곤하여 일찍 잠듦으로 인해 자녀들의 학습에 대한 걱정만 많을 뿐 돌보아 주지 못하고 있다.

그렇다고 달리 공부할 여건이 되지 못하여 마냥 방치된 상태이다. 우리 학교 고등학교 학생 19명 중 기초학력 부진학생이 2명이며, 중학교 학생 18명 중 기초학력 부진학생이 3명, 기본 학력 부진학생이 10명이다. 이런 수치는 상황의 심각성을 짐작하기에 어려움이 없을 것이다.

농촌 지역의 학생 수 감소로 고등학교는 2004학년도 신입생을 모집하지 못하여 폐교의 길로 들어섰으며, 중학교는 2004학년도에 학구 내 초등학교 졸업생 9명 중 1명만이 본교에 입학하였고(3월초 여러 사람의 노력으로 3명이 복귀함), 다른 학생은 인근 시 지역으로 진학을 하였다. 외부로 나간 집에서는 통학으로 인한 경제적 부담 때문에 어려움을 겪고 있다. 그러면서도 자녀에 대한 애정 때문에 전학을 시키지 못하고 있다. 왜냐하면 외지로 진학을 시킨 이유가 지역 학교에 대한 못미더움이 바탕에 깔려 있는 까닭이다. 지역적 특성 때문에 학생들은 자극을 받을 만한 것이 없고 부모들이 돌보아줄 여건도 되지 않는 상태에서 학교에서 적극적으로 나서 지도해 주지 않으면 지역 학교에 대한 불신은 깊어지게 되고, 그 결과는 농촌학교는 문을 닫게 될 것이고 그러면 가정 형편상 외지로 나가지 못하고 어쩔 수 없이 남게 되는 소외계층의 학생들은 오갈 데가 없어지게 된다.

이런 상황에서 2004학년도에 정태화 교장이 부임하면서 학교의 모습을 일신해 보자고 본교 선생님들의 의견을 수렴하였다. 학생들이 타지로 나가는 것은 지역 학교에 남았을 때 학업이 만족스럽게 성취되지 않을 것이라는 우려 때문이라는 진단이 나왔으므로 학습력을 제고할 수 있는 다양한 방안에 대한 의견을 모아 보았다. 이런 과정에서 모아진 의견이 학생들에게 학습할 공간을 마련해 주고, 스스로 공부할 수 있는 여건을 만들어 주자는 것이었다.

신속하게 계획을 세워 3월 20일부터 '은자골 공부방'을 운영하기로 안을 만들어 학교 운영위원회에 안건을 상정하여 통과가 되어 학생들의 참여희망을 조사하였더니 중학생 16명 고등학생 6명의 희망자가 나왔다. 고등학생들의 희망자가 적은 것이 문제가 되었으나 일단 시작을 하고 차차 참여를 권하기로 하였다.

3. 고마운 분들의 도움

22명의 학생들을 중심으로 공부방을 운영하기로 하고 구체적인 계획을 수립하였다. 고등학생은 자격증 취득 중심으로, 중학생은 자기주도적 학습력 정착, 학력 증진 및 독서 교육에 중점을 두고 운영하는 기본 목표를 설정하였다.

고등학생들은 상업계 학교인 관계로 자격증 취득 공부를 할 수 있는 시설이 잘 갖추어져 있어 시설면에서는 어려움이 별로 없었다.

중학생은 우선 EBS교육방송을 활용하기로 하고 학생들의 학업 수준과 연계하여 조사한 결과 수준이 맞지 않아서 효율성이 떨어진다는 평가가 나왔다. 그래서 다른 방안을 찾던 중 http://www.1318class.com라는 인터넷 방송이 적절하다는 의견이 모아졌다. 그런데 여기서 난관에 부닥치게 되었다. EBS는 경비가 들지 않는데 이것은 이용료가 학년 당 60만원이라는 거액이 들어가고, 방송교재도 필요하였다. 그러나 본교 학생들의 가정 형편이 교재대나 사이트 사용료를 부담할 수가 없었다. 많은 고민 끝에 교장 선생님께서 인터넷방송사와 출판사 사장님께 사신을 띄워, 학교 사정과 지역사회의 사정 및 학생들의 가정형편의 어려움을 알리고, 이런 어려운 사정의 학생들을 열심히 지도하고자하는 선생님들의 열성을 전하였더니 두 분 사장님들께서 흔쾌히 도와주시겠다는 답장이 왔다.

1318class 사이트 사장님으로부터 1년 간 중 1, 2, 3학년이 무료로 사용할 수 있는 권한을 받았고, 지학사 사장님으로부터는 교재를 기증을 받았다.

4. 자율 특색 사업 응모와 채택

이렇게 고마운 분들의 지원을 받아 공부방을 운영하면서도 걱정이 되는 것이 있었다. 우선은 늦게까지 지도하는 교사들에게 지도 수당은 말할 것도 없고 저녁 식사도 해결해 줄 수 없는 애로가 있었고, 이렇게 시작하는 사업이 1년으로 끝나는 1회성 사업이 되지 않을까 하는 우려였다.

그런데 다행스럽게도 5월 초 소외계층 살리기 일환으로 도 교육청에서 자율·특색사업 공모가 있었다. 우리 학교에서는 당시 하고 있는 그대로를 응모하였다. 다행스럽게도 본교의 사업이 채택되었고 예산을 지원 받게 되었다. 그때부터 학생들에게 간식을 주고, 적지만 선생님들에게도 식사비를 지급하게 되었다.

5. 쾌적한 학습 환경 정비

<그림 1> 교실에 설치된 냉온풍기

한편 학교에서는 다른 무엇보다 학생들이 공부하는데 쾌적한 환경이 중요함을 인식하고 고등학교 1학년이 없어서 남는 교실을 활용하여 "은자골 공부방"을 만들고 학생용 책상 2개를 이용하여 하나는 앞을 보게 두고 하나는 세로로 하여 옆에 붙여 일반 교실과는 다른 분위기를 만들고 활용하는데 편하도록 하였고 공부방에 패찰을 만들어 붙여 학생들의 학습의욕을 북돋우었다.

교실에는 방송수업을 시청할 수 있도록 컴퓨터를 정비하여 나가는 중에 정부의 사교육비 경감 대책과 맞물려 방송 수신을 원활하게 하도록 장비를 정비하였다. 한편 교실과 공부방에 냉온풍기를 설치하여 가정에 가서 공부할 형편이 되지 않는 학생들에게 공부할 수 있는 좋은 환경을 만들어 주려고 노력하였다.

6. 운영 방법

문화적 혜택을 받을 기회가 거의 없는 시골에서 생활하는 학생들의 학업을 돕고, 자주적인 태도를 길러 주려는 틀 속에서 첫째, 1318class 교육방송을 통하여 교과 지도를 함으로써 학업에 대한 흥미를 북돋우고, 다음으로 공부방을 이용한 자기주도적 학습 태도를 기르고, 독서 시간을 확보하며, 체력단련실을 이용하여 자기 체력을 관리하여 건강한 심신을 기른다는 세부 추진 계획을 수립하고 추진 방안을 직원회의에서 협의하여 기본 안을 만든 후에 학교운영위원회 심의에 부쳐 의결을 받아서 시행하였다.

가. 공부방 운영의 시작과 진행

시작은 3월 20일부터 시작하여 학년말까지로 기간을 잡았다. 주별로 토요일과 일요일을 제외하고 월요일부터 금요일까지 시행하였다.

하루 동안의 시정에 대하여 다양한 의견들이 나와서 활발한 토의를 거쳐 <표 1>과 같이 정하였다.

<표 1> 은자골 공부방 일과 진행

시간	내용	비고
07:30~08:50	자기 주도적 학습 및 1318class 교육방송 청취	지도교사 배정
16:20~17:00	1318class 교육방송 청취(중), 자격증 취득 준비(고)	〃
17:00~18:00	체력단련실 기구 활용을 통한 체력 단련, 석식 및 간식	〃
18:00~19:00	1318class 교육방송 청취(중), 자격증 취득 준비(고)	〃
19:00~20:00	자기주도적 학습 및 독서, 자격증 취득 준비(고)	〃

언론에 소위 '영교시'가 문제되고 교육청 지침이 하달되기도 하여 아침 시간과 오후의 시간 운영을 어떻게 하여야 하는가 하는 논의가 활발하였다. 시작 시간과 마치는 시간이 지침에 어긋나기 때문에 문제가 될 수 있다는 지적이 있었기 때문이다. 그런데 이렇게 운영하지 않으면 안 될 지역적인 특성이 있어서 <표 1>과 같이 진행하기로 결정하였다. 07:30분부터 시작하는 것은 농촌지역 특성상 부모들이 일찍 논밭으로 나가기 위해 아침을 일찍 먹기 때문에 학생들이 일찍 등교하므로 그 시간을 적절히 활용하도록 하여야 할 필요가 있고, 그냥 두면 생활지도문제도 있어서 그렇게 하기로 하되 강제성은 띠지 않기로 하였고, 20:00시까지 운영하는 이유는 지역 특성으로 버스 운행 횟수가 적어 일부 학생들이 20:10분에 있는 버스를 이용할 수밖에 없는 처지이므로 그 전에 마치면 배회하다가 버스를 타야 하기에 생활지도의 문제가 있어서 그렇

<그림 2> 은자골공부방 이용 모습

게 하기로 하고, 마을에 따라서는 귀가의 편의를 위해 중간에 갈 수 있도록 하였다.

나. 하계휴가 중 공부방 운영

<그림 3> 교육방송의 활용

이렇게 운영하는 가운데 여름방학이 다가왔다. 방학이 다가오자 학생들이 방학 때도 공부방을 열어달라고 요구를 하여왔다. 방학 중에 공부방을 개방하는 것은 어려울 것이 없으나 지도를 해줄 사람이 필요하여 부장 교사들과 상의하였더니 부장 교사들이 교대로 나와 지도해 주겠다고 자원하였다. 그래서 7월 22일부터 8월 13일까지 토요일과 일요일은 제외하고 17일간 공부방을 운영하게 되었다. 공부방을 여는 시간은 9시부터 오후 2시까지로 하였다. 중학생들의 시간 계획은 <표 2>와 같이 하여 운영하였다.

<표 2> 여름방학 중 공부방 운영 시간표

요일	월	화	수	목	금
09:00~09:40	1318교육방송(수학)	1318교육방송(수학)	1318교육방송(수학)	1318교육방송(수학)	1318교육방송(수학)
09:40~09:50	교육방송 정리	교육방송 정리	교육방송 정리	교육방송 정리	교육방송 정리
10:00~10:40	1318교육방송(영어)	1318교육방송(영어)	1318교육방송(영어)	1318교육방송(영어)	1318교육방송(영어)
10:40~10:50	교육방송 정리	교육방송 정리	교육방송 정리	교육방송 정리	교육방송 정리
11:00~11:40	1318교육방송(사회)	1318교육방송(사회)	1318교육방송(사회)	1318교육방송(사회)	1318교육방송(사회)
11:40~11:50	교육방송 정리	교육방송 정리	교육방송 정리	교육방송 정리	교육방송 정리
11:50~12:10	간식	간식	간식	간식	간식
12:10~12:50	1318교육방송(과학)	1318교육방송(과학)	1318교육방송(과학)	1318교육방송(과학)	1318교육방송(과학)
12:50~13:00	교육방송 정리	교육방송 정리	교육방송 정리	교육방송 정리	교육방송 정리
13:10~13:50	1318교육방송(국어)	1318교육방송(국어)	1318교육방송(국어)	1318교육방송(국어)	1318교육방송(국어)
13:50	교육방송 정리	교육방송 정리	교육방송 정리	교육방송 정리	교육방송 정리

고등학생들은 같은 시간대에 전산실을 이용한 EBS 교육방송 청취 및 자격증 취득 준비를 하게 하였다.

학생들에게는 빵과 음료수를 준비하여 간식 시간에 제공하였다. 집안 형편이 어려운 학생에게는 중식을 제공하는 일석이조의 효과를 거두었다.

<그림 4> 자격증을 위하여

다. 실시 결과의 기록

3월 20일부터 공부방을 운영하면서 몇 분 선생님들의 자원 봉사로 운영하다보니 무보수로 수고하는데 일지를 작성하게 하기도 미안하여 결과의 기록을 하지 않았다. 그러다가 자율·특색 사업으로 은자골 공부방 운영이 선정되고 예산이 배부됨으로써 예산 지출의 투명성 제고를 위해 6월 21일부터는 지도일지를 만들어 실시 결과를 정리하여 나갔다.

라. 동계 방학 중 공부방 운영 계획(예정)

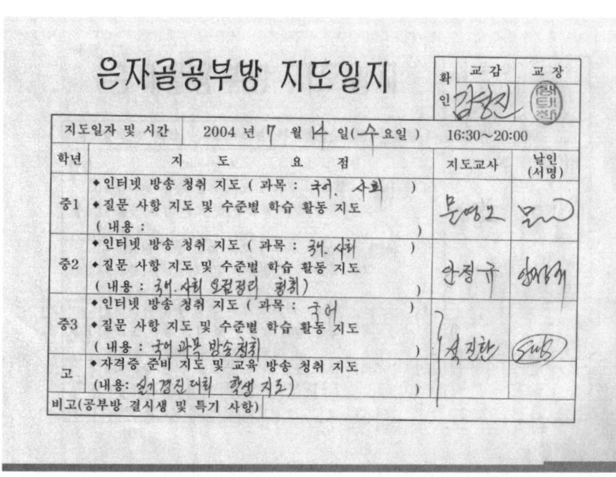

은자골공부방 지도일지

확인	교감	교장
	김형진	(인)

지도일자 및 시간	2004 년 7 월 14 일(수 요일) 16:30~20:00		
학년	지 도 요 점	지도교사	날인(서명)
중1	◆인터넷 방송 청취 지도 (과목 : 국어. 사회) ◆질문 사항 지도 및 수준별 학습 활동 지도 (내용 :)	문영오	(서명)
중2	◆인터넷 방송 청취 지도 (과목 : 국어. 사회) ◆질문 사항 지도 및 수준별 학습 활동 지도 (내용 : 국어. 사회 요점정리 청취))	안정규	(서명)
중3	◆인터넷 방송 청취 지도 (과목 : 국어) ◆질문 사항 지도 및 수준별 학습 활동 지도 (내용 : 국어 과목 방송청취)	석진환	(서명)
고	◆자격증 준비 지도 및 교육 방송 청취 지도 (내용: 실기경진대회 학생 지도))		
비고(공부방 결시생 및 특기 사항)			

<그림 5> 공부방지도일지

겨울 방학 기간에 공부방 참여 희망을 받아본 결과 희망자가 다수 나와서 운영을 계획하고 있다. 시간 계획은 여름 방학 때 계획에 준하고 대상자는 공부방 이용 희망자로 하고 지도는 자원하는 선생님으로 짜도록 하였다.

7. 운영하면서 어려웠던 점과 그 해결

공부방을 운영하다 보니 다음과 같은 문제점이 발생하였으며 그 해결을 위하여 선생님들 또는 학교 운영위원들과 협의하여 방안 찾아내었다.

첫째, 공부방 이용 학생 중 자전거 통학생의 야간 안전과 우천 시 귀가에 문제가 있었다. 그래서 상의 한 결과 자원 봉사 선생님과 차량을 가지고 있는 학부형의 도움으로 해결을 하였으며

둘째, 학생들의 통학 거리관계와 가정 형편상 석식 해결에 문제가 있었다. 선생님들과 상의한 결과 중식 시간에 남는 반찬과 밥을 이용하여 자원 봉사 교사가 가사실에서 석식을 해결하도록 하며, 가정 형편이 그래도 나은 학생은 도시락을 싸오도록 하여 해결하였다.

다음으로 아쉬웠던 점은 공부방 시설을 좀 더 쾌적하게 하였으면 사는 바램이 있었으나 경비 문제로 해결하지 못한 것이다.

공부방을 운영하면서 처음에는 걱정이 매우 앞섰다. 놀던 아이들이 잘 적응을 할까? 선생님들의 열의가 쉼 없이 지속될까? 그러나 학생들은 1개월이 지나면서부터 선생님들의 사랑을 느끼기 시작하였으며 애교심도 싹트고, 선후배간의 사랑도 나누며 잘 적응하기 시작하였다. 교장선생님의 투철한 교육관으로 지원을 바탕으로 밤 8시까지 어려운 학생들을 돕는다는 즐거운 마음으로 지도하는 선생님들의 열성으로 학생들은 차츰 공부방 이용의 틀이 잡혀갔다. 교사들은 학생들이 바른 인성을 가지고 자기주도적 학습의 정착과 창의력 있는 학생으로 또 지역사회와 나라를 사랑하는 심성을 가진 한 인간으로 자라는 모습을 지켜보는 보람으로 하루하루 생활을 하였다.

8. 나오며

학생은 교사들의 열정만큼 자란다. 근무 조건이 열악한 농촌 소규모 학교에서, 기초 학력이 다져지지 않은 학생들을 가르치기 위해서는 교사들의 헌신적인 노력이 있어야만 가능한 일이다. 하나의 직업인으로서 정해진 시간에만 근무하겠다고 고집하고 봉사하는 자세가 없다면, 이런 농촌 지역에 있는 소외계층의 학생들은 방치될 수밖에 없고 이것은 결국 소외의 세습을 가져올 가능성이 많아지는 것으

로 귀착될 것이다.

처음에는 답답하고 한심한 생각이 드는 이들 학생도 꾸준한 지도로 약간씩 좋아지는 모습을 보면 그래도 교직자로서 보람을 느끼게 된다. 우리의 작은 시도로 학생들에게서 조그만 변화를 발견하게 되었다.

우선 학생들의 기본 학력이 신장되어 가고, 자기 주도적 학습 자세가 생겨가고 있다. 연구원에서 주관하여 실시한 중학교 2학년 성취도 평가(2004년 11월 11일 시행) 결과 평균 70점(5개 과목 총점을 100점 만점으로 환산한 평균 점수)이 넘어서 학생들이 기본적인 학습 자세가 형성되고 있음을 짐작할 수 있다.

다음으로는 학부모들이 학교를 보는 눈길이 고와지고 있음을 느끼고 있다. 물론 지역민 전체에게는 아직 신뢰 회복에 부족한 면이 있으나, 차츰 좋아지리라 생각한다.

이런 변화는 결국 공교육에 대한 국민들의 불신을 줄이고 학부모의 사교육비를 경감하게 하는 것이며 자녀 교육문제로 농촌을 떠나는 것을 예방하여, 농촌교육 살리기에 일조를 할 수 있을 것이라 본다.

은척중·상고 교감 부임 인사

성주봉 자락을 타고 내려오는 바람 끝이 한결 푸근해진 계절에 여러분과 인연을 맺게 되어 기쁨을 함께 나누게 된 김성진입니다.

예로부터 경주에는 금자가 이 은척에는 은자가 묻혀있는 곳이라는 이야기가 전해오고 있습니다. '척' 즉 자는 어떤 기준을 재는 측도를 말하는 것인 줄은 우리 모두 잘 알고 있습니다. 그런 자가 묻혀 있다는 것은 마음과 행동이 정도에 어긋나지 않는 태도를 가진 사람이 사는 곳이란 상징적인 의미가 있다고 생각합니다.

그래서 인지 이곳 은척에서는 인물이 많이 나는 곳으로 알려져 있습니다. 아마 성주봉의 꿋꿋한 모습을 보면서 맑은 물과 바람 속에서 자라다 보니 마음과 행동이 모두들 올곧게 되어 훌륭한 사람의 바탕을 이루기 때문이 아닐까 생각합니다.

이것은 바로 여러분 자신들의 몸속에 알게 모르게 성주봉의 정기가 배어 있어서 큰 인물의 바탕이 형성되어 가고 있다는 것은 뜻하기도 합니다. 혹 현재의 상황이 다소 어렵다고 할지라도 그것은 장래 큰일을 하는데 보탬을 되는 경험을 쌓도록 하기 위해 주이지는 운명이라 봅니다.

여러분! 여러분은 성주봉의 정기를 타고난 무한한 가능성을 지닌 인물입니다. 꿈을 크게 가지고 앞날의 개척을 위해 오늘을 열심히 살아가는, 즉 마음 자세를 바르게 하고, 열심히 공부하고, 튼튼한 체력을 기르며, 남과 더불어 살아가는 태도를 길러 가는데 솔선합시다.

여러분 부모님들께 일일이 찾아뵙고 인사드리는 것이 마땅하나, 차후 여건이 되면 찾아뵙고 인사 올리도록 하고 우선은 여러분들이 대신 인사를 전해주기 바랍니다.

좋은 은척 훌륭한 은척을 만들기 위해 우리 다 함께 노력하기를 제의하면서 이만 인사에 가름합니다. 감사합니다.

상주여자고등학교 부임시 학생 인사

명문여고 학생들과 같이 생활하게 되어 기쁩니다.

우리는

꿈을 크게 가지고 야무지게 노력합시다.

우리가 산에 오르면 오른 만큼 시야가 넓어집니다. 그러나 산에 오르기는 힘이 많이 듭니다. 그래서 오르려는 뜻이 없거나 뜻이 있어도 노력이 없다면 오르지 못합니다.

오르지 못한다면 시원함과 넓은 시야를 가질 기회는 없게 된다.

손학규 경기도 지사가 경기중학고 1학년 때 전체 429명 중에서 257등을 하였다고 합니다.

그러나 열심히 하여 서울 대학교를 들어가고 현재의 위치에 오르게 된 것입니다.

도스도예프스키가 말하기를 "꿈을 밀고 나가는 힘은 이성아 아니라 희망이며, 두뇌가 아니라 심장이다"라고 했습니다.

여러분들은 우리 학교에 입학하였다는 사실만으로도 대단한 능력의 소유자라는 것을 증명하였습니다. 여러분을 할 수 있습니다.

꿈을 크게 행동은 옹골차게 다 같이 노력합시다.

대학수학능력시험 만점기원제 축문

維歲次

丙子年 11월 壬寅 癸丑일에 尙州女高 教師 도주환 外 七人은 敢히 天地之神 諸位께 告하나이다.

今月 13日 甲寅日에 사랑하는 저희 弟子 365명이 大學修學能力試驗을 치루게 되었습니다.

지난 12년간의 피땀 어린 勞力, 특히 지난 일년간은 덥고 추움을 상관않고, 밤과 낮이 없이 渾身의 精力을 다해 甲寅日을 對備해왔습니다. 하나 試驗은 한 瞬間의 잘못된 判斷으로 많은 差異가 남을 굽어 살피시고, 학생들의 渴望을 해량하오시며 저희 不肖한 教師들의 輿望을 불쌍히 여기사 우리 학생들이 맑은 精神, 침착한 마음, 밝은 눈으로 빠르고 바르게 問題들을 解決하여 떨림 없이 答案을 作成하여 이제껏 닦아온 自身의 實力을 十二分 發揮할 수 있게 해주시옵기를 懇切히 仰望 仰望하나이다.

精誠을 다해 簡素한 飮食을 準備하였사오니 歆饗하시옵소서.

우리 학교 방문을 환영합니다.

❖ 학교 위치

상주시내에서 북서쪽으로 약 25㎞(약60리) 거리의 은척면 우기리 500번지에 성주봉을 바라보는 곳에 위치하고 있습니다. 동쪽은 이안면과 공검면, 남쪽은 외서면, 서쪽과 북쪽은 문경시의 농암면과 접경하고 있는 분지 지역이어서 외부로 나가는 길은 모두 고개가 있어 겨울철 눈이 오면 교통이 막히는 경우가 있습니다. 길은 문경의 농암으로 가는 길, 이안면 아천리로 가는 길, 상주시 남적동으로 가는 길, 외서면 평지리 쪽으로 나가 25번 국도와 연결되는 길 등이 있습니다.

❖ 지역 환경

이곳 은척이라는 이름은 은으로 만들어진 자가 묻혀 있다고 하여 생긴 것이라 하며, 그래서 은자골이라는 이름으로 불리기도 합니다.

◆ 인구 : 2,183명(남 1,80 여 1,103명). 세대수 : 927세대 . 자연부락수 : 38개

◆ 기후는 상주의 북서부 내륙지방에 위치하여 기후는 대체로 온난하지만 한서(寒暑)의 차가 심한 대륙성 기후이며, 기온의 연교차가 비교적 심한 지역입니다. 연평균 기온은 12.8℃이고, 연평균 강수량은 1,294.1㎜ 정도입니다.

◆ 학교와 이웃하여

- 지방문화재 민속자료 제120호로 지정된, 우리나라에서 유일하게 보존 되어있는 동학교당이 있고,
- 학교 앞에 자리 잡은 성주봉 기슭에는 상주시에서 운영하고 있는 자연휴양림과 한방단지가 있습니다.
- 성주봉 휴양림 입구에서 조금 더 들어가면 황령사라고 하여 신라 때부터 내

려오는 조그만 사찰이 있으며,

- 상주에서 은척으로 들어오는 길옆에는 임진왜란 때 의병장으로 이름을 날린 우복 정경세의 종가가 남아 있습니다.

민속 및 자연 학습 자료 소개

동학교당

경상북도민속자료 제120호 국가지정 전통건축물 제10호인 상주시 은척면 우기리 동학교당은 현소유자 김정선의 조부인 김주희(金周熙, 1860~1940, 동학교의 남접주(南接主))가 1915년 이곳에 본거지로 정하고 동학교의 부흥과 포교에 노력하다 1916년 이곳에 교당을 건축하고 전도사를 각 지방에 파견하는 등 교세확장에 힘쓴 본부로서 은척면 우기리는 사방이 산으로 둘러싸인 넓은 분지의 중앙에 위치한 마을로서, 그 마을의 한 가운데 교당이 자리 잡고 있다.

건물의 구조는 일반형이며 목제는 당시의 교세의 영세성을 입증하듯 여러 곳에서 헌집을 헐어 세운 듯하나, 가옥배치 유형이 트인 ㅁ형으로 이런 것을 태극체(太極體) 또는 음양체(陰陽體)라고 한다. 중심 건물인 원채에는 성실채로, 동재에는 접주실(接主室), 서재에는 남녀교우(敎友)가 각기 반분씩 사용하며 남재에는 남교우(南敎友)가 거쳐 하였다. 원채 이외의 3동의 건물은 각각 2분하여 좌·우가 방향을 180° 또는 90°로 달리하여 정면을 이루고 있다. 건립 당시는 모든 가옥이 초가지붕이었으나 16여 년 전 천연스레트(石材)로 지붕을 바꾸었다. 그 후 1987년 서재만을 원형인 초가(草家) 지붕으로 개수(改修) 하고, 1989년 모두 보수했다.

1367평의 대지에 총건평은 71.1평으로서,

☞ 원채(북재(北齋), 성체실(聖體室)) 15.8평

☞ 행랑채(남재(南齋, 삼성경재(三省敬齋)) 17.9평

☞ 사랑채(동재(東齋, 성신경재(誠信敬劑)) 15평

☞ 안사랑채(서재(西齋, 접빈실(接賓室)) 18평

☞ 곡간채 5평

☞ 상마석(上馬石)과 하마석(下馬石)

☞ 깃대곶이 돌 2석(石) 이 있는데,

건물의 특성은

첫째, 입지의 선정 및 해석에는 학교적 논리에 따라 산정수정(山丁水丁)의 아자(亞字) 형국이 중요시되었을 뿐만 아니라 거기에 실재적(實在的) 공간(空間)의 의미를 부여 상징화하였다.

둘째, 공간구성(空間構成) 및 배치(配置)는 교의(敎義)에 대한 연역적 해석에 의해 아자(亞字) 형성으로 구성하였으며 그 중심의 안마당은 제의(祭儀)의 장소로 중요시되었다.

셋째, 원채를 제외한 3동(棟)의 건물은 모두 태극체 또는 음양체로 건축되었는데 이는 음양의 조화 및 상생(相生)관계를 중시하는 교의를 평면(平面), 입면구성(立面構成)에 적극적으로 표현한 결과라 하겠다.

넷째, 평면향식은 물론 지붕형태, 기단 및 구조 등 모든 건축의장적, 구조적 구성요소들은 중·서민주택에서 추출하였다.

전시관에는 동학관련 유물이 용담유사 등 177종 1,084점이 소장되어 있는데, 특히 이 동학관련 유물은 우리나라에서 유일하게 보존되어 있는 곳이다.

최근에 상주시에서 유물전시관을 새로 증축하고 있어 금년 상반기에 개장할 예정이다.

성주봉 자연 휴양림

은자골 마을 내에 있는 산 중에서도 은자산과 함께 기암괴석으로 이뤄진 성주봉은 산세가 수려하다.

성주봉(해발606m) 기슭에 조성되어 있는 '성주봉자연휴양림'은 중국 삼국시대의 명장인 상산 조자룡이 동굴에서 태어났고, 무술연마를 하였다는 전설이 있을 정도로 주변의 산세나 기암괴석, 맑고 세찬 계류, 신비스러운 동굴, 깎아 세운 절벽 등이 펼쳐져 있어 신비스럽고 아름답다.

성주봉 자연휴양림 울창한 숲과 맑은 공기 깨끗한 물, 아름다운 경관 등이 조화

성주봉자연휴양림

를 이루고 있는 상주시 은척면 남곡리 성주봉(해발606m)기슭에 412ha규모의 성주봉자연휴양림은 산림 내 휴양과 휴식에 필요한 최소한 기본시설만을 설치해 자연경관과 조화를 이루도록 하였으며, 깊은 계곡에서 자연을 만끽하며 휴식을 할 수 있는 숲속의 집 6동과 단체용 한방산림휴양관 11실이 숨기듯 절묘하게 위치하였으며 단체행사가 가능한 수련관 및 한방세미나실을 운영하고 있다.

또한 59여개의 야영데크와 텐트장 5개소, 캠프화이어장 1개소, 산림교육장 1개소를 각각 조성해 보다 다양한 숲속 체험공간을 제공 할 수 있는 시설을 갖추고 있으며 이밖에도 편안한 정자와 취사장, 구름다리, 물놀이장, 분수시설 등도 기본시설로 마련되어 있다.

천혜의 150m 암벽등반코스와 잘 정비된 산책로, 독특한 산행코스 5개소를 마련하여 누구나 편안하게 즐길 수 있도록 조성하였으며 금불초 외 15종의 야생화 18,000본과 3,000평에 달하는 밤나무단지 5,000평의 수목전시장도 조성되어 있다.

이웃하여 경상북도가 지방산업단지로 지정한 상주 한방산업단지가 조성되고 있다. 2005년말 기반 시설 공사에 들어가 2011년 완공할 예정인 한방산업단지는 한방생태마을, 한방건강센터, 약초단지, 한방건강공원, 한방교육수련원, 한방촌, 한방자원개발센터, 콘도 등의 주요 시설이 들어선다. 한방 생태마을에는 15농가가 입주하여 약초를 생산하고 한방자원개발센터는 이를 이용해 다양한 한방제품을 만들게 된다. 한방산업단지는 성주봉자연휴양림과 함께 웰빙 관광지가 될 것이라고 시에서는 전망하고 있다. (6월 15일자 중앙일보 기사를 참조하여 작성함)

황령사

은척면 황령리에 위치한 황령사는 대한불교조계종 제8교구 본사인 직지사의 말사이다. 신라(新羅) 27대 선덕여왕(善德女王) 7년(AD 638)에 의상대사가 창건하여

진성여왕(眞聖女王) 3년(AD 889)에 대구화상이 중창하였다고 황령사 안내판에 기록되었으나 확실한 근거는 없고 다만, 1254년(고종41) 10월, 몽고군 차라대가 상주성(백화산성)을 침공할 때 황령사 승려 홍지가 관민병을 거느리고 나가 격퇴했다는 기록(삼국사기)만으로도 이 절이 고려 때 존재하였던 사찰임을 알 수 있고, 1592년 임진왜란이 발발하자 칠봉산(七峰山) 아래의 황령사가 함창을 중심으로 창의한 의병의 근거지가 되어 호국의 도량이 되기도 하였으나 병화(兵火)로 대웅전, 천불전, 나한전, 신금당 등 큰 건물이 불태워졌다.

황령사 전경

그 후 대웅전과 신금당을 다시 지었다고 하며 불행하게도 1962년에 소실되었고, 현재 있는 신금당은 1966년 주지 이상호가 재건하였다고 한다. 이는 고려 이래로 국토수호의 호국사찰로서의 높은 정신을 이어왔다 하겠다.

불상(佛像)은 대세지상(大勢至像)으로 「옹정(雍正) 7년, 을유(乙酉) 오월(五月) 일(日)」 경상우도용궁현관(慶尙右道龍宮縣官)이 동령백화산(東嶺白華山) 천덕사(天德寺)에서 옮겨왔다고 황령사 소장 문헌에서 볼 수 있어 이는 1729년(영조5)에 조성되었음을 짐작할 수 있다.

석조물(石造物)로는 사찰입구에 사각(四角)의 평면(平面)에 연화조각(蓮花彫刻)을 하였고 몸체에는 앙화연화(仰花蓮花) 문양을 한 화강석으로 다듬은 석종형부도(石鍾形浮屠)이다. 몸체의 높이는 170㎝, 둘레 3m의 커다란 부도이다. 이 부도는 절 앞의 300m 지점에 있던 것을 황령저수지공사(黃嶺貯水池工事)때 수몰될 것을 원위치에서 옮겨온 것이다. 또 법당 앞에 옥개석(長 50㎝, 塔身高 30㎝, 幅 15㎝)과 탑신(塔身)이 동일석(同一石)으로 만든 석탑재(石塔材)가 있다.

신금당은 장방형으로 정면 6칸, 측면 3칸의 29평의 건물이다.

비록 절의 규모가 작고 궁벽진 곳에 있으나 불국토의 이상을 실현하려는 고상한 정신은 지금도 칠봉산 황령사에는 고스란히 남아 있다.

우복종가

우복종가 모습

1982년 2월 24일 경상북도민속자료 제31호로 지정되었다. 경상도관찰사를 지낸 우복 정경세(鄭經世: 1563~1633)의 종가로, 38세 때인 1600년(선조 33)경에 지은 집이다. 우복동천이라고도 한다.

대산루 남쪽 언덕 우산 팔경이 바라다 보이는 곳에 자리하여 주변 경관이 뛰어나다. 건물은 토담으로 둘러싸인 넓은 공간에 튼ㅁ자형으로 배치되었는데, 지금은 안채·사랑채·행랑채와 사당·가묘가 남아 있다. 대문채는 1900년경 불타 없어졌다.

안채는 겹집과 홑집이 혼성된 ㄴ자형으로 정면 4칸, 측면 2칸의 홑처마 맞배지붕이다. 안방과 건넌방은 온돌이고, 2칸의 대청마루와 2칸의 부엌이 있다. 사랑채는 一자형으로 배치된 정면 5칸, 측면 1칸의 홑처마 팔작지붕으로, 2단으로 쌓은 높은 기단 위에 세워져 있다. 서쪽의 가묘에 우복을 비롯한 5대의 신위가 모서져 있고 남쪽 담장 밖 사당에는 정종로(鄭宗魯)의 신위를 모셨다.

정경세 : 자 경임(景任). 호 우복(愚伏)·일묵(一默)·하거(荷渠). 초시(初諡) 문숙(文肅). 개시(改諡) 문장(文莊). 경상북도 상주(尙州)에서 출생하였다. 유성룡(柳成龍)의 문인이다. 1592년 임진왜란이 일어나자 의병을 일으켜 공을 세워 수찬(修撰)이 되고 정언·교리·정랑·사간(司諫)에 이어 1598년 경상도관찰사가 되었다. 광해군 때 정인홍(鄭仁弘)과 반목 끝에 삭직(削職)되었다.

1623년 인조반정으로 부제학에 발탁되고, 전라도관찰사·대사헌을 거쳐 1629년 이조판서 겸 대제학에 이르렀다. 이듬해 겸 춘추관지사로서 ≪광해군일기(光海君日記)≫ 편찬을 담당하였다. 성리학에 밝았고 이기설(理氣說)에서 이황(李滉)의 학설에 반대, 이이(李珥)에 동조하였으며 특히 예론(禮論)에 밝아서 김장생(金長生) 등과 함께 예학파(禮學派)로 불렸다.

저서에 ≪우복집(愚伏集)≫ ≪상례참고(喪禮參考)≫ ≪주문작해(朱文酌解)≫ 등이 있다.

<제안 1>

□자유
□지정] 제 안 서

접수번호 :

수 신 : 교육부 장관

제안제목 : 쓰레기 종량제 봉투의 효율적 활용 방안

① 성 명	한 글 김 성 진 (한자) 金 聖 鎭	② 주민등록 번 호	510215-×××××××
③ 소 속	교육부 경상북도 교육청 모서중학교	④ 직 급 (직위)	교 사
⑤ 근무지 주 소	742-040 경상북도 상주시 모서면 삼포리 222 모서중학교 (전화 : (0582) 533- 2131)		

제안규정시행규칙 제4조제1항의 규정에 의하여 제안서를 제출합니다.

1 9 9 9. 3. .

제안자 : 김 성 진 (인)

붙임 자료 : 1. 제안내용 설명서
2. 참고 자료

210㎜×297㎜
(보존용지(2종) 79 g / ㎡)

접수번호 :

⑥ 제목	상점 매장 봉투의 쓰레기 종량제 봉투로의 활용 방안
⑦ 개요	지방 자치 단체와 협의하여 쓰레기 종량제 봉투에 대형 매장의 상호를 같이 인쇄하여 고객에게 제공해 줄 수 있도록 제도화함으로써 물건을 사면서 받은 비닐 봉투를 쓰레기 종량제 봉투에 넣어 버리는 낭비를 막아 자원 절약과 환경 오염을 줄일 수 있는 방안
⑧ 현행 및 문제점	쓰레기 종량제 시행에 따라 어느 집에서든지 쓰레기 종량제 봉투를 사서 사용하고 있다. 그리고 최근 10평 이상의 매장에서는 무료로 제공하던 봉투 사용을 금지하고 20원을 받고 팔도록 하고 되가져 오면 환불을 하도록 하고 있다. 그러나 20원 환불을 받기 위해 봉투를 되가져 가기가 번거로운 관계로 되가져가는 사람도 적고, 일단 한번 사용한 봉투는 매장에서 재사용은 점포의 이미지 등과 관련하여, 사실상 불가능하여 폐기하는 것이 일반적이다. 또 장바구니 사용을 권장하여 많이 정착되고 있으나, 다른 볼일로 나왔다가 시장을 볼 경우는 부득이 매장에서 주는 봉투를 이용할 수밖에 없으므로 결국 자원의 낭비를 가져올 수밖에 없다.
⑨ 개선 방안	이제까지의 장바구니 활용 권장은 계속하되, 쓰레기 종량제 봉투에 매장의 상호를 인쇄하여 사용할 수 있도록 제도를 만들어 시행하여 서민들은 쓰레기 종량제 봉투로 활용하여 좋고, 상점에서는 고객에게 물건을 넣어 주기 편하며, 기존의 봉투를 갖고 왔을 때 환불을 하는 불편을 들 수 있다.
⑩ 기대 효과	비닐 봉투의 발생을 많이 줄일 수 있다. 종량제 봉투로 사용이 가능하므로 마구 버리거나 소각을 하지 않아 환경 오염을 줄일 수 있다. 시민들은 쓰레기 종량제 봉투를 별도로 구입하지 않아서 부담을 줄일 수 있으며, 지자체의 세수 증대를 가져올 수 있다.

210㎜×297㎜
(보존용지(2종) 79 g / ㎡)

<작성요령>

③소 속 : 제안자가 소속기관의 조직상 최상급단위에서 최하위 근무 부서까지 상세히 기재함.(예 : 국세청 서울지방국세청 남대문 세무서 법인세과)

④직급(직위) : 제안자의 직급 및 직위를 기재하되, 직위가 없는 경우 직급 (예 : 행정주사·농업주사보·전기서기 등)을 기재함.

⑤근무지 주소 : 우편물의 수령이 가능하도록 정확히 기재함.

⑥제 목 : 제안내용을 함축적으로 표현하되, 미사여구의 사용을 지양함.

⑦개 요 : 전체 제안 내용을 쉽게 알 수 있도록 요약하여 기술함.

⑧현행 및 문제점 : 현행 제도등의 현황 및 문제점을 구체적으로 기술함.

⑨개선방안 : 당해 제안에 의하여 문제점을 해결하거나 개선하고자 하는 방법을 기술함.

⑩기대효과 : 당해 제안에 의하여 얻을 수 있는 효과를 상세히 기재하되, 그 효과가 금액으로 표시될 수 있는 경우 그 금액을 기재하고, 행정 개선에 관한 사항으로서 금액으로 표시되지 아니하는 경우에는 그 효과를 서술적으로 기재함.

15012-01611일 210㎜×297㎜
'97. 3. 26 승인 (보존용지(2종) 79 g / ㎡)

제안 내용 설명서

1. 제안 동기

학교에게 환경의 중요성을 일깨우고 교육을 시키고 있으나, 사회 현실은 상품을 구입할 때 물건을 넣어주는 봉투를 마구 버려서 여기 저기 날려 다니거나, 소각을 하고 있어서 환경보다는 편리를 도모하고 있어 교육 따로 현실 따로인 형편이다. 이런 상황은 교육적 측면에서 좋지 못한 것이어서, 물건을 소중히 다루는 습관을 들이도록 하고자 빈 봉투의 활용 방안을 생각하게 되었다.

요즘 학생들은 어떤 당위성보다는 경제적인 이익 여부를 많이 따지게 되었고, 그런 심성을 최대한 활용하면서 교육적 효과도 거둘 수 있고 자원 절약과 환경 오염도 막을 수 있는 방안을 모색하게 되었다.

환경 오염의 문제가 꾸준히 제기되어 오는 중에 최근에는 다이옥신 문제가 크게 대두되고 있다. 다이옥신은 쓰레기 소각에서 많이 발생한다고 한다. 특히 폐비닐의 소각은 대기 오염을 많이 시키는 것이다. 그렇다고 소각을 하지 않고 매립을 하면 비닐은 썩지 않는 관계로 토양 오염을 시키는 것이 또한 문제가 되기에 비닐의 발생을 최대한 억제할 필요가 있다.

교육적 효과를 올리고, 환경 오염을 줄이기 위한 방안으로 본 제안을 하게 되었다.

2. 시행 방안

현재 10평 이상의 매장에서는 매장의 상호가 찍힌 봉투를 사용할 경우 20원의 봉투값을 받고, 되가져오면 환불하도록 하여, 장바구니 사용을 권장하고 있다. 그렇지만 매장에 따라서는 자기 매장의 선전 효과와 고객의 편의, 및 물건 분실의 위험을 들어 봉투를 제공할 욕구를 가지고 있다. 한편 쓰레기 배출량을 줄이기 위해 각 지자체에서는 종량제 봉투를 사용하도록 하고 있다.

기존의 장바구니 활용 제도는 계속 시행하고 덧붙여 종량제 봉투와 상점의 봉투를 함께 사용할 수 있는 제도를 만들어 시행하면 지자체와 상점주의 욕구를 모두 충족시킬 수 있다.

가. 지방 지치 단체의 쓰레기 종량제 봉투에 상점의 상호를 인쇄하여 매장에서 사용할 수 있게 규정을 정비한다.

나. 상점주는 지방자치단체의 장과 협의하여 종량제 봉투의 한 면은 종량제 봉투 내용을, 다른 한 면은 상호를 인쇄한 봉투를 제작한다. (봉투 인쇄의 방법은 상호 협의에 의해 달리 할 수 있을 것임)

다. 봉투 제작의 경비는

1) 지자체에서 부담하고 홍보비 형태로 일정액을 받는 방안

2) 상점에서 경비를 들여 제작하고 사용량에 따라 사용 금액을 지자체에 납부하도록 하는 방안 등을 생각할 수 있다.

3. 효과

가. 비닐 봉투의 발생을 줄일 수 있다.

대형 매장에서 종량제와 홍보 일원화 봉투를 사용하게 하면, 최소한 각 지자체에서 만드는 종량제 비닐 봉투의 양만큼은 비닐 발생량을 줄일 수 있다.

나. 환경 오염을 줄일 수 있다.

물건을 살 때 넣어 주는 봉투를 쉽게 버리는 것이 일반적이다. 그러나 종량제 봉투가 되면 가정 경제에 도움이 되기도 하므로 쉽게 버리지 않게 될 것이다.

또 이제까지는 일반 비닐은 다시 종량제 봉투에 넣어 버리고 있는데, 이 방법을 사용하면 겹으로 사용하는 경우가 많이 줄어들어 쓰레기를 수거하여 처리할 때도 그 만큼 비닐의 양이 줄어 환경오염을 줄일 수 있다.

다. 지방 자치 단체의 세수를 증대할 수 있다.

제작비용을 홍보비로 대체한다면 제작비용만큼은 경비를 줄일 수 있으므로 그 만큼은 다른 곳에 사용할 수 있으며, 종량제 봉투에 상호를 넣어 제작하고 홍보비

를 받는 다면 그만큼의 세수 증대를 가져올 수 있다. (금액은 지역의 여건에 따라 다르므로 일괄적으로 계산될 수 없음).

또 한편으로는 종량제 봉투가 아닌 일반 봉투에 쓰레기를 넣어 버리는 얌체 행위도 줄일 수 있다.

대량 생산으로 단가를 낮추게 되면 지차체의 세수 증대가 예상된다.

라. 서민들의 부담을 줄일 수 있다.

종량제 봉투를 상점의 홍보용으로 무상 제공할 경우는, 이제까지 별도로 종량제 봉투를 구입하던 것을 홍보용 봉투로 대체할 수 있어 서민들의 부담을 줄일 수 있다.

<제안 2>

□자유
□지정 제 안 서

접수번호 :

수　　신 : 교육부 장관

제안제목 : 자연 채광 기구를 이용한 교실 조도 향상 방안

① 성 명	한 글 김 성 진 (한자) 金 聖 鎭	② 주민등록 번 호	**510215**-×××××××
③ 소 속	교육부 경상북도 교육청 상주여자고등학교	④ 직 급 (직위)	교 사
⑤ 근무지 주소	742-040 경상북도 상주시 복룡동 178-3 상주여자고등학교 (전화 : (0582) 532- 3752)		

제안규정시행규칙 제4조제1항의 규정에 의하여 제안서를 제출합니다.

1 9 9 8. 9. .

제안자 : 김 성 진 (인)

붙임 자료 : 1. 제안내용 설명서
　　　　　 2. 참고 자료

210㎜×297㎜
(보존용지(2종) 79 g / ㎡)

접수번호 :

⑥ 제 목	자연 채광 기구를 이용한 교실 조도 향상 방안
⑦ 개요	반경 18㎝의 투명 유리 원통에 반경 80㎝의 곡면 거울을 넣은 기구를 교실 남쪽 윗 창문의 바깥에 부착하여 교실 천정에 자연광을 반사시켜, 등을 켜지 않은 상태에서 교실의 조도를 1,000Lx 내외로 향상시켜 학생들의 시력을 보호하고, 학습 효과를 높이며, 전력 사용을 줄이는 방안
⑧ 현행 및 문제점	현재 우리의 교실은 크기가 크므로 조도가 여름철 10시 무렵을 기준으로 남쪽편은 3,000룩스 이상으로 많이 밝은 편이나 북쪽편은 500룩스 이내(학생들이 앉아 있는 상황에서는 조도가 더 떨어짐)로 형광등을 켜야 할 형편이며, 태양의 고도가 낮아지는 봄, 가을, 겨울에는 직사광선이 책상 위에 바로 비치므로 커튼을 쳐야하고, 그러면 교실이 어두운 관계로 형광등을 켜야 할 형편이다. 형광등을 켜고도 한국산업규격 조도표준 기준 조도 1,000Lx가 나오지 않는다. 이런 까닭으로 학생들의 시력을 저하시키고, 학습 효율을 떨어뜨리며, 전력소비가 많다.
⑨ 개선 방안	자연광을 천정에 반사시키면 전체 교실의 조도를 향상시킬 수 있으며, 가을부터 이듬해 봄까지 직사광으로 인한 문제를 해결할 수 있고, 에너지 절약을 할 수 있다.
⑩ 기대 효과	학생들의 시력을 보호하고, 학업의 효율을 높일 수 있으며, 에너지 절감 효과가 있다.

210㎜×297㎜
(보존용지(2종) 79 g / ㎡)

<작성요령>

③소　속 : 제안자가 소속기관의 조직상 최상급단위에서 최하위 근무 부서까지 상세히 기재함.(예 : 국세청 서울지방국세청 남대문 세무서 법인세과)
④직급(직위) : 제안자의 직급 및 직위를 기재하되, 직위가 없는 경우 직급 (예 : 행정주사·농업주사보·전기서기 등0을 기재함.
⑤근무지 주소 : 우편물의 수령이 가능하도록 정확히 기재함.
⑥제　목 : 제안내용을 함축적으로 표현하되, 미사여구의 사용을 지양함.
⑦개　요 : 전체 제안 내용을 쉽게 알 수 있도록 요약하여 기술함.
⑧현행 및 문제점 : 현행 제도등의 현황 및 문제점을 구체적으로 기술함.
⑨개선방안 : 당해 제안에 의하여 문제점을 해결하거나 개선하고자 하는 방법을 기술함.
⑩기대효과 : 당해 제안에 의하여 얻을 수 있는 효과를 상세히 기재하되, 그 효과가 금액으로 표시될 수 있는 경우 그 금액을 기재하고, 행정개선에 관한 사항으로서 금액으로 표시되지 아니하는 경우에는 그 효과를 서술적으로 기재함.

15012-01611일
'97. 3. 26 승인

210㎜×297㎜
(보존용지(2종) 79 g / ㎡)

제안 내용 설명서

1. 제안 동기

제안자가 안경을 쓰고 있어 평소 불편을 느끼고 있는데, 교직에 몸담고 있으면서 갈수록 안경을 쓰는 사람이 많아지고 있는 것을 보면서 그 원인이 어디에 있을까를 고심하게 되었다. 물론 그 원인이 한 가지일 수는 없으나 요즘 학생들이 학교에서 생활하는 시간이 매우 많은데 교실의 밝기가 적절하지 못함을 생각하게 되었다. 그리고 동절기에는 직사광선이 들어오기 때문에 커튼을 치고, 그러니 교실 북쪽은 어두워서 등을 켜고 수업에 임해야 하는 처지이다. 더구나 요즘은 나라가 어려운 처지이기에 에너지를 아끼기 위해 등을 끄고 수업을 해보고자 하니 학생들의 시력 건강이 문제가 된다.

그래서 에너지도 절약하면서 학생들의 눈 건강도 도모할 방법이 없을까 생각하다가 학생들이 거울을 가지고 장난을 치는 과정에서 천정에 빛이 비치자 교실이 밝아지는데서 착안하여 본 방안을 생각하여 제안하게 되었다.

2. 원리 및 반사기 제작 착안 사항

우리나라 학교 건물은 대다수 남향(南向)으로 자연광을 이용하기 좋도록 되어 있다. 그리고 최근에 천정을 모두 흰색 짚보드로 개수를 완료한 상황이므로 자연광을 반사시키면 자연 책상 위는 조도가 높아진다.

이 방안은 거울을 이용해 교실의 천정에 비추면 조도(照度)가 높아지는 원리를 응용한 것이다. 그런데 평면거울은 그 거울의 크기만큼의 빛만 비추기 때문에 거울을 크게 하여야만 하고 그러면 시설 자체가 불가능하다. 그런데 곡면 거울을 이용하면 작은 거울로 넓은 면적을 비출 수 있다. 그런데 단순 곡면 거울은 아침과 저녁에는 교실의 앞면이나 뒷면만 조명이 가능하게 된다. 그래서 오목면과 볼록면을 복합한 거울을 이용하면 난반사를 유도하여 시간대에 관계없이 태양이 나와 있는 상황에서는 교실 천정 전체를 비출 수 있다.

그러면 우선 교실의 구조를 살펴보면

구 분	거 리 (㎝)	비 고
교실 앞 뒤 거리	약820	
교실 폭	약720	
교실 높이	약270	마루와 천정 사이의 높이임
남쪽 윗창문 높이	70~80	
책상 높이	60~80	
남쪽 난간	약60	남쪽 벽면에서 밖으로 거리
창문 너비	약170	모두 4쪽 중 1개의 너비임
책상 배열 앞뒤 거리	500~600	

위의 교실 구조에 적합한 반사기의 모양은

가. 남쪽 윗 창문의 높이 이내일 것.

나. 교실 폭 720㎝ 중 남쪽에서 700㎝정도의 북쪽 천정까지 반사시킬 수 있을 것.(교실의 남쪽에서 3/1까지는 바깥에서 들어오는 빛으로 충분하므로 나머지 부분만 비추도록 해도 됨.)

다. 앞뒤로 400~500㎝를 비출 수 있을 것.

등의 조건을 만족시켜야 한다.

◆ 반사기의 구경 산출

가. 반사경의 위치를 천정에서 70㎝에 아래에 두고

나. 남쪽에서 700까지 비출 수 있도록 하기 위해서 10개 단위로 나누어 보면

700㎝를 비추는 면은 천정과 빛과의 각도가 약5.5도

630㎝를 비추는 면은 천정과 빛과의 각도가 약6.5도

560㎝를 비추는 면은 천정과 빛과의 각도가 약7.2도

490㎝를 비추는 면은 천정과 빛과의 각도가 약8.0도

420㎝를 비추는 면은 천정과 빛과의 각도가 약9.2도

350㎝를 비추는 면은 천정과 빛과의 각도가 약11도

280㎝를 비추는 면은 천정과 빛과의 각도가 약14.5도

210㎝를 비추는 면은 천정과 빛과의 각도가 약18.5도

140㎝를 비추는 면은 천정과 빛과의 각도가 약27도

70㎝를 비추는 면은 천정과 빛과의 각도가 약45도가 된다.

다. 태양빛의 비추는 각도를 춘, 추분을 기준으로 45도로 보고 위의 각도를 각각 평면과의 각도를 계산하면 다음과 같다.

5.5도 경우 : 45-5.5-(45-5.5)÷2=19.75

6.5도 경우 : 45-6.5-(45-6.5)÷2=19.25

7.2도 경우 : 45-7.2-(45-7.2)÷2=18.9

8.0도 경우 : 45-8.0-(45-8.0)÷2=18.5

9.2도 경우 : 45-9.2-(45-9.2)÷2=17,9

11도 경우 : 45-11-(45-11)÷2=17

14.5도 경우 : 45-14.5-(45-14.5)÷2=15.25

18.5도 경우 : 45-18.5-(45-18.5)÷2=13.25

27도 경우 : 45-27-(45-27)÷2= 9도

45도 경우 : 45-45-(45-45)÷2= 0도(수평)

라. 위에서 산출된 각도를 근거로 천정의 대부분 비추는 반사기는 반경 약80㎝ 곡면 거울을 사용하면 가능하다.

◆ 계절에 따른 입사각의 차이 해결 방법

우리나라는 계절에 따라 태양의 고도가 달라서 햇빛의 입사각이 다르다. 춘, 추분 무렵은 약 45도이고, 하지 무렵은 23.5도이고, 동지 무렵은 66.5도 정도이다.

해결 방안으로 첫째, 반사기의 각도를 조절하는 방법이 있고, 둘째, 반사면에 볼목면을 두어 해결할 수 있다.

◆ 아침저녁의 입사 방향 차이 해결 방법

오전 중에서는 동편에서 비치므로 교실의 서편 천정만 비추게 되고, 오후에는 교실 동편 천정만 비추게 되므로 문제가 된다. 이런 문제를 해결하기 위해서는 난반사를 유도해야 한다. 이 문제는 반사기의 반사면에 볼록 구면을 두어 해결이 가능하다.[반사판 펼친그림 참조]

◆ 반사기의 길이 설정

반사기의 길이가 교실 앞뒤의 거리에 해당하면 좋겠으나 제작비용이 더 들기 때문에 꼭 필요한 부분을 보면

학생들의 책상 배열이 앞뒤로 500~600㎝ 정도이므로, 볼록면은 배치한 곡면 반사기는 빛의 확신을 가져오므로 길이 100~200㎝정도 길이의 반사기 2개를 배치하면 학생들 책상 위에는 조도 향상의 효과를 볼 수 있으므로 반사기 하나의 길이는 1~2m 정도면 된다.

◆ 설치의 용이성 문제 해결 방안

곡면 거울을 그냥 설치하기는 힘이 들므로 반경 20㎝ 정도의 원통에 넣어 만들고 윗면에 반사면을 두면 반사의 효과를 더 높일 수 있다. [단면 모형 그림 참조]

(실제 모형을 만들어야 하나, 지역적인 여건 등으로 방안만을 제안함.)

3. 효과

가. 교실의 조도를 향상시킴으로 학생들의 시력을 보호하고 학습 효과를 높일 수 있다.

한국산업규격협회에서 제시한 밝기의 기준은 아래와 같다.

<표> 한국산업규격 조도기준(KSA 3011-1993)

구 분	최저허용조도 (Lx)	표준기준조도 (Lx)	최고허용조도 (Lx)
교 실 (칠 판)	300	400	600
교직원실, 사무실	150	200	300
급식실, 식당, 주방	150	200	300
도 서 열 람 실	600	1,000	1,500
보 건 실 (양호실)	150	200	300

위의 기준에 따르면 학생들의 교실 책상 위는 1,000Lx내외가 적정하다고 볼 수 있다.

건물의 상황에 따라 차이가 날 수 있겠으나, 제안자가 근무하고 있는 학교의 건물(재래형의 건물임)을 기준으로 측정해 본 결과는 아래와 같다. 빛을 반사시킨 것은 천정 전체를 반사시켜 조사하여야 하나 큰 거울 1개를 가지고 한 것이며, 날씨의 쾌청 정도에 따라 달라질 수 있으며, 측정을 할 당시는 쾌청한 상태였고, 학생들이 없는 빈 교실에서 커튼을 걷은 상황에서 조사하였다.)

시간대	조 건	북 쪽	중 간	남 쪽	비 고
(98.8.29) 08 : 10	소 등 상 태	250	480	2100	
	북쪽 등을 켠 상태	450	1000	2200	
	모든 등 켠 상태	480	1000	2200	
	천정 빛 반사 상태	1000	1400	2200	
10 : 00	소 등 상 태	500	1050	3000이상	
	북쪽 등을 켠 상태	700	1150	3000이상	
	모든 등 켠 상태	750	1400	3000이상	
	천정 빛 반사 상태	1500	2000	3000이상	
13:00	소 등 상 태	700	1730	3000이상	
	북쪽 등을 켠 상태	950	1800	3000이상	
	모든 등 켠 상태	1000	2000	3000이상	
	천정 빛 반사 상태	1600	2000	3000이상	

위 측정치에서 보듯이 남쪽은 기준 이상이 되어 커튼을 쳐야할 형편이고 북쪽은 조도가 부족하다. 물론 커튼을 치면 북쪽은 더 어두워지게 되므로 등을 켜야 한다.(커튼을 친 상태는 학교별로 커튼의 두께, 재질 등이 상이하므로 측정을 하지 않았음, 봄가을 및 겨울철에는 직사광선이 들어오므로 직사광선을 피하기 위해, 커튼을 쳐야하고 그러면 교실 전체의 조도가 떨어지므로 등을 켜야하나 적정 조도를 유지하기 어렵다.)

그리고 태양광을 비친 상태에서는 모두가 적정 조도 이상이 되므로 태양광을 이용하면 교실의 조도를 많이 향상시킬 수 있음을 알 수 있으며, 조도를 향상시켜 적정한 조도를 유지하여 학습의 효과를 높일 수 있고 시력을 보호할 수 있다.

나. 교실의 형광등을 켜지 않아도 되므로 에너지 사용을 줄일 수 있다.

보통 교실에는 남쪽과 북쪽으로 나누어 각각 40와트짜리 형광등 8개가 설치되어 있다. 따라서 북쪽편의 형광등 8개를 하루 6시간 정도 사용하지 않아도 되며, 일 년간 수업 일수의 약 반인 100일 정도가 구름이 끼지 않은 날이 된다고 할 때, 연간 교실 한 개 당 약 190Kw의 전력 사용을 줄일 수 있으며, 전국에 10,000개 교실에 사용한다고 보면 약 190만Kw의 전력 소비를 줄일 수 있다. 그리고 일반 사무실 건물에도 사용하면 에너지 절약의 효과는 매우 많다고 본다.

◆ 예상 전력 절감 효과

40w×8개×6시간×100일=192Kw(교실 한 개 기준)

<제안 3>

□자유
□지정 ─ 제 안 서

접수번호 :

수 신 : 행정자치부 장관

제안제목 : 컴퓨터 모니터 반사광 차단 장치 활용을 통한 업무 능률 향상과 시력 보호 방안

① 성 명	한 글 김 성 진 (한자) 金 聖 鎭	② 주민등록 번 호	510215-×××××××
③ 소 속	교육부 경상북도 교육청 모서중학교	④ 직 급 (직위)	교 사
⑤ 근무지주소	742-891 경상북도 상주시 모서면 삼포리 222 모서중학교 (전화 : (054) 533- 2131)		

제안규정시행규칙 제4조제1항의 규정에 의하여 제안서를 제출합니다.

2 0 0 2. 4. .

제안자 : 김 성 진 (인)

붙임 자료 : 1. 제안내용 설명서

210㎜×297㎜
(보존용지(2종) 79 g / ㎡)

접수번호 :

⑥ 제목	컴퓨터 모니터 반사광 차단 장치 활용을 통한 업무 능률 향상과 시력 보호 방안
⑦ 개요	컴퓨터 모니터에 비치는 외부 빛을 차단하는 간단한 장치를 이용하여 업무의 효율성을 높임으로써 행정(사무)의 생산성을 높이며, 업무를 보는 사람의 시력을 보호하여 건강을 증진하도록 하고 기기를 보호하는 방안임.
⑧ 현행 및 문제점	현재 사무실에는 개인별로 업무용 컴퓨터가 각자의 책상에 비치되어 있는데, 그 배치 상황이 책상 안에 모니터를 둔 경우와, 책상 위에 모니터를 둔, 두 유형이 일반적이다. 두 경우 모두 창문 쪽에 있는 책상의 경우에는 컴퓨터 모니터에 반사가 심하여 업무를 보는데 어려움이 많다. 그래서 커튼을 치거나, 손으로 모니터를 가려가며 일을 하는 형편이다. 또 직사광선으로 모니터의 손상을 가져오기도 한다. 또 야간에 일을 할 경우에는 형광등(조명등) 불빛이 모니터에 반사되어 업무에 지장을 초래하는 경우가 많다.
⑨ 개선 방안	· 강한 자연광이나 형광등(조명등)이 모니터에 직접 비치는 것을 가리개로 막아 업무 효율을 높이고, 업무를 보는 사람의 눈을 보호함.
⑩ 기대 효과	· 업무 효율이 높아짐으로써 결국 행정 소요 시간과 비용이 줄어든다. · 업무자의 시력 보호로 눈 건강을 도모하여 시력 악화로 오는 건강비용을 줄일 수 있다. · 직사광선에 의한 기기 손상을 막아 보수 및 교체 비용을 줄일 수 있다.

210㎜×297㎜
(보존용지(2종) 79 g / ㎡)

<작성요령>

③소 속 : 제안자가 소속기관의 조직상 최상급단위에서 최하위 근무 부서까지 상세히 기재함.(예 : 국세청 서울지방국세청 남대문 세무서 법인세과)
④직급(직위) : 제안자의 직급 및 직위를 기재하되, 직위가 없는 경우 직급 (예 : 행정주사·농업주사보·전기서기 등)을 기재함.
⑤근무지 주소 : 우편물의 수령이 가능하도록 정확히 기재함.
⑥제 목 : 제안내용을 함축적으로 표현하되, 미사여구의 사용을 지양함.
⑦개 요 : 전체 제안 내용을 쉽게 알 수 있도록 요약하여 기술함.
⑧현행 및 문제점 : 현행 제도등의 현황 및 문제점을 구체적으로 기술함.
⑨개선방안 : 당해 제안에 의하여 문제점을 해결하거나 개선하고자 하는 방법을 기술함.
⑩기대효과 : 당해 제안에 의하여 얻을 수 있는 효과를 상세히 기재하되, 그 효과가 금액으로 표시될 수 있는 경우 그 금액을 기재하고, 행정 개선에 관한 사항으로서 금액으로 표시되지 아니하는 경우에는 그 효과를 서술적으로 기재함.

15012-01611일
'97. 3. 26 승인

210㎜×297㎜
(보존용지(2종) 79 g / ㎡)

제안 내용 설명서

1. 제안 동기

제안자가 금년 3월 업무 변동으로 자리를 햇빛이 잘 들지 않는 사무실 북쪽 자리에서 남쪽 창문 쪽으로 옮기게 되었다. 제안자가 근무하는 사무실은 책상 윗면 아래에 컴퓨터 모니터를 넣어 책상 위 활용을 잘 할 수 있도록 한 환경인데, 업무를 보기 위해 컴퓨터를 켜면 모니터 화면이 외부 빛의 반사로 잘 보이지 않아 고개를 이쪽으로 돌렸다가 저쪽으로 돌렸다가 하면서 일을 하다 보니, 짜증도 나고 일도 잘 진척이 되지 않았으며, 눈까지 아파서 오래 일을 할 수 없었다. 그래서 반사광을 차단하여 일을 잘 할 수 있는 방안이 없을까 궁리하게 되었다.

그러다가 신문이 모니터창 위로 반쯤 걸쳐 놓여 있는데 그 아래 모니터가 잘 보였다. 이에 착안하여 다음 <사진1>과 같은 빛 가리개를 활용하여 보니 탁월한 효과가 있었다. 그래서 비슷한 경우에 있는 사람들의 업무 능률을 높이고 시력을 보호할 수 있도록 할 필요를 느껴 본 방안을 창안하여 제안하게 되었다. <사진1>

<사진1>

2. 원리 및 착안 사항

컴퓨터 모니터는 약간 어두운 곳에서 잘 보인다. 그러나 여러 사람이 같이 쓰는 사무실의 경우에는 약간 어두운 곳에 배치되는 컴퓨터도 있지만 창문 쪽 등 밝는 곳에 위치하는 컴퓨터도 많이 있다.

또 야간에 작업을 할 경우에는 대개 천장에 조명장치가 되어 있어 컴퓨터가 있는 위치에 따라 역시 모니터를 보는데 어려움을 겪는 경우가 있다. 즉 반사광을 받는 때는 업무의 효율을 높이기 어렵게 된다. 이 경우에 모니터에 바로 조명이 비치지 않게 해주면 된다.

그래서 모니터에 빛이 바로 비치는 것을 막아주는 가리개가 있으면 좋겠다는 생각을 하게 되었다. 그러면서 작업자에게는 방해가 되지 않고 외부 빛만 막아주는 가리개이어야 되겠다는 원칙을 생각하고 <사진1>과 같이 '하드보드지'를 이용하여 빛 가리개를 만들어 활용해 보니 업무처리에 능률이 올랐고, 눈의 피로를 덜 수 있었다.

이 가리개가 업무의 효율과 눈의 피로를 덜 수 있으나 다만 컴퓨터 작업을 할 때는 좋으나 컴퓨터 작업이 아닌 다른 작업을 할 경우에는 가리개를 다른 곳으로 옮겨야 하는 불편이 있었다.

그래서 두 가지 방안을 창안하게 되었다. 먼저 가장 간단하게는 간이 반사광 가리개 활용 방안과, 고정식 가리개 활용 방안이다. 앞의 것은 각 사무실에서 누구나 쉽게 만들 수 있어서 도면과 만드는 방법의 설명만으로 바로 활용할 수 있어서 좋다.

뒤의 것은 대량 생산을 하여 각 행정 관서나 일반 사무실에 보급하여 업무의 효율을 높이고 눈 건강을 도모할 필요가 있다. 이것은 사용할 경우는 열어서 사용하고 컴퓨터를 사용하지 않을 때는 닫아서 다른 작업을 하는데 불편이 없도록 한다.

한편 책상 위에 노출시킨 모니터인 경우는 모니터 위쪽에 앞으로 나오는 간단한 반사광 가리개로 효과를 볼 수 있다.

3. 컴퓨터 모니터 반사광 가리개(차단 장치) 제작 방안

가. 모니터가 책상 속에 있는 경우

1) 간이 가리개(이동식) 만들기

◆ 모양 : <사진2> 참조 (아래쪽)

◆ 재료 : 하드보드지

◆ 규격 : 4절지

◆ 방법 : ㉠ 전개도 따라 제단한다.

㉡ 점선부분을 따라 한쪽으로 직각이 되게 접는다.

㉢ ①과 ④를 고정한다.

㉣ ③과 ②를 고정한다. ⑥부분은 종이인 관계로 모양이 흐트러지지 않도록 하기 위한 것으로 합판 등을 이용한다면 없어도 무방한 부분임.

㉤ 고정 방법으로는 스테플러를 이용하는 것이 좋음.

㉥ 안쪽에는 검은 색으로 칠을 하거나 검은 종이를 바르면 더 좋음.

<사진2>

◆ 전개도 ◆

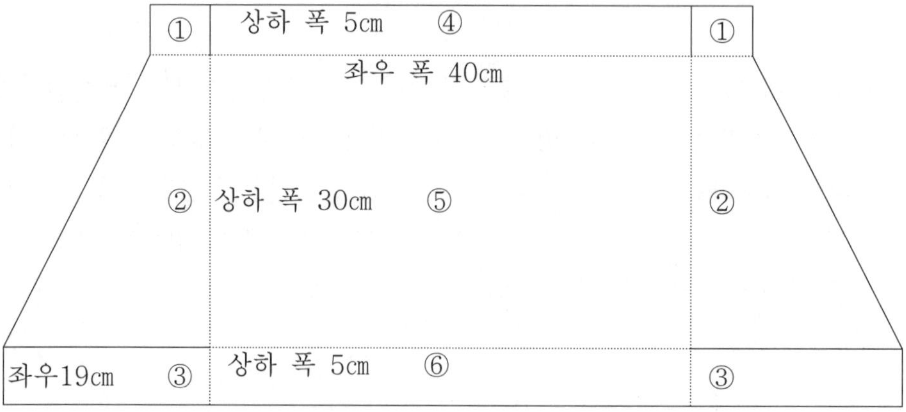

보기 : … : 접는 선,　　— : 자르는 선

◆ 완성도 ◆

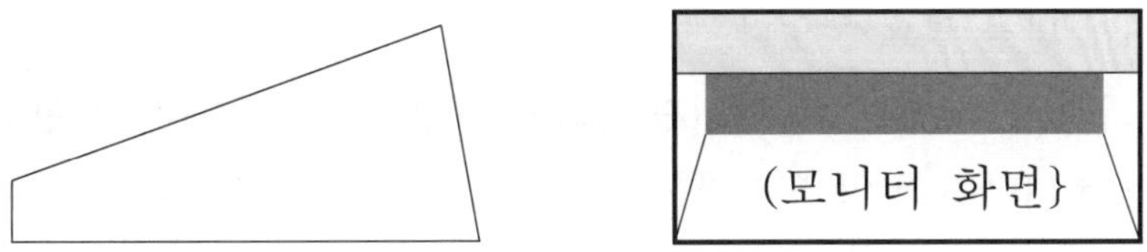

(옆모양) (앞모양)

♥ 급하게 임시로 사용하고자 할 때는 과자 상자나 라면 박스를 적당하게 끊어서 사용할 수도 있다.

2) 고정식 가리개 만들기

컴퓨터 모니터가 책상 속에 있는 경우에는 남쪽에 있는 경우와 야간에 조명등 밑에서 작업할 때가 문제이므로 그 빛을 직접 비치지 않도록 가려주게 만드는데,

보통 책상 모니터 창의 크기가 45×40㎝ 정도이다. 따라서 가로는 40~45㎝ 정도가 되어야 함. 세로는 25~30㎝ 정도로도 충분히 기능을 할 수 있음.

다만 닫았을 때 모니터를 보호하기 위해서는 열리지 않는 부분으로 바닥 덮개 형태가 있어야 한다.(그림1 참조)

바닥 밑판과 윗 덮개는 상부를 경첩을 (여닫을 수 있는 경첩 원리의 어떤 것이면 다 가능함.) 이용해 여닫을 수 있게 만들고

옆면은 천을 이용하여 접힐 수 있도록 하면서 여닫을 수 있도록 하고, 열었을 때 옆면에서 빛이 들어오지 않도록 하여 화면을 잘 보이게 한다.

왼쪽 판 위에 오른쪽 판을 얹어 여닫을 수 있게 하고 옆면은 천을 활용하여 접히면서 여닫을 수 있도록 하면 됨.

<그림 1>

윗덮개를 여는 정도는 작업자의 앉은키에 따라 달라질 수 있으므로 약간의 신축성을 가지게 만들 필요가 있다.

윗덮개를 열었을 때 저절로 닫히지 않도록 하는 장치는 아래 윗 판을 연결하는 부위에 원형 톱니바퀴 형의 고정판을 이용하거나, 앞쪽에 지지대를 이용하는 방법을 이용할 수 있다.

제품의 크기는 컴퓨터 모니터의 크기에 따라 달라질 수 있으나 작업자의 모니터창보다 약간 크거나 작아도 실제 작업에는 아무런 지장이 없으므로 일정한 크기로 제작하여 보급할 수 있으므로 저렴한 비용으로 제작할 수 있다.

재료는 플라스틱이 바람직하고 임시용으로 합판이나 하드보드지를 이용할 수 있다.

나. 책상 위에 노출된 모니터인 경우

책상 위에 설치된 컴퓨터 모니터인 경우는 위쪽을 검은 막으로 가리면 훨씬 효과를 볼 수 있는 원리를 이용하여 가리개를 만들면 됨.

◆ 재료 : 플라스틱 고정판(폭2㎝, 길이 15㎝정도 2개,), 검은 천, 철사

◆ 모양 : 작업을 할 때 모니터 앞쪽으로 아래 그림과 같이 나오도록 만듦.

가리개

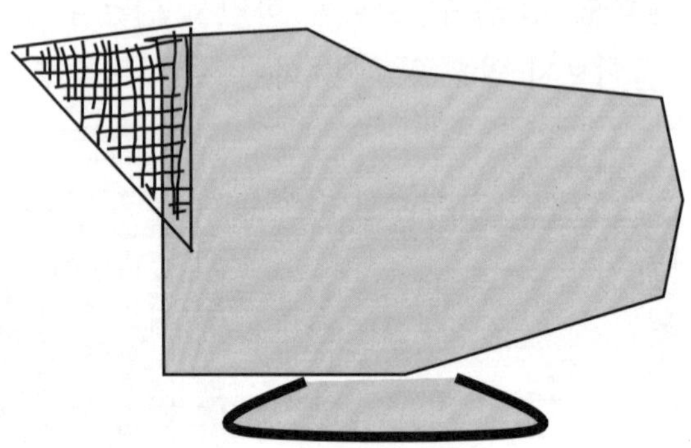

설치된 모양 (옆면)

가리개는 고정식으로 설치할 수 있고, 사용하지 않을 경우는 걷을 수 있는 가변식으로 할 수 있음.

4. 효과

가. 업무의 효율을 높여 생산성 향상을 가져 올 수 있다.

작업을 할 때 컴퓨터 화면이 잘 보이지 않으면 일을 능률적으로 할 수 없을 뿐 아니라 심리적으로도 안정이 되지 않아 생산성을 높일 수 없다. 비용의 큰 추가 없이 화면을 잘 보이게 하여 일을 효과적으로 하게 할 수 있으며, 더구나 일을 할 때 잘 보이지 않아 짜증이 나는 것을 예방하여 심리적 안정으로 생산성을 높일 수 있다.

간이 가리개를 만들어 작업해 본 결과 효과가 아주 좋았음.

나. 업무자의 시력을 약화를 줄일 수 있어 건강에 좋다.

모니터 화면에 빛이 반사되어 잘 보이지 않으면 억지로 보려고 하면서 눈의 피로가 빨리 오고, 빛의 반사에 의한 눈의 통증 등으로 시력을 약화시키게 된다.

제안자가 고안한 대로 제품을 만들어 활용한다면 작업자들의 시력 저하를 줄일 수 있어 개인에게 눈 건강을 유지하는 효과로 인한 경제적 비용을 절감할 수 있으며 국가적으로 의료 수요를 줄이는 한 방편이 될 수 있다. 구체적인 액수를 산출하기는 어려우나 전국적으로 엄청난 액수의 돈이 될 수 있을 것이라 본다.

다. 책상 속에 장치된 모니터의 고정식 반사광 가리개는 모니터 수명을 늘일 수 있다.

고정식의 경우는 사용하지 않을 경우 덮어둠으로써 직사광선으로 인한 기기의 손상을 막아서 모니터의 수명이 연장되어 수리 및 교체 비용을 줄일 수 있다.

삶의 역정

1949. 06. 25	경북 상주군 함창면 대조리에 소재한 어느 농가에서 농부의 맏아들로 태어나다.
1950. 06.	6·25발발로 외가가 있는 가은면 수예리로 피난을 가다.
1953?, 1954?	다섯 살인가 여섯 살인가 되던 해 봄에 같은 마을에 있는 초가집 하나를 사서 이사를 가다. 이삿짐을 나르는데 돗자리 한 잎을 들고 간 기억이 난다.
1957. 04. 01	함창초등학교 입학
1963. 02. 20	함창초등학교 졸업
1963. 03.	성모고등공민학교 입학
1964. 03. 01	신문 배달 시작(~1968년도까지 계속)
1966. 02. 10	성모고등공민학교 졸업
1967. 03. 04	함창고등학교 입학
1969. 10 23	교육감상(학력고사 성적 우수) 수상
1970. 01. 20	함창고등학교 졸업
1971. 03. 02	경북대학교 문리과대학 국어국문학과 입학
1974. 09. 01	성광고등학교 야간부 강사(75년 2월까지)
1975. 02. 25	경북대학교 문리과대학 국어국문학과 졸업
1975. 01.	교사 임용 순위고사 4위로 합격
1975. 03. 01	사벌고등학교 초임 발령
1978. 06. 13	재대 복직, 영덕종합고등학교 전보
1981. 03. 01	사벌고등학교 전보
1986. 03. 01	상산고등학교 전보
1991. 03. 01	중모종합고등학교 전보
1993. 12. 05	교육부장관상 수상

1994. 03. 01	상주여자고등학교 전보
1998. 12. 18	교육부장관상 수상
1999. 03. 01	모서중학교 전보
2000. 08. 25	상주대학교 총장상 수상
2002.. 01. 31	경상북도교육연수원장상 수상
2003. 05. 15	대통령표창(제141966호)
2004. 03. 01	은척상업고등학교(은척중학교 겸임) 교감 승진 발령
2004. 06. 11	경상북도교육연수원장상 수상
2005. 09. 01	상주여자고등학교 전보
2007. 01. 29	상주시청 인사위원 위촉(~2010. 06. 30 원거리 발령으로 인하여 의원 면촉)
2008. 08. 08	한국교원대학교종합교육연수원장상 수상
2009. 09. 01	상산전자고등학교 전보
2010. 03. 01	단산중학교 교장 발령
2011. 09. 01	문경여자중학교 전보
2013. 02. 28	정년 퇴임

삶의 편린

【통지표】

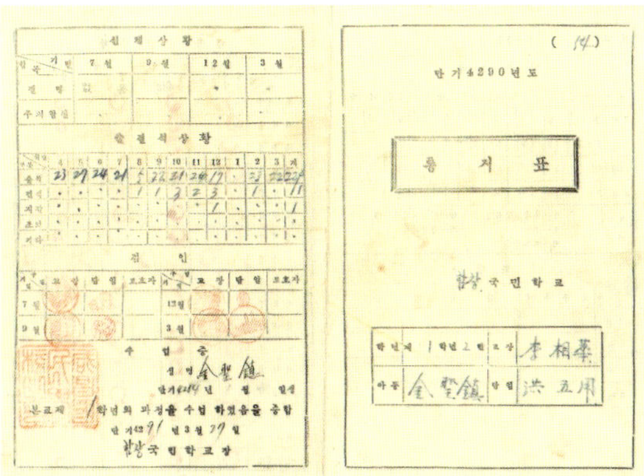
단기4290년도

통 지 표

함창 국민학교

〈통지표 - 국민학교 1학년 전면〉

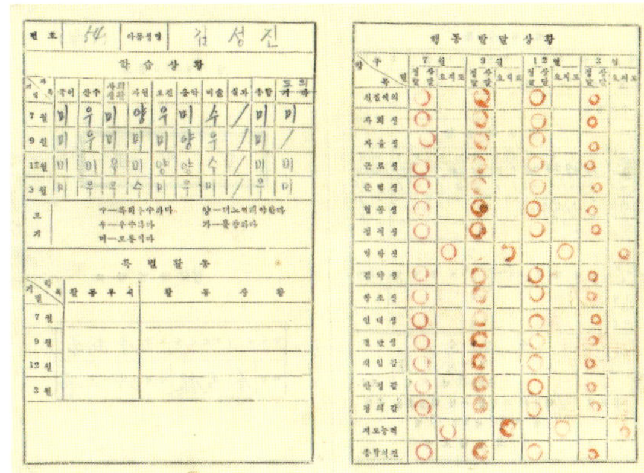

〈통지표 - 국민학교 1학년 후면〉

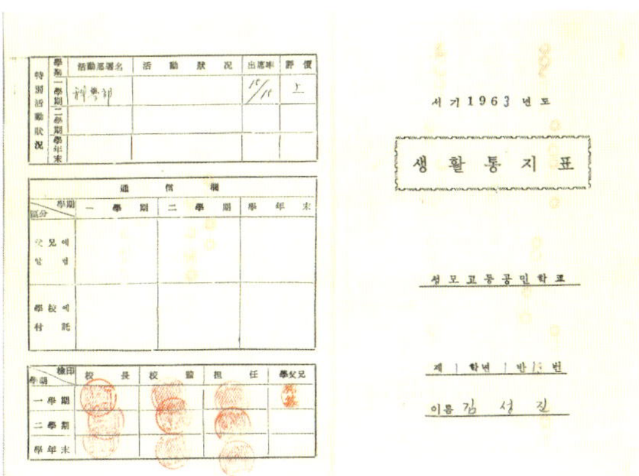
서기1963년도

생 활 통 지 표

이름 김 성 진

〈통지표 - 중학교 1학년 전면〉

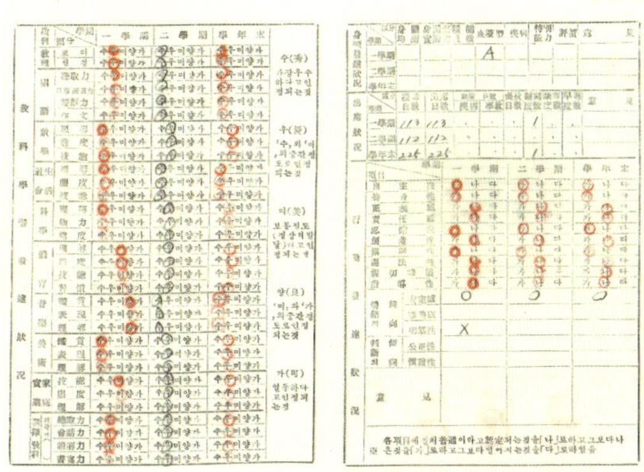

〈통지표 - 중학교 1학년 후면〉

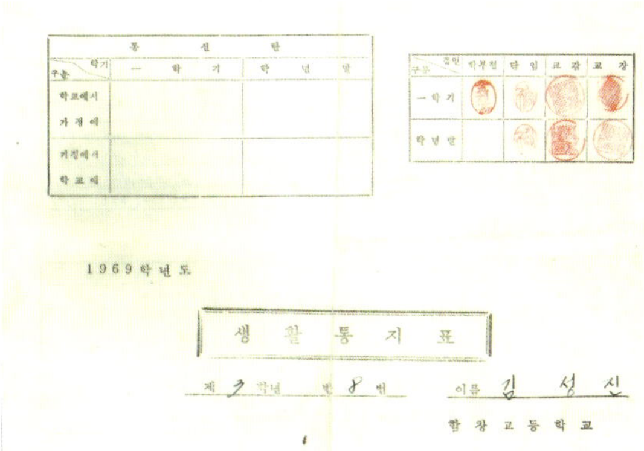
1969학년도

생 활 통 지 표

함 창 고 등 학 교

〈통지표 - 고등학교 3학년 전면〉

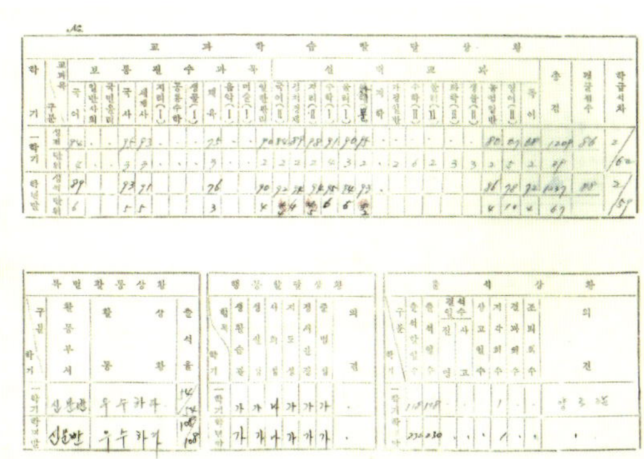

〈통지표 - 고등학교 3학년 후면〉

640－75

가정주소 慶北도 尚州시군 咸昌읍면 大烏동리 四一四번지

보호자성명 金 相 基 귀하

경 북 대 학 교

〈통지표 － 대학교 4년 1학기 전면〉

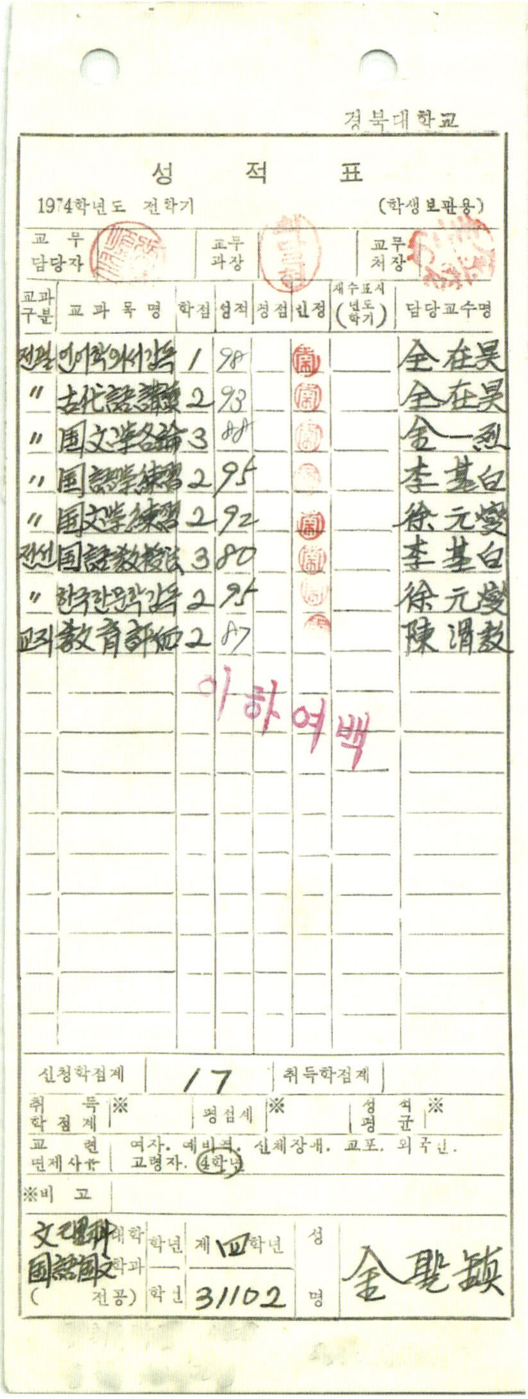

경북대학교

성 적 표

1974학년도 전학기 (학생보관용)

교무담당자 | 교무과장 | 교무처장

교과구분	교과목명	학점	성적	평점	인정	재수표시 (년도 학기)	담당교수명
전필	언어학외서강독	1	98				金在旲
〃	古代語講讀	2	93				金在旲
〃	國文學各論	3	88				金一烈
〃	國語學演習	2	95				李基白
〃	國文學演習	2	92				徐元燮
전선	國語教授法	3	80				李基白
〃	한국한문학강독	2	95				徐元燮
교직	教育評価	2	87				陳渭教

이하여백

신청학점계 17 | 취득학점계

취득학점계 ※ | 평점계 ※ | 성적평균 ※

교련면제사유 여자. 예비역. 신체장애. 교포. 외국인. 고령자. 4학년

※비고

文理科 대학 학년 제 四 학년
國語國文 학과 (전공) 학번 31102
성명 金聖顔

〈통지표 － 대학교 4년 1학기 후면〉

【대입 관련 자료】

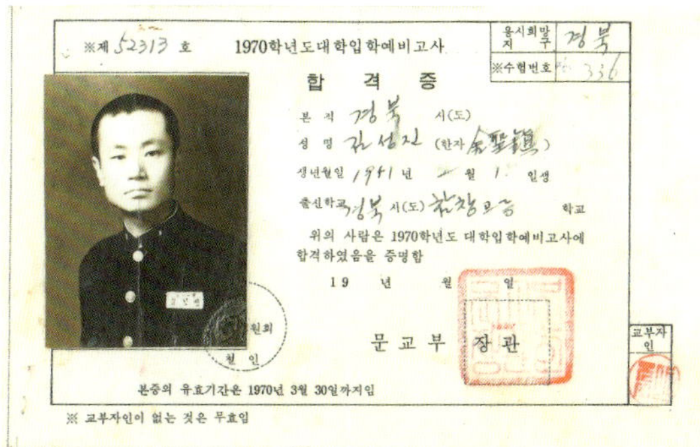

※제 52313 호 1970학년도대학입학예비고사 합격증

응시회망지구 경북

※수험번호 336

본적 경북 시(도)

성명 김성진 (한자 金聖鎭)

생년월일 1951년 2월 15일생

출신학교 경북 시(도) 함창고등 학교

위의 사람은 1970학년도 대학입학예비고사에 합격하였음을 증명함

19 년 월 일

문교부 장관

교부자인

본증의 유효기간은 1970년 3월 30일까지임

※ 교부자인이 없는 것은 무효임

〈대입예비고사 합격증〉

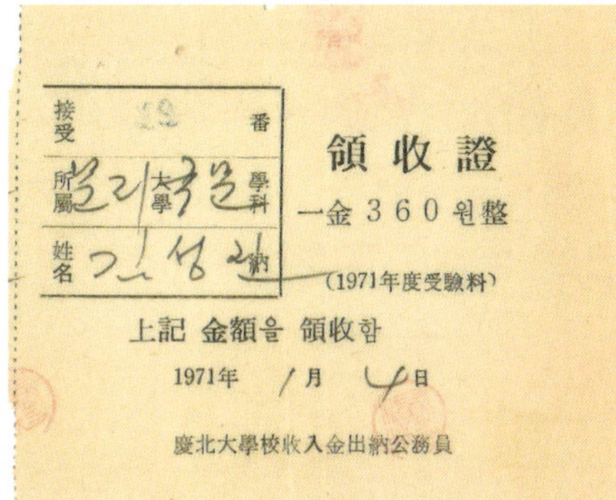

接受 番

所屬 문리大學 국문學科

姓名 김성진 納

領收證

一金 3 6 0 원整

(1971年度受驗料)

上記 金額을 領收함

1971年 1月 4日

慶北大學校收入金出納公務員

〈대입 수험료 영수증〉

수 험 표

(1971년도)

수험번호	※ 2009 번	
성명	金 聖 鎭	
생년월일	1951. 2. 15.(20 세)	
지원학과	문리과대학 국어국문과 전공	
출신학교	함 창 고등학교	
선택과목	제1	일 반 사 회
	제2	화 학

학교장인

경북대학교

〈대입 수험표〉

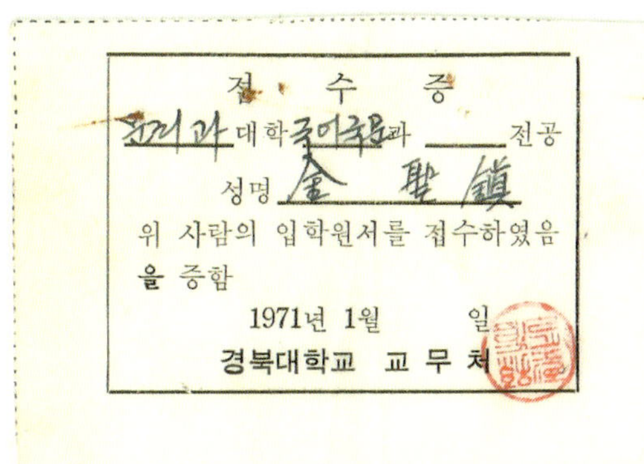

접 수 증

문리과 대학 국어국문과 ______ 전공

성명 金 聖 鎭

위 사람의 입학원서를 접수하였음을 증함

1971년 1월 일

경북대학교 교 무 처

〈대입 원서 접수증〉

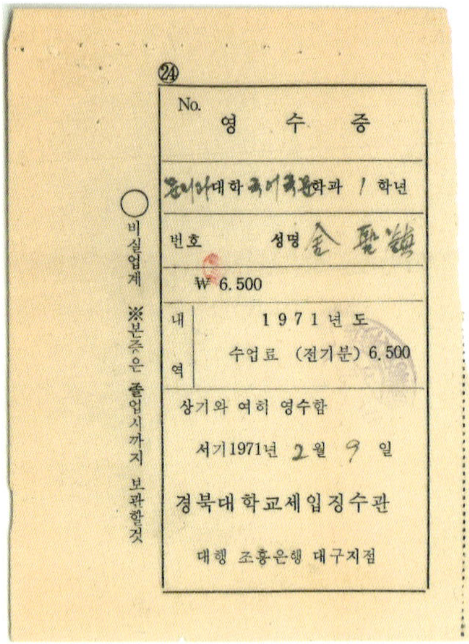

㉔
No. 영 수 증
문리과대학국어국문학과 1 학년
번호 성명 金聖鎭
₩ 6.500
내역 1971년도
수업료 (전기분) 6.500
상기와 여히 영수함
서기1971년 2월 9일
경북대학교세입징수관
대행 조흥은행 대구지점
○ 비실업계
※본증은 졸업시까지 보관할것

〈대학 입학 수업료 영수증〉

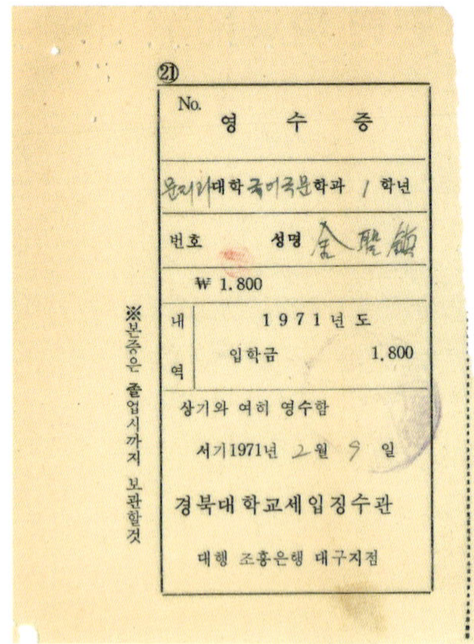

㉑
No. 영 수 증
문리과대학국어국문학과 1 학년
번호 성명 金聖鎭
₩ 1.800
내역 1971년도
입학금 1.800
상기와 여히 영수함
서기1971년 2월 9일
경북대학교세입징수관
대행 조흥은행 대구지점
※본증은 졸업시까지 보관할것

〈대학 입학금 영수증〉

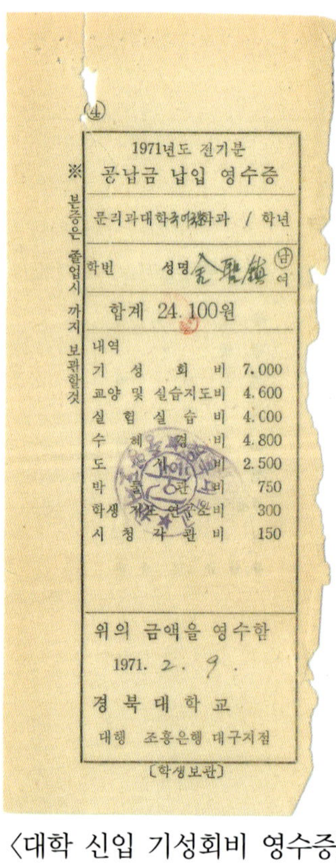

④
1971년도 전기분
공납금 납입 영수증
문리과대학국어국문학과 1 학년
학번 성명 金聖鎭 (남) 여
합계 24.100원

내역	
기성회비	7.000
교양 및 실습지도비	4.600
실험실습비	4.000
수혜경비	4.800
도서관비	2.500
박물관비	750
학생자치연구회비	300
시청각관비	150

위의 금액을 영수함
1971. 2. 9.
경북대학교
대행 조흥은행 대구지점
〔학생보관〕
※본증은 졸업시까지 보관할것

〈대학 신입 기성회비 영수증〉

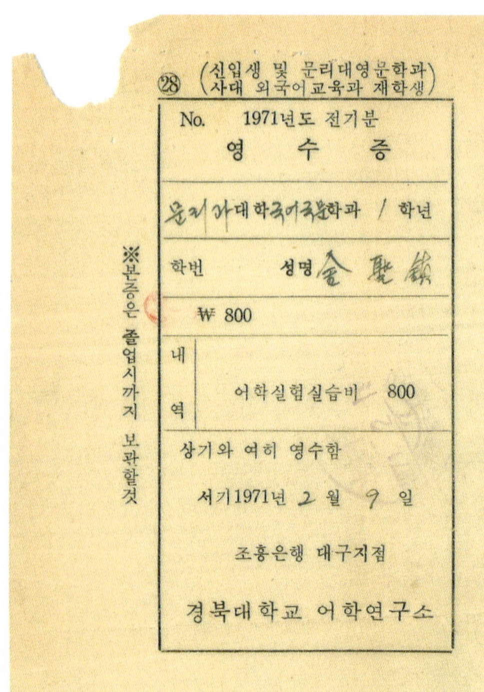

㉘ (신입생 및 문리대영문학과 / 사대 외국어교육과 재학생)
No. 1971년도 전기분
영 수 증
문리과대학국어국문학과 1 학년
학번 성명 金聖鎭
₩ 800
내역 어학실험실습비 800
상기와 여히 영수함
서기1971년 2월 9일
조흥은행 대구지점
경북대학교 어학연구소
※본증은 졸업시까지 보관할것

〈대학신입 어학실험실습비 영수증〉

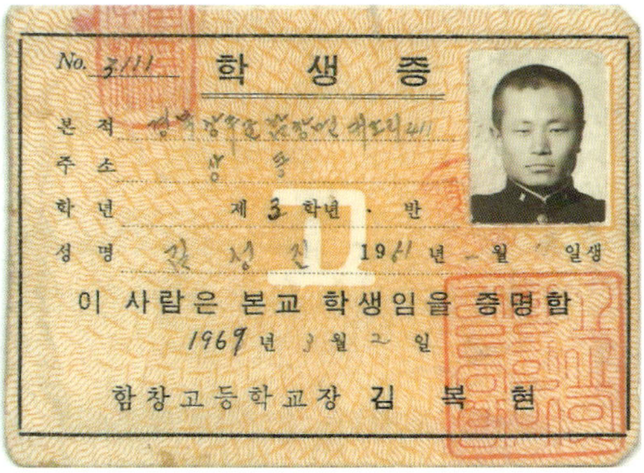

〈학생증-고3〉

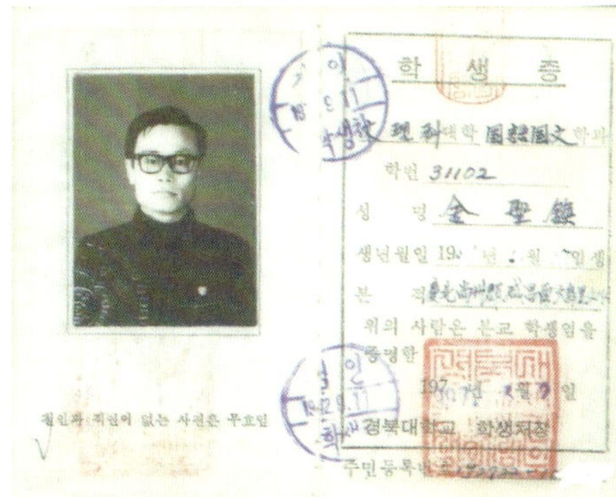

〈학생증-대학2년〉

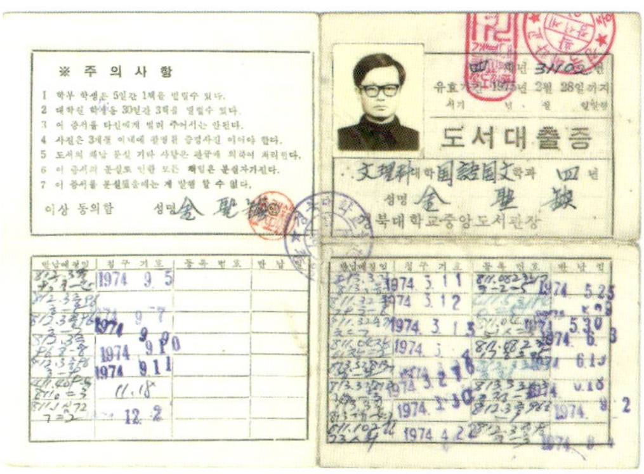

〈도서대출증 대학 4학년〉

〈대통령 표창장〉

〈대통령 표창장 전수식 장면〉

【사립학교 교사 임용 공고 관련 서식 모음–1975년】

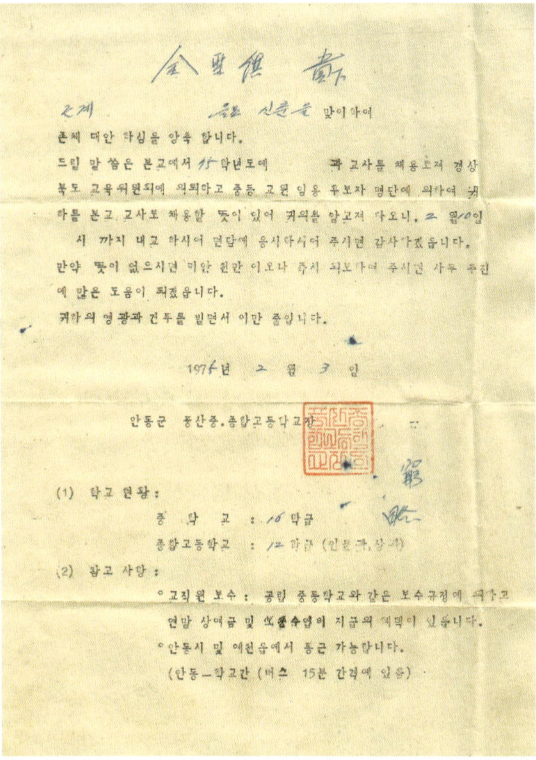

金聖鎭 貴下

2계 올해 신춘을 맞이하여

존체 대안 하심을 앙축 합니다.

드릴 말씀은 본교에서 75학년도에 과 교사를 채용코져 경상북도 교육위원회에 의뢰하고 중등 교원 임용 후보자 명단에 의하여 귀하를 본교 교사로 채용할 뜻이 있어 귀의를 알고저 하오니, 2 월10일 시 까지 내교 하시어 면담에 응시하시어 주시면 감사하겠읍니다.

만약 뜻이 없으시면 미안 천만 이오나 즉시 회보하여 주시면 사무 추진에 많은 도움이 되겠읍니다.

귀하의 영광과 건투를 빌면서 이만 줄입니다.

1975년 2 월 3 일

안동군 풍산중.종합고등학교장

(1) 학교 현황:

중 학 교 : 16학급

종합고등학교 : 12학급 (인문과, 상과)

(2) 참고 사항:

◦ 교직원 보수 : 공립 중등학교와 같은 보수규정에 의하고 연말 상여금 및 수업수당의 지급의 혜택이 있읍니다.

◦ 안동시 및 예천읍에서 통근 가능합니다.

(안동–학교간 (버스 15분 간격에 있음)

〈풍산중고〉

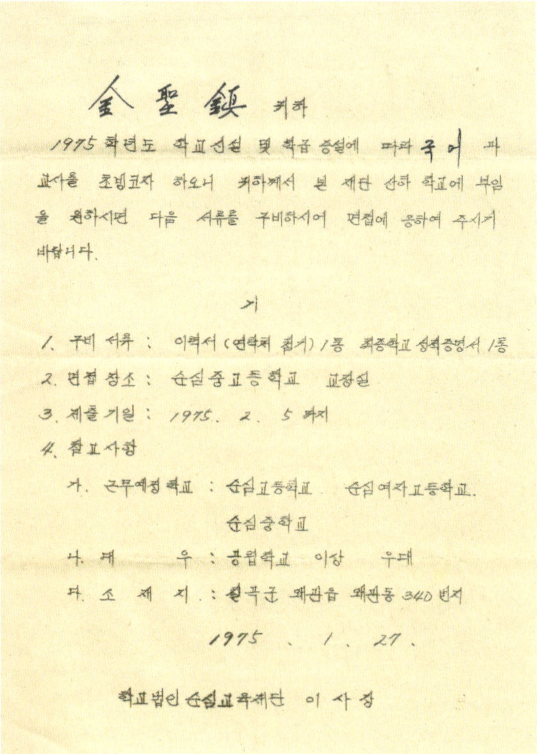

金聖鎭 귀하

1975학년도 학교신설 및 학급 증설에 따라 국어 과 교사를 초빙코자 하오니 귀하께서 본 재단 산하 학교에 부임을 원하시면 다음 서류를 구비하시어 면접에 응하여 주시기 바랍니다.

기

1. 구비 서류 : 이력서(연락처 첨기) 1통 최종학교 성적증명서 1통
2. 면접 장소 : 순심중고등학교 교장실
3. 제출 기일 : 1975. 2. 5 까지
4. 참고사항

가. 근무예정학교 : 순심고등학교 순심여자고등학교. 순심중학교

나. 대 우 : 공립학교 이상 우대

다. 소 재 지 : 칠곡군 왜관읍 왜관동 340번지

1975. 1. 27.

학교법인 순심교육재단 이 사 장

〈순심중고〉

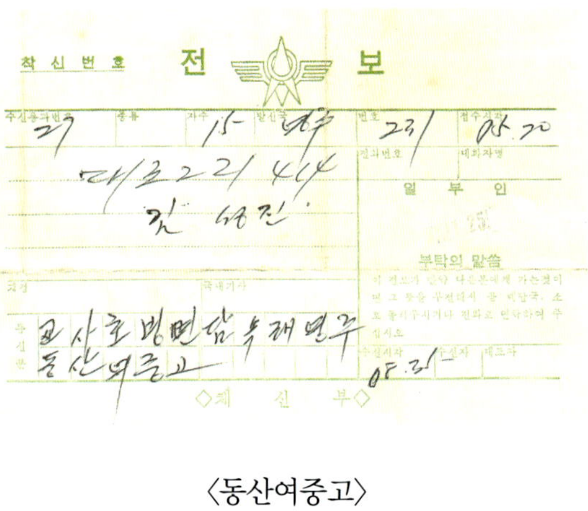

착신번호 전 보

221

대구2리 414

김성진

교사초빙면접후채용구

동산여중고

일 부 인

부탁의 말씀

◇제 신 부◇

〈동산여중고〉

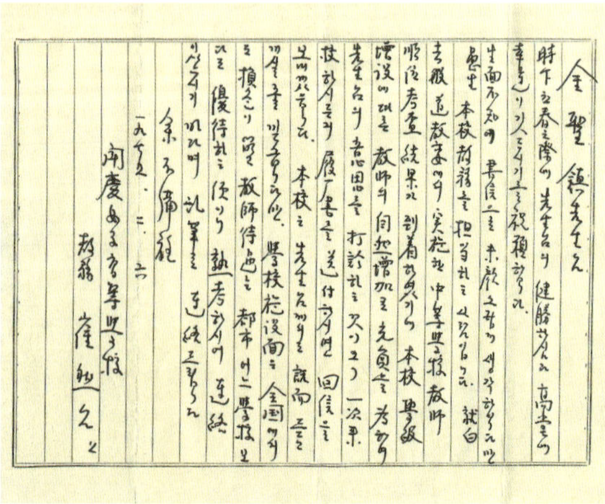

金聖鎭 先生之

一九七五. 二. 六

聞慶女子高等學校

崔 ○ 之

〈문경여고〉

【봉급봉투】

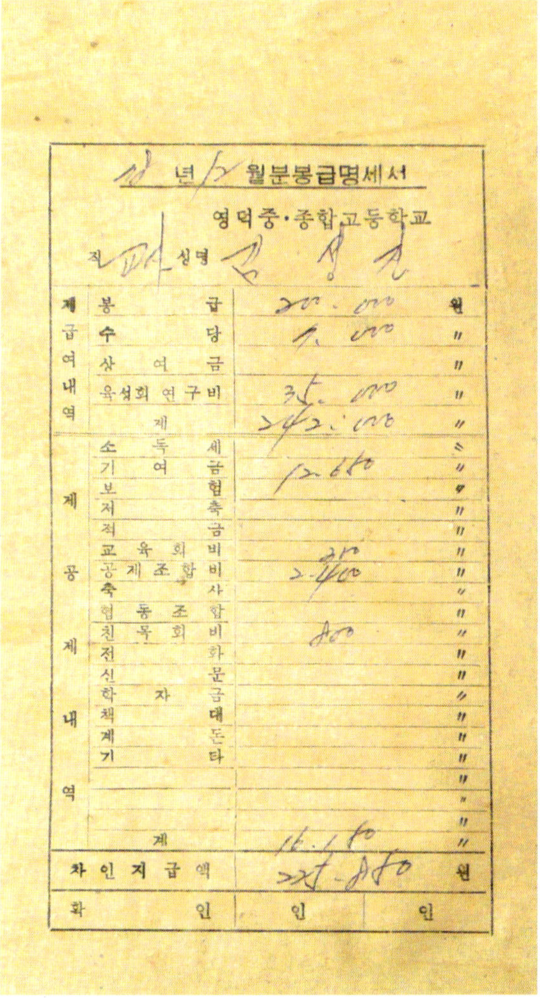

〈봉급봉투1978년〉

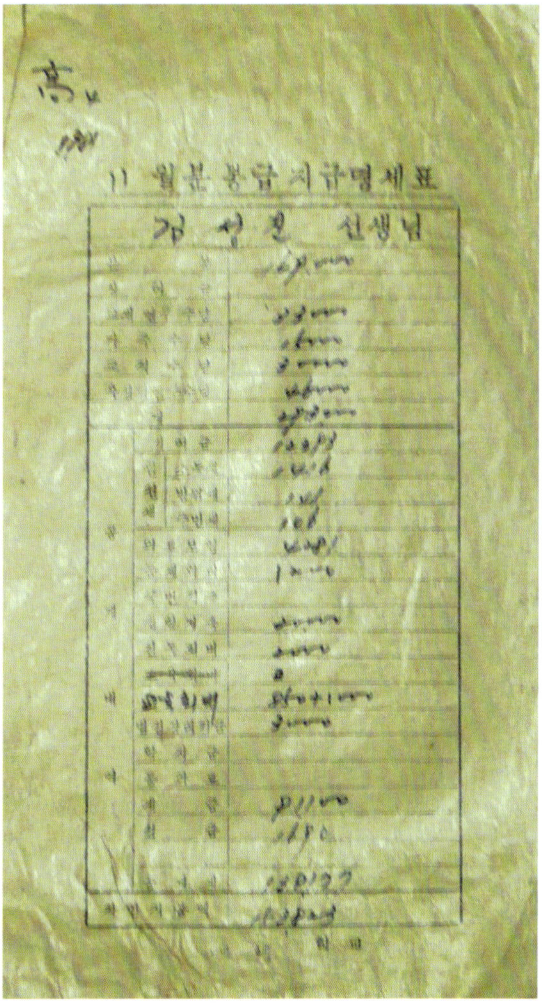

〈봉급봉투1981년〉

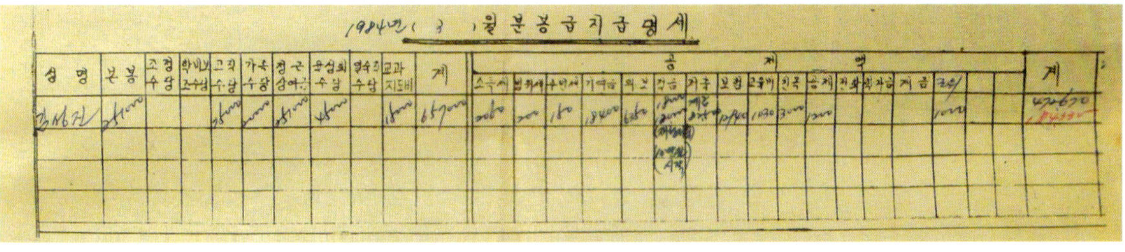

〈봉급봉투 1984년(통장 입금 시작)〉

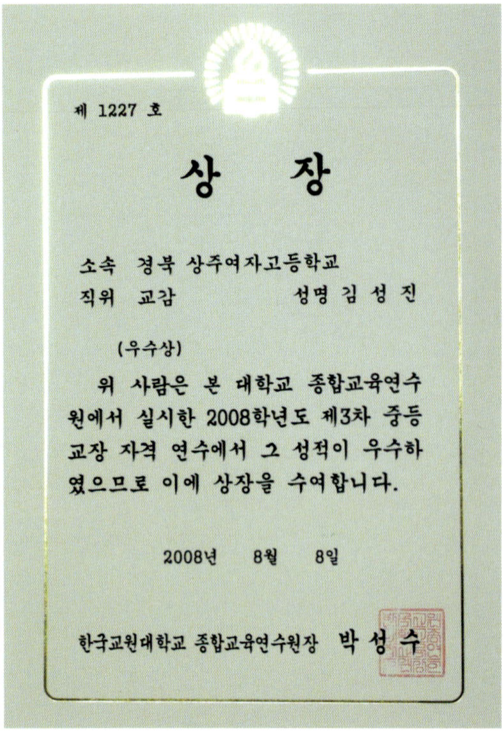
제 1227 호

상 장

소속 경북 상주여자고등학교
직위 교감 성명 김 성 진

(우수상)

위 사람은 본 대학교 종합교육연수원에서 실시한 2008학년도 제3차 중등 교장 자격 연수에서 그 성적이 우수하였으므로 이에 상장을 수여합니다.

2008년 8월 8일

한국교원대학교 종합교육연수원장 박 성 수

〈교장자격연수 상장〉

임 명 장

교감 김 성 진

중등학교장에 임함
(임용기간 : 2010. 3. 1 ~ 2013. 2. 28)
경상북도 교육감이 지정하는 학교 근무를 명함

2010 년 3월 1일

대통령 이 명 박

〈교장 임명장〉

〈문경여중 집무광경〉

金聖鎭 校長 停年退任 紀念文集

빈 발 자 국

인쇄 2013년 1월 21일
발행 2013년 1월 30일
지은이 / 김 성 진
펴낸이 / 김 창 석
펴낸 곳 / 홍익출판사
주소 / 대구시 중구 삼덕3가 245-2
전화 / 053) 421-6700, 427-3627
팩스 / 053) 423-5965
등록번호 / 1987년 11월 26일 제1-107호
E-mail / hongick88@hanmail.net

정가 / 15,000원

ISBN 978-89-7826-247-7 03810